21世纪高等院校旅游专业 规划教材 双证系列

中 国 旅 游 文 化

第三版

都大明　金守郡　**主编**
周飞潮　**主审**

上海交通大学出版社

内 容 简 介

　　全书阐述中国旅游文化的三个主要组成部分:中国旅游主体文化——游客在旅游过程中的作用,同时对中华本体旅游文化和异体旅游文化作了比照,还分析了旅游中的跨文化现象;中国旅游介体文化,分类型阐述了旅行社文化、饭店企业文化和旅游交通文化;着重介绍了中国旅游客体文化,从山水、古建筑、宗教、民俗、饮食、文学和艺术等多方面作了介绍,并分析了这些客体的文化内涵。

　　本书是普通高等院校、高等远程教育、高等职业教育、成人自学考试旅游管理专业的基础课教材,也可作为社区学院、老年大学旅游课程教材。

图书在版编目(CIP)数据

　　中国旅游文化/都大明,金守郡主编. —3 版. —上海:上海交通大学出版社,2012(2023 重印)
　　ISBN 978-7-313-05039-7

　　Ⅰ. 中... 　Ⅱ. ①都... ②金... 　Ⅲ. 旅游文化—中国—高等学校—教材 　Ⅳ. F592

　　中国版本图书馆 CIP 数据核字(2012)第 126456 号

中国旅游文化
第三版
都大明　金守郡　主编

上海交通大学出版社出版发行
(上海市番禺路 951 号　邮政编码 200030)
电话:64071208
上海万卷印刷股份有限公司印刷　全国新华书店经销
开本:880mm×1230mm 1/32　印张:11.375　字数:322 千字
2008 年 1 月第 1 版　2012 年 6 月第 3 版　2023 年 7 月第 6 次印刷
ISBN 978-7-313-05039-7
ISBN 978-7-900624-93-2　　　　定价(含光盘):38.00 元

第三版前言

本书于 2008 年 1 月第 1 次出版,2009 年 8 月予以修订,出了第二版。由于本书既适于普通高等院校、成人自学考试旅游教育,也适合社区学院和老年大学的旅游教育,因而对此书的需要量较多。又因近几年我国旅游业的迅速发展,促使我国的旅游文化方面的研究也在加速,众多旅游新业态的出现也促进了旅游文化的发展。为此,本书也有必要适当增加一些内容,并对原书中存在的错漏之处作些修订,故借此再印之机,略作修改。

本书修订的主要内容有三:一是在第三章中国旅游文化史话中增加近年来我国旅游文化发展的一些内容;二是在第九章中国饮食文化的烹饪文化部分,增加"上海菜"的内容;三是在第十章中国的旅游文学和艺术中,在中国旅游文学欣赏中,增加一些中国古代山水诗、词的内容,原书中山水词的内容缺失,这次予以增加,山水诗的内容也有所增加。其他各章节也都有一些小的变动。修订工作由金守郡负责完成,倪华编辑做了大量的资料整理工作。

本书作为一本教材广泛吸取了国内许多同行专家的研究成果,并承蒙有关专家学者的审阅。在这几年的使用过程中,又吸取了很多师生的意见,在此表示衷心的感谢。由此修订时间有限,定还有不足之处,望大家给予批评指正。

编 者

2012 年 6 月

再 版 前 言

旅游活动"作为现代休闲生活及其方式中不可或缺的组成部分,不失为促进人类审美意识,提高人类生活质量的有效途径之一①""文化是旅游者的出发点和归结点,是旅游景观吸引力的渊薮,是旅游业的灵魂②"。作为旅游大国,中华民族的丰富的旅游文化为发展我国的旅游业奠定了基础。旅游景点的开发和旅游产品的设计都离不开文化。因而,我国的旅游从业人员与管理人员,尤其是一线的导游人员都应该了解旅游文化的相关知识,了解中华民族的传统文化和中国旅游文化知识。为适应旅游高等教育的需求,为培养应用型的高级旅游人才,上海交通大学出版社先后组织了十余所旅游院校的学者、教师研讨,并多方征求意见,最终确定由华东师范大学和无锡城市职业技术学院为主,多校通力合作,共同编著《中国旅游文化》。

本书由都大明老师和金守郡教授担任主编,共同拟定全书的框架结构和编写原则,金守郡负责最后的统定工作。本书共分四个部分十章,第一部分是中国旅游文化概述(一、二、三章),在简单介绍旅游文化的基础上,多视角地介绍了中国旅游文化的特征,并对中国旅游文化的发展历史作了回眸;第二部分着重介绍中国旅游主体文化,安排了中华本体旅游文化和异体旅游文化的比照,并介绍了旅游中的跨文化现象;第三部分介绍中国旅游介体文化,对中国的旅行社、饭店和交通这三大支柱行业以及旅游管理和法规的文化性作了分类型的讨论;第四部分介绍中国旅游客体文化,从自然、人文、社会三个角度,分山水、古建筑、宗教、饮食、文学等多方面作了介绍,注重客体的文化内涵分析,以帮助

---

① 王珂平.生活质量与旅游观光之断想[M]//潘立勇,傅建祥.人文旅游.杭州:浙江大学出版社,2006(2):38.

② 马波.现代旅游文化学.青岛:青岛出版社,2001.

学生更好地认识中国的主要的客体文化。本书为培养应用型的高级旅游人才，除注意学科体系外，更注意学生能力的培养和今后工作的需要，既使学生知其然，还要知其所以然。

这次借再印之机，对原书中存在的错漏之处作了修订，同时，根据我国旅游业的发展形势，增加了一部分内容，具体为：第五章第三节增加了有关"中国经济型酒店"的内容，第四节增加了有关我国"城际铁路"的建设与发展的内容；第八章第一节增加了"佛教基本教义"的相关内容；第九章第四节增加了2008年至2013年《中国餐饮业发展规划纲要》中有关餐饮类别及空间格局等内容。修订工作主要由金守郡负责完成，倪华编辑做了大量的资料收集与整理工作。

本书第一、二、三、四、五章由都大明编写；第六章由金守郡编写；第七章、第八章由吴扬、金守郡编写；第九章由都大明编写；第十章由毛丽蓉（金华职业技术学院）、金守郡编写。周飞潮作为主审，对本书提出了很多有价值的修改意见，倪华编辑做了大量的编务工作，上海市民族和宗教事务委员会对本书第八章的内容作了审读，并提出了修改意见。在此谨表谢意。

为了配合教学，我们设计制作了一套光碟。这套光碟除了讲述本课程的重要内容外，还安排了几十幅彩色照片，每章内容后还有思考题，最后还设计了几套练习题，并附答案，便于老师授课和学生自学。

本书作为一本教材，广泛吸取了国内许多同行专家的研究成果，并承蒙有关专家学者的审阅，在此表示衷心的感谢。由于水平有限，不足之处还望大家给予批评指正。在本书编写过程中，曾参阅和引用了不少文献，因篇幅有限，无法一一列出，只能将主要的文献目录列于书后。在此，谨向他们表示深深的谢意。

编　者

2009 年 8 月

目　　录

1

绪 论

现代旅游业在第二次世界大战结束后迅速崛起并不断发展,不仅逐渐成为全球最大的产业之一,而且以新兴的综合开拓性产业将成为21世纪新的经济增长点和经济支柱产业。

当今世界处在由物质经济向精神经济过渡的历史转折期当中,旅游业无疑是精神经济时代最具特色和活力的代表性产业之一。进入21世纪,旅游业有着得天独厚、举足轻重的特殊地位,使其自然成为最有前途的文化产业的重要组成部分。根据国内外学者预测,21世纪全球经济将出现五大浪潮,首先出现的是休闲的浪潮。

马克思说过:闲暇时间"是社会成员全面发展所需要的时间"。休闲的本质和价值在于提升每个人的精神世界和文化品味。有报道称:2015年美国的休闲产业将占其全部产业的50%,而休闲产业中有很大的比重就是文化产业。休闲型文化产业、知识型文化产业和娱乐型文化产业就是文化产业的三大构成。而旅游业本来就与休闲产业你中有我,我中有你,诸多交叉,更在文化产业中增添了比重。[①] 旅游活动已经成为当今世界文化交流的主要途径和形式。新世纪伊始,马来西亚华裔女作家冯久玲的《文化是好生意》在全球畅销,该书用了相当多的案例向人们演绎着文化是好生意,预示着新世纪文化产业的欣欣向荣。而这些案例中大多数是旅游观光及相关行业,如新天地等新兴的观光休闲中心,及文化景区、旅游饭店等。其中案例以亚太地区为主,并不乏中国的旅游业案例,这也在印证着亚太地区旅游业的崛起和中国在2020年将成为世界旅游第一大国的灿烂前景。

旅游的竞争最终是文化的竞争。旅游的内涵重在文化,文化是旅游的灵魂。

---

① 叶朗. 文化产业与我国21世纪的经济发展[N]. 中华读书报,2002-9-18.

　　近年来,旅游文化成为热门的话题,并进入高校旅游专业的课程之中。中国旅游文化也越发引起人们的兴趣,逐渐成为很多院校旅游专业的主干课程。人们期望通过对旅游文化,尤其是中国旅游文化的学习,从多方面、多种角度,特别是从文化的角度观察旅游业的现状,探寻旅游业的未来。可以说,加强旅游文化的研究不仅十分必要,而且对弘扬我国优秀传统文化,促进旅游业经济效益提高,正确对待旅游带来的社会影响等有着迫切的现实意义。因此,了解旅游文化的相关要素、特征、知识,进一步认识和理解旅游文化的本质和规律,从而在旅游文化理论的指导下,促使旅游专业的学生更好地服务于旅游事业,推进旅游实践活动向更高、更深层次发展。

第一节　文化与旅游

一、文化的含义

　　"旅游文化"是一个年轻的词语,"旅游文化学"是文化学众多分支中的一支,是旅游和文化相交叉的一门边缘学科。它既有旅游学的特征和属性,也蕴含文化学的本质和内涵。要研究"旅游文化"的含义,就必须先了解"文化"的本质含义。

　　文化是一个古老的词语,无论在东方还是在西方,早期"文化"都当作动词使用。从西方的词源来看,"文化"一词在德文"Kultur",还是英文"Culture",都是源于拉丁文"Culrure",原意为:"土地耕耘和作物培育。"在法国《迈尔百科辞典》(1971 年)中,也认为文化最初指土地的开垦及植物的栽培,后来才指对人类的身体,特别是艺术和道德能力,还有天赋的培养。人类的开垦种植是人类对自然世界有目的的改造活动,象征着人类文明生活的开始与演变。之后,古代西方人从认识自然转向认识自身,"Culture"一词的含义也发生了转变,融进了"培养、教育、发展、尊重"等内涵,最终主要用来指称人类精神领域。可见,文化的含义是从物质生产活动逐步引向精神生产活动。

　　在我国古代,"文化"的概念起码要上溯到东周时期,其解释最早出现于《周易·贲卦》:"观乎天文,以察时变,观乎人文,以化成天下。""文化"也作动词用,是"文治和教化"的意思,主要指社会伦理方面。

历经千年,现代意义上的"文化"可分为广义和狭义两种。广义的文化是置于社会学的视野下,指人类在长期的社会历史实践过程中所形成和创造的一切物质财富和精神财富的总和。狭义的文化,相当于广义文化中的精神财富。尽管国内外对文化的定义不下几百种,然而文化的基本内涵只有两个:一是人类创造的文化成果及其精神传统;二是在人类创造的文明中感化。前者是名词,后者为动词。前者依据时间的一维性,文化一经创造即成为传统,由此又可以分为传统文化和文化传统两种涵义。

二、旅游的文化属性

文化对旅游的影响是十分深远的,如《中国大百科全书人文地理卷》(1984 年版本)对旅游的界定为:旅游本身是一种大规模的文化交流。

旅游作为人类社会特有的文化活动,起源于人类进入文明社会之初,是社会进步的产物。伴随着人类社会的进步,现代旅游随着有闲暇、有余钱、有文化享受需求的人数的日益扩大,呈现出大众化趋势。

旅游是一种经历,是一种文化的经历;旅游是一个过程,是人的文化的过程;旅游又是一种体验,是人们求新、求异、求美、求奇的体验。

旅游作为一种经历、一个过程、一种体验,很可能是人生历程中获得的最大一笔精神财富。

旅游是一种对话,一种多层次、多界面的对话,不管是人与人,人与自然,昨天与今天,传统与现代之间,无不是一种文化的对话。

旅游是一种生活,一种移动的、路上的生活,一种别样的文化生活,是去感悟今日,寻找往昔,向往明天的生活。

旅游消费本质上是文化消费,旅游行为是一种文化消费行为,外出旅游的动机和目的是获得精神上的享受和心理上的满足,所以旅游的经营者提供的应是能满足旅游者文化享受的旅游文化产品。

旅游活动无不渗透了丰富的文化内涵,无不反映了旅游主体的文化需求、文化体验,同时也反映着旅游客体的文化价值,旅游中介的文化素质。

<h2 style="text-align:center">第二节　旅游文化的内涵</h2>

近年来,随着中国旅游热的持续升温,旅游文化愈加为人们所关注,不断促进中国旅游文化这一门新学科的发展。加强旅游文化的学科建设首先需要正确而深刻地理解旅游文化的内涵,并对其进行科学分类,以使旅游文化的学科建设目标明确,更具有针对性和可操作性,也将推动中国旅游文化的结构分类呈现出多样化。

一、旅游文化的分类

对于旅游文化的理解,有从社会经济学的角度切入,有从旅游功能内容着手的,有从文化基本结构分析的,更多的是注重旅游基本要素分类;也有以区域差异为基础提出中国(旅游)历史文化区域结构;还有考虑到旅游文化和物质、行为、精神层面相结合的结构。虽然分析角度不同,但是所有这些观点都会在中国旅游文化研究的各个阶段给人们一定的启示。下面就其中常用的几种观点作些介绍。

1. 文化三体说

卢云亭先生在 1991 年发表的《旅游文化学及其系统结构分析》一文中提出以旅游主体文化、旅游客体文化和旅游介体文化作为旅游文化的系统结构的主要组成,对三部分比较具体的分类为:

旅游客体文化,包括旅游历史文化、旅游建筑文化、旅游园林文化、旅游宗教文化、旅游民俗文化、旅游娱乐文化、旅游文学艺术、人文的自然景观等。

旅游主体文化,包括旅游者的政治主张、思想和信仰,旅游者的文化素质,旅游者的职业,旅游者的心理、性格、爱好,旅游者的生活方式等。

旅游介体文化,包括旅游餐饮文化、旅游商品文化、旅游服务文化、旅游管理文化、旅游文化教育、旅游导游文化、旅游政策和法规、其他旅游中介文化等。

这种分类从旅游角度出发,在同一层面上以旅游介体连结旅游主体和旅游客体,借助文化使三者有机统一,从而体现出完整性。为此,这种分类法在旅游学界得到较为广泛的认同。如谢贵安、华国梁编著《旅游文化学》对此也作了深入阐述。

2. 两体内容说

沈祖祥先生 1999 年在他主编的《旅游文化概论》中,对旅游文化下了较好的定义:旅游文化是一种文明所形成的生活方式系统,是旅游者这一旅游主体借助旅游媒介等外部条件,通过对旅游客体的能动的活动,碰撞产生的各种旅游文化现象的总和。该书的框架体系虽然主观上倾向于把旅游文化分为旅游主体文化、旅游客体文化和旅游介体文化,但是在实际编写中没有涉及旅游介体文化等内容,在客观上主要成为二元内容。纵然有一定的理由,也可能因兼顾公共选修课教材,但在中国旅游正逐步从纯观光型向观光与远足休闲娱乐结合型的转换中,毕竟还是显得不够完整,稍感遗憾。

3. 三元主体说

2003 年初,赵荣光先生主编的《中国旅游文化》出版,在中国文化旅游体系构架的认识上很有新意,提出了"参与者在全部旅游活动中的行为、过程、原因、影响及其由于介入其中各种要素的社会文化聚合"的旅游文化概念。

4. 后现代文化交流休闲说

2004 年,章海荣先生积多年游历感悟,潜心著述的《旅游文化学》出版。此书采用后现代人类社会为背景,对旅游文化作出了明晰而极富价值的界定:"旅游文化是基于人类追求人性自由、完善人格而要求拓展和转换生活空间的内在冲动,其实质是文化交流与对话的一种方式。它是世界各区域民族文化创造基础上的后现代全球化趋势中的大众的、民间的休闲消费文化。"章海荣先生还提出了科学的,以文化交流为核心的理论体系构成:

命题 1. 旅游文化是人类直面的文化交流和对话的一种方式。

命题 2. 旅游文化是世界各民族文化创造基础上的一种趋同的大

众的、民间的休闲消费文化。

命题3. 旅游文化是后现代人类完善人格,追求人性自由而要求拓展生活空间的生活创造。

此书还提出了"间文化"的概念和旅游文化学的支撑学科,即旅游学、文化社会学(文化人类学)和跨文化交流学。

此外,张文2001年在《旅游与文化》一书中提出旅游的"时空说"也自成一家。

二、旅游文化的实质及其构成体系

综合以上各家理论,对于旅游文化的本质内涵,我们比较赞同这样的表述:旅游文化是人类创造的与旅游活动相关的物质财富和精神财富的总和,旅游文化的实质是文化交流与对话的一种形式。旅游文化学的核心理论包括旅游主体的文化身份和旅游的跨文化交流。

中国旅游文化的结构在旅游文化分类的多样化基础上也可以有不同的分类角度,还能加入中国文化的特点,如南北、东西地域文化、地貌文化差别和六大古文明圈,以及当代中国六大行政区划和各省、市、自治区、直辖市的影响。上述中国旅游文化的构成系统可用图0-1来表示:

中国旅游主体旅游者
- 中国旅游本体文化传承（国内游客、港澳台同胞、华侨、华裔国际游客）
  - 中国旅游本体同质文化的传承者 —— 中国旅游本体文化的传承者
  - 中华本体异质文化的交融
- 中国旅游主体文化的异质交融
  - （中华文化圈内各族、各地区间交融） —— 中国旅游本体文化的吸收者
  - 中国旅游异体文化的交流（非华裔国际游客） —— 中国旅游异体文化的传播者

中国旅游介体旅游业
- 旅行社
  - 旅游活动的重要组织者
  - 旅游产品的主要策划者
  - 旅游文化的积极传播者
- 住宿接待部门饭店、宾馆
  - 东方形象、文化魅力
  - 诚字为魂、人性服务
  - 以人为本、人文关怀
- 旅游交通
  - 交通工具
    - 主流交通工具
    - 非主流交通工具 —— 火车、汽车、飞机、船舶
  - 交通设施与线路
    - 交通设施
    - 交通线路
- 旅游管理与服务机构
  - 旅游管理部门
  - 旅游作业组织
  - 旅游服务机构
- 旅游商品经营部门
- 游览场所经营部门
- 旅游相关行业
  - 餐饮业
  - 电信业
  - 金融保险业
  - 娱乐业等

中国旅游客体旅游吸引物
- 物质化旅游资源
  - 古文化遗址
  - 古代建筑
  - 山水名胜
  - 地质地貌
  - 气候生物
  - 主题公园
  - 城市建设
  - 现代建筑等
- 非物质化旅游资源
  - 思想意识
  - 伦理道德
  - 宗教信仰
  - 礼节礼仪
  - 书画艺术
  - 歌舞戏曲
  - 文学艺术
  - 饮食文化
  - 民族风情
  - 独特工艺等

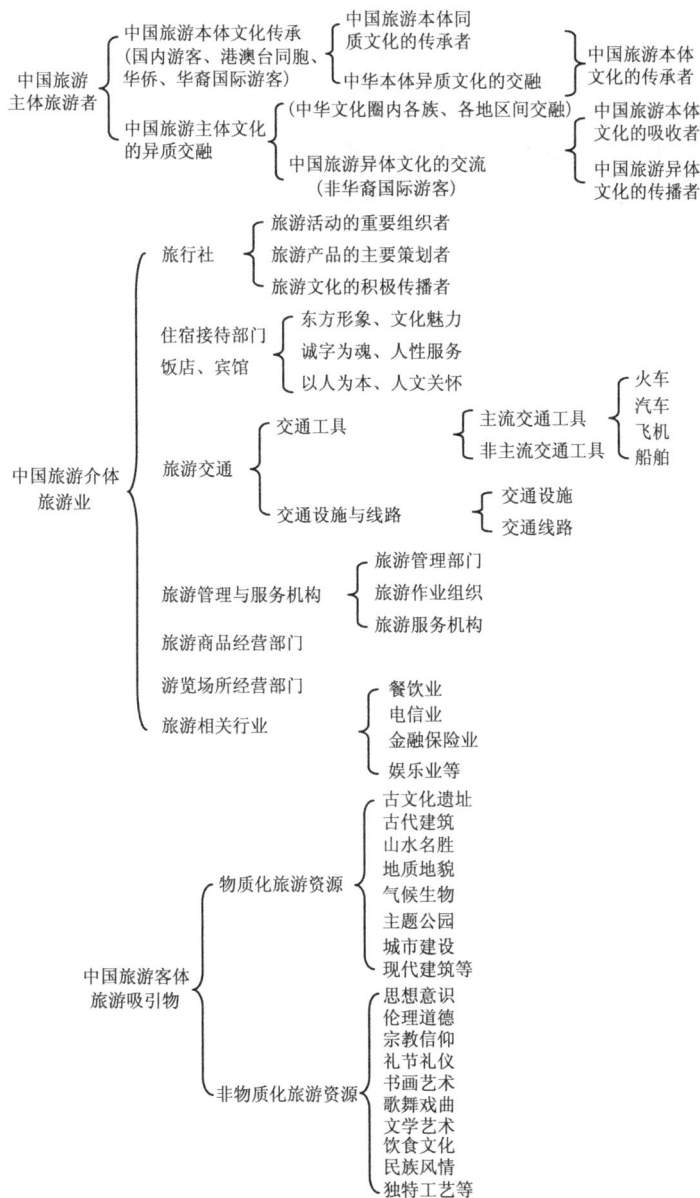

图 0-1 中国旅游文化的构成系统

思考题

1. 何谓旅游文化？旅游文化的内涵是什么？
2. 何谓跨文化交流？举例说明之。
3. 简述旅游文化的文化三体说。

第一章　多视角中的中国旅游文化

不同的民族在不同的环境中,逐渐形成了风格各异的生产方式与生活方式,也培育了各种各样的文化类型;而在不同的历史阶段中,同一民族又因为生活环境的变迁和文化本身的运动规律表现出形态各异,这就是世界文化的民族性和时代性。

讨论中国旅游文化必须从养育这一文化的自然——社会条件的剖析开始,既要认识作为文化产生基础的社会经济形态,又要从这种社会经济形态赖以生存发展的自然环境着手。

自然环境,也称地理环境,是人类生存的空间。它本身并不是文化,但对文化的产生、发展具有物质制约力。作为人类历史的载体,影响着社会生产力的分布状况和发展水平,乃至政权的形成和职能、历史的进程。

本章着重介绍中国旅游文化产生的地理背景和社会背景、使学生认清中国文化在世界三大文化中的地位,并能正确看待面向世界的现代中国旅游文化。

第一节　地球村中的中国

在"神舟五号"宇宙飞船里,杨利伟看到一个蔚蓝色的星球,这就是我们人类共同的生存空间——地球。

在这美丽的星球上,最辽阔的一块土地被称为欧亚大陆,我们伟大的中华民族就在亚欧大陆的东侧,背靠世界屋脊——青藏高原。中国由西而东俯视着世界第一大洋——太平洋,北部、西北部、西南部则深入亚洲大陆的中心,是一个"左高原、右大海"的大陆海岸型国度。

中国960万平方公里的广袤土地,北起漠河县北极村附近的黑龙江主航道,南达南海南缘南沙群岛的曾母暗沙,纵跨纬度46.29度,南北延伸 5 500 余公里;西起新疆帕米尔高原的东沿乌孜别里山口,东至黑龙江与乌苏里江的汇合处,东西跨经度约 61 度,相距约 5 200 公里,时差 4 小时。

沿着中国的海洋(统称中国海)自北往南分别为渤海、黄海、东海和南海,在一望无际的海域内分布着 5 000 余个大小岛屿。其中,台湾岛是全国第一大岛(35 788 平方公里),海南岛次之(34 380 平方公里),崇明岛第三(1 083 平方公里)。中国领土的陆疆与朝鲜、俄罗斯、蒙古、哈萨克斯坦、吉尔吉斯斯坦、塔吉克斯坦、阿富汗、巴基斯坦、印度、尼泊尔、锡金、不丹、缅甸、老挝、越南等十五个国家接壤,长达 22 800 公里。大陆海岸线北至鸭绿江口,南至北仑河口,长 18 000 公里,与韩国、日本、菲律宾、马来西亚、文莱等五国隔海相望。中国"在这样辽阔的土地上,有高山、平原、江河、湖泊、沿海、内陆、深海,也有较浅的大陆架,兼大陆性气候和海洋性气候,跨越寒温带、中温带、暖温带、亚热带和热带,经过湿润、半湿润、半干旱、干旱多种气候区。水陆物产,应有尽有。"

迄今为止,世界上没有哪个国家具有中国这样广阔的空间包容量。虽然俄罗斯和加拿大国土面积大于中国,但就气候多样、地貌多类、物产繁富、资源广博而言,皆无法与中国相比。中华民族就是在这块广阔富饶的土地上,在不断适应和改造环境的过程中逐渐形成和发展了中华文化,创造了伟大的中华文明。中华大地孕育了中国旅游文化的根系——中华文化,中国旅游文化理所当然深深植根于中华大地。

中国的领域广大、腹地纵深,地形、地貌、气候条件繁复多样,形成一种恢弘的地理环境,这是其他古老文明的发祥地难以比拟的。

美索不达米亚文明滋生于底格里斯-幼发拉底两河流域上游的扇形山麓地带,以后进入两河河谷,开垦两河流域中下游平原。其繁衍的区域主要在两河流域适宜农耕的几万平方公里,加上地中海东岸的"肥沃新月带"。

埃及文明依托的是尼罗河河谷及三角洲面积 3~4 万平方公里的冲积平原,比两河流域还要狭窄。而且埃及和美索不达米亚的地形地貌大体是山岭、沙漠、大海护围的冲积平原这一类格局,气候均属于干燥亚热带。

印度文化发展的地区较为广大,它源于印度河流域的十余万平方公里地区,后又扩展到恒河流域及德干高原,然而碍于北方的喜马拉雅山脉和帕米尔高原,使得印度文明的范围囿于印度半岛之内,气候均属热带。

至于希腊、罗马,地形地貌大体在山海之间,缺少阔大之气,气候也只有地中海气候一种类型;而印第安诸文明其地理范围均有限,气候也限于一种。

与以上各古文化相比,中华文化发源地——东亚大陆,其地形、地貌、气候都显得要复杂多样,更植根于一个较为宽广的滋生地域之中。

广阔的黄土高原和黄河冲积平原,在古代林茂草肥,是中华文化最重要的发祥地之一,加上长江流域乃至辽河流域以及西南崇山峻岭间,也都有着四五千年的文明史。因此滋生中华文化区域的总面积,当在500万平方公里左右。

秦汉以后,中华各区域文化融合为汉文化,先民继续开疆拓土,实行民族融合,形成广土众民的大帝国,奠定了中国近1000万平方公里的广大领土,为中华文化的繁衍提供了广阔的天地。

第二节　世界社会图景中的中华民族

一、幅员辽阔位置居中的泱泱大国

在《尚书·禹贡》中,中国的版图"东渐于海,西被于流沙。朔南暨,声教讫于四海"。这是二千多年前中国人的"四至"观。一个幅员辽阔、位居中央的泱泱大国赫然眼前。"中国"一词,在古代中国人那里,就是中央之国,它领有九州,富有四海,它就是天下。

不仅自古以来,中国人认为自己居世界之中,即便用今天的地理学、物候学等科学来衡定,中国仍居亚洲之中。亚洲居寒带、热带之中,因而中国可谓世界之中的之中。首先是这一面积上所承受的日照量居中,这里的日照量比非洲小,比欧洲大。在人种肤色上,是黑与白的中间色。在地貌景观上是绿与蓝的互补色,这是黄色人种即蒙古人种(又称亚洲地理人种)形成的根本原因。中华文化的发源地和中心地位于中国之中部,即历史上习称的中原地区,这儿是典型的温带气候区,春、夏、秋、冬,四季分明,寒来暑往,阴阳平衡,不偏不倚。最为奇妙的是,以中名国,世界上只这一国。天意乎? 人情乎? 兼而有之。因为除了中国之外,再没有其他民族国家所处的位置具有这样的中心了。世界中心的观念,在某种意义上讲,主要还表现在文化意识上,而不只是表现在地理位置上,古代中国人习惯意谓中国雄踞世界文化的中心位置,在 15~16 世纪之前,中华文化确实在世界占据领先的地位。

二、以农立国

以农立国,即以农业作为获取食物的主要方式。中国位于大陆平原、江河海岸地带,中国人自古以农业为主,最早始自采集即自然农业,并有采集发展为精耕农业,期间虽伴随黄河流域、长江流域、东南沿海、西北草原的渔业、畜牧业生产,但这些生产方式未起主导作用。因此,农业作为中国文化较早的渊源,孕育了漫长的文明,决定了中国文化自古到今的变迁。直到今天,全国十三亿人中仍有九亿人是农民。于是,土地成为财富的基础,围绕土地的利用和分配贯穿中国历史。封建统治阶级特别重视耕战之术,耕为利用土地,战为取得土地。尽管中国也有较发达的畜牧业、渔业、商业,但这些都是副业,农业长期成为中国主要的生产部门,是整个国民经济的基础。

虽然地中海地区和欧洲也有发达的农业,但那里一是发生较晚,二是原本由西亚传入,三是农业与渔猎、畜牧、商贸并重,不处于统治地位。与此形成鲜明对比的是,中国精耕农业提供了中国人的主食。自古至今,中国人皆以荤食为副食,以米、面为主食(北方食面和杂粮,南方多食米),这种食品结构对于中国人的体质和性格的形成起到了极其重要的作用,《淮南子·地形训》就说"平土之人慧而宜五谷"。虽然中国也有发达的畜牧业和渔业,但分别在西北方和东南沿海一带,均不是华夏文化的中心地带。而中国文化是以华夏为代表的,因此可以说,农业文化是中国的主要文化。

第三节 世界三大文化中的中国文化

中国和以精耕农业为基础的中国农业文化,都在不经意间涉及中国文化在世界文化图景中的地位,触及文化生态学的核心以及"文化日心说"为代表的地球文化发生论,见图1-1。地球的水陆分布主要是由于宇宙的特殊运行方式决定的,进而造成南北东西的差异,形成寒、热、温、凉等不同的气候区,促进了不同文化区的形成。董欣宾、郑奇在《人类文化生态学导论》中提出的"三大板块文化说"颇有见地。该书提出黑色人种文化、白色人种文化、黄色人种文化分别以热带非洲、欧洲、亚洲为代表,是地球上的三大主流文化。

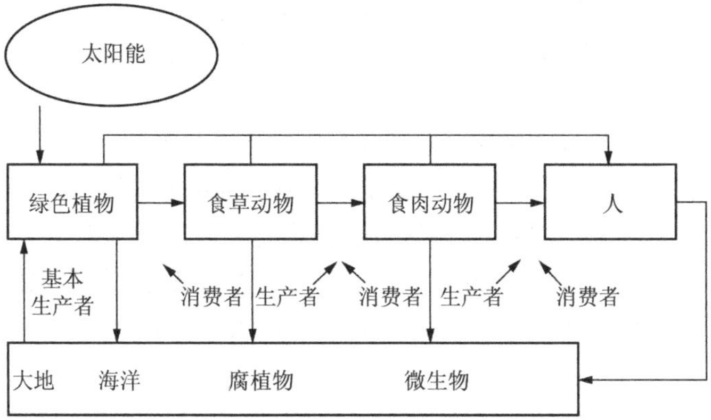

图1-1 日心论生物循环图

非洲热带雨林促使生物生育繁茂,培育了黑色文化的主体——尼格罗人种,他们早期生产方式是以采摘为主的自然经济,生命繁衍频率高,文化传承积淀性差,民族性格为感性应激适存型,文化形态为体育舞蹈型。

与非洲的自然环境大相径庭,白色人种所在的欧洲,生存条件艰难得多,繁衍缓慢,生命淘汰率高,文化传承积淀性强。早期以渔猎为主的生产方式长于小集团合作,形成了后世繁华的集团经济。发达的辨声、拼音文字系统,并以此为始而形成发达的音乐型理性文化,更形成了数理逻辑分析性思维模式,由此才形成现代科学,其文化为进攻型、开拓型。

以亚洲为代表的黄色人种,如中国,则地大物博且居住在寒热地带,以农立国,因农业对自然的依赖而形成了"天人合一"的观念;发达的视觉形色辨析能力和丰富的情感性格造就了美性、绘画型文化。小农经济与中央集权的有机统一,又形成了后世稳定持久的集权经济模式。文化风格长于吸收、融合,而不善进攻、开拓,有特强的传承积淀性。

介于黑、白、黄三大板块文化之间,还有呈现过渡或混合性格的七大中间文化。

世界三大主体文化和七大中间文化合称十大异体文化,见图 1-2。其中黄、白两大文化体系强大的传承积淀性,加之欧亚大陆交流的便利,使文化发展处于优势地位,形成了一动一静,具有对等资格的东、西方"两种世界观"。东方以元气论哲学为代表;西方以原子论为代表。东方强调宇宙的整体性、联系性;西方强调其可分性、独立性。这两种世界观深深地影响和制约着东西方文化包括旅游文化的发展。鸦片战争可以说是人类文化由局部冲突走向全球全面碰撞的转折点。中国封建王朝的封闭大门被轰开,中国社会被强行纳入国际资本主义经济体系,沦为一个半殖民地半封建的国家。中国人民被迫比较多地接触,进而认识西方的文化,中国旅游也由此被动地走进近代。

表 1-1 世界三大饮食文化体系比较[1]

人种代表	黑色人种	黄色人种	白色人种
代表区域	非洲	亚洲	欧洲
地理气候	热带雨林	温带	寒带
获食模式	采集	耕作	渔猎
进食类型	手拮	杆箸	刀叉
食物品种	植物为主	植物、动物	动物为主

---

① 资料来源:太阳的魔语[M].[出版者、出版单位不详].

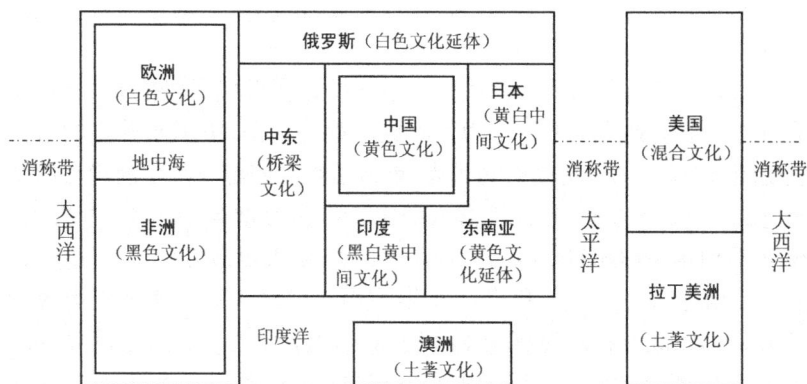

图 1-2　十大文化区示意图

第四节　面向世界的中国旅游文化

随着国际冷战状况的逐渐结束,和平与发展成为全球的主旋律,世界经济出现了相对持续的增长,人类社会不断进步。

20 世纪 50 年代中期到 70 年代中期,西方经历了整整 20 年所谓的"黄金时代",经济发展与新技术革命浪潮融合在一起。在信息技术生物工程等现代高科技的推动下,西方经济整体上有了巨大的发展。随后,西方发达国家普遍开始向后工业社会探索,并伴随着以中产阶层为中坚的旅游热潮不断升温。

作为一项综合性产业,旅游业不仅创造了大量的利润和税收,提供了众多的就业机会,还促进出口,吸收外资。综合消费的新潮流和趋向,旅游休闲已经成为全人类很大一部分生活中必不可少的重要组成部分。在过去 50 多年中,世界旅游业经历了起步、发展、腾飞、成熟四个阶段,旅游业已从一个无足轻重的产业发展成为举世瞩目的重要支柱产业。

在这不断升温的旅游大潮中,旅游发展最快的是亚太地区。该地区旅游持续发展有三大原因,一是亚洲经济高于全球水平的增长速度,二是亚洲旅游认真学习欧美的先进经营管理经验,三是亚洲富于人情的服务。

地球上最强大的民族体系——中华民族在近代历经磨难之后,又重新屹立于世界的东方。作为亚洲旅游第一大国,中国旅游业的增长速度随着改革开放,更是一马当先,创造了世界旅游史上空前绝后的发展速度。1978~2004 年入境游人数由 180 多万增至 10 903.82 万人,26 年平均年递增超过 17.3%,1978~2004 年入境游外汇收入由 2.63 亿美元增至 257.39 亿美元。26 年平均年递增近 20%,发展指数达 7 758。正如世界旅游理事会主席鲍姆·加藤所说:"中国是世界旅游者最向往的目的地之一,除了拥有丰富的旅游资源这一优势外,中国在消费者心目中是一个很安全的地方。如果 2003 年中国旅游需求增长速度上升至世界第一位,我们并不惊讶。"世界旅游组织秘书长弗朗·加利也赞叹道:"中国旅游业持续高速增长超出所有人的预料,中国是世界上旅游业发展最好的国家之一。"

旅游的双重性表明,旅游既是经济现象,更是文化活动。对旅游者来说,旅游消费的实质是文化性消费或消费文化。一般来说,对旅游吸引物的要求是以异质文化为主,而且对文化性的要求越来越突出,只有文化差异才能形成吸引力。而许多文化是特定的,无可替代的,所以其吸引力就更强。中国的旅游资源就是得天独厚的东方文明的杰出代表,具有垄断性。世界旅游业的持续发展给中国旅游业带来了极好的机遇,加上旅游业对文化性要求越来越突出,也给中国旅游文化带来了传播和发展的千年一遇的良机。世界旅游组织进行专题研讨后形成结论:到 2020 年,中国将成为世界第一位最大的旅游目的地,同时到 2020 年中国也将成为世界十大客源输出国之一,居世界第四位。中华文化为世人所仰慕,中国将成为全球最具有吸引力的旅游目的地之一。

中国国际旅游的灿烂前景,预示着中国旅游业的全面发展,必将极大地推动中华文明的传承和先进文化的传播。中国旅游文化在此中既是目的,又是过程,它在走向世界的进程中,作为中属亚人类文化的重要组成部分,经由旅游这一活动,与西属亚人类文化相互交流、相互促进,从而推进人类社会的进步发展。而中国旅游文化也必将在融入世界的进程中不断丰富和完善自己,为灿烂的中华文明增光添彩,为中华民族的伟大复兴作出独特的贡献。

思考题

1. 分析中国所处的地理环境对中国古代文化的影响。
2. 分析中国所处的社会环境对中国古代文化的影响。
3. 怎样看待世界三大文化中的中国文化?
4. 如何看待面向世界的现代中国旅游文化?
5. 为什么中国将成为全球最具吸引力的旅游目的地?

第二章　中国旅游文化的特征

对于中国旅游文化，人们可以归纳出许多特征。如文化学前辈梁漱溟就概括出中国文化的十四种特征，台湾学者韦政通则认为中国文化有十大特征。沈祖祥在《旅游文化概论》中总结了延续性、多样性、地域性、民族性、实用性、宗法性、封闭性等八个特点。当然，还有综合性、广泛性、中庸性、融合性、整体性、礼仪性、思想性、时代性等种种提法。在这里，我们择其要者，从人类生存生活发展的时空背景角度，简要归结中国旅游文化的特征。中国旅游文化首先在时光的维度上源远流长，具有延伸性；其次在空间的构架上呈现多元一统的系统性；再次在积淀的厚度上有着博大精深的丰富性。

本章通过介绍中国旅游文化的三大特征，让学生能联系实际加深理解这些特征。

第一节　延续性　源远流长

众所周知，人类历史有着四大古老文明，这就是两河文明、古埃及文明、印度河文明和中华文明。前三种文明在历史长河中不是湮灭已久，就是中途夭折，或被其他的、后来的文明所替代，使得创造这些文明的民族及其语言消逝了。它们同与其相关的现代文明间隔着相当长的时间。唯有中华文明虽历经磨难，跌宕起伏，却数千年绵延连续，一以贯之，历久而弥新。在当今世界上，称得上真正意义的悠久的古老文化唯有中华文化，这是独一无二的。

由此可见，在世界诸多文明中，延续性无疑是中华文明首要的特征。

著名考古学家苏秉琦概括得好：中国是"超百万年的文化根系，上万年的文明起步，五千年的古国，两千年的中华一统实体"。

中华民族确实深深植根于中国社会历史发展的丰厚土壤之中,并可上溯到黄色人种——蒙古人种的起源。这就是苏秉琦所论的170万年前云南元谋猿人直至1400万年前之腊玛古猿。距今约170万年前的元谋人是已知的中国境内最早的直立人。直立人阶段的人类相当于旧石器时代早期。"人猿两揖别",经过漫长的旧石器时代,大约在1万年前,中华先民开始跨入了文明的门槛,逐渐从渔猎、采集生活转入农耕生活、定居的母系社会,这相当于传说中的伏羲、神农时代。

从南北各地发掘出来的许多古文化遗址,仅新石器时代的就有七千多处,如江西仙人洞、浙江河姆渡、湖南彭头山都发现了8 000年左右的稻谷;西安半坡仰韶文化、山东龙山文化等文化遗址中也多处发现6 000年前的稻谷,说明距今5 000年到距今1万年,中国的农耕文明已经开始传播。

传说中的黄帝时代,相当于约5 000年前父系社会,开始出现了一些方国,随着方国相互吞并,古国的逐渐强盛,最后形成统一封建国家。封建社会长期延续,直至辛亥革命推翻帝制,建立中华民国,1949年推翻中华民国,建立中华人民共和国,走上社会主义发展之路,足见中国社会发展的相对缓慢,然而相当的稳定,尤其是延续不断。此间,中国旅游文化如同绵绵流水,与悠久的中华文化相生相随。

恰恰就在反映中华早期文明的神话传说中,如伏牛乘马、神农尝百草等神话传说,中国早期旅游文化就相伴相生,并且世代相承,不断传播,家喻户晓。经历代逐渐积淀,还留存下了伏羲台、伏牛台、神农台、教稼台、太阳市等遗址。

中国文明研究考证有如河姆渡古文化遗址及大洋洲、澳洲等史前发掘为证,中华先民曾架舟出海,远涉重洋,移居到大洋洲。自先秦始,帝侯巡游游猎,士人游学游说,还有繁忙的商旅等诸多功利性旅游,为后人留下极为精彩的中国旅游文化篇章。自魏晋南北朝后,名士开寄情山水之玄游,中国旅游文化历经隋唐之恢弘激扬、两宋的哲理、元明清恬静、散澹淡泊而式微。

其中,宫院寺观、亭台楼阁等物化文明和诗文词曲、小说书画等精神财富。这些涉及旅游文化的国宝浩如烟海,俯拾皆是,成为取之不尽、用之不竭的中国旅游资源的源泉。中国文化传统上下五千年,纵横几万里,在中华大地上宛如一条条奔流不息的江河,代代相传、生生不息;数千年的中华旅游文化也绵延流传、通古贯今。正如国学大师钱穆所述:一民族文化之传统,皆由其民族自身递传数世、数十世、数百世血液所浇灌,精肉所培壅,而始得开此民族文化之花,结此民族文化之果。大至一国一族,小至一姓一俗,一脉相承,源远流长。

第二节　系统性　多元一统

中国旅游文化源远流长,既具有明显的延续性,也有着多元一统的系统性,犹如著名学者徐复观所说:"我们所说的传统,是某一集团或某一民族,代代相传的生活方式和观念,因为是代代相传,所以从时间上看,有其连续性,因为是某集团的,所以从空间上看,有其统一性。"

这一种关于中华文化起源的说法流传已久,即认为中华文化是首先由黄河流域中游地区生发,然后向四方扩散,其他地区的文化是在黄河文化的影响带动下生长起来的。然后,随着我国近五十年来考古对旧石器及新石器时代文化遗址的广泛发现,一个个新的论点相继提出,逐渐归结出中华文化满天星斗多元发生结论。其代表苏秉琦提出:中华文化的发源地绝非局限在黄河中游的狭小地区,而是散布在那数百万平方公里的辽阔版图上,犹如满天星斗,熠熠发光。

辽西凌源女神庙、石冢群和文化祭坛遗址的发现,标志着距今五千年前的辽河流域和长城地带的红山文化发展水平不在黄河流域文化发展水平之下,这进一步证实了中华文明具有五千年以上的历史。巴蜀三星堆遗址、湖北屈家岭文化、大溪文化以及河姆渡文化、马家浜文化、崧泽文化、良渚文化则表明长江流域从上游到中下游都有着五千年至八千年历史,均是中华文明的发源地之一;长江流域文化和黄河流域的仰韶文化、龙山文化、大汶口文化、青莲岗文化一样也是中华民族文化长久发展的摇篮。由此,人们逐渐趋向于中华文化六大区系,或称六大文化圈的文化多元起源的学术共识,这六大文化圈即中原文化、红山文化、荆楚文化、吴越文化、齐鲁文化、巴蜀文化。

中华六大文化圈主要由长江、黄河共济,也兼及辽河及西南地区。

梁启超说:"华夏民族。非一族所为。太古以来,诸族错居,接触交通,各去小异而存大同,渐化合以成一族之行,后世所谓诸夏是也。"可见,中华民族的成分也是多元的。在中华文化的神话传说时代,古羌人生活在渭河流域到黄河中游地区,首领为炎帝。古羌人被称为"九夷",共有九部,生活在黄河下游和江淮流域,相传祖先是太皞少皞。黄帝则是生活在北方的戎人和狄人的始祖。古苗人即古籍上称之"三苗",在江、汉之间。在"三苗"之南则还有生息于五岭山脉崇山峻岭之中的"南蛮"。随着各个部落的分化、组合、战争和联盟,逐渐形成华夏、东夷、苗蛮三大部落文化群。又经过黄帝与炎帝阪泉之战,黄帝与蚩尤涿鹿大战直至以后"尧战于丹水之浦以服南蛮","舜却苗民,更易其俗",禹亲自把天之瑞令以征有苗。华夏部落群的连连胜利,建立了在中华民族及其文化多元发生中的主流地位。为此,形成了把黄帝当作中华民族共同祭奠的先祖,中国人也都习惯称自己为炎黄子孙。

经由夏商周三代及春秋战国文化轴心时期,二千多年前中华统一实体——秦汉帝国终于出现在世界东方,秦帝国实行高度的中央集权,统一文字、度量衡,"治驰道"、"设郡县",汉承秦制。秦汉两代基本建立了较完备的东方农耕生产生活的封建社会系统。

中国封建社会是高度的中央集权和分散的家庭小农经济的统一体。一方面"普天之下,莫非王土;率土之滨,莫非王臣";另一方面一家一户独立耕作,千家万户绝对分散。这种小农经济看似一盘散沙,但这种分散性和集权性的统一经中央到地方十分严整的封建统治贯穿至今,构成中国经济、政治、社会模式的东方特色。中国地大物博,土地肥沃,四季分明,人口散布面广,适宜农业,为一个完备的亚细亚封建统治系统提供了基础。

中国旅游文化有不少杰出的代表,如长城、秦皇陵、故宫、颐和园和避暑山庄,无不是集中了中国的财富和中华民族的智慧,并作为世界文化遗产保存至今。人们由它们感受到历史的体温,触摸到前辈的脉搏,直至当代诸如中山陵和毛主席纪念堂的建造,人们犹能感悟到中国经济集权、天下一统的余温。而全国人民奔小康,构建和谐社会和两岸和平统一,这些与中华民族期盼富乐安康多元一统的民本民族理想息息相关。

至于锦绣江南游、故都文化之旅、西安故都遗址游、重走丝绸之路、云南民族风情游、青藏民俗风情游、茶马古道游、江浙古镇游……这一条条迷人的旅游线路,处处展现东方文化魅力的名胜古迹和钟灵秀慧、充满人文的山山水水,无不体现中国旅游文化的系统性。

第三节　丰富性　博大精深

中国旅游文化除了以其独一无二的悠久绵长、统一多元显出其时空构架的连续和宽泛,还在其丰厚富裕的积淀中向世人展示其博大精深。

古代中国长期处于与外部世界近乎隔绝状态的独特地理单元中,北部是人迹罕至的荒漠和冰土带,东濒大海,西部和西南部都有高山及沙漠。独特的地理环境在一定时期内保护中华文明免遭外敌侵犯,如公元前335年亚历山大大帝征服世界的军事行动在帕米尔高原被迫南折。

这一典型大陆海岸性国度的生存生活大环境不仅决定了其内生性、封闭性,也蕴含着其内在的复杂性和完整性。近千万平方公里的辽阔疆土,五千多年的文明跨度,这本身就表示了多元丰富的积累。又加上这块神奇的土地美丽肥沃,中华民族聪明又勤劳,创造出了无比璀璨的文化。这些在中国很多的旅游景观中均可得见。

万里长城万里长,长城两边是故乡。万里长城几乎与我国400毫米降水线相重合,成为中国湿润区与干燥区的分界,也即农耕区与游牧区的分界,长城实际上成为中华文明圈内农耕与游牧这两大类文化形态的分界线。这标志着作为农耕民族的华夏求统一、求和平、固土自守的心理、物质表征;同时也是农耕游牧两类文化交融、整合,两种经济形态交流促进的必然桥梁和窗口。中华民族的基本生产、生存方式,正由长城联为一体,融为一身,长城的文化内涵和外延也就不言而喻。今天,我们观看秦汉长城的烽燧土垠,自是浮想翩翩,直入"大漠孤烟直,长河落日圆"的壮美意境;在居庸关周围有着穆桂英点将台等关于杨家将的遗址传说;云台精美的汉白玉雕塑和名将戚继光所创的座座空心楼台,它们堪称宋元明三代长城文明的标志,陕北榆林镇北台与红山易马市更因其防御外扰,保障商旅往返,促进边贸经济,显示着长城作为战争与和平纽带的本质意义。

在我国的北方还有一座无形的长城,即避暑山庄和外八庙,1994年列入的世界文化遗产。这清代修筑的雄美的楼台寺院是一座无形的长城。

"万里经营到海崖,纷纷调发逐浮夸。当时废尽生民力,天下何曾属尔家"。这是清康熙皇帝在山海关写下的诗,他对长城另有看法,历朝劳民伤财修长城,也未保住天下。随着政治、军事形势的发展,特别是对蒙古、新疆各部统治的进一步巩固,长城失去了防御的意义。代之以对北方蒙古、新疆、西藏的少数民族上层贵族采用笼络为主的"怀柔"政策的方法,以达到统治的目的。清康熙、乾隆时期大兴土木,不惜耗费重资修建外八庙,目的正是为了满足蒙、藏各族对喇嘛教的崇奉和皈依黄教的要求,团结蒙藏诸部和其他少数民族,加强对北部边疆的管理。乾隆时建的九庙,都面向皇帝居住的避暑山庄,各庙的中轴线都指向山庄,形成一种百川归海、众星捧月的姿势,象征着边疆各个少数民族对中央政府的向心力,也象征清代多民族国家的统一。在建筑布局上也使外八庙与避暑山庄两大建筑群形成一个统一的整体。外八庙的兴建和木兰围场的秋狩大典,以及避暑山庄内举行的一系列活动有着相同的历史背景。在宗教气氛的掩盖下,在游园筵宴之中,加强清政府和蒙、藏各族上层人物的联系,共同抵御外侵,巩固清王朝的统治。历史证明,外八庙和避暑山庄可谓清代统治者构筑的另类"长城",它确实有效地维护了民族团结,有益于保持社会生产的稳定。这令人们在观赏这一世界文化遗产时,又多了几许别样的吸引力和丰富的联想。

中国旅游文化中的物质文明琳琅满目,精神文明更不用说。中国的方块字出现于龙山文化晚期,即黄帝时代,与古代传说中的黄帝之史官仓颉造字相符,现西安存有仓颉造字台。作为中华文明脊梁的方块汉字,几千年为使用过和正在使用它的民族的智慧发展提供了肥沃的土壤,在当今信息时代,人们发现,中文最简约,而且意义周密。李约瑟说:他的两个同行已经能够证明中国的语言结构较任何印欧语言更充分、更完善地体现了形式逻辑。中文不仅作为纯逻辑的符号存在与以印欧系为典型的西方语言平行,而且保留了视觉形象的印象特征,这就使中文成为光电传媒手段中最具智能化、最便捷的文字,"中文将在21世纪发挥威力,这完全是由汉字本身的优越性所决定的。英语词汇量太大,且一词一义,比汉语更为难记,输入电脑也不如汉语方便,在语意表述上,汉语言简意赅,富于灵活性、暗示性、寓意性而意味深长,汉字将与汉文化一起,渐渐被人类所接纳,被认为是最佳文字。未来人将同时精于渔猎本体英语和种植本体汉语两种"。近年来,全球学习汉语的外国人越来越多,仅美国就有千万人在学习汉语,这对于中国旅游来说也是不言而喻的。

英国历史学家阿诺德·汤因比说:"我所预见的和平统一,一定是与地理和文化主轴为中心,不断结晶扩大起来。我预感这个主轴不在美国、欧洲和苏联,而是在东南亚。"1988年,75位诺贝尔奖金获得者在巴黎发表宣言:世界要和平,必须到2500年前孔子处寻到智慧。目前,全球有孔子学院近700家。实际上,当今世界所崇尚的是以孔子作为代表的中国传统文化,首先是孔子等所指出的"天下为公"、"和而不同"的文化和谐思想和追求的大同世界、小康社会,也就是天下多元一统的安定富足的和谐社会生活环境,还有中国人的"天人合一"的有机整体理念。这些中国文化精华"弥论天地",无所不包,可谓"博大"。中国传统文化在每一领域、每一方面、每一门类都有一套理论,渗透着中华民族的哲理和智慧,无不精深。中国的哲学儒道虚实相济,又与中国佛教思想三教合一。中国的文化经长久发展形成不同的内容载体或表现形式,有南舟北车、南巢北穴、南凤北龙、南骚北诗、南丝北皮、南竹北木、南稻北粟、南道北儒、南炎北黄等,而且南北联结,相辅相成,相得益彰,浑然一体:炎黄共尊、龙凤相配,骚诗共妍,儒道互补。更有中华烹饪技艺、书画、中医中药、戏曲艺术四大国粹,无不博大精深,如一幅中国画就是再造一个天地人文相谐的景观。以种植为本的中国人相信天人合一的哲学,将人意自然化,自然人意化。林语堂在《中国人》中说:

"若一枝梅花、一句佳诗,小巧玲珑,意在疏朗,以一部攫取全部精英,使人神会。"这种人类独特的超脱俗形的博大艺术胸襟,表达了含蓄、高雅、雄厚的民族心理。

毛泽东曾说:"中国饭菜和中医中药是对世界有贡献的",中医中药在中国旅游文化中的地位非常突出。有些国外旅游者是主要来中国参加针灸、太极拳、按摩等体疗项目旅游的。中医的系统论、辩证观的治疗对于很多国外游人来说简直就是神奇。而中药(包括蒙药、藏药、苗药等少数民族药)安全、价廉、奇效,更是风靡世界,成为旅游商品中的佼佼者。由此可见,从物质到精神,以中国文化为精神根基和血肉躯干的中国旅游文化同样博大而精深,蕴藏着巨大的生命力。

思考题

1. 简述中国旅游文化的特征。
2. 举例说明中国旅游文化的系统性。
3. 举例说明中国旅游文化的丰富性。
4. 举例说明中国旅游文化的延续性。
5. 以汉字和汉文化为例,说明中国旅游文化的丰富性。

第三章　中国旅游文化史话

　　运动是世界上一种普遍的规律,人类概莫例外,而且可以享受唯独人类才有的文化运动。人类社会也自此存在着并经历着自己的文化之旅。旅游就是人类特有的一种文化运动方式。

　　人类社会的旅游是由千千万万个人的旅行游览汇合的,人们往往把人生的活动过程形象地比喻为"人在旅途"。每个人从呱呱坠地,就开始了自己的人生之旅,在母亲的怀里,在亲人的肩膀上,在童车中,或许就伴随着成人的匆匆行色,都参与到人类旅行和游览的活动,融入了人类运动的洪流之中。

　　本章通过阐述中国旅游文化的产生与发展历史,使学生加深对中国旅游文化博大精深的认识,从而对现代中国旅游文化的大发展充满信心。

第一节　中华旅游文化的孕育期——蒙昧时代

　　中华民族与世界上其他种族一样有着漫长的进化过程,其最初的古人阶段也同样是采集狩猎者,过着颠沛流离、行迹不定的山林原野生活,在长期的迁徙与流动中生存与发展起来的。

　　如果说完全意义上的旅游主要是与精神财富生产相联系,那么它的发端还是来源于人的生存活动本能和运动本性。

　　中华民族的文化之旅本身就是千万年一步步走出来的,此中不时折射出中国旅游文化的演变过程。中国旅游文化的渊源与中华民族先民的迁徙旅行息息相关。回溯中华民族那十分缓慢的然而毕竟是最初的筚路蓝缕,以启山林历程,寻觅华夏民族采摘渔猎的漂泊迁徙踪迹,可以感受到孕育中华旅游文化的源头所在。

一、筚路蓝缕　以启山林

中华民族的根系可以上溯到云南禄丰县,考古发现的距今1 400万年的腊玛古猿,已经开始了向人转变,不再是"爬行",而能独立行走,但是中国境内最早的人类活动的历史确证还是在云南元谋县上那蚌村发现的距今170万年的猿人化石,定名为元谋猿人。"人猿相揖别,只几块石头磨过,小儿时节"。元谋猿人真正开始了中华民族的孩提时期,也就开始了中华民族以生产为核心的行走——迁徙。

史前超过99%的时间中,95%左右的先民在人类历史上是在采集和渔猎为生的方式中渡过的。人类为了获得必要的食物,不断地扩大栖息地的外延或易地生存。由于生存环境的变化,动物侵袭,自然灾害降临,大自然可供现成食物源减少,原始人群走出森林,攀山越岭,涉渡江河,四处奔波,流离失所,行踪不定。始于采集,继而渔猎,进行着以维持种族延续为主要目的的最低级生产,迁徙成为中华先民常态性生存状态。为了生存,中华先民需要不断地转换自己的生存空间,因而迈步行走,漂泊流动。由于原始人群面对强大自然力而愈感弱小,生存空间移动的方式往往是整体迁徙为主。迁徙似乎成为一种必然的生存生产生活方式。

二、神话种种　流传至今

近现代,中华大地上不断有元谋猿人、蓝田猿人、北京猿人及诸多史前文化遗存的发现、发掘。关于中华先祖繁衍生存,艰难迁徙的史实却还是相当有限,由于相隔如此久远,很多还只能作为假设和推测的依据,尚难作更多的深入考证论述。

我们只能凭借千百年来留传至今的神话和美丽动人的传说,它们很多与中华先民生存空间的拓展转换相关联,有些还与史前的文化遗存相印证,从中可以粗略反映出中华文化蒙昧时代孕育中华古代旅游文化萌芽的最初状态,对于往后中国旅游文化的衍生和演变弥足珍贵。

《山海经·北次三经》说:发鸠之山,其上多柘木。有鸟焉,名曰精卫,是炎帝之少女女娃。女娃游于东海,溺而不返,故为精卫。常衔西山之木石,以堙于东海。这就是二千多年前记述的"精卫填海"的故事,此中不难看出先民对更广大生存空间的渴望。

西汉《淮南子·贤冥训》云:往古之时,四极废,九州裂,天不兼覆,地不周载。于是女娲炼五石以补苍天。"女娲补天"的神话充满了对去除自然灾难,保有生存空间的英雄的崇拜。

《淮南子》和《山海经》中记有"十日并出,焦禾稼,杀草木,而民无食""羿射九日,落为沃焦""后羿射日"的神话表现了先民对危及生存环境的自然灾害的抗争,并讴歌改善生存空间的英雄。

《山海经·海外北经》:"夸父与日逐走,入日,渴欲得饮,饮于河、渭。河、渭不足,北饮大泽,未至,道渴而死,弃其杖,化为邓林。"邓林即桃林。另《列子·汤问》谓夸父"弃其杖,尸膏肉所浸,生邓林。邓林弥广数千里焉"。夸父逐日神话皆在此两书,后世复有夸父山,夸父迹、夸父国等,夸父逐日遗迹之传说,无不体现着中华祖先对新的生存空间的不懈追求。而神话"嫦娥奔月"更是表达了中华先祖对安逸宁静的理想生存空间的美好向往。

《庄子·盗跖》:"古者禽兽多而人民少,于是民皆巢居以避之。昼拾橡栗,暮栖木上,故命之曰有巢氏之民。"从这有巢氏"构木为巢,以避群害"的传说到神农氏教稼相土的神话,反映出了百万年间中华先民欲求安居乐业的心愿和追觅芳草地、寻求相对固定生存空间趋向农耕定居的踪迹,而从上那蚌村的元谋猿人到西安半坡种植谷物的仰韶文化和浙江河姆渡的稻作文化,此间应该已有一百多亿中华先民走过了差不多170万年的迁徙历程。

此时的中华先民虽然还不可能完全属于由渔猎向农耕的全面过渡之中,然而毕竟开始建立久聚的村落,尝试定居的农耕生活。"大禹治水"这妇孺皆知的神话传说大致应对的可能就是这一时期。《孟子·滕文公上》:"当尧之时,天下犹未平,洪水横流,泛滥于天下。五谷不登,禽兽逼人。尧独忧之,举舜而敷治焉。舜使益掌火,益烈山泽而焚之,禽兽逃匿。禹疏九河,决汝、汉,排淮、泗而注之江,然后中国可得而食也。"大禹得仙女瑶姬相助,化熊通山,斩蛟龙,开龙门,疏九河,铸造九鼎定九州,巡狩天下,会群神于会稽,足迹几乎遍至四隅。所有这些传说在很大程度上是中华先民努力开创农耕定居环境的许多活动的集中体现。

至今,全国很多地方仍存留着各个历史时期多种纪念大禹的禹王陵、禹王台、禹穴、禹井、禹庙、涂山禹会村、禹迹溪等遗址。近年出土的周代遂公鼎上记载"天命禹敷土,随(堕)山,浚川"内底铭文"有德于民",比《史记》记载提前了七百余年(距今有2850多年历史),所有这些都反映着中华民族对改善民族生存空间的历代祖先创造性劳动的无比崇敬。

关于中华民族始祖黄帝的传说是最多的,其中有关轩辕黄帝涿鹿阪泉大战蚩尤、炎帝的传说,实质上是可以视为关于氏族社会冲突整合、部落集体迁徙之旅的记述;黄帝神游中华、探险昆仑则是中华民族旅游的最初传说,黄帝也因而被誉为中国古代旅游的"祖神"。

至于黄帝造车,甚至造指南车的传说则涉及到了旅行工具——车的创制,还有后来夏"奚仲作车"传说,都是反映了那几个时期均有着对旅行工具的连续的探索。有关黄帝以及大禹的一些神话传说,从一定的角度标志着中华先民的蒙昧时代进入了结束时期,中国五千多年历史差不多在此时开始。同时,作为中国古代旅游活动先兆的旅行活动已略见端倪。

第二节 中国旅游文化的奠基期——过渡时代

大禹以天下授益,益让禹之子启,诸侯皆去益而朝启,于是启即天子位,建立了夏王朝,这标志着中国氏族公社的彻底崩溃,社会私有经济的确立,中国文化的蒙昧时代宣告全面结束。然而,离中国大一统的封建文明的全面建成,还有着一段过渡时代,即夏商周三代和春秋战国时期,这一过渡时期的上沿甚至还要前移到中国五千多年文明的开端,并涉及到距今一万年前后原始农耕的发明。这一时期历经数千年,其路漫漫,历尽艰难,是中华民族最终形成的关键时期。我们把这由原始蒙昧到封建文明的整个中间阶段称之为过渡时代。此中相当时段整合中华文化的氏族斗争、诸侯征战和统治阶级残酷压榨、奴役统治,而且充满血腥惨烈,又可称之为相对野蛮时代。这一时期是中国封建文明的重要形成期,也是中国古代旅游文化的奠基期。

在这一时期,中华民族朝着全面建设以定居为主要生活方式的农耕社会和中央集权的封建王朝,迈出了决定性的步伐,并逐渐超越采集和狩猎经济阶段,进入以种植业为基本方式的农耕时代,继而创设了农耕宗法社会伦理和与之相适应的农耕社会轴心思想,奠定了封建文明的基本框架结构。中国古代旅游文化也在这一时期实现了具有奠基性质的开端。

由迁徙漂泊的采集渔猎到聚落定居的养殖耕作,生产生活方式的转换,为中华先民旅行和游览的开始创设了最初的需要和可能;由东夷华夏三苗氏族部落到夏商周中央王朝,社会文化整合和政治制度以及所有制经济的剧变,又为帝侯贵族奢侈的巡游要求与淫娱享乐提供了必要的物质支撑和制度保障;由商旅、军旅到游学、游说,更将以谋生行役的旅行拓展到士大夫政治文化之旅,并不断推动中华旅游基本思想理论的初步建立。

随着社会生产力的发展和生产关系的急剧变革,中国古代旅游由此出现了日趋繁忙的商旅和帝王诸侯的巡游、会盟、封禅、婚旅、娱游以及学士游学、谋士游说与各国间的外交聘问、盟会等丰富多彩且极其活跃的功能性旅游活动。伴随着百家争鸣,周游列国的长途跋涉,又为后人留下了精彩的旅游篇章和丰富的旅游审美观念。

中华文化的这一过渡时代从物质到思想,由内容至形式全方位地创造了中国古代旅游文化的基本格局和中国封建文明时期旅游的大体样式,名副其实地成为中国旅游文化的奠基期。

一、由迁徙流动到村寨聚落

距今大约一万年时,中华大地上开始出现原始农业,即进入了传说中的神农时代,也就开始了摆脱如同其他动物一样被牢牢地锁系在大自然天然食物链上的采集渔猎的生存生活方式,逐步停止了一百多万年以来不停止地漂泊流浪的迁徙步履,慢慢地和土地趋于紧密联系,由作物栽培到动物畜养,朝着村落农耕生产的新生活转变,于是不断地开拓村落和改变农村生存空间。数千年的食物生产为主要内容的"农业革命",引领着中华先民走出蒙昧时代,结束仅限于自身繁衍生存的最初生产形态,逐步走进了以耕作为主要方式的物质资料生产及其相应的社会形态和生活模式——亚细亚农耕封建文明社会。

从现有发掘的远古遗存中,可以看到八九千年前后中华先民在淮河上游把稻作农业与渔猎、畜养家畜并重,并有形成雏形的环壕聚落。在湖南、湖北的长江中游一带发现了差不多同时期的丰富的栽培稻遗存。而且,中原地区有磁山、裴李岗文化,关中地区有老官台等文化,泰沂地区有后李文化,辽西有兴隆洼文化等,都出现了繁荣的原始聚落,从事旱地农业和家畜驯养。

长江下游的太湖地区和杭州湾西岸的宁绍平原,有距今六七千年时的马家浜文化和河姆渡文化也都从事定居农业,家畜有猪狗水牛,同时进行采集渔猎。在河姆渡文化遗址中发现有大型干栏式建筑,还有船和桨,表明当时的先人已开辟海上航行,越海可东达舟山岛。也有学者认为他们曾经利用季风乘船航行,途经我国台湾以及菲律宾直至大洋洲。①

距今六千年左右,进入神农氏时代的繁荣期,以仰韶文化为代表,基本实现从渔猎向农耕的过渡,但农业生产尚未固定,居住地也未固定,但房屋由半地穴上升为地面建筑。制陶技术走上成熟,开始掌握冶铜和骨雕技术。还出土了用蚌壳堆筑的大型龙虎等动物和人骑龙的形象。

同期,长江中游大溪文化——湖北黄梅焦墩遗址发现用卵石摆塑的巨龙,全长四米多。而在江苏吴县马家浜文化遗存中已发现最早的纺织品实物。以辽河流域的红山文化为代表,原始宗教空前发展,出现了不同规模的祭祀遗址,以及造型复杂、涵义特殊的各种玉器。

所有这些新石器时代文化遗址的考古发现均证明了在中华大地不同区域的先民根据不同的自然条件开拓原始农业,逐渐建立定居聚落,

---

① 苏秉琦. 中国文明起源新探[M]. 北京:三联书店,2000.

进而形成各种原始手工业,也证明了食物源泉和定居生活,为加快文明的形成和发展提供了坚实的基础,中华先民的精神追求在氏族图腾和以宗教为代表的祭祀活动中得以发展。在河南舞阳贾湖遗址发掘出土的七音阶骨笛,距今已八千多年,骨笛音色清脆,七阶音准,2006年春节中央电视台赛宝大会上向观众展示,引起了轰动。这表明早在八千年前中华先民已卓有成效地开始摆脱了最原始的生产生活方式,在物质生产的同时已开始有了精神产品的生产。

距今五千年左右,在一些聚落内已出现古城址,总面积3万多平方米的城址内还有面积数百平方米的广场。在安徽淮河北蒙城尉迟寺遗址大汶口文化的聚落故址呈现出大中小三类聚落互相依托,构成一个社会共同体。最大的一处聚落遗址10万平方米,有以独立单间构成的排房,周围构筑大型围沟,种植水稻和粟,陶、石纺轮数以百计,形状各异,大小有别,可见纺织业已相当发达。大聚落周围10~20公里间,还分布着3万平方米以下的中型聚落3处,1万平方米以下的小型聚落12处。可以想象在近五千年前,中华先民的农居生活已相对稳定。《史记》中记录著名古谣《击壤之歌》:日出而作,日落而息,凿井而饮,耕田而食。形象地记述了尧时农耕人"早出暮入,强乎耕稼树艺"的典型生活方式。此类农耕社会相互间的社会交往目前尚无细考,从连云港锦屏山将军崖上新石器时代的石刻岩画中所画的先民为获丰收而向上天求祈的情状可略见一斑。从这里也可略微感觉到原始艺术歌舞的产生,然而真正表现出农耕初期先民的娱乐生活,包括春游等最早的群众游乐活动,还得看最早的诗歌总集《诗经》,其中的《郑风·溱洧》直接展现给我们一幅夏商周三代时先民春游图:阳春三月,男女相而游,在溱洧两岸洗濯相谑,正好说明了在中华农耕文明的建设过程中,中华古代民间旅游活动已经出现了,这是中华民族生存生产生活方式提升后的一种新的生活形式,它是农耕定居后中华先民精神生活的一种需求;也是"农耕革命"后中华大地上物质生产带来的可能,当然也应该是一百多万年人类迁徙活动的本性使然。此中包含着神州大地四季分明的特征,和春种、夏长、秋收、冬藏的农时节气。可以说,中国古代旅游一开始就满怀着中华民俗特色。

二、由氏族部落到中央王朝

在过渡时代,在中华大地上的不同区域中,经久的村落出现和发展,各种手工业部门形成和提高。由社会分工而发生产品交换,从而发生社会分化。中原龙山文化各遗址的发掘结果表明,当时已呈现出明显的社会分化。

约五千年前,随着私有财产的出现,社会的分化和价值观念的改变,原先建立在原始共产制基础上、以血缘为纽带的氏族制度日益衰落,而一种植根于氏族、部落,又凌驾其上的更高级的社会组织应运而生,逐步成为稳定独立的政治实体——国家的雏形。国家是文明社会的概括,国家的雏形出现,标志着中华大地最初的文明曙光诞生了。

史载,轩辕之时,神农氏世衰,诸侯相侵伐,暴虐百姓,而神农弗能征,于是轩辕习用干戈,以征不享。与炎帝战于阪泉,三战,然后得其志,与蚩尤战于涿鹿,擒而杀之。诸侯咸尊轩辕为天子,代神农氏,是为黄帝。这就是我们常说的中华五千年文明史的重要起点,也即从这个时期起,中华先民明显加快了走出蒙昧时代的步伐。

这一时期,以红山文化石祭坛、女神庙、积石冢为标志成为中华文明已知的第一道曙光。与之交相辉映的有稍晚的长江下游良渚文化的"土冢金字塔",社会分化十分明显,有不同层次的大中小聚落及周围附属性的小型聚落。又如甘肃大地湾的仰韶文化原始殿堂290平方米,距今四千多年前,长江流域和内蒙古长城地带普遍出现了城址。而中原地区在经济文化与社会发展进程中,吮吸容纳周边地区群星璀璨的文明因素,不断充实自己,形成八方文化辐辏中原的态势,终于从距今四千多年前开始,相继建立起以中原为中心的夏商周中央王朝。由此,百川归大海,多元一体的中华文明在中华大地上进入了加速形成的快车道,华夏民族也更日趋成形发展,并在不断坚实的基础上更加富于凝聚力与兼容性。

夏桀和商纣王是夏商两代残暴的领主专制统治者的代表,也是穷奢极欲的代表。他们修寝宫,筑瑶台,以酒为池,悬肉为林,为长夜之饮。考古发现,在河南偃师二里头发掘一处布局严整的都市遗址,中部有庞大的宫殿建筑群,四周为冶铸制陶等作坊,并出土大量石、玉、铜、漆工艺品。其年代为公元前1900年~前1600年,当为夏代中晚期。"纣为鹿台,七年而成,其大三里,高千尺,临望云雨"。又"是使师涓作新淫声,北里之舞,靡靡之乐。厚赋税以实鹿台之钱,而盈钜桥之粟,益收狗马奇物,充仞宫室。益广沙丘苑台,多取野兽蜚鸟置其中。慢于鬼神,大聚乐戏于沙丘"。"南距朝歌,北及沙丘,皆为离宫别馆"。由今河南汤阳至今河北邢台,由苑、台结合而构成的园林,这是一个巨大的皇家园林游乐场所,既是纣王的游娱通神场所,更是他游猎的地方。

周王朝大规模营建城邑,奠定了中国古代"前朝后寝"制度,同时也兴建了皇家园林——灵囿、灵台、灵沼。《诗经·大雅》:"经始灵台,经之营。庶民攻之,不日成之。"其《诗序》:"《灵台》,民始附之。文王受命,而民乐,其有灵德,以及鸟兽昆虫焉。"《孟子 梁惠王上》:"文王以民力为台,为沼,而民欢乐之,谓其台为灵台,谓其沼为灵沼。"灵台立于灵囿之中,其形象"四面而高",根据唐人《括地志》记载,直至唐代初年在长安西40里尚能见到"高三丈,周四百二十步"的遗迹。历经二千年的风风雨雨,仍有如此规模,可以想象当年周灵台的雄姿。它很可能有多种功能,然而登高游观无疑是其主要功能。"文王作灵台而知人之归附,作灵沼、灵囿而知鸟兽之得其所"。可见灵台营造及对百姓开放,是带有政治意图的,也许有汲取夏桀、商纣荒淫无度、倾城亡国的教训的成分。这是以中国第一个向民众开放过的皇家人造景观载入了史册,其在旅游史学上的意义是不言而喻的。

周初,鉴于夏商暴君极享醇酒、歌舞、台榭、声色之娱而遭覆国之灾,君主告诫子孙:"无淫于观、于逸、于田、于游。"牢牢记取前车之鉴,以免误国殃民。然而,自然的美景和游猎的乐趣的吸引力还是大大超越先祖君王训诫的约束力。从周武王曾孙开始,还是接二连三地巡游狩猎,也因此屡屡丧生,直至亡国。周昭王"背成王之制而出游,南至于楚,楚人沉之而遂不还";周宣王也经常率车骑出游打猎,在河南中牟打猎时,被一穿戴红衣帽的人用红弓箭射死;而周幽王带宠妃褒姒到骊山行馆,游骊山,登烽火台,举烽火嬉诸侯,以致丧生亡国。唯有周穆王文治武功均有建树,西达昆仑,见西王母,有《穆天子传》,又名《周王游行记》,详细记录了其长驱万里,北绝流沙,历名山,游绝境,与西王母瑶池宴饮的情景。这是先秦帝王第一部旅游史，也是先秦文学中最具代表性的游记文学作品。近年洛阳城中心发掘周王陵，发现完整的六骏马车，又可谓提供了实物的佐证。

春秋战国，诸侯并起，"礼崩乐坏"，本只属于天子禁脔之"台"，渐为诸侯华贵宫苑逸乐游宴的审美主体。各国竞相修筑规模宏伟的高台，如楚灵王筑章华台，吴王夫差筑姑苏台，它们与秦万里长城、阿房宫，并称中国古代四大建筑奇观。直至今日，仍有不少荒台故址成为历史遗址，并留下许多传闻和故事，成为丰富的人文旅游资源。如山东淄博齐桓公台，河北易县燕国下都之武阳台及黄金台遗存。河南渑池留有"古秦赵会盟台"，浙江绍兴有越王台，湖北江陵存有楚庄王的钓台。赵武灵王留下的河北邯郸武灵丛台经历代重修，古朴文华，今为冀南胜景——丛台公园。

三、从军旅、商旅到士人旅游

中华古代文明进入到相对野蛮的过渡时代后，迁徙流动生活逐渐为定居的农耕生活所替代。中华大地上的各区域的氏族部落不断有的提升为方国，有的则被兼并最终汇聚成为夏商周三代中央王朝。这样急剧的社会政治、经济、生产、生活变革对中国古代旅游产生了巨大的影响，领主统治的社会分化促使着中华先民的脚步向着两个极端分流。

中华先民刚刚脱离了颠沛流离的生活，但又免不了劳役之灾，征战和徭役是两大劳役苦难。九层高台，有多少服役的劳力远离家人，流汗流泪，甚至流血；而服为兵役，征讨杀伐之行，更是生离死别，远涉边关，历尽艰难，非死即伤，抑或战俘，沦为奴隶。《诗经·小雅·采薇》："昔我往兮，杨柳依依。今我来思，雨雪霏霏。"真切感人地描述了徭役幸存者归来的悲凉情景。以征战劳役为代表的军旅生活是属于广大劳苦大众的，"旅"在中国古代是"苦难"的近义词，"旅"在《周易》中就属于苦卦。

当然，在中国古代，"旅"字不但从止为走，更从车，与商旅直接联系在一起，《易经》中"旅"卦就专以商贾客旅讲解。确实商旅对中国古代旅行旅游的萌芽有着特殊的作用。商旅的兴起主要开始于商代，其源头还在商部落兴起,农牧结合经济的发展,剩余产品增加并逐步积累,引发起频繁的商品交换,商部落开始对外部落进行物物交换的贸易活动。商汤七世祖王亥兄弟服牛,负重至远开拓商旅,被商代群臣敬为商旅和商人的祖师爷。随着农业与手工业分工的扩大,更促使商品交换发展。在商朝,君王贵族多是拥有大量生产资料和各种产品的专业商人。殷民十三族中有九族为专业商户。他们经济实力雄厚,"大车以载,利有攸往"。带着奴隶、牲畜、农副产品经营四方,在中华中部、东部广大区域留下了他们的足迹,商人和奴隶成为旅行路线的开路先锋。

有中外学者认为,商人的商旅渠道足迹还最早远涉重洋,有说可能东渡大海,有说横渡太平洋到美洲,也有说经印度洋至欧洲。

随着商业经济的发展,商旅步履的延伸,中国古代旅行的车舟交通工具和道路以及驿站馆舍也有了较大改善。商旅更推动着商业中心——都市的建立。商朝前期墓葬中有当时的货币——穿孔贝,商朝后期出现最早的金属货币,不仅是交易媒介,也是商业旅行的资本。至春秋战国,货币交易空前活跃,说明商旅云集,经济繁荣和城市繁华。齐都临淄(今山东临淄县)、赵都邯郸(今河北邯郸市)、魏都大梁(今河南开封市)等分布在黄河中下游的大都会就有十余个。据考古发掘古临淄城总周长约合40多华里,城壕和路面都相当宽阔。《史记·苏秦列传》云:"临淄之中七万户,车毂击人肩摩。甚富而实,其民无不吹竽鼓瑟,弹琴击筑,斗鸡走狗,六博蹴鞠者。"可见都会里行商客贾熙熙攘攘,一片繁荣。旅客和市民的文艺生活丰富,商旅推进了商业都会成长,也因大量的商业旅行而造就了中国古代首批旅游城市。

社会财富相当地集中在极少数领主贵族统治者手中,他们进行政治性的视察,称为"巡";休闲娱乐性的赏览,狩猎,嬉戏玩乐,称为"观、戏、猎"等,而外交事务性质的国家间交往的政治朝见、聘问、会盟,称为"聘、使"等,实际上此类外交集会具有某些会议旅行的内容和形式,可以称为中国古代会议旅行的雏形。

君主贵族的"巡、征、聘、使"带有政治性质,皆不称"旅",可见与行役的军旅又与经商的商旅有着本质的区别。而天子的巡游应该是庞大的旅游活动,以天子之威仪,举国之力,肆意调适,周穆王可称是有史传世开中国历史上旅游之先的帝王。

然而,"游"真正与"旅"字相通,逐渐地与近现代的"旅游"概念相接近,大约是周、春秋、战国之时,在《诗经》《战国策》和《庄子》等一系列文学作品中,"游"被广泛引用,由游行、游观、游玩、游戏,并引申为出游、淫游、嬉游。人们把一些随心所欲"优哉游哉"的旅行活动,均称为"游",包括当时的游猎、游览、游玩、郊游以及游学、游说。《礼记》云:"游于艺",又说"游于说",这样就把游学、游说等都称为"游"。人们在亲身体验游猎、游览、游学、游说等一系列内容各异,特色纷呈的旅行活动中,个人的情感、志趣获得了自由快乐,有了审美的感受。于是"游"成为概括的游猎、游览、游玩、游学、游说等与性情情感相关的旅游活动,与商旅、军旅、聘旅、行役等带有明显功利性质的旅行活动分离开来。

由此表明,东周人开始有了比较明确的旅游观念,也可以认为我国古代旅游思想以及旅游情怀的萌生与发芽,随之中国古代旅游理论也逐步在建立之中,旅游文学也开始发展起来。

所有这些中国古代旅游文化的创造,与这一时期诞生并不断成长成熟的知识阶层士人的大量社会实践和理论研究有着直接的关系,士人在这一进程中起了决定性的作用。

从本质上说,旅游是人们生存需要之上的一种有权、有钱、有闲的远足活动。这种活动,在等级制度的时代,只能属于上层社会成员。而在民主时代,它的普及程度取决于民众可支配购买力、自由实践的自控能力及文化修养程度。

春秋战国是中国古代文化最活跃的时期,也是相对自由民主的阶段,中国古代旅游文化在这一时期完成它的奠基是理所当然的。知识分子阶层——士人在这一时期迅速崛起,他们凭借个人的文化修养,知识才干,思想主张来服务社会,成为列国纷争中,旅游于天南海北最为庞大、最为活跃的队伍,成为当时各种旅游活动中的中坚骨干。

士人广泛的旅行活动大体有三类。一为游学之旅。诸子学者和莘莘学子,不辞路遥,不问艰辛,纷趋列国四方,边塞山林,城郊树下的聚学之所,或授业解惑,或拜访名师,或问学习礼,或演艺习技。这可以说是中国古代旅游史上最早的具有影响的民间文化旅游活动。二为学术之旅。诸子百家或聚于稷下学宫、礼仪之都著书讲学、争鸣论辩，或深入山林洞豁，市井陌巷访问高士，与贤师切磋学问。三为游说之旅。诸侯争霸，君主和公卿大夫盛行"纳贤养士"之风，以赵之平原君，齐之孟尝君，魏之信陵君，楚之春申君为代表，皆"食客数千人"。而百家争鸣，竞相提出"治国平天下"之策，许多掌握知识才技的士，普遍信奉"学而优则仕"，纷纷踏上游说之道，朝秦暮楚，周游列国，论辩殿堂，兜售自己的学说和主张，各尽所能，为主人奔走效力，建功立业，表现为浮沉宦海，政治色彩浓烈的功利旅游。

孔子是这三种旅行活动最杰出的代表。孔子创办私学，聚徒讲学，以六艺六经相授，教学生以多种技艺及美与德的鉴赏。孔子34岁问礼老子，35岁向齐太师学习"韶乐"，51岁向老聃问道。孔子更三度游说周游列国，也曾拜卿代相，56岁后游历列国十四年，忍辱负重，踏遍十多个国家，游说仁政道德，礼乐教化不息。孔子相比于其后的墨子、孟子、商鞅、邹衍、韩非、李斯等的游说应更为重要，与最具代表性的战国游说"合纵连横"的苏秦、张仪相比，也毫不逊色。

孔子在中国旅游文化的思想境界建立中，更有重要的贡献。孔子提倡郊游，认为郊游是极好的生活方式和经国济世的社会理想之一，提出了著名的"智者乐水，仁者乐山"，山水比德的旅游审美观念，对中国旅游文化有着巨大影响。

中国旅游文化的另一位奠基者是庄子。关于庄子的生平记载不多，《史记》中的《老子韩非子列传》中说："庄子者，蒙人也，名周。周尝为蒙漆园吏，与梁惠王、齐宣王同时。其子无所不窥，然其要本归于老子之言。故其著书十余万言，大抵率寓言也。"庄子曾做过宋国漆园地方（今河南商丘）的官吏，但时日可能不长。一生基本上是在贫穷中度过的，曾织过草靴，向人家借过粮食。尽管生活穷苦，但却蔑视功名利禄。楚威王让庄子去当他的宰相，庄子不屑一顾。"道不行，乘桴浮之于海"。他宁可在贫穷中自在，也不愿受到束缚。庄子喜欢自然，自然是他的生命，也是他取之不尽的智慧源泉。他一生追求的境界是精神逍遥，《逍遥游》是庄子的哲学名篇。在旅游方面，"逍遥游"代表了道家的旅游思想理论。"逍遥游"是指不计功利,不借任何外力,不受任何限制和约束的自由遨游。所以道家不爱游说,只爱游学;不爱都市市肆之游,只爱山泽之游。旅游就是逍遥,就是使游子获得精神上的满足和自由,与大自然融为一体,物我两忘,心旷神怡。庄子常常用"云将东游"、"雀跃而游"、"不知所求"、"无功无名"、"与天(自然)同道"等等游观哲理,比喻解释其哲学思想。《庄子》书中记载说,有一天庄子做梦,梦见自己变成一只蝴蝶,他十分得意,完全忘记了自己是庄周。醒来后,他感到有点不可思议的是自己又变成了庄周。那么是庄周做梦变成蝴蝶,还是蝴蝶做梦变成庄子呢? 就是这样反对束缚,主张自由自在、无羁无绊的旅游宗旨,对整个封建文明时期的中国文人旅行游和中国古代旅游文化均产生了极其深刻的影响。

　　文人旅行的代表除了孔子为代表的游学、游说和庄子的逍遥游,还有楚国三闾大夫屈原的羁旅之游。这种旅游在先秦旅游史上称为"流放"或"放逐"。屈原曾两度放逐。第二次放逐长达八年,直至楚国国都被攻破,屈原复国无望,在汨罗江怀沙自沉,以死殉国。屈原的羁旅之游是去国还乡的人生悲歌。放逐是政治惩罚而形成的一种被迫抑郁的,但又是相对自由的非常高洁的羁旅生活。屈原虽远离政治中心,但并不同于后世的发配。屈原报国无门,处于极度的悲恸之中,驾舟漂泊,从安徽到湖北、湖南一路浮游,屈原的放逐之旅是痛苦而悲壮的。

　　南国绚丽多姿的山水、历史悠久的文化,古朴浪漫的民风以及丰富的文化传说,陶冶着屈原的情操,也增强着屈原的创作才干,丰富了创作内容;社会的黑暗、民生的苦难、贬谪而颠沛的生活,磨炼了意志,坚定了理想,激发了爱国热情,从而写成了感物吟志、纪行述怀的千古绝唱。《哀郢》、《涉江》等都是他在流放中创作的。

　　屈原最优美的一组祭诗《九歌》,是在流放途中有感于民间祀神风俗的浅吟低唱。最奇特的一首论傩诗《天问》,也是在流放途中凭吊楚民族古迹的深沉思考。人称小离骚的《九章》,除了《桔颂》作于流放之前,其余的都是在流放途中触景生情的述怀咏叹。最伟大的一首政治抒情诗《离骚》,更是他在流放途中"哀民生之多艰"、"恐皇舆之败绩"、"路漫漫其修远兮,吾将上下而求索"的慷慨悲歌。

综上所述,先秦旅游文化从内容到概念都逐渐丰富起来,以功利为目的的旅行向着赏心悦目审美为主的旅游发展,中国古代旅游经历了长期的过渡,开始逐步进入自觉的阶段。

第三节 中国旅游文化的成熟期——封建文明时代

公元前 221 年,秦王嬴政灭六国后,建立了中国历史上第一个君主专制的中央集权国家,定称号为"皇帝",自称始皇帝。秦废除封诸侯之制,设郡县,统一度量衡,定币制,车同轨,书同文,始筑驰道,东达燕齐,南至吴楚,大规模种植中央行道树。汉承秦制,并经"文景之治"和汉武帝的北御匈奴,开拓西域,经营南方。中华大地疆域辽阔,交通发达,全国各地终凝聚成一个经济、文化、政治大一统的封建帝国,开创了二千多年中华农业社会的辉煌文明,也将中华古代旅游文化带入了定型成熟的时期。

中国封建时期的农业在秦汉时已达到了当时世界的先进水平,以后更是不断完善。早在公元六世纪,依据古代三百多种农书记载,中国就形成了在全球堪称卓越、杰出、系统、完整的耕作理论:循环利用、低能消耗;多种经营、综合发展;种植为主,重视植物蛋白利用;用养结合、地力常新、集约耕作……特别是都江堰、郑国渠、灵渠等水利工程,更有举世瞩目的创造。蚕桑、丝绸、茶叶、瓷器、众多蔬果、畜禽等代表的先进的种植、饲养和手工业,以举世闻名的四大发明为代表的数十项对世界文明有贡献的发明及发现,充分表现了中华文化所取得的成就。为此,中华文化被世界公认为是人类文明的第二个高峰——封建文化最杰出的代表。

在近二千年间,代表世界先进生产水平的封建文明有着自己最稳定的农耕定居的生产生活方式,也有着与之相适应的封建制度与伦理道德思想。中央集权封建专制、科举士官制度与宗法统治,血缘伦理的家族关系与皇权至上高度统一的忠孝仁义伦常关系,深入民众心里。中华农耕文明的封建社会也造就了独特的中国旅游文化的勃发生机及其定型、成熟与发展。

一、古代农民的三大游事

在封建社会,农民一方面彻底脱离了动物性的采食,真正进入了产食的范畴;另一方面农业生产使农民有了固定的居住地,有了理想的产品,使人类能够有暇在物质生产以外,从事、发现和创造精神食品,也意味着真正定义的民众性的旅游活动开始了。但此时,农民却沦为农田的仆人,刚要迈出家门去旅游的脚步,又被带给他们希望与收获的田地给拴住了。农业经济是不流动的,古代文明踏入农耕的门槛,定居便成为从事于耕稼的先民习俗,他们日复一日,年复一年地在同一块土地上,胼手胼脚地辛勤劳动,鸡犬之声相闻,老死不相往来。结果是安居乐业、宁死不迁的封建习俗,逐渐心安理得地生活在一片安谧的乡土之中,桃园竹林、柳暗花明、牧童晨吹、渔歌唱晚,熏陶着眷恋乡土的情怀。无论是雄阔、粗放的北方水土所形成的强悍、粗犷民风,还是纤细、柔婉的南国水乡所形成的浪漫温情的习俗,土地恩泽反过来促使农民对土地的眷恋和思乡恋土的情结。"慈母手中线,游子身上衣"。"举头望明月,低头思故乡"。可谓此种情结的代表。于是有了"出门一里,不如家里"。"父母在,不远游"的说法。"做官一缕烟,种田万万年"。"只有百年农民,没有百年官宦"这受到孝道等宗法伦理思想影响,与此同时,还产生了一系列畏惧旅途世道的艰辛、险恶的固定板滞的小农思想。

然而,春风扑面,美景诱人,社交与宗教礼拜等精神文化的需求,绝不会满足于"白天听鸟叫,晚上听狗叫,逗逗孩子聊聊天,抱着老婆睡大觉"的狭小单调的生活。以春播、夏长、秋收、冬藏为主要特征的二十四农事岁时节气,有步骤地安排农业生产环节,构成一年365天日日有习俗的农忙农闲生产惯例,也为农业社会无数农户展现出了以踏青春游、走亲访友和祭祖拜神为三大主要内容的中国封建文明民众游的轨迹。

1. 风乎舞雩咏而归——春游踏青 郊游赏花

不能说封建文明时期农民没有旅游,只是他们在农耕社会的局限中,以自己特有的方式表达着自己的旅游意愿,调剂着自己的农耕生活,在可能的有钱有权有闲的时空中,创造了中国大地上二千余年的丰富旅游活动。直至今天仍然深刻地影响着中国旅游,并推进着当代的旅游活动发展。且看麦苗青青,菜花儿黄,这具有震撼力的农田美景,是赏心悦目的。正月梅花,二月梨花是清新的,三月桃花、海棠,四月芍药是灿烂的,春天的气息,万物的复苏,把农民招进自然,呼吸清新,尽赏美景,而春游又美其名曰:踏青,本意是敲麦踩青利于壅根分蘖的一项农事活动,这是一种与生产紧密结合,与自然完全和谐的春游活动。时至今日,已经成为春季中国全民的赏梅、看樱花、放风筝、看桃花梨花等一系列春游、郊游旅游项目,其中,清明扫墓祭祖更是二千余年来,中国举国悼念先祖英烈的风俗的延续。在现代旅游中,如沪宁一带的扫墓仍是春季旅游中常盛不衰的热线项目。

2. 农闲田园游——走门串户拜访亲友

春节是农事最闲的时候,孩童读书,农家则是走亲串户访友的旺季,现今农村仍然盛行正月走亲眷的习俗(当然城市现在也是这样),这是比较接近现代概念的旅游,因为有些亲友的走访要翻山涉水,走出州县,带上礼品土产,去拜年,去看望,主人家免不了热情招待,也有土特产作赠答礼品,这菜是"头一起摘下来的",这土产是"留着尖儿的",这腌鸡腊肉是"自个儿制作的",更增添着强烈的亲情、人情。"故人具鸡黍,邀我至田家。绿树村边合,青山郭外斜。开轩面场圃,把酒话桑麻。待到重阳日,还来就菊花"。孟浩然虽然不是农民,但隐居的诗人在故人农家,一回鸡黍饭的普通款待,主客的热情融洽,亲切愉快,自然流露出对农庄和故人的依恋,反映出农村怡静秀美的风光和农家淳朴诚挚的情谊,从中感受到一点古时乡村农家走亲访友的真情实感,也有似现今农家情、农家乐的感觉。

当然除了春节,秋收后等也有一点农闲、走亲访友的活动,在全年可视农事忙闲适时安排。

3. 报赛酬神灵——庙会、节场、赶集

农耕自然经济的靠天降雨、靠地吃饭的生产方式和生活习俗养成了人们心态中"听天由命、神灵保佑"的生存意识,最盼望风调雨顺,把吉福凶祸依托于一种冥想中的超人力量,祈求祖先和神灵保佑,五谷丰登,六畜兴旺,信奉祭祖,烧香拜佛还愿。对大自然和先祖英烈的敬从,与盲目崇拜的迷信狂热交织在一起。千百年来,中国农村的祠堂庙观数不胜数,一年中各种祭祀活动接连不断,关公的忠义、包公的无私等都是农民精神的寄托。伴随着一次次的祭祀,很多传统文化活动开展了。春节后更是络绎不绝,江南从正月初九祭泰伯开始,至三月二十八老八谢各庙老爷、灯会、庙会,接二连三有几十个。每个庙会几乎都是节场、集会。农民赶节场,赴庙会,借着拜神,逛集市,看热闹,交换各种农产品、土特产、生活品,成为农村重要的旅游文化活动。五月祭祀屈原的端午龙舟赛事,早已超出祭祀的范围,成为民间文化节目和群体活动亮点。很多古时与农事相关的节庆与祭祀祈祷相关,作为区域性的群众旅游节庆活动延续演变至今。

封建社会的城市以农村为依托,呈现为消费为主的城乡两元状态,城乡联系颇多,城镇中的群体旅游类型大体与乡村三大旅游类型相仿,只是表现为春游踏青、秋游登高等郊游的形式。

二、轰轰烈烈的帝王巡游

帝王巡游,是调集国力,极显天子威仪,是集查政情、谙民情、观风情于一体的职务观光活动,也是中国封建社会最为轰轰烈烈的旅游活动。

中华封建文明所创造的巨大财富和中央集权专制政体,使得全国财力、物力、人力最高度地集中在皇室、皇帝,这就造就了中国封建时期的帝王巡游不仅规模大大地超越夏商周三代,而且屡开中国旅游之先,并为后世留下许多巡游事迹。信史可证,最著名的巡游封建帝王要数秦始皇、汉武帝、隋炀帝、武则天、唐明皇、清圣祖和清高宗等。

1. 秦皇汉武封禅巡游

封禅是帝王祭祀天地的仪式,"封"指帝王登极后,在秦山筑土为坛,向上天报告备案。"禅"指在泰山下梁父(甫)山等山上除土(辟基地),向大地告其成功。它源于古人对大自然的崇拜,是封建帝王颂扬功德、维护统治的一种手段。

秦始皇嬴政在其统治中国的十二年中,就有十年时间在外巡游,五次巡游总行程 1.5 万公里,巡游天下成为他耗时最多、用力最勤的国家大事。他行封禅祭天地于泰山和梁父山,奠定了封建帝王巡游和封禅制度,七次刻石记事,开创旅游史上刻石歌颂王朝和帝王功德的先例。其巡游车骑北至碣石,南历云梦、丹阳、钱塘、会稽,最后逝于巡行途中,不愧为中国古代帝王巡游的杰出代表。

　　汉武帝刘彻在位 54 年,有据可查的巡游全国各地竟达 30 次,仅巡行泰山就 7 次,立无字碑。武帝巡游所至,几乎遍及州郡封国、各大名山,无论是巡游次数,还是巡游范围,都比秦始皇有过之而无不及,此时中央集权空前巩固,经济繁荣,文治武功显赫,加上中国封建文明的全面定型,在政治、经济、文化、交通诸方面奠定了巡游的基础。

　　封建帝王浩浩荡荡的封建巡游,虽有观风知俗、交流经济文化、巩固封建王朝统治的一定作用,但毕竟兴师动众、劳民伤财,弊多于利。在中国封建时代,继秦皇汉武之后,去泰山封禅的皇帝有东汉光武帝、唐高宗、武则天、唐玄宗、宋太宗、宋神宗等。自南宋起,将封禅与郊祀合二为一,皇帝不再去泰山、梁父山封禅。明成祖永乐十八年(公元 1420 年)在北京南郊建立天地坛,合祭天地。明嘉靖年间,又将天地分祭。清承明制,也在天坛祭天祈谷。

　　2. 隋炀帝龙舟滥游

　　隋炀帝杨广在封建帝王中可以称得上是一位别具一格的旅行家,他即位于隋朝社会经济最繁荣的时期。在位 14 年,留居京城仅一年多,其他时间均用于南北巡游。他征调一百余万士卒,先两年开凿 1000 多公里的永济渠,继开凿南运河 400 多公里,至此全面形成全长 2700 多公里、河宽 30～70 米的京杭大运河,沟通海河、黄河、淮河、长江、钱塘江五大水系,成为世界上开凿最早、河道最长的人工大运河。隋炀帝又开创龙舟巡游记录,他游江都时所造龙舟,有"四重,高四十五尺,长两百丈,上重有正殿、内殿、东、西朝堂,中二重有百二十房,皆饰以金玉"①。萧皇后乘坐的"飞蛃号",规模比隋炀帝乘坐的龙舟略小,但装饰并无二致。另有"浮景级"御船三艘,只有三层,均为水上宫殿。此外,供后宫美女、诸王、公主、文武百官、僧、尼、道士等乘坐、运载供应物质的,又有"漾彩级"、"朱鸟级"、"白虎级"等数千艘;供禁军官兵乘坐

---

① ［作者不详］. 资治通鉴［M］.［出版社不详］,180.

的有"平乘级"、"青龙级"等数千艘。隋炀帝以观看风俗为名,"慨然慕秦皇汉武之事",乘龙舟巡游江都。大小船只近万艘,其中挽船民夫就有八万余人;专拉"漾彩级"以上的就有九千余人,这些纤夫称为"殿脚",均身穿绸缎。

"舳舻相接二百余里",灯火照耀大地,旌旗遍野,骑兵夹岸行进。如此三次巡游江南,不知要花去多少民脂民膏。

3.康熙、乾隆六下江南

清代皇帝,尤其是清圣祖玄烨(即康熙)、清高宗弘历(即乾隆)两帝均六下江南,巡游南北之频,规模之盛为历代皇帝所不及。虽然此行不是探名胜,旨在政治巡游,注重拉拢江南汉族士人和地主,然主旨仍在"依顺舆情""观风问俗",并尽享江南山水风光、城市园林之美。

康熙六下江南,六次都到金陵,五次到杭州。西湖"苏堤春晓"、"三潭印月"等十景,经他"御题"、"钦定",更加闻名遐迩。乾隆六下江南,游遍了金陵十八景,清初"金陵四十八景",游兴、游迹大大胜于康熙,总计题名一百多处。乾隆到杭州,游西湖,也步康熙后尘,到处吟诗题字,以示风雅,形成所谓"钱塘十八景",并且游龙井,题"龙井八景"。

乾隆还效仿康熙,东巡六次,西巡五次。东巡的重点是辽宁和山东。辽宁有清关外三陵、兴京,是满清兴王之地,是清朝历代皇帝必去巡游之地。山东则是汉文化古迹众多,至于曲阜祭孔,木兰秋狝,京畿近游,数不胜数。

三、士人的宦游漫游

中华封建时期的旅游群体大宗是士人为主的知识阶层,他们的宦游与漫游成为中华封建文明时期一以贯之,而且是最亮丽的风景线。封建文化的政治范式的重要体现,就是知识阶层入世经世的社会抱负与君主专制政治对知识阶层的笼络、利用和恐吓、镇压之间的混合。以此为基石,中国二千余年的文官制度,其中一千三百余年的"科举制",总体上成为全球封建文明选官的相对优越制度。

由士而仕,投身宦海,为民请命,替天行道,成为中国古代知识阶层最为规范的自我角色认同。得官则得志、得意,失官则失志、失意。在

"求仕"不得时,则有"归隐"作后路,所谓"人生在世不称意,明朝散发弄扁舟"。他们"居庙堂之高,则忧其民;处江湖之远,则忧其君。是进亦忧,退亦忧"。他们"在本朝则美政,在下位则美俗"。知识阶层的这种心态,正与封建君主专制政治的需要相契合。

中华封建文明极大地依靠了以文人为主的士人阶层,从秦汉封建文明定型到隋唐科举制度的推行,更加激发封建士人的政治雄心和济世为民的热情,"开科取士"的科举制使"学而优则仕"制度化规范化。读书人要想出人头地,唯有皓首穷经,登科进士这华山一条路可走。千年间,应考学士童生络绎不绝,赶考之路长盛不衰,从乡试、会考到京考,十年寒窗,一朝殿试中举,金榜题名,衣锦还乡,这又推进了整个封建社会时期耕读传家的风气。然而,数年一京考,进士毕竟只有数十名,举人保荐为仕者也是屈指可数,更加上官场昏暗,宦途险恶,又复隐入江湖。于是入世、经世与出世、逸世形成了宦游与漫游两大基本形态,历时千余年。两大类型又以隋唐为界,各自派生出汉代游宦京城与跟随君主的宦游,魏晋南北朝的玄游、仙游,大唐的豪游、逸游与云游、文游,并以游文传世。宋元明清之文士之游则表现为,在封建文明的动荡与烂熟及至式微的演变中,不断出现豪放之旅、忧国之旅、理学之旅与放浪之旅等多种流变之态。中国古代旅游文化在成熟之后,劣势渐显,历经嬗变,不断凝聚起转型的变数。

1. 汉代的游宦与宦游

秦汉初时,一度销声匿迹的文仕宦游热情又高涨起来,但在一统天下的中央集权之下,与春秋战国时致力于拜将入相,治国平天下而朝秦暮楚的游说不断已大相径庭,一般充当帝王诸侯王宫廷中的文学侍臣,陪伴帝王诸侯狎池苑、怜风月、叙恩荣、舞文弄墨,过着清闲舒适的生活。汉武帝"削藩"、兴太学、立五经博士、察孝廉、策问贤良、敞开仕途。士人为谋一官半职,去园离乡赴京城,或直指宫门毛遂自荐;或拜谒权贵,借力晋身;或广交朋友,沽名钓誉,这些被称为"游宦"。尤其到东汉后期,外戚宦官当道,士人失意者愈多,到处游荡,不禁悲观厌世,借宦游之机涤荡情志,及时行乐。"忽如远行客","昼短苦夜长,何不秉烛游","斗酒相娱乐",大批士人羁游洛阳,成了沉醉闹市的落魄游士,与此同时,也有奔波于旅途,或远征、或登临故址,以及回归故乡的田园,可称为"观风知俗"之游。

作为汉武帝的"言语侍从之臣",司马相如堪称汉代士人宦游的代表人物。他先与梁孝王文学侍从邹阳、枚乘游作《子虚赋》,后与东方朔、枚皋(枚乘之子)等在武帝巡幸、游猎时陪伴左右,赏景作赋助兴,作《上林赋》,通过大肆铺陈汉都上林苑的壮丽及天子游猎的盛举,歌颂大一统的汉王朝,深得武帝的赏识。西汉另一位著名辞赋家杨雄被汉成帝召入宫廷后,侍从成帝游猎祭祀,作《甘泉赋》、《羽猎赋》等四赋,内容也皆为歌颂汉王朝声威和皇帝功德。

然而,像司马相如、杨雄等因游宦成名的毕竟是少数,张衡就作《归田赋》,描写自然景物的美妙,并抒发归田后安逸平淡的心情。

2. 魏晋南北朝的玄游与仙游

魏晋南北朝时期,士人的旅游现象主要表现为玄游。因不满黑暗政治与名教礼制,一些文人漠视政务利禄,思慕老庄顺应自然之"逍遥游",逃避现实,寄情山水,甚至辞官隐居,远离尘世,啸傲行吟于山林之中,并在此参悟玄机,此类旅游活动被称为"玄游"。玄游起自三国魏末的竹林七贤,其中嵇康和阮籍最为著名,游风也最具特色。

阮籍本有"济世态",但"不与世事,遂酣饮为常","酣醉不醒,或缄口不言,或发言玄远,或闭门读书。不游则已,游必尽兴","登临山水,经日忘归","且行迹怪诞,游踪飘忽","率意独驾,不由经路,车迹所穷,辄恸哭而返。"每游一山水则仰观宇宙,俯察人生,颇多感慨。他游苏门山虚心造访安贫乐道的隐士孙登,虔诚求教,孙登皆不应,退至半岭,闻登之啸,下山后乃作《大人先生传》。这是篇因玄游感遇而作,弘扬玄理的著名散文。

嵇康是与阮籍齐名的文学家和玄学家,性格刚烈,但是游风清逸悠闲。他喜竹林之游,或采药游山泽,常手持药锄,腰系药篓,边游边尝药草。游到得意时,忽焉忘返,或在深山栖居,长啸弹琴,渴了饮石钟乳,饿了就地掘些黄精等草药野术来吃。他十分憧憬隐逸生活,尤其崇尚栖息山林的隐士。一次遇到道士孙登,遂与之游。后又遇见道士王烈,便结伴同游、同栖,攀山登岭,探石室,寻幽谷,饿了就吃石髓,喝山泉,迷恋道家腹静高洁的旅游风格。

追随"竹林七贤",玄游山水,也是时人处世避祸的一种手段。作为中国古代田园诗人的代表陶渊明"少无适俗韵,性本爱丘山",他不满黑暗现实,不愿屈已从俗而归隐,从此游乐田园,醉于山野,"采菊东篱下,悠然见南山"。自然随意、悠闲的隐居生活为他创作田园诗提供了条件。他的作品《桃花源记》等,隐喻着对腐朽统治集团的憎恶和不愿同流合污的精神,质朴自然,清新雅致,世代流传。如今他在庐山的墓地及"归去来兮"的故居、"五柳馆"等遗址,吸引着慕名而来的中外游客。

魏晋时玄游山水成为士人们的风尚,就是一些出身世族豪门的达官显贵也把兴致投向了山水自然,只是追求与方式各有不同。书圣王羲之是东晋权贵王导之侄,因任过右将军官职,世称王右军。他偏爱浙中山水,任会稽太守时,与谢安、孙卓等名人雅士竟日长游。最著名的一次是晋穆帝永和三年,公元 353 年农历三月初三约谢安等 41 位官员、名士在兰亭雅聚。他们在曲溪流觞赋诗,舒畅情怀。王羲之感物吟志,挥毫作书,写下了千古名篇《兰亭序》,生动描写了兰亭美景,抒发了豁达胸臆和无穷乐趣。而崇山峻岭之秀美,带着茂林修竹的灵性,笔端更舒展起胸中沉积之气韵,化为人间不可言的线之艺术。

开五言诗清新之风的谢灵运也出身于东晋官宦世家,在军中任文职官员时,即遍游江苏、安徽、江西、湖北等地的名胜古迹,后被贬放到永嘉(温州)当太守后,便在其治下山水间游荡。他家资雄厚,奴仆、门生数百,每次外出邀游,有奴仆门生为其"凿山竣湖,功役无已"。谢灵运特爱"寻山陟岭","常着木屐,上山则去其前齿,下山去其后齿",以利于攀登和节省体力。此即后人称之为"谢公屐",俗称登山鞋。谢灵运在永嘉留下众多游迹,谢公岭、谢客崖、谢公亭、谢公池、谢公楼、王(王羲之)谢祠等故址至今犹存;而他以景启情,缘景而发,每首诗都是自然景色真实细腻的描绘与反映,一开诗坛清新之风,被誉为山水诗人的鼻祖,他的《山居赋》《游名山志》已成为中国古代游记文学的重要标志。

宗炳,南朝刘宋时有名的高士,他"好山水,爱远游,西徙荆、巫,南登衡岳,因而结宇衡山"。宗炳妻罗氏,也常与其游仙。宗炳"栖丘饮谷,三十余年",每游山水,总是忘归,即使"老疾俱至,名山恐难遍睹,唯当澄怀观道,卧以游之"。将一生游历的名山大川,"皆图于壁,坐卧向之"。"抚琴动操,欲令众山皆响"。其对山水的迷恋由此可见一斑,在书圣王右军、山水诗人谢灵运、田园诗人陶渊明之后,宗炳作为一位大画家,又别具一格。

另有一类士人的旅游将隐逸与修道融合,世称"仙游",也是魏晋南北朝文人旅游的重要一派,以陶弘景、葛洪、陆修静、寇谦之为代表。葛洪是道教理论的重要奠基人之一,他广游大江南北,访山问水,结交道友,收集秘笈,观赏胜景,至今在多处名胜留有遗迹。陶弘景遍历名山,采访仙药四十余年,坚持不懈,游乐志趣高雅,游兴浓烈,"遣除万虑,任性独往",尽享山水之美,"至乐事也,比之游仙焉",对后世文人登山临水、适情自娱影响极大。陆修静则不仅云游八方,且阅历丰富,见闻广博,是"行万里路,读万卷书"的山水旅游家。晚年隐居庐山时与释慧远、陶渊明等同游同乐,共享山水,更留下了释道一致、道儒同归、三位一体的游学美谈。

3. 大唐之豪游、逸游与云游、文游

隋唐以贞观之治为代表,象征着中国封建文明的高峰,也是中国古代旅游文化的鼎盛时期。封建知识阶层在唐代同样创造了云游四方的崭新的局面,还参与到热烈的曲江郊游、元宵夜游,文人郊游等充满素远气概和闲气清新的山水田园之旅,汇聚成封建文明旅游的浩荡潮流,并以诗文传世,给我们留下了宝贵遗产。

"天地皆得一,澹然四海清,一百四十年,国容何赫然"(李白)。唐太宗李世民与以魏征为代表的儒生官僚集团推行开明积极的治国安邦之政。大唐王朝国泰民安,富足升平,文化昌盛,声威远播。唐承接隋制,确立科举选士制度。宽容的文化政策更引发了文士知识阶层的激情,充满了前所未有的时代豪迈感,为出身寒门的学子开辟了入仕道路,调动起了全国知识阶层从政的热情,使书剑为伴,负笈游学之风大盛。简朴的旅游生活成为一般知识分子的普遍经历和生活情趣。来自中下层的知识分子思想活跃,浪迹天涯,寻胜踏迹,访古问俗,漫游大江南北,交结豪杰名流,激扬文誉声望。如王勃、骆宾王等唐初四杰以及稍后的陈子昂和李白、杜甫等。此外,士子们又多驻足京师以文投谒达官名流,并参加当时普及的郊游、春游、秋登高、宴游等群众性的旅游活动。由元宵夜观灯游戏、踏青游曲江胜景、观牡丹花会、夏观荷花、游葡萄园饮宴消暑、秋天登大雁塔、赏饮菊花酒……汇入帝王和民众举城同乐的热潮之中。然而又吟诗作乐,诗酒雅聚,成为其中最喜游、知游、善游的代表。

在唐朝,有李白书剑飘零旷达之游和杜甫不失豪壮雄沉之游,也有陈子昂、岑参、高适等边塞之旅的豪情;孟浩然田园诗的清新自然;王维等亦官亦逸的淡娴雅致;柳宗元、刘禹锡等寄情山水以文言志,共同谱写成大唐丰富多彩极为壮观的旅游宏图,并有绚丽多姿、美妙绝伦的唐诗流传至今,令人回味无穷。

(1)豪放雄沉双游星。李白和杜甫在唐代诗人中双峰并峙,被称为"诗仙"和"诗圣",在大唐文人漫游山水的浩荡激流中,李杜又成为最耀眼的漫游大家。

李白是一位伟大的浪漫主义诗人,又是中国古代最杰出的文人旅行家之一。他的一生,基本上就是旅游的一生。他15岁到20岁左右,已游历青城山、峨眉山等蜀中名山,为以后的漫游生涯积蓄了胆识和经验。唐玄宗开元十三年(公元725年),李白25岁,"故知大丈夫必有四方之志,乃仗剑去国,辞亲远游",出三峡"千里江陵一日还",扬帆荆江,泛舟洞庭,"南穷苍梧",攀登庐山,直下金陵,"东游淮扬",从此"五岳寻仙不辞远,一生好入名山游"。李白的旅游思想丰富,既有儒家的以游求仕,又有道家的以游归真,还有神仙家、道教徒的以游寻仙及豪士剑客的以游行侠。李白的一生际遇大起大落,但热爱大好河山,追求自由始终不渝,"行路难,多歧路,今安在? 长风破浪会有时,直挂云帆济沧海"的旅行热情亦始终高涨,豪放飘逸的旅游风格,游观景物,吟诗作文,触景生情,寄托情怀的创作灵性始终如一。他以"日试万言,倚马可待"的才华,"怀视三山,块观五湖",数以千计无与伦比的精美诗篇与中华锦绣河山融为一体。华山之险,泰山之雄,庐山飞瀑,燕山雪花,天姥山的高峻,九华山的秀美,以及关中的秦桑绿枝,吴地的莺歌燕舞,巴蜀的虎啸猿啼,在李白的笔下舒卷如画。如同"君不见黄河之水天上来,奔流到海不复回",一泻千里的咆哮黄河在李白诗中更显得神奇,熔铸了永恒的光彩。千百年来,李白的豪迈之旅及浪漫诗篇都是士人仰慕和仿效的榜样。

李白还与当时唐代多位诗人以游相交,知己同游,传为美谈。李白与孟浩然重逢汉阳,同饮黄鹤楼,依依惜别,"孤帆远影碧空尽,唯见长江天际流"。在巴陵(今湖南岳阳),李白与号称"诗家天子"的王昌龄一见如故。天宝三年,李白在洛阳与杜甫相逢,结伴同游开封,又遇见诗人高适,三人情投意合,"论文入酒垆"慷慨怀古,"气酣登吹台"(古吹台今犹存),尔后同往山东游娱。第二年,李白与杜甫"醉眼秋共被,携手日同行"。在济南泛舟大明湖,论诗历下亭,登临名胜,城郊访故友,田园话家常,后又游访孔子故里。末了,因杜甫要去长安应试,"飞蓬各自远,且尽手中杯。"一醉方休,竟成永诀。李杜这段极深厚的交游之谊,从此成为中国文学史和中国古代旅游史上的一段传颂不息的佳话。

杜甫深受儒家入世经世思想的影响,要兼善天下,故其漫游主要是为实现"致君尧舜,再使风俗淳"的经理想。杜甫青年时代书生意气,游风豪爽,登泰山"会当凌绝顶,一览众山小"。中年后,因困守长安,亲历了安史之乱的全过程,晚年又漂泊无定所,更多愁善感,忧患满腹,充满忧国忧民之情,从而使杜甫的诗歌状景咏怀,肃穆而真切,其游风也略显沉稳雄浑,比较厚实。

李杜两人的漫游经历及众多诗篇,均是中国古代旅游文化中的瑰宝,激励着无数读书人迈开双脚,踏上旅途,饱览中华秀色,融入祖国山河。

(2)边塞之旅与田园抒怀。初唐时至盛唐时,许多文人弃笔从戎,建功立业,豪游西北,并慷慨激昂吟下了一首首边塞雄浑惨凉的悲歌,陈子昂、岑参、高适堪称代表。

陈子昂有"天下文宗"的美誉,26岁和36岁两度随军北征,体验了北方的风沙和景物特色。尤其是第二次赴燕幽讨伐契丹,游观了古燕国遗址,寻觅上古黄帝的轩辕台旧址,遥望战国燕昭王黄金台废墟,登上幽州台,吊古伤今,临风放歌"前不见古人,后不见来者。念天地之悠悠,独怆然而涕下",极目骋怀,悲愤言志,犹如洪钟,一曲终了,不胫而走,流传至今,为千古登临绝唱。

盛唐最负盛名的边塞诗人和豪客是岑参,他两度赴西域军中任文职,六易寒暑,饱经风霜,充分领略大西北万千气象和民族风情,"一川碎石大如斗,随风满地石乱走","忽如一夜春风来,千树万树梨花开",更是令人赞叹不已。

高适是又一位出类拔萃的边塞诗人,他青年时代就漫游燕赵,辽西之旅让他了解了荒凉大漠的自然景观,更体验军士艰苦生活,险恶战斗和复杂情感,从而创作出《燕歌行》这样雄壮悲慨的优秀塞下曲。

如果说边塞诗是大唐浩荡旅行洪流中的一支激流,那么,闲逸的田园游就如同是那一股股清丽的流泉。由初唐王绩,经盛唐孟浩然、王维、储光羲、常建等,至中、晚唐白居易、张志和、陆龟蒙等经久不衰。

孟浩然是盛唐最负盛名的山水田园逸游家。他除四十岁北游长安企求功名未果后,短期充当过张九龄的幕僚外,长期归隐,布衣终老。"只因守寂寞,还掩故园扉",孟浩然以冷静平淡的人生态度对待入仕,把怀才不遇的全部忧伤,出色地消融于自然的无穷景观和乡村的无边春色,在游历山水的旅途中,寻找精神慰藉和心灵满足。孟浩然游风如他的田园诗一样质朴淳厚,所游所见的山水田园风光,牧童樵夫和农家习俗正是他的最爱,经他吟唱成为自然清丽的诗篇。他与王维一起被公认为盛唐的山水田园诗派的领袖,世称"王孟"。

王维"笃志信佛,蔬食素衣",四十岁后,亦官亦隐。最初隐居终南山别业,后购得宋之问别墅,遂游居这蓝田辋川。"山下孤烟远衬,天边独树高原","桃红复含宿雨,柳绿更带春烟","行到水穷处,坐看云起时"。《辋川集》记载二十处景,皆诗中有画,画中有诗,情感与哲理契合,呈现出山水之美清幽恬静的高品位。

(3)宦游诗文传世开游记新风。唐代文人旅行除唐诗集中体现外,游记也别开生面。柳宗元的《永州八记》就是山水游记散文的代表作,也是中国古典山水游记散文的奠基作。公元805年永贞改革失败,柳宗元、刘禹锡等八人被贬为边州司马,时称"八司马"。柳宗元被贬为永州(今湖南零陵)司马,刘禹锡被贬为朗州(今湖南常德)司马。他们从此走上了寄情山水以文抒感的宦游之路。

柳宗元到永州"则施施而行,漫漫而游,日与其徒上高山,入深林,穷回溪,幽泉怪石,无远不到"。他在西山发现了一处形如钴鉧的潭水,环境极为幽丽,遂买下潭周土地,辟建景点,写下了《钴鉧潭记》。他在溪边栽花种菜,也与猎人渔夫交往,独驾扁舟,或横渡溪流,或游赏雪景。"千山鸟飞绝,万径人踪灭。孤舟蓑笠翁,独钓寒江雪"。五言《江雪》正是记叙其冬游的佳作。柳宗元每发现一处新的胜景,便写一篇游记,如《袁家渴记》《钴鉧潭西小丘记》《至小丘西小石潭记》《石涧记》《石渠记》《小石城山记》等共八篇,构成了著名的《永州八记》。以"记"名篇,专写游观,笔下山水高洁幽冷,议论更饱含隐痛与感慨,托物言志,借景抒情,创立了中国古代游记散文的新格局体裁。

刘禹锡被贬为朗州司马后,在外20余年,期间也成为刘禹锡宦游创作的全盛时期。"莫道谗言如浪深,莫言迁客似沙沉,千淘万沥虽辛苦,吹尽狂沙始到金"。贬谪生活使得他意志更坚定。他访贫问苦,咏赞人民生活和地方风物。学习当地民歌俚调,做诗描绘劳动生活,吟出寓情寓景于一体的劳动人民爱情之歌。刘禹锡善于以游观景物来充实生活,陶冶情操,丰富想象,诱发诗的灵感。他多次去游武陵胜境桃花源,悟透桃花之习性;游洞庭湖,以"白银盘里一青螺"比喻湖中君山。刘禹锡笔下的山岳、溪流、花木、春朝、秋日、千帆、晴雨等等,都是宦游时的所见所闻,情景结合,寓意境于景物,借景论理,游风豪迈昂扬,游心旷达朴实,表现出"莫道桑榆晚,为霞尚满天"的宦游气魄和精神,被白居易称为"诗豪"。

4. 宋元明清驿动的游程

宋代,中国封建文明已历经隋唐的鼎盛转入愈益成熟,文化艺术处在古代最发达时期。此时社会经济继续发展,然而山河破碎,中国士人的旅游文化则与唐代昂扬奋进不同,稍呈散淡,也显内敛、娴雅,更有理性。既有苏东坡倜傥飘洒的超逸之游,也有游中不甘亡国忧,更多的是明性见理之游。

(1) 戎装而游与游未忘忧。南宋抗金名将岳飞热爱祖国大好河山,在南北征战中,仍策马游观,他那首著名的《满江红》,尽其戎装而游的英雄本色。北宋范仲淹守边为将,屯田御敌,在边游中写下《渔家傲·秋思》等精彩诗词,边塞秋色,将士的卫国理想与思乡之情尽现笔下。一篇《岳阳楼记》"先天下之忧而忧,后天下之乐而乐",更成为千古登临观赏忧国抒怀的代表作。从北宋名相寇准到改革之相王安石都喜好旅游,尤其在政治抱负未能实现或遭到贬谪时,均借助于游山玩水来排遣内心激愤和表达对国家安危的忧患。王安石更有大量羁游、登临之作,如《旅思》《游褒禅山记》《泊船瓜洲》《登飞来峰》等在游观中流露着政治抱负和忧国忧民之情怀。南宋著名诗人陆游、杨万里、范成大和爱国词人辛弃疾,又都在就任或调任的旅程中屡屡留下了游踪,更创作了众多纪游抒情诗词,游中未敢忘忧国,拳拳爱国之情溢于言表。

(2)理学之游与文学之游。宋代士人雅赏风景,意在理趣,在审美能力与意境领悟上又有提高,在游山玩水中探求人生和自然的种种哲理,因游及理,因景言理,议论风发,诗文精进。

从宋代理学先驱张载到理学大事周敦颐、程颢、程颐、朱熹无不在旅游中格物致知,明性见理。朱熹最为代表,他的一生足迹遍历闽、浙、赣、湘的名山大川与风景名胜,作《百丈山记》,以优美文笔记下了百丈山的瀑布、涧水、远山、日光与云气自然变化的动态美;更留下了"万紫千红总是春"、"问渠哪得清如许,为有源头活水来"等众多借景寓理的名诗。

最善于从游中取理趣、以文载游的还要数位列唐宋八大家中的曾巩、苏轼、欧阳修、王安石。

曾巩一生极爱风景名胜之旅,仅在济南一地就遍游了趵突泉、大明湖等几十处景致,而"一番桃李花开尽,唯有青青草色齐"。把暴雨后桃李即逝的繁华和青草持久的清辉跃然纸上。欧阳修的《醉翁亭记》更流畅自然,错落有致地记叙了狼岈山胜景,同时表达了他"醉翁之意不在酒,在乎山水之间"那被贬后寄情山水的特殊心理。

特别要提到的是苏轼,他生性聪慧,诗文书画无所不精,尤其对生活体验、感悟、窥探内含妙理。他26次在11省市16州任职,无论身处都市大邑,还是穷乡僻壤,登山泛舟、出猎观湖、赏月咏花——"无所往而不乐者,善游于物外也","高情遗万物,不与世俗论","李太白死,世界无此乐三百余年矣",其倜傥的神游仙风正是李白般的超然,因而被称为"坡仙"。苏轼的宦游不管风和日丽,冰霜雨雪,总有最合适的方式充实生活,抒发情怀,并因他的诗文使山水显得更加美丽多姿,逸永可鉴。一首《饮湖上初晴后雨》把个西湖鉴赏得如此精美,无比诱人;《赤壁怀古》再加上《赤壁赋》《后赤壁赋》这般洒脱、豪放致理的词文,千余年来又引发着多少后人的遐想和感慨。

(3) 悄静隐逸困顿及军旅生涯。元代是个空前广大的帝国,然而又是中国封建社会中第一个由游牧民族集权统治的朝代。元朝时推行的歧视汉族的政策,严重打击了汉人的生活习俗,使前朝的士人浩荡的旅游热潮大为减退。倪瓒等代表的文人对人生时事淡漠,流连于三山五泖之间,放浪山水,追慕隐逸恬淡的生活。旅游散曲成为一种新的旅游文学式样,元曲中张可久的吟咏闲适,乔吉的笑傲山水,马致远的困顿旅途,以及张养浩的游览怀古,都具有一定的特色。

也有个别的随军文人使臣,如耶律楚材辅助成吉思汗忽必烈父子30年中,曾随军旅行六年,行程约三万公里,在元辽阔的疆土上沿途游观考察异邦各族风土民俗,撰写《西游录》,书中不无得意地说:"天涯海角,人所不到,亦一段奇事。"

(4) 明清的宦游、浪游、云游。中国的封建王朝至明清进入最后阶段,封建的大一统和中央集权专制进一步高度强化,八股取士,设锦衣卫,兴文字狱,极大地束缚了封建文人士人思想的自由发展。虽然众多士人阶层还在努力设法挤入统治官僚阶级,数以万计的封建文人仍在自己的仕途上继续进行着宦游,但已经失却了盛唐时的昂扬及宋代的精巧。在黑暗专制从政危殆的情况下,不少士人愤而弃官,无意仕途,谢职归里,情寄山水。亦有不少文人仕途无门,常年放浪江湖。明清文人游迹的主要形态为宦游、云游、浪游。

宦游、云游之中,众多文人均继承魏晋唐宋以来的旅行之风,分别以书画诗文表现出他们的或雍华或雅致或放诞。

清初最出色的宦游当数诗人王士禛,他一生喜交游,足迹遍布南北,每遇名山秀水,古刹胜迹,必登临游赏,且每游必赋诗词纪游。他入蜀,逐记所过山川风物,游迹和辩证古事。他多次游览太湖,尤其喜爱其中一名为渔洋山的小岛,竟自号"渔洋山人"。与王士禛齐名的朱彝尊,则在50岁入仕前北出雁门关,南达广东东莞。他游彭城、南京,游杭州九溪十八涧,均作下以景寄情的诗词。王阳明游于名山大川,与禅僧讨论哲理,清静本心,启迪良知,得阳明禅。清康熙年间的郑板桥也醉心于湖山,一首《潇湘夜雨》把客旅天涯的淡淡哀愁深切表现出来,一首《绎山》只二十字就把清初徐州生动地作了概括,几首旅游诗《邺城》、《铜雀台》、《易水》又将一条进京旅游的路线勾勒眼前。袁宏道是明中期的旅游文学大家,遍游江南名山秀水,游兴愈浓游记愈多,格调清高,不苟流俗,情趣自由,而不拘传统束缚。袁枚一生好游,可称清代士人旅游的代表,自谓"江山无我也虚生",39岁即辞官归隐,或徜徉于园林,或悠游于山水,遨游大半中国。年高七十尚远行安徽、江西、广东、广西、湖南等地,游览黄山、庐山、衡山、桂林、洞庭、鄱阳、罗浮,"自觉山人胆足夸,行年七十走天涯。公然一万三千里,听水听风笑到家"。留有大量旅游诗。

还有绝意仕途,浪迹江湖的叶燮,旅游之兴至老不衰,76高龄时仍自备干粮,往游会稽五泄。徐渭恣情山水,赴齐鲁燕赵诸地穷览朔漠,继而往游天目、余杭、南京,纵观众多名胜,达于诗画、文书。

唐寅自称"江南第一风流才子",断绝仕途后,放浪旅游,他与友人诗酒相狎、踏雪夜寺,联句高山,纵游平康伎家,或坐临街小楼写画易酒。他观镇江的焦山金山;下扬州,上天台、武夷山;游洞庭湖、彭蠡诸湖,山水胜迹常常入画进诗,栩栩如生,情景交融。

明清两代交替时,士人阶层的旅行出现了一种特殊的社会现象,经历了巨大世变的汉族士大夫,对满清统治表现出强烈反抗情绪和崇高民族气节。他们在报国未遂、遗恨无穷的情况之下,纷纷走上游观山水之路,凭吊先烈,拟古咏史,寄托亡国之痛,形成明末清初"芒鞋踏霜露,戮力事神州"之旅。顾炎武、魏禧、归庄等均为代表。

明代宗室后裔有不少也走上了逃逸、隐居、出家和行游的道路。其代表人物有八大山人和石涛。他们"性好山水,游历不倦",均成为书画大家,并合作切磋,留下了不少佳话。

从秦汉到明清,中国古代知识分子在封建文明时期创造了辉煌的文化,包括中国古代旅游文化中最精美的篇章,堪称中国旅游文化宝库中的瑰宝。

四、学术考察之旅

1. 司马迁可谓开启了中国古代史学考察先河

汉武帝元朔三年(公元 126 年),20 岁的司马迁走出书斋,离开长安,漫游大江南北、名山大川,考察历史传闻,收集历史资料,体验民风民俗,洞悉山川形势,这个行程万里的读书式旅行一走就是 10 年。此后又随武帝巡视西北和长城,还奉武帝之命到巴蜀云南一带考察民情物产。司马迁这十多年的壮游足迹几乎遍及全国,他把沿途的所见所闻,收集到的第一手材料,与皇家珍藏的大量文献资料加以比较和研究,为"究天人之际,通古今之变,成一家之言"的《史记》打下了坚实基础。《史记》是史家之绝唱,无韵之离骚,这部中国封建社会史书的范例,同时也是司马迁一生旅游考察经历的结晶,司马迁也因此成为中国古代知识分子学术考察型文化旅游的先行者。

2. 经学大师

东汉郑玄,史称"玄自游学,十余年乃归乡里","以山东无足问者,乃西入关",问学大师马融,最终成为"括囊大典,网罗众家,删裁繁诬,刊改漏史,自是学者略知所归"的经学大师。

3. 地理学家郦道元

郦道元是中国古代杰出的地理学家、游记作家,也是北魏著名的旅行家。郦道元自幼随父亲旅居山东时,就游遍了山东很多美景。入仕后,随魏孝文帝巡游各地,不仅纵览历史遗迹,且随游调查访问,尤重山西境内水利的了解。后任山西、河南地方官,仍重视对这些地区自然资源和风貌的考察,由此发现前人地理著作中或有错误不实,或过于简略,遂决心以亲历目睹之山川水系、风物胜迹为《水经》作注,厘正前人讹误。于是"访渎搜渠",穷委竟源,涉川流,登山岳,直至朝鲜大同江、印度新头河(印度河),安息(伊朗)和西海(咸海)、蒙古沙漠也都留下了他的足迹,从而成功了一部《水经注》,注文为原《水经》20 倍,所记河流1 252 条,比原《水经》几乎增加至 20 倍。读万卷书,行万里路,与山水做知己,郦道元得以成功完成《水经注》,为后人留下了一部宝贵的地理著作和一篇篇文字洗练优美,写景生动逼真,引人入胜的山水游记文。

4. 农学家贾思勰

同为北魏的古代农学家贾思勰则旅行各地,广泛收集资料,总括当时人民的生活方式、农业生产资料和技术,写出了一部农业科技专著——《齐民要术》,成为考察中国农业旅行的早期纪录。

5. 沈括与《梦溪笔谈》

北宋沈括的代表作《梦溪笔谈》,被英国科技史学家李约瑟称为"中国科学史上的坐标"。全书 609 条科学见解涉及了几乎全部学科门类的广阔领域,也是沈括百科全书般不朽的学术成就和万里行程的游踪记载。沈括一生"对天地问难,向山水求知",是中国古代旅游史上寓科学研究于旅游的典范。他自小随父江东任上走四方,开眼界;24 岁从政后宦游万里,遍历山川,将读万卷书的经验与行万里路的实证治学密切结合,于军政事务外,行旅所至,对地理、地质、地貌、气候、物产、动植物生态、交通道路、自然风土人事等随处注意悉心记录。《梦溪笔谈》所反映的广博史地知识和对地质地貌学的精辟见解等,都是沈括广泛游览、深入考察的学术研究成果,大多得益于旨在学术考察的专业旅游经历。

6. 李时珍与《本草纲目》

李时珍因其 190 万字的药物学巨著作《本草纲目》而闻名古今中外,这位伟大的药物学家、古代名医,也是一位考核采拾药物的专业旅行家。他从小就随父亲上山采药,更穷一生之力,游历各地,搜罗四方,先在湖广各地穷搜博采;应召入太医院当医官,广览医学文献,也不忘走访农村,一年后,更是托病辞职,专事采访考核。回乡途中即游历北方山野,后抱病带学生庞宪入太和山(武当山),栉风沐雨,草行露宿,不顾艰辛,探研于老林深山之中,乐而忘返。李时珍一生问药访医,搜集民间草方,采集药物标本,核定药物品目,足迹遍及河南、河北、江苏、江西、湖北、安徽等许多地方,可见其医学科学名著《本草纲目》正是其科学考察的专业旅游的成果,可谓无其行,也就无《本草纲目》。

7. 古代最具影响的地理学家、旅行家

(1)明朝地理学家、旅行家中最杰出的当推徐霞客。徐霞客自谓:"大丈夫当朝碧海而暮苍悟,乃以一隅自限耶!"他从 22 岁第一次游太湖开始,以身许山水,带上母亲特制的"远游冠"问奇于"名山大川","以阔大心胸,增广见闻。"东渡普陀,南涉闽粤,北历燕赵,西北直攀太华之巅,西南远达云贵高原的腾冲。他"不避风雨,不惮虎狼,不计程期,不求旅伴。"旅途中一次落水,两次遇盗,三次绝粮,行程4.5万公里,历尽千难万险,在近35年的时间里,寻源探脉,披奇抉奥。徐霞客倾毕生的精力于旅游事业,百折不回,至死不悔。他最健游,也最善于游,最初以登山访胜为主,中年后便转入了学术研究性质的考察研究,他对我国西南地区岩溶地貌的考察,比欧洲早了几百年.他多为徒步跋涉,间或乘船,每至一处耐心向老农、樵夫、牧童、猎户问路询情,登危岩,攀绝壁,过激川,探洞穴,对山川之奇,土俗人情,奇踪异闻均认真考察,一丝不苟。每晚必录下当日见闻,即使露宿荒野也要"燃松拾穗,走笔为记",从不间断,终成巨著《徐霞客游记》,在中国乃至世界旅游史上树立起伟大旅行家的丰碑。徐霞客不应科举,不入仕途,"以性灵游,以躯命游,亘古以来,一人而已"。

(2) 王士性一生宦游,游踪几遍全国各地名山,游经十州(省),每游必绘图做诗,著作有《五岳游草》十二卷,其中图记七卷,诗三卷,杂记二卷(即《广游记》和《广志绎》)。由于作者亲历其境,熟悉山河大势,并怀着深爱祖国山河的感情,娓娓叙来,给人以身临其境之感,而著作中涉及的地理、文化、农业、城市、历史、旅游、军事、民族等种种内容和丰富认识又都为作者旅游调查、考察、研究所获的成果。

(3) 顾炎武,明末伟大的爱国思想家、学者,人称"亭林先生",化名"蒋山傭",曾于明亡后,两度参加反清起义,再绕行大江南北十年之久,后开始北国壮旅,继续抗清斗争,不赴考试,不受官职,"草木得坚臧,吾人珍晚节",甘愿老死他乡山林。

顾炎武也是一位旅行家,他把读书旅游与反清救国结合起来,一生足迹半天下,域中五景,得游其四。他游历各地,结纳爱国志士,考察中原等地的地理形势,以图恢复中原。凡先生之游,以二马二骡,载书自随,所到隘塞,即呼老兵退卒,询其典折;或与平日所闻不合,则即坊肆中发书而对勘之。每到一地,必"考其山川风俗,疾苦利病,如指诸掌"。顾炎武所著三十一种、三百余卷宏伟著作,都是他"周览群国,大而典礼财赋,小而馆舍邮亭,莫不究其利弊,改其得失"而陆续撰成。《肇域志》、《天下郡国利病书》两部著作更是其地理学领域的代表作,前者主述地理,后者关注国计民生,它们极大地丰富了中国传统地理学的内容。

五、弘法之旅

在中国古代旅游文化的各个历史时期,可以说都不同程度地存在着宗教信仰者旅行或旅游活动,在中华大地的整个封建文明中,佛教和道教作为最为普的宗教长期和儒教三位一体,成为封建思想文化的代表。无数的教徒,尤其是佛教徒,从西汉之际开始,至封建社会末期,1700年的漫长历史中,行走在弘法路上,开展着各种旅游活动。就国内而言,寺庙观庵遍及各地,道士传道、访道、僧人的化缘、云游和各种法事,就可以百万计,但从中国宗教史和旅游文化角度观察,国际间的宗教旅游,其影响当然要比国内旅游更显重大。

道教作为中国本土宗教的代表,自己无须从国外取经,除了金代丘处机以72岁高龄应蒙古成吉思汗之邀,赴西域大雪山(今阿富汗兴都库什山),当时元八鲁湾行宫觐见了成吉思汗,宣养怡永年之道。后留有其弟子所撰《长春真人西游记》,记叙西去与东归的见闻,此外几无重大的国际间旅游活动传世。

而佛教由国外传入中国,"西天取经"的中外弘法旅游者,漫漫历史之路,留下了不少声名卓著的宗教旅游家。史书记载最早为求佛法而远涉西域的第一人是三国时魏国僧人朱士行。他于甘露五年(公元260年)赴西域搜寻法典,后得梵本《大品般若经》,遗弟子法铙等运到洛阳,朱士行终老于西域于阗(今新疆和田一带)。虽未亲达天竺,但自此开始,中华大地上西行释游求法的僧人络绎不绝。据史料统计,南北朝时的求法西行者,东晋37人,北魏和北齐、北周19人,刘宋37人。如世居敦煌的竺法护,曾追随印度沙门竺高座游历西域;康法浪西渡流沙,释游西域各国;于法兰远涉西域,游至越南,疾病而亡;昙学等河西八僧结伴释游西域。后秦的鸠摩罗什被迎至长安,待以国师,译经三十五部。

1. 东晋高僧法显是中国古代旅行家云游天竺及航海旅行归来的第一人

法显 3 岁出家,20 岁受具足戒,誓死西行取经。于东晋隆安三年(公元 399 年)以 62 岁高龄往印度取经学法。他从长安出发,西渡流沙,越葱岭到天竺求法,不仅遍历了北、中、东天竺各地,朝拜佛迹,收集经律,又周游南天竺,到狮子国(今斯里兰卡),经苏门答腊,渡南中国海及东海回到祖国。巡礼团 11 人中有中途折回的及死亡的,能贯彻取经初志而归还故国的唯有法显一人,行程数万里,历时 14 年。法显在译经同时,又根据 14 年释游见闻,著《佛国记》,又名《法显传》《历游天竺纪传》,虽然仅九千九百多字,但文辞精炼,翔实记述了古代中亚印度及斯里兰卡、印尼诸国山川形势、风土人物、经济生活和宗教等状况,与《大唐西域记》并称为中国古代前后辉映的取经游历经典之作。

2. 唐僧西天取经在中国家喻户晓

西天取经是唐代高僧玄奘只身西游取经弘法的故事,以此为依据,引发出的《西游记》神话,更是蜚声中外。玄奘确实是中国古代最具代表性的杰出的宗教旅行家。玄奘通称"三藏法师",俗称唐僧,13 岁被破格剃度为僧,16 岁起到 26 岁,十年间踏遍半壁江山,释游各地,参访名师,研习佛理,其佛学造诣愈深,对"大乘"佛学兴趣愈浓,誓游西方,求佛教真谛,以释众疑。玄奘孑然一身开始了艰苦卓绝的西行之路,终于以坚忍不拔的意志、百折不挠的决心,经历 20 多个国家,最后到达天竺,又走遍天竺东南西北中五部 110 个小国,遍访了释迦牟尼诞生、成道、初次传教和圆寂地等众多的佛教圣迹和名寺,并入居印度学术中心和佛教最高学府——那烂陀寺。那烂陀寺是印度最大的、最壮丽的寺院,玄奘在此潜心学习五年,洞悉了全部佛教典籍,以其渊博精湛的佛学造诣赢得了那烂陀寺全寺讲席主持的荣誉,并在五年一度的无遮大会上被请为"论主",讲解《会宗论》和《制恶见论》,到会的十八国六千多博蕴经文、雄辩善论的僧侣,无人能驳倒。戒日王按传统习惯请玄奘坐身披锦幢的大象巡游,贵臣陪送,万众欢腾,玄奘因此为祖国和大乘佛教赢得了极大的声誉。玄奘满载盛誉和 657 部佛经回到长安,"返京之日,空城出观"。唐太宗在朱雀桥边组织了极为隆重的欢迎会。玄奘西天取经往返 17 年,旅程五万里,成果辉煌。他既是中国巡游天竺的第一人,也是中国古代佛教旅行最出色的旅行家。归国后,玄奘用 19 年翻译 1 300 万字,计 75 部 1 335 卷佛经,并口授由弟子辩机笔录,完成12卷《西域记》,又称《大唐西域记》,详细记述了亲历 110 国和传闻 28国的"山川谣俗,土地所有",这是中国人首次旅行南亚次大陆的详尽记录,也是中国古代宗教文化重要交流的真实生动记载。

3. 佛教交流传播大师

中国封建文明时代,佛教不仅出现求法西行,取经译经的众多杰出人物,同时佛教不断本土化发展,涌现出佛教交流传播的大师。矢志不渝东渡扶桑的鉴真,可谓是传播中国佛教的著名佛教旅行家。唐代与日本交流密切,日本政府为取法中国建立施戒制度,加强对佛教寺院的管理,派人来华寻求高僧赴日传道弘法。扬州大明寺主持名僧鉴真接受邀请,六次东渡传法,8 年里前后五次均未成功。其中第五次东渡遇到大风暴,漂流到振州(今海南崖县),历时三年,行程万里,才回到扬州。这次旅程中,鉴真因患眼疾而双目失明。第二年时已 66 岁的鉴真开始了第六次东渡,历时一月多,终于成功东渡扶桑。此时距第一次东渡已历 11 年。鉴真在日本奈良设立戒坛传经解道,成为日本佛教律宗的始祖。他带去的大批佛教经像、药物、艺术品等对日本的社会经济、文化等产生了重要的影响,促进了日本社会的进步与发展,促进了中日文化的交流。鉴真因而被日本人称为"日本文化的恩人"。

六、国际旅游

在中国二千余年的封建文明中,由于中国特殊的地理形势,更由于封建时代生产力水平的限制,尤其是封建专制的社会制度的桎梏,国际旅游似乎是屈指可数。然举凡封建帝国的开创、鼎盛、成熟之际,仍难免有重大外交之旅的发生。汉代的张骞"凿空"西域和明代的郑和下西洋,应该说是中国封建文明时代重大的外交事件,自然成为中国古代国际旅游中的壮举。

1. 张骞凿空西域

张骞出使西域是中国旅游史上有确凿记载的,对西方未来世界进行最早的一次探险和旅行,"凿空"就是某种意义上的表述。中国古代把新疆、中亚西亚及其以西的地方称为西域。汉初匈奴成为中国北方最强大的游牧民族,时常侵扰汉朝边民,西域不少民族也深受其害。汉武帝为联络西域诸族反击匈奴侵略,派张骞出使西域。张骞以汉帝国外交官的身份共先后三次出使西域和身(音掩)毒(音度)。第一次出使经戈壁流沙,道道关山险阻劫难,两次被匈奴拘留,尝尽艰辛,历时13年,跋涉万余里,出发时一百多人,回来时只剩张骞和匈奴向导堂邑父二人。张骞以顽强的意志和坚忍的毅力,亲历许多国家,耳闻目睹了极为丰富的域外风情,沟通了中原与少数民族的联系,更促进了东西方物质、文化的交流。张骞第二次出使率领三百多人的庞大使团,携带了大量的丝绸、金银、牛羊等大批珍宝财货。从此,中国的丝绸、铁器、瓷器,西域胡桃、胡萝卜、胡椒等沿着张骞开辟的丝绸之路来往不绝。三十余年常住西域,并与五十多个小国加强友好关系,再通西域的壮举和甘英首使大秦(罗马)等不懈的努力,使得"凿空"西域的艰难长征得以成功,丝绸之路得以畅通。

　　2. 郑和七下西洋

　　在明代婆罗洲以西的南中国海、印度洋海域及沿海各地通称为西洋。明成祖永乐三年(公元1405年)至明宣宗宣德八年(公元1433年),明王朝为联络各国君主,取得海外贸易的主动权,不惜倾注巨大财力,授命郑和,小字三保(宝),扬帆海上,七下西洋,宣扬了国威,传播了中国文化,也使郑和成为打通中国到波斯湾、阿拉伯半岛、红海及非洲航路的第一人。郑和每次下西洋,率船少则五六十艘,多者达数百艘,包括九桅宝船,八桅马船,七桅粮船,六桅坐船,五桅战船等五种,并有负责翻译的通事,处理对外礼仪的鸿胪寺序班,懂得天文的阴阳官,及医官、医士、船工、买办、书手、都指挥、千户、百户等大批将士,及负责军需的户部郎中,多达二万七千多人。郑和率领庞大的船队穿越太平洋和印度洋,航行十万余里,历时28年,途经30多个国家和地区,最远到达非洲东海岸。船队所到之处,积极开展双边外交,现今爪哇、泰国仍留有的三宝垄、三宝庙和三宝塔就是友好关系的见证。郑和与西洋沿岸亚非国家进行贸易往来和文化交流,为中国树立了良好的国际形象。

郑和绘制的《郑和航海图》是我国最早的远洋航海图,他周游南海各国名胜并观察风俗,调查物产,研究气候地理。随行文人马欢、巩珍、费信根据这些资料分别撰写了《瀛涯胜览》、《西洋番国志》、《星槎胜览》三部重要旅游著作。郑和下西洋比欧洲人航海达南印度、达美洲都要早80年,是航海史上的空前壮举,无愧为15世纪航海活动的先锋。郑和又作为一代杰出的和平使者,加强了中外经济文化交流,传播了中华文明,确立了中国在世界上的地位。2005年人们隆重而热烈地纪念郑和下西洋六百周年,足以说明它的历史意义。

3. 胡人和遣唐使

由于中国封建文明社会生产和经济发达总体处于比较先进的地位,加之中国古代文化中固有的中央专制集权封建意识,以及和睦邻友的怀远政策,中国吸收了无数来自世界各国的旅行者。在中国封建文明时期的国际旅游中,进入中国的旅行者要远比迈出中国国门的旅行者多得多。

自张骞出使西域之后,丝绸之路上来自中亚等地区的商人、外交使节、传教者等络绎不绝。其后,西南陆路和海上丝绸之路更相继开通,加上此前已与朝鲜半岛、日本列岛的交往,来自四远地区的"夷人",可谓累朝历代源源不断。这些被汉字文献记载为"胡"、"夷"的外域来客,大多集中于帝国的京师等通都大邑。而在中国封建文明勃发的汉、隋、唐,这种入境旅游的国际旅游现象就显得更加突出。汉代时,长安城内辟有"胡人"生活街道,而于长安附近居住的"胡人"亦有上万之多,其他州郡亦有"胡人"居住。唐代是中国令万国仰慕的鼎盛繁荣时期,海外来人数以万计,长安成为名副其实的世界性都市,更是亚洲各国经济文化交流的中心。在历史记载的大量"西域"、"胡人"中,可以明确肯定的有伊朗人、阿拉伯人、犹太人、印度人、日本人、朝鲜人等。他们或来中国经商,或来中国求学,或在中国任职,经商者或于一年、数年后回国,求学者则要滞留较长时间。仅长安一地拥有私产田宅的西域人便有四千人之多。在历史上,来华旅游影响最大的当属日本派往中国的遣隋使和遣唐使。遣隋使有三次,遣唐使则有十八次之多。遣唐使其中3次中途停止,实际到达唐朝的有十五次。日本派出遣唐使的目的,既是为了输入唐朝的典章制度和文化,也同时为了贸易。遣唐使的人数前期是 120 人至 250 人,后期则达到 500 人甚至 600 人以上,除各类官员、翻译、船员、随员等正式组成人员外,还包括人数众多的学问僧、学生。遣唐使中的许多人员都长期滞留中国,他们漫游了中国各地,甚至出任中国政府官员。

4. 西方人看封建中国

在中国封建文明时期,《马可·波罗游记》又名《东方见闻录》,无疑是中西方文化交流和旅游交流最重要的代表著作之一。意大利人马可·波罗(公元 1254~1324 年)于公元 1271 年从威尼斯出发,随父亲和叔父从地中海东岸的阿迦城,沿着古"丝绸之路"东行,经过三年半的艰苦跋涉,完成横贯亚欧大陆的旅行。忽必烈在大都(合北京)接见马可·波罗,并留其在元朝政府中供职。马可·波罗学会了蒙古语和汉语,熟悉了元朝廷中的礼仪和行政机构中的法规,经常奉命巡视各省,足迹遍及大江南北、长城内外,还任过扬州总督,管理二十四个县;也曾出使南洋诸国,到过越南、爪哇、苏门答腊及缅甸北部。他作为一名旅行家,每到一处,对当地的风俗民情、物产资源均悉心观察。1295 年夏,马可·波罗利用护送蒙古公主远嫁伊儿汗国(今伊朗境)的机会,踏上了返回故乡的归程,回到威尼斯。后由他口述,写成了对西方世界和西方探险家产生巨大影响的"世界一大奇书"——《马可波罗游记》。游记记叙了这位传奇人物所经过的国家和地区的风土人情,其中尤其详细地描述了元代北京、西安、开封、南京、扬州、苏州、杭州、福州、泉州等各大城邑的繁荣景象,以及中国的文化礼仪和丰富物产。这书激起了欧洲人对中国文明的惊羡和冒险东航的决心,直接引发了 15~16 世纪欧洲的"东方热",加速了欧洲地理大发现的进程。

5. 传教士的中华之旅

继马可·波罗之后,又有意大利人鄂多立克和中世纪阿拉伯最伟大的旅行家伊本·拔图塔游历中国,分别著有《真福和德里传》和《伊本·拔图塔游记》传世。1492 年,哥伦布着着西班牙国王致中国皇帝的书信,起航来印度和中国。因航线错误,无意漂泊到美洲,意外发现了新大陆。此后对于沟通中西文化,为促进中西交流做出积极贡献,值得一提的是以利玛窦为代表的传教士的中华之旅。

利玛窦(1552～1610年),意大利人,耶稣教徒,志愿到东方传教。1578年,从里斯本乘船,1582年8月抵达澳门,次年进入广东肇庆,建立起传教据点。以此为端绪,顺应中国习俗,走上层线路,借助学术传教。他为了解中国国情民风,"习华言,易华服,读儒书,从儒教,以博取中国人之信用","今尽能言我此间之言,作此间之文字,行此间之礼仪",可称得上是个"中国通"。他借助西洋科学、哲学、艺术引起士大夫的注意和敬重,展开大规模的西洋学术译介工作,播扬西洋学术。当时士大夫"视与利玛窦交往为荣",如徐光启与利玛窦相晤"以为此海内博物通达君子"。徐光启向定居北京的利玛窦学"天文、历算、火器,尽其术"。并与利玛窦合作翻译了《几何原本》等一批西方学术著作。1610年5月11日利玛窦死于北京,葬在阜成门外二里沟。他所著的《利玛窦中国札记》一书可与《马可·波罗游记》媲美,并列为西方人写的最为突出的游记。利玛窦作为一个传教士,长期深入中国社会底层,比马可波罗记载更为详尽,并以进入资本主义社会以后,人们所具有的全新知识来观察、剖析,记录得愈显详细,还多有涉及中国人特有的心理习惯和人际关系秩序,道德准则,让外国人看到中国不只是地大物博,富饶美丽,更是礼仪之邦,君子之国。继利玛窦之后,不少欧洲传教士竞相来华,此中汤若望、南怀仁等在明末清初影响较大,都曾经任过钦天监(相当于天文台台长)。

七、驿站、客店和会馆

中国封建文明创造了驿传及驿馆制度,它是中国封建社会实施对国家的有效管理并与周边地区维系友好睦邻关系的需要而建立完善起来的。"凡国野之道,十里有庐,庐有饮食;三十里有宿,宿有路室,路室有委;五十里有市,市有候馆,候馆有积。"①这是先秦时对驿馆最初状况的记载。意即先秦时在两城邑间每十里、三十里、五十里分别设有庐舍、路室和候馆专供传递公文与往来官吏休息食宿。至于京城中则有

---

① [作者不详].周礼·天官·遗人[M].[出版地不详].

规格更高、设施更好的"诸侯之馆"或"蛮夷邸",用以接待来京的诸侯或使者。

汉代时,驿馆制度已经很完备,凡交通要道沿途均设置亭传、传舍、馆舍、邸舍、客舍等食宿设施。其中传舍、馆舍、邸舍一般设立在城中,相对更宽大。道路四通如网,各种食宿星罗棋布,"邮亭著地,亦如星舍著天也"。据记载,汉代亭数多达 29 635 个。

隋唐时,"朝贡不绝,商旅相继",驿馆随旅游的发展呈现出官办、民办两大类和官营以及华人、胡人经营的三种大型态,即政府驿馆、民间旅舍和外域人办的"胡邸"。盛唐时,官府的驿馆有 1 539 所,官宦的游宿主要由这些驿馆提供方便。而在长安、洛阳和遍布扬州、广州、泉州等全国各地的各类民间私办旅舍就更加多了。

宋代的馆驿建筑和管理都较唐代有所进步,旅行者需要官发的驿券、馆券、食券方能享受相应的食宿服务。不同的职衔官吏,不同事由在馆驿食宿是有具体的限定。民间旅舍也很活跃,除了住客外,还有专营或兼营储存货物的,即客栈。宋代张择端《清明上河图》长卷,可谓生动形象地再现了客店繁盛的历史景象。宋代旅店还有了自己的行会组织。元代的驿站系统适应元帝国的需要,规模空前。"元制站赤者,驿传之译名也……元之有天下,视前代所以为极盛也"。① 明代对元代驿站建筑管理经过调整和重建,较之更进一步。厅前植树,馆周围墙,既壮观又安全,使得"客至者无不欣然,止宿留憩"。私人旅舍在明代又有新的发展。随着城镇商业资本主义萌芽的出现,各种旅舍不仅提供周到食宿,还增设代请向导、代雇行脚、代办交通、代存货物、代支款项、代转信函、代付赋税、代洗衣服等多种服务业务。清代驿馆承明代制,只是规模更大,宿食转归为馆舍,官私都有;而私营旅馆则在客栈和客店两种基本形式上,又分出大客店、普通店、小点、杂店、大车店等不同档次、规模的多种类型,满足了社会上各类旅行者的需求。

会馆的出现和发展是在明嘉靖年间,1560 年(嘉靖三十九年)安徽歙县旅京同乡在北京菜市口首设会馆。六年后,旅京的广东同乡则在

---

① 王允. 论衡[M]. [出版地不详].

广渠门内兴建了"岭南会馆",主要是供各地文武举了进京应试食宿和应考,也接待来京做生意的各地商人,与当时城市商品经济的发展和科举制度的成熟有密切关系。只半个世纪的经营,北京各省的会馆已是"巍然华构",堪称方便,成为食宿价廉、生活方便,既能一聚乡谊,相互照顾,又可抚慰艰难寂寞羁旅生活的理想场所。清代北京会馆又有发展,至乾隆年间,已有182处会馆,由"各地京官之多寡贫富"以及各地文化发达程度不同,有的一县竟有数所会馆,有的两个省也仅有一所。除了北京外,其他不少城市亦有会馆,如苏州在明万历年间,早已有会馆,多时达到90余所。

第四节　中国旅游文化的转型期
——半殖民地半封建时代

1841年,英国人托马斯·库克包租一辆列车,载运570人去参加一次禁酒大会,这是世界上第一次团体包价旅游,也标志着近代旅游活动的兴起。而这时,英国人的坚船利炮轰开了古老中国紧闭的大门,侵略军的铁蹄踏进了香港、厦门、定海、镇海、宁波……在英格兰震耳欲聋的蒸汽机车和隆隆枪炮声的交响声下,中国还在合奏着手摇纺车的吱哑呻吟、田园慢板和紫禁城畅春楼清丽悦耳的京韵,生产落后,民不聊生,虚假繁荣,加上垂死老朽的中央王朝封建专制昏庸自大、愚昧骄奢,阶级矛盾激化,列强入侵,更是雪上加霜,加重了民族危难,在"宁静"中停滞不前的中华文化,与"变动"中飞跃的西方文化开始了激烈冲撞。

早已失去了汉代英姿焕发的勃勃生机,更没有了唐代恢弘鼎盛的气象,也不再是两宋文理所代表的灵巧成熟,中国封建文明经过雍乾的回光返照,由烂熟而式微。闭关紧锁的国门一旦被轰开,列强蜂拥而至,《南京条约》《马关条约》《辛丑条约》一次次地丧权辱国,割地赔款,国土沦丧,封建的中国在与西方资本主义的对垒中彻底败下阵来,广阔的内陆腹地对西方商品与资本洞开,中国被强行纳入世界资本主义的轨道。近代中国就此开始了屈辱艰难的时代,中国人民也由此开始了不屈不挠、可歌可泣的百年反帝反封建的无比壮烈的伟大斗争。

中国古代旅游文化在外来野蛮的西方强势文化和行将入木的垂死专横的封建专制的夹缝中,经受着中国民主革命的爱国启蒙和民族救亡血与火的洗礼,嬗变转型,从而逐步蜕生出具有中国特色的与国际接轨的近现代旅游文化。这也是中国旅游文化有声有色、意味深长、绚丽多彩的一段历史。尤其是中国旅游事业在改革开放的推动下,在世界和平、合作和发展大潮中,创造了空前绝后的增长奇迹,进入了更为广阔的独具特色的崭新的时代,这是中国旅游文化曲折艰难波澜起伏的凤凰涅槃。

中国近现代的旅游文化的经历,也有着国际化和现代化的双重演变特征,其中又镶嵌着城市化或城镇化的都市化的进程。由走出国门,放眼世界,新旧迭现,中西混杂到走近大众,出入自由,全民消费的丰富多彩的现代旅游,成为亚洲第一、世界第四的旅游大国,朝着 2020 年世界第一旅游强国而阔步前进。中国独特的旅游文化也正风姿绰约地屹立在世界现代文化之林。

纵观 1840 年至今 160 多年的历程,中国旅游文化的转型总体上经历了两个大的阶段,以 1949 年新中国的成立为转折,前一百多年伴随着中国人民的民主革命,经辛亥革命、北伐战争、抗日战争、解放战争的展开,中国旅游文化始终高扬着启蒙与救亡双重变奏的爱国主旋律,当然也有着封建文明深刻印记与资本主义殖民文化的浓重伤痕。封建官僚的宦游和士人的游学曾有继续,只是增添了出洋的政务游和留学游的新内容。而殖民化过程也在近代中国旅游文化中留有不少的痕迹,诸如光怪陆离的十里洋场。

而后 50 多年,中国旅游文化直接体现在新中国旅游事业先抑后扬、前慢后快的发展进程中。作为国际化的现代服务事业,中国旅游主要在 1978 年后,呈现出前所未有的高速发展态势,旅游业不仅成为整个社会经济的晴雨表,更成为国民经济支柱产业,发挥着强大的助推器作用,同时又是整个社会物资与精神生活中必不可少的调适剂,对于人们的文化交流和国际交流都起着不可或缺的巨大作用。

回观 160 多年动荡巨变的近现代,可以看到中国旅游文化的转型中,有着不少中国独特的生存空间转移现象。有超大规模的军事、经济、社会生活的迁徙现象,也有联结着侨居、投资、留学、劳务诸多候鸟式的旅游活动。它们看似不能称之为旅游,但都跟中国的国内旅游、入境旅游、出境旅游有着极大的关系,有些就本身已经成为中国特有的旅游现象。无论在国际通行的统计概念意义上,还是在每年的实际统计数字上,都成为客观事实并显示出相当的份额,深刻影响着中国的多种旅游类型。

一、走出国门,涉洋游历,放眼天下

列强的枪炮轰开了大清天朝的国门,惊醒了东方封建帝国的迷梦,洋货与洋枪、洋炮一起随侵略者的铁蹄踏进古老封闭的中国,国家与民族面临危机,迫使中华儿女走出国门,去认识外面的世界,"行抵绝域,详悉各国风土人情"。一改中国古代旅行家囿于中华一隅,极少跨出国门的"万马齐喑"局面,近代中国终于有了旅游欧美的首个官方旅游团和外交访问团,为中国封建宦游翻开了宦游东西洋的篇章。此前以王韬为代表的文化人和林缄、罗森为代表的商人率先开启了游历海外的生涯。近代中国最早出游东西洋,面对陌生的外部世界的林缄和罗森,都属于商旅。洋商翻译林缄1874年春"受外国花旗聘舌耕海外",在美国工作一年多,回国后著有《西海纪游草》,实录其"足迹半天下,闻观景颇奇"的空前壮游。而两次游历日本的罗森本人就是一个略通翰墨的商人,"从古英雄犹佩剑,当今豪杰亦埋轮。乘风破浪平生愿,万里遥遥若比邻"。他著有《日本日记》。稍晚的李筱圃和黄庆澄接受商人和官员的资助,亦轻松自在游扶桑,分别有《日本纪游》和《东游日记》传世,可谓中国旅游走向世界的又一标志。

作为末代封建王朝的官宦和文人也各自迈出了通向海外的步履,由容闳开始诞生了中国人走向世界、汲取西方文化、激活古老中华文明的出洋留学,成为一批中华出洋留学的先驱。

"英国的大炮破坏了中国皇帝的权威,迫使天朝帝国与地上的世界接触"。1866年,清朝政府派遣的第一支游历队伍开始出现在欧洲,在中华民族蒙受深重灾难和屈辱的同时,也得以窥见域外世界的景象。由清官员斌椿父子率领了同文馆学生一行五人游历了法、英、德、俄、荷兰、丹麦、瑞典、芬兰、比利时九国,在欧洲虽不足四个月,斌椿一行不仅游览名胜,观摩博物展品,欣赏文艺表演,参观学校教堂,还看到了火轮船、升降机、煤气灯、自行车等许多工业革命的新产品。斌椿被西方人看作"东土西来第一人",他的《乘槎笔记》则是近代中国知识分子亲历欧洲的最早记述。

两年以后,中国首个外交访问团志刚一行(原由美国前驻华公使蒲安臣权充使臣,1870年病死彼得堡后志刚接任),用三年时间,一次行程六万多公里,游历了美欧十一个国家,可谓空前壮举。次年留下《初使泰西记》,详细记述了西洋的风景名胜及游览和亲历的感受。

此后清朝时有派遣出国考察或奉命出使海外的外交人员。他们被誉为"开风气之先"的独行者,有驻英法公使郭嵩焘,还有曾纪泽和薛福成,这两位先后出使英法和英法比意,在与外国交涉过程中,未给中国带来更多失败和屈辱仅有的两位公使,被称之为"称使才者,并推薛曾",也有傅云龙先游日本,再游美洲,撰编有《游历各国图经》八十六卷,介绍各国制度、政治、文化等情况,而著名文士黎庶昌的《西洋杂志》则记述了欧洲各国民俗国政,社会生活和风土人情,宛如19世纪西洋生活风俗画。

在这出洋宦游的行列中,当然还有技术专家徐建寅的西洋产业之旅。以"诗界革命旗帜"黄遵宪十四年宦游海外,自诩"百年过半洲游四"。出使游历最勤的要数张德彝,他先后八次出国,足迹遍及欧亚美三大洲,从1866年跟随斌椿首次游历,1902~1906年出使英、意、比国,几乎亲历了近代中外交流的全过程,他的出国旅游散文《航海述奇》,堪称外交生涯游历各国的详尽记录。

"以中国人而毕业于美国第一等之大学校,实自予始",这是容闳回忆录《西学东渐记》中所自称的。容闳确系中国近代有史记载赴美留学第一人。1847年1月4日,容闳从黄埔港乘上了"亨特里恩"号帆船开始游学生涯。经98天航程,于4月12日到达纽约港,先就学于孟松学校,至1854年毕业于耶鲁大学。容闳在困难条件下坚持苦读七年,读书"恒至夜半,日间亦无暇为游戏运功",并通过操办同学们的膳食,购买蔬肴,半工半读,解决了吃饭等生活费用。在耶鲁大学毕业之际,容闳放弃了留在美国的优越工作条件,"予意以为予之一身,既受此文明教育,则当使后予之人,亦享此同等之利益。以西方之学术,灌输于中国,使中国日趋于方明富强之境""借西方文明之学术,以改良东方之文化,必可使老大帝国,一变而为少年新中国"。容闳毅然返回祖国。他不仅是首位毕业美国名校的中国人,更开始实施他宏大的"西学东渐"的计划,力促清政府第一次公派学生出国。容闳组织 120 名幼童游学美国,虽然中途受挫,但拉开了中国官费游学的序幕,开创了中国学生游学西洋的新时代。

第一次公派游学美国学生,从 1872 年起,"分为四期,按年递派,每年 30 人",学生年龄为 12~15 岁,詹天佑即为第一期留学生。他们抵达旧金山时,曾在美国人民中引起轰动。容闳让这些游学儿童两人一组,分配到美国家庭中去居住,与美国孩子一起生活、学习和旅游。使得这些孩子很快熟悉适应西方的新生活、新风俗习惯及新的观念和理想,113 名幼童还在老师的带领下参观了费城世界博览胜会。他们很快掌握了西方科技和文化知识,回国后,不少人成为外交、军事、交通等领域的杰出人才。

除容闳带领幼童留学美国外,福建船政大臣沈葆桢等曾从船政学堂和马尾造船厂挑选学生和学徒先后三次派往英、法、德等国,专门学习造船、驾驶和矿务技术,这批留学生中有后来成为爱国将领的刘步蟾、林泰曾、林永升等,还有严复,后来成为中国资产阶级启蒙思想家。

1894 年甲午战争后,官费留学浪潮渐渐转为负笈东洋为主,"我取经于东洋,力省效建"。由于日本先进的文化实际上是从西洋学来的,然作为一衣带水的近邻,无论学费还是风俗、语言文字,比起往西洋留学都有很多的方便之处,故日本成为中国学生理想的留学国。从 1896 年首次派遣唐宝锷等 13 人赴日起,两年后遂成为一项国策,几年间成百上千的增加,到 1906 年,高达 8 000 名之多,鲁迅、蔡锷、杨度、曹汝霖等均为这期间的官费留学生。

自 1899 年单士厘随其丈夫至日本,开创中国女子游学日本之先河,至 1907 年,湖南、江西等省派出 10~30 名女子学生赴日留学。仅东京一地便有近一百名中国女学生,并且有留日女生会组织。此时也有一些自筹经费的私费留学生,如吴玉章、秋瑾、陈其美等,还有因反清起义而逃亡日本的革命党人,如宋教仁、陈天华等。

20世纪初,游学日本的中国学生大都怀着救国救民的志向,表现了民族自尊心和奋发精神。他们在努力学习科学知识之闲,经常结伴去游东京上野公园不忍池、浅草公园观音之所;或去芝公园内的丸山、飞鸟山公园眺望京城景色;或去动植物园观赏珍禽异兽、各国花草树木;或去帝室博物馆、教育博物馆参观学习。最高兴的是在樱花季节,同游上野公园或隅田堤,观赏樱花。"旅行然后知居乡之可贵,出国然后知国家之可贵"。经历负笈东游,爱国救国之心在学生中激扬起来,认识到游学旨在讲求救国的学问与列强竞争的学问。当逃往日本的改良派、革命党与游日学生聚集东京后,游学目的就更为明确,并找到了实践的道路。从了解东西方文化、学习先进科学技术之旅,进而发展为追求进步,乃至革命之旅。

二、文人学者游学之旅与海外文化之旅

1. 文人游学之旅

20世纪初,中国知识分子都热衷于游学欧美。他们刚刚从沉闷窒息的封建文化中挣脱出来,西方先进科学、文化、艺术、文明,吸引了中国的众多青年学子。他们学习先进文化,追求西方文明的游步逐步拓宽、延续不断。在这些知识分子中,有不少人在域外学有所成,很多人回国后,成为中国现代文化科技等领域的精英人物,并极大地影响中国现代文学、艺术、科学的发展。

如五四新文化运动的开创者胡适,先后留学美国康乃尔大学和哥伦比亚大学,共七年。1916年6月,在克利夫兰参加第二次国际关系讨论会,提出改革中国文学,同年11月,写出《文学改良刍议》,揭开了文学革命的序幕。《别了,康桥》吟出诗人徐志摩游学英国的浪漫。艺术大师徐悲鸿留欧八年,又将西洋绘画艺术引入中国。文学家冰心1923年赴美国威尔斯利女子大学研究院学习,这位"最热情、最忠实的朋友"给小读者寄出了自己的旅途和异国的见闻、感受。1936年又遍游了欧美多国,为其创作增添了丰富的素材。

许多文人都有一段旅游欧美的经历,巴金于1927年旅法途中写成《海行杂记》、《旅途随笔》等游记散文。朱自清1931年留英,随后漫游欧洲五国,著作有《欧游杂记》和《伦敦杂记》两部游记。剧作家李健吾1931年留欧,著有散文《意大利游简》。作家冯至在德国留学著有《山水》,在游览中通过对自然风光的描摹,追寻哲理。美学家朱光潜留欧八年,游历了英、法、德、俄、意等许多地方,住过豪华的饭店,也在肮脏嘈杂的小酒店啃过黑面包,更多次参观罗浮宫等艺术殿堂,广泛接触和吸收西方文化,成为其取得巨大美学成就的重要因素。

十月革命后,前苏联成为追求真理与进步人士的向往之地。无产阶级革命家、文学家瞿秋白于1920年作为北京《晨报》记者到苏俄旅行两年,实地考察了新俄罗斯的社会主义理论与实践,著有《新俄国游记》(又名《俄乡纪程》)和《赤都心史》散文集,记叙"自中国至俄国"和在莫斯科旅行生活中的"所闻所见所思所感",也是作者"心弦上乐谱的记录",最早向中国人民真实报道了俄罗斯新的现实生活和艰苦的斗争。

1935年8月,地质学家丁文江在华盛顿参加国际地质学会大会后,再赴欧洲,于月底去苏俄作了为期40天的地质考察旅行,可惜其《苏俄旅行记》只记了20天,没有写完便去世了,但半部游记已留下了一个地质旅游家的旅游追求和第一个社会主义国家早期的真实情况。

2. 海外文化之旅

近代开始,中国人到西方游历大都是学习西方先进的科学技术和文化艺术,很少有人在西方宣传中国文化。京剧大师梅兰芳在20世纪二三十年代到日本、美国、前苏联进行文化之旅,作京剧演出,可谓国人近代以来在西方传播中国文化获得巨大成功的第一人。

梅兰芳于1919年4月,第一次东渡日本,将中国戏剧以表演形式介绍给外国观众。梅兰芳偕同喜群社部分演员三十余人,在东京、大阪、神户等地上演了24出戏。梅兰芳演出的《天女散花》等14出戏,使得东瀛观众入了迷,惊叹不已。1924年10月11日,梅兰芳在日本关东大地震后,借帝国剧场修复之际,再度赴日本,表演京剧,并举行义演,将演出收入约一万元全部捐给日本的救灾事业,赢得了日本人民的尊重。1930年1月18日,梅兰芳率领"承华社"的二十余名演员,从上海踏上去美国的轮船。经过 14 个昼夜的颠簸,2 月 8 日抵达纽约。美国时遇经济大萧条,但梅兰芳的赴美演出,竟掀起一股京剧热。在纽约的票价由 6 元涨到 12 元,但观众的情绪仍十分热烈。梅兰芳在演出结束的酒会上,受到了包括世界著名喜剧大师卓别林在内的许多文艺界人士的欢迎。梅兰芳将东方传统京剧艺术介绍给美国人民,这历时半年的美国之旅,是中西文化交流史上具有深远影响的文化之旅。1934年,梅兰芳又作访苏演出,在莫斯科和列宁格勒的演出都获得了巨大的成功。前苏联戏剧专家斯坦尼斯拉夫斯基和著名作家高尔基等也来观摩表演,并作了高度评价。从此梅兰芳被列为世界三大现实主义喜剧大师之一,其表演艺术和戏剧理论被公认为国际上三大戏剧表演体系之一。

三、壮游海内　别开生面

近代,中华赤子在远赴域外进行启蒙救亡之旅时,神州大地上的旅步也没有停息,只是多伴有忧国忧民、求治山河的色彩。"海外名山都看遍,扶桑还看故乡山",康有为、黄遵宪在他们环球游的前后,都有一番壮游祖国山河的经历,他们仍在走着一条"读万卷书,行万里路"的传统旅游之路,并在故国山川之间获得一种精神寄托。

"九州生气恃风雷,万马齐喑究可哀。我劝天公重抖擞,不拘一格降人才"。龚自珍这位提出变法革新的第一人在历游大江南北,过镇江时写下了这《巳亥杂诗》中最有名的诗篇。面对帝国主义入侵,封建统治腐朽,山河破碎,国弱民穷,龚自珍于道光十九年四月离京,往返九千里,两次返乡,途中所历山川和见闻感知,都写入篇章,结集《巳亥杂诗》315 首。祖国壮丽山河孕育了龚自珍这位思想家兼诗人的剑气箫心。

"我行半天下,九州苣其八"。近代思想家、文学家、旅行家魏源更可称为近代士人游历神州的代表,并且重旅游实践,讲究游风,提倡"亲至"、"致用"、"芒鞋踏九州,到处山水呈真实面"。1840 年鸦片战争爆发,魏源投身国难,在林则徐支持下,撰《海国图志》,半年往返八千里,经南方八省;南游香港、澳门,一看外国人工作生活的实际情况,所带回材料和在香港购买的地图,又成为补充《海国图志》的重要资料。

魏源"少年好远游",少小游南岳后,便半生游浪山水里,东到普陀山,西至嘉峪关,东到山海关,西南至蜀中,南达港澳,五岳和诸多名山、大江秀川几乎都览遍。在太湖、西湖的碧波上,常"以舟为屋,与同寝宿"。"我生第一伤心事,未作天山万里行"。在山川秀媚的感召下,魏源"遇胜辄题咏",留下山水诗五百余首。魏源最重要的著作《海国图志》更是他爱国救亡精神的最好体现,表明了他放眼世界,面向四海的襟怀。《海国图志》50卷本最初完成于1842年底,1847年增补为60卷,1852年再增补为百卷本,共90万字,分六大部分,内容十分丰富,以其新颖而丰富的知识,成为当时认识世界,走向海外的一部百科全书,对近代也有重要影响。

20世纪二三十年代,爱国留学生带着获得的西方科学文化知识,怀着自强自立的民族自尊心与建设祖国的远大抱负,回国投身开发祖国的事业。他们组织科学考察之旅,冒着生命危险去考察西南、西北未被开发的处女地,在杳无人烟的荒漠戈壁、深山密林中跋涉,备尝艰辛与危险,在观赏到常人难以遇到的奇特美景的同时,更享受到发现科学奥秘和宝贵矿藏的喜悦。1929年初发起并组织对西南进行全面地质调查的丁文江,1928年起三次率领生物采集考察旅行团,进入人迹罕至的广西大瑶山考察的辛树帜以及1945年发现油田资源的周宗浚、朱新德为首的甘青新边区及柴达木盆地工矿资源科考队堪称探索资源、开发宝藏之旅的拓荒者。

当时青年学生也在假日结伴旅游,他们或乘火车、或徒步、或骑自行车,朝气蓬勃。1931年春假,金陵女子文理学院的六十多名师生,包了一节火车,组织了一次别开生面的泰山之旅。他们集体住宿在行进中的车厢,徒步游曲阜孔庙、孔府、孔林,更奋力登临泰山,这次女生远游一开风气。南京、上海、北平等地的大学生纷纷组织假日旅游,或远游,或近郊、远郊游览。宁、沪、杭间交通便利,三地学生还相互联系,往往利用寒暑假往来住宿,均以学校为主,有的还自己设计旅游路线和旅游方式,如骑自行车远足。

20世纪30年代还出现了开创徒步和自行车周游世界的旅行家陈尚英和潘德明。陈尚英历时七年环游世界,旅途中时常步行,约15 000

英里,穿破靴鞋计50双。潘德明1930年夏从上海出发,先随"亚细亚步行团",出境入越南,在别人退出后,他自制《长途留墨集》,以供名人题词,决心只身完成徒步或骑自行车旅行世界的计划。从此潘德明徒步或骑自行车连续旅行七年,行程数万里,经历四十多个国家和地区,获有甘地、尼赫鲁、"土耳其之父"凯末尔等名人手迹二十多件,还有泰戈尔等人的合影。回国后在广西停留时,被李宗仁接见,并为他题:"有志者事竟成";相遇徐悲鸿,获书:"丈夫壮志"以留念。潘德明饱尝旅途风霜雨雪,以中国青年的智慧、力气和艰苦卓绝,成为人类历史上徒步和骑自行车周游世界的开创者,不愧为中国近代旅游史上杰出的旅行家。

四、爱国救亡之旅

20世纪30年代,在国难当头、民族危亡之际,中国旅游史上最具震撼力的最强音,还是抗日救亡和民族解放的爱国革命之旅。

1. 湘黔滇旅行团

湘黔滇旅行团是在抗日战争爆发初期的一个颇有影响的行军性质的高校组织。

1937年"七七事变",北大、清华和南开大学在平津相继沦陷的情况下,先迁往湖南长沙,成立"长沙临时大学",上课仅仅一个学期,日军进逼长沙,"长沙临大"决定迁往昆明。于是当时还在学校的875名学生志愿前往昆明就学。1938年2月,学校师生分两路搬迁,女学生、体弱师生及教职员家属乘火车至广州取道越南,由滇越铁路到蒙自入昆明。250多位体魄健康的师生就组成了"湘黔滇旅行团",徒步去昆明。闻一多、黄钰生等十余教师组成辅导团,黄钰生任"湘黔滇旅行团"指导委员会主席,湖南省主席张治中特派黄师岳中将担任旅行团团长,毛鸿等三名教官分别担任各中队队长。

湘黔滇旅行团于1938年2月20日启程,边行边游,饱览沿途的壮丽山水,访问苗、彝等少数民族山寨,宣传抗日,了解风土人情,搜集民歌民谣。250多师生经过68天的长途跋涉,步行1750公里,于4月28日胜利到达昆明。他们经历了锻炼,也体察了祖国大西南人民的贫穷疾苦,受到深刻教育。

2．新安旅行团

新安旅行团由江苏淮安私立淮安小学的学生组成。它比之大学生组成的湘黔滇旅行团发起更早，历时更长，参加人数更多，影响更大。淮安小学由著名教育家陶行知创办于 1929 年 6 月 6 日，并兼任校长，后由汪达之接任。1933 年秋，淮安小学挑选七名学生，组成"新安旅行团"到上海进行修学旅行，他们遵照陶行知"行事知之先，知是行之成"的教育思想，在沪五十多天的参观学习，增长见识，拓宽了知识面。这一新创举获得中外舆论界一片赞誉，轰动了上海江苏教育界。

1935 年 8 月，淮安小学汪达之校长再次成立"新安旅行团"，14 名学生抱着"即使讨饭，也要宣传抗日，卫国保家"的决心，以文艺宣传形式旅行各地，宣传抗日救国。他们在国民党沦陷区进行抗日救亡宣传活动，旅途艰辛，但得到社会各界爱国人士的支持和帮助。特别是周恩来、毛泽东、刘少奇、朱德、陈毅等无产阶级革命家的亲切关怀和热情支持。1939 年 3 月，淮安沦陷，新安学校停办，新安旅行团在宣传和旅行活动中迅速壮大，毛泽东同志还在 1941 年 5 月 20 日亲笔写信，鼓励他们"努力工作，继续前进，争取民主革命的胜利"。皖南事变后，新安旅行团北上，进入敌后抗日根据地，随新四军，以后随解放军活动，直至 1952 年 6 月进驻上海。历时达 18 年之久，足迹遍及 18 个省市自治区，行程 22 500 余公里，先后参加人数达六七万人，这在中国现代旅游史上留下了独特的旅游篇章。

五、中国近代旅游业的初创

1．中旅社的正式创设

1824 年（清道光四年），旅行中国风景名胜庐山脚下，鄱阳湖畔浔阳城，包价，铜二百斤。这可是发生在英国人托马斯·库克 1841 年组织首次包价旅游之前 17 年，有现存清代八棱瓜楞瓷盖罐上文字记载为证。这是一只着粉彩山水画瓷盖罐，文字虽简略，但记载道："道光四年旅行浔阳包价铜二百斤。"浔阳即现在的江西九江市，是长江中游重要商埠。自隋唐以后，人来舟往，千余年繁华之处，又如此紧邻名山大湖，应该是旅行的极好去处。在经历资本主义萌芽产生数百年之后，出现商号经营包价旅行也可谓在情理之中,只可惜史物单一,文字约略,尚无法考知当年浔阳旅游的经营商号名称和具体组织者。不过,清代进入道光年间,已是中国社会进入半殖民地半封建的转折点,在内忧外患、战乱不断、封建专制和列强侵入双重压榨下,中国资本主义的萌芽历经数百年抗争,终被摧残在摇篮之中。作为现代服务业的代表行业中国旅游业一经发芽就窒息而亡也就不足为怪了。

20 世纪 20 年代,中国近代第一个正规的旅游经营机构——中国旅行社正式创设。由此标志着中国近代旅游事业进入了一个初步发展时期。

19 世纪后半叶,随着工业革命的结果的扩大,社会财富迅速增加,都市化加快形成,极大改变着人们的生活方式,旅游的规模和范围发生了巨大变化,除了少数富裕者外,许多中产阶级逐渐成为旅游的骨干。国际会展业也崭露头角。1876 年,中国近代史上环行地球一周的首位游客李圭就是作为中国工商界的唯一代表前往美国费城,参加世界博览会,并因此作了历时八个月的环球旅游,行程四万公里。在这种世界范围的社会经济发展包括旅游业发展的背景下,20 世纪初期的中国开始出现了近代旅游业。面对外国旅游企业,如英国的"通济隆"、美国的"通运"、日本的"国际观光局"等在上海、天津、广州等地设立机构,包揽了中国的旅游业务,上海商业储蓄银行总经理陈光甫为争得中国人在自己国土上开办旅游业,于 1923 年 8 月 15 日正式成立"上海商业储蓄银行旅行部",在 1924 年春,组织了第一批国内旅游团从上海到杭州游玩;1925 年,组织了第一批"观樱团",赴日本旅游,在日本两周,参观了长崎、东京、京都、大阪等地;1927 年创刊《旅行杂志》,介绍祖国大好河山和秀丽风光;1927 年 6 月,旅行部迁出银行,单独注册经营,打出"中国旅行社"招牌,由此标志着中国旅游活动正式纳入有组织的企业经营范围,成为一项近代服务经营产业。

2. 中旅社的经营发展

中国旅行社的经营宗旨:①发扬国光;②服务行旅;③阐扬名胜;④改进食宿;⑤致力货运;⑥推进文化。可见由中国人自己经营的中国旅行社既办客运又办货运;既业导游又业出版;既营旅馆又营餐车;既协助大批学生出国留学又协助公私集会之舟车问讯事宜等等。其业务之广泛,经营之难度,远非外国通济隆(英国)、运通(美国)、国际观光局(日本)等旅行社可比拟。

从1931年至1937年,随着交通线路的开辟,中国旅行社的业务有了长足发展。旅行分社发展至45所,还在人口稠密地、交通要冲处、著名旅馆内大量增设分社之支社、办事处。1934年10月设立新加坡星洲分社和香港经理处,抗战开始后又在越南海防、西贡设立分社,以便利疏运货物、旅客进入昆明。同时在西南、西北交通要冲增设旅行分社和招待所,并加强对大后方各旅行分社和招待所的管理。

中旅社从最早以代售铁路、轮船票到代办国际空运、邮轮客票及海陆空联运客票。1931年后开始经营外国人来华旅行业务;1934年中国旅行社开展铁路货运业务;在游学欧美热潮中,中国旅行社代办出国留学游历业务;1936年起中国旅行社正式承办津浦铁路餐车业务,办理代办邮政、电报、保险、鲜花等业务,中国旅行社尽全力服务,充分显示了中国旅行社的敬业精神和服务于旅行的精神。

中旅社为配合旅游业务,还涉足了管理经营陕西西安华清池、华南南岳衡山等风景区和大量招待所旅馆(下节详述)以及修理泰山石径等景区建设。中国旅行社在发展业务、服务旅行方面,作出了卓著的成绩,为我国近代旅游事业的初创奠定了基础。

中国旅行社开设的国内旅游项目和逐渐丰富的各类民众旅游活动搞得有声有色。

中旅社从1929年起经办很多旅游活动,每年最大宗的是春游、避暑、秋游等。春天到超山探梅、无锡太湖泛舟赏桃柳;夏日赴庐山、青岛、北戴河与莫干山清凉消暑,西湖观曲池风荷;秋天往海宁观钱塘潮、揽富春江秀色。无锡分社还在太湖专设游览汽船办事处,经营游客雇船游太湖业务。中国旅行社游览团之游踪,每年从春至秋,于西湖、太湖、黄山、雁荡山、普陀山、金华、兰溪、宜兴、崂山、五岳直至沈阳北陵连绵不绝。也组织赣、闽、湘、桂、粤五省旅游团,1937年承办南京至昆明"京滇公路周览会",180余人骑车旅行。早在1928年和1929年就分别在上海和杭州参与"中华国货展览会"、"西湖博览会"会务旅游服务,此后连续多次承接了各种全国以及国际学术会议。包括1935年10月10日在上海举行了第六届全国运动会的大量旅游接待任务。

中国旅行社在大力组织国内旅游的同时,还积极招徕外国游客,与国有铁路联售有效四个月的"中国周游券"。1931年四五月间,中旅社接待日本国际观光局组织来华旅游团就有二十多次,计三千余人。中旅社也为每年出国朝圣团代办各种手续和提供出行指导。1934年,中国代表团出席在马尼拉举行的远东运动会,和1936年8月参加的第十一届世界奥运会,中旅社提供了全部票务和各项游历服务。

六、洋行、旅馆与饭店

光绪二十二年(公元1896年),清政府开办现代邮政,取消了传统的驿传,1913年,北洋政府宣布撤销所有驿站,封建驿传制度延续了三千年终于寿终正寝。

清朝末年会馆的文化历史作用曾愈显突出,京城四百余所会馆中,三百余所为举子会馆。会馆又成为进步人士集会场所,康有为住南海会所,使得该会馆成为变法维新的策源地;粤中会馆是主张变法的强学会会址;粤东会馆是保国会会址。近现代名人龚自珍、梁启超、孙中山、鲁迅都曾在北京会馆中寓居。会馆还随华侨搬迁海外,兴建有华侨同乡会馆。

随着帝国主义列强的政治、经济、文化的侵略,中国封建势力与帝国主义相勾结,以及近代资本主义经济和近代交通工具的出现,鸦片战争前后中国旅馆的类型构成及经营方式、服务方法等都发生了很大的变化,最显著的变化还是出现了外资经营的西式旅馆与中西结合的中西式旅馆,以及由中旅社为代表的招待所。

这还得要从广州的洋行商馆说起。洋行又称"洋馆"或"夷馆",起源于广州市舶司——宋元明三代在广州设立的专门管理海外贸易的机构。明代市舶司单独建有专门接待外国贡使和商客的馆舍叫"怀远驿",清代在怀远驿的旧址上建造120间房屋,供各国来华贸易的外商食宿、存货和洽谈业务。这就是广州的"洋行"商馆,在"羊城"太平门外,由东向西依次分布有怡和馆、集义馆、丰泰馆、隆顺馆、瑞典馆、帝国馆、法国馆、西班牙馆、丹麦馆等 13 个商馆,统称"十三洋行"商馆。

"十三洋行"商馆的建筑均为西洋式,其结构"有若洋画,中构番楼,备极华丽"。各商馆内部设备也极其华丽,还有花园和运动场所。"1832 年元旦的一次宴会中,在英国商馆的宽敞的客厅里,席面上坐了一百位客人。①"第一次鸦片战争中英商义律活动的据点就是这个怡和馆。

1840 年鸦片战争以后,帝国主义列强纷纷侵入中国,广州、厦门、福州、宁波、上海成为新的通商口岸,结束了清初唯有广州对外贸易的局面。随后,列强又在上海等十多个城市和商埠设立租界,划分势力范围,并在各租界地和势力范围内兴办银行、邮政、铁路和各种工矿企业,进一步控制中国的经济命脉。这时外国资本开办并由外国人经营的西式旅馆在中国出现了。

外资经营的西式旅馆,大多建于帝国主义列强在中国的租界地或势力范围内,其中以上海为最。

1860 年,英国人礼查在上海外白渡桥北堍创建"礼查饭店",这是上海开埠后,外国人经营的第一家高档旅馆饭店,今名浦江饭店。闻名于世的北京饭店是 1900 年八国联军入侵后由两个法国人开始经营,先为小店,3 年后,即 1903 年迁至长安街新址,规模壮大,富丽堂皇,由原来的二十余间开拓为四十八间,生意越做越大。六国饭店也重新翻建,加高一层,规模宏大。"饭店直将六国称,外人情态甚骄矜。层楼已是凌云汉,更在层楼建一层"。

辛亥革命后,尤其在 20 世纪二三十年代,上海、杭州、南京、西安、北平等城市的旅游宾馆饭店发展很兴旺。上海是近代中国经济、文化、交通、运输、旅游业最发达的城市,也是外国资本主义经济、文化侵略最严重的城市之一,国内外游人都向往这片东方乐土,于是旅馆饭店林立。1913 年,徐孟渊创办"孟渊旅馆",三层一百余间,均置有全套古色古香红木家具,富有民族特色,在东站码头派有专人接送客人。1917年,先施、永安两大公司开业后在公司里附设中西结合的豪华旅馆,并

① 马士[美].中华帝国对外关系史[M].[出版地、出版时间不详].

与东方饭店、东方旅社、礼查饭店等联号。20年代开业的有静安宾馆、金门饭店、华懋饭店、大中华饭店、中央饭店和东方饭店等高级饭店。其中最著名的是华懋饭店(又称沙逊大厦),即今天的和平饭店,为上海唯一入选的全球驰名饭店。30年代上海饭店更加兴旺,最有名的是吴鼎昌集资,于1934年12月1日建成营业的24层国际饭店,为上海当时最高的标志性建筑,也是当时远东地区屈指可数的豪华饭店。

在20世纪二三十年代的中国旅馆建设中,中国旅行社功不可没。早在中旅社独立经营之初,即认定旅游饭店是旅游业的基础物资,在旅游业中占有重要地位。1931年7月,中旅社在沈阳建立第一个招待所,随即推广在徐州、郑州、潼关、南京、汉口、青岛纷纷设建招待所和在徐州、上海、武汉等主要车站码头建招待分所。1935年是中旅社招待所大发展之年,耗资50多万元的南京首都饭店开业,它是当时最高档的宾馆饭店,也是中旅社最大的招待所。稍后西安的西京招待所和衡山"南岳山庄"建成营业。另有九处招待所从北到南依次开业。

抗战中,中旅社根据形势所需在西南、西北等公路,包括滇缅公路沿线,设立许多招待所与宾馆,负责食宿,直至腊戍(缅甸)。这些招待所有铁路、公路局委托中旅社经营的,也有中旅社在西南各省投资自办的,还曾采用特约招待所的办法,由中旅社对各地较有基础的旅店给予贷款,设置若干干净客房,一律悬挂中旅社招待所招牌,并派专员常驻指导。特约招待所具有投资少、见效快的优点,直接造福西撤的公私旅行,更对内地餐旅业的改进起了示范作用。抗战中后期,创建的陕西、新疆等省级招待所都委托中旅社全权负责。其中兰州西北大厦成为社交活动中心,接待过美国副总统华莱士和驻华美军总司令魏德迈上将等贵宾。

中旅社西北大后方服务网还为中国旅游事业树立了艰苦奋斗的优良传统,作出了艰苦卓绝的贡献,如著名作家茅盾曾热情讴歌六盘山华家岭招待所的职工:"凡是在西北公路上旅行过的人们,应该不会忘记在高山荒岭的华家岭上,有这样一群无名英雄直接为旅客服务,间接为抗战效力,在四时如冬,在寂寞荒凉的环境里坚守着他们的岗位。"

七、都市公园与游乐场所

在被帝国主义列强辟为租界地不久,上海就有近代意义上的第一座公园——黄浦滩公园建成。园址原为滩地,1864年,英国殖民者擅自填滩修筑公园,同年竣工开放。当时称"公家花园",此园位于外白渡桥,故又称"外白渡桥公园",另称"外滩公园"、"大桥公园"、"外国公园",该园初建时仅允许外国人入园,门口设立标志,有"华人和狗不得入内"的条文,令国人气愤,遂激起上海人民抗议斗争。英殖民主义者为缓和上海人民的激愤,在苏州河南岸涨滩营建公园,专供中国人游览,时称"新公园",次年易名"华人公园"。1905年和1909年,又相继建造有"虹口公园",即"虹口体育场"和"复兴公园",曾经名为"法国公园"。这些上海早期开辟的都市公园,可能也是中国近代最早的一批市立公园。1911年辛亥革命后即修建开放的无锡城中公园,因完全为市民公众免费享用,被称之为"公花园",这又可能是首批明显有别于以往私人花园的城市公园之一。

与此同时,外来文化的渗透和社会经济的发展,又在城市中促使各种游戏娱乐活动场所的建立,而以上海这"十里洋场"最为突出。跑马厅、大世界娱乐场、剧场、电影院、舞厅以及众多俱乐部等光怪陆离的都市娱乐场所相继开设。

上海第一个跑马场,史称"老花园跑马场",八十亩地,建于1850年,是英租界最早的游乐中心。1862年,再建的新跑马场,即时人常说的跑马厅,这是上海畸形游乐场的典型,这里每逢春秋两季举行赛马比赛,引诱中国人购买跑马彩票,进行赌博,使得许多热衷于买彩票的中国人倾家荡产。

大世界游乐场则集中了当时社会的各种娱乐节目,如杂技、说书、哈哈镜、滑稽戏等,以及众多小吃品种,深得普遍市民的青睐,知名度极高。以兰心戏院、国泰、大光明、大上海电影院和百乐门为代表的剧场、电影院、舞厅等更是当时夜上海的特色,吸引了上海众多小开(阔少)、太太、绅士的光临。这形形色色的娱乐消闲设施的推广和西方都市生活方式的风行,使得上海被称为"冒险家的乐园",这在一定程度上也反映了当时上海休闲娱乐业的兴旺,及其都市旅游文化的景况。

与上海的外来文化形成鲜明对照,北京的游乐场所仍然由民族传统唱主角。北京在清代时,即设赛马场,多设立在庙会附近。届时,赶庙会的,逛市场的,游览寺院的,烧香的,还愿的,看放河灯的都蜂拥而至,是极具群众性的娱乐活动场所。从农历正月到九月,几乎月月都举行。游客都喜欢在赛马时去北京旅游,观看中国传统赛马。琉璃厂正月庙会时,火神庙和香厂的赛车和赛马最盛,且带娱乐性质,形成北京地区的独特风光。

第五节　中国旅游文化新时期——新中国成立以来

新中国建国伊始,国民经济面临崩溃的边缘,百废待兴,旅游事业当然无法很快地全面发展,但中华人民共和国的诞生,为中国旅游文化的全面转型开辟了新的广阔前景。随着农村土地改革,城市公私合营,社会主义改造的逐步深入,亿万劳动者成了国家主人,爆发出巨大的生活热情和劳动积极性,对物质文化生活的需求有所增长,碍于当时社会生产率低,社会可供物质资源匮乏,郊游和各类游园娱乐成为短途旅行游览的首选形式和主要内容。

按照毛主席确定的"打扫干净房子再请客"的方针,在抗美援朝胜利和国民经济迅速恢复后,1954年4月21日,中国国际旅行社(即国旅)成立,开始有了专门的国际旅游业的机构,属于"政企合一"的长期实行企业化管理的事业机构,"取费低廉,服务周到",还是采取社会主义计划经济事业供给制的办法,承担一切外宾、外国旅游团在中国的访问和旅行中的生活接待工作,并与各国旅行社进行业务联系,承办国际联运业务(30年后才真正成为企业单位)。

中国国旅成立到文革发生的1966年是比较稳步前进时期,贯彻"热情、友好、服务周到"的方针,对来自不同国家背景的游客,坚持"政治上区分,生活上一视同仁"的原则。起初接待来华旅游的总人数的95%来自前苏联、蒙古和东欧各国;1960年,中苏分歧加剧,国际形势发生重大变化后,来自西方国家的旅游者逐年增多,1965年,达到了来华旅游总人数的 80%。此间的 1964 年,是中国旅游史上的重要一年,周总理成功访问亚、非、欧十四国,中法建交、中巴通航,中国旅行游览事业管理局成立,这标志着我国旅游事业进入了一个新时期。1965 年,国旅接待外国团体游客 12 877 人次,零星委托客人 8 358 人次,共 21 235 人次,是建社以来接待人数最多的一年。

此外 1957 年 4 月 22 日,华侨旅行服务总社成立,主要承担组织华侨、港澳同胞自费回国观光、旅游、探亲的重要任务。1956 年到 1965 年,华侨旅行服务社共接待了来自八十多个国家和地区的华侨 20 万人次,港澳同胞 100 万人次。

正在中国旅游事业出现空前好局面之际,文化大革命彻底打乱了中国旅游业的发展规划,有关设想未得实现。文革动乱猛烈冲击了年轻的涉外旅游事业,接待机构、组织、制度、服务传统都遭到严重破坏,海外侨胞的爱国爱乡热情受到很大挫伤,入境旅游者越来越少,1970 年仅接待 452 人。1971 年,毛泽东曾亲自过问旅游接待工作,批示:"人数可略增加,右派也可来一点。"这使得濒临绝境的中国旅游业、外交事业枯木逢春,又获生机。当年国旅接待人数达到了 1 599 人次。第二年国旅接待人数便超过了 3 000 人次。

1972 年,中日建交,当时的美国总统尼克松访华,关闭了 20 多年的中国大门逐步向西方游客开放,美日以及其他国家和地区的来华旅行者急剧增加。1973 年接待 27 750 人次,创汇越过 150 万美元。1974 年以后逐年增加,1977 年全年接待旅游者已达 55 856 人次。

1974 年建立中国旅行社,与华侨旅行社合署办公,接待华侨、外籍华人、港澳同胞业务又在全国范围内逐步开展起来。1976 年粉碎四人帮后,接待工作又有新发展。1977 年接待 34 万人次,比 1976 年增加了 69%,打破了多年停滞不前的状况。

中国国际旅游的飞速发展还是在党的十一届三中全会以后,随着我国改革开放的巨大成功,国民经济持续、快速发展,旅游业取得了空前的大发展。从 1978 年到 2005 年,入境人数从 180.92 万人增至 1.2 亿人,增加 65.33 倍;外汇收入从 263 万美元增至 292 亿美元。目前,旅游产业的经济文化含量越来越高,旅游需求日趋多样化、细分化、个性化,旅游活动也越发丰富多彩、不断创新,与此相适应的旅游文化也得到发展,更加光辉灿烂。并且在新的时期创造出新的包容古今,吸取中外,符合时代要求,顺应历史发展的中国旅游文化。可以说,我国的旅游事业蒸蒸日上

众多的名胜古迹,灿烂的博物艺术,多姿多彩的民族风情,瑰丽的山山水水为世界人民所瞩目。中国已成为亚洲第一位旅游接待大国,成为全球最安全的旅游胜地,又是最具活力的投资沃土。改革开放使得中国这一全球最大市场不断吸引国际资本,也走出国门,通商天下。于是招商引资,经贸洽谈,外贸外销,国际劳务,海外投资,中国经济融入了国际经济的海洋。中国已经成为世界最大的制造基地,并迅速崛起,为世界经济大国,正在努力成为未来的研发创新基地,所有这些经济活动所带来的巨大商务旅游是可想而知的。

中国旅游的接待能力也与国际接轨,从1992年起,全面进行星级评定与管理。星级饭店从1992年的1028个增至2004年的10888个,星级饭店的客房数也从1992年的196513间增至2004年的1237851间。12年间分别增加了10.6倍和6.3倍。几乎所有的世界著名联号饭店集团都进入了中国,在中国改革开放中,旅游业成为最早最具有代表性的国际化行业。20多年来,中外文化交流碰撞在中国旅游界到处存在,比比皆是,国际化、跨文化成为中国旅游文化的主要特征之一。中国至2020年,入境游人数将从现在的世界第四跃为世界第一(世界旅游组织预测),这也就预示着以2010年上海世博会为契机,直至2020年中国的入境游市场持续升温,这对于中国当代旅游文化将呈现更加明显的国际化趋向。

当然中国旅游文化的国际浪潮还表现为中国游客的出境游。2005年,共有3100万人次出境,比"九五"期末增加近两倍。其中因私出境增长近十倍。出国留学热、移民"洋插队",随之而来的是越洋探亲访友,回家返校。这在诸如德、意、加等某些旅游目的地,已经成为一道风景线。在欧洲法国等国家,当今中国游客又都成为当地的重要旅游消费外汇来源。中国已成为亚洲地区一个新兴的客源输出国。

比之国际旅游更为重要的当代旅游文化现象就是中国国内旅游。

在较长一个时期因物质基础偏弱,经济发展程度不够,经济收入偏低,而不能出门旅游尽情观光畅游的热情,随着中国改革开放的巨大成功,国民经济持续、快速、健康发展,人民生活水平与质量得到了显著的提高;随着国内人均 GDP 超过 800 美元、1 000 美元迅速释放开来,逐渐形成国内的旅游热潮;东部个别地区近年来人均 GDP 超过 3 000 美元甚至达到 6 000 美元,一个大众旅游时代终于全面出现;加上几年来旅游黄金周的推行和带薪休假制度的逐步实行,更推波助澜使国内旅游热浪一浪更高一浪。2004 年,全国国内旅游人数达 11.02 亿人次,首次突破 10 亿人次,比上年增长 26.6%,全国国内旅游收入 4710 亿元人民币,比上年增长 36.9%。2005 年,国内旅游人数又增长 10%,达 12.12 亿人次,比"九五"期末增长 63%,国内旅游收入达 5 286 亿元人民币,又比上年增长 12%。我国已成为全球最大的国内游市场,展现出最巨大的大众化旅游文化特色。

中国的当代旅游文化在空前大发展的转型中,还呈现出丰富多彩的个性。旅游的需求日趋多样化,市场细分化。当代中国旅游因这几十年特殊的迁徙,而反哺出多种异样的旅游式样,数千年古代旅游文化的内涵基因又无时不显露出别样的旅游模式,至于日益成长的中产阶级,无疑以其时代中坚的身份引领着当代中华旅游文化的潮流。

60 年代的内迁大三线、小三线、知青支边、兵团生涯、大规模上山下乡运动,城镇干部工人下放,还有当年两弹一星的保密军工,有的献了青春献终身,甚至献子孙;有的在黑土地、黄土高原、共青城这些广阔天地留下了最美好的时光。特定的历史年代的种种迁徙造就了多样的旅游需求,回访第二故乡,寻觅难忘的往事,找寻当年的艰难,汲取先辈创业的精神,这对于神州大地上无数家庭的几代人有着不尽相同,然而同样强烈的吸引力。

每年在扩大的踏青扫墓团,一年年周而复之,日益壮大的千万大学生放假与返校的队伍,更有那数以亿计的民工潮,都不是纯粹的旅游团队,然而又无不或多或少地影响着每年的旅游活动,这些候鸟式的旅行队伍本身就是中华民族特有的十分壮观的旅游(旅行)现象。

近年来,中国的中产阶层渐成气候,以知识分子为中坚的这一金领、银领、白领成为将观光休闲融为一体的旅游群体。他们时常出外放松身心,有不少是以车代步,常常自驾车出游,还不时渗透文化游的行列;而退休的老年人也成为当今旅游的又一重要群体。他们有闲,也有点钱,希望抓住年岁的尾巴,弥补青壮年时很少出游的人生遗憾。于是就有了千位老人游三峡、游北京、游港澳的壮景。

近来,我国在关于加快发展旅游业的意见中,首次将旅游业从国民经济的重要产业提升为国民经济战略性支柱产业,提出要把旅游业培养成为人民群众更加满意的现代服务业。这是我国着眼经济社会全局做出的又一项重大战略决策,标志着我国经济结构的调整、经济发展方式步入了新的、重要的转折点,在我国旅游业发展中具有里程碑式的意义。在这样的政策指导下,我国各地旅游业都在根据自身的特点迅速发展。在我国各种旅游形式纷纷出现,从观光旅游到休闲旅游再到体验旅游,从都市旅游到乡村旅游,都在迅速兴起。随着旅游与相关产业的不断融合,会展旅游、红色旅游、乡村旅游、邮轮旅游、工业旅游、旅游装备制造业等新兴业态正在逐步成为旅游业发展的新动力。尤其是上海、北京、广州、深圳等大都市,都市旅游的各种新业态正在进一步拓展和优化,它们都努力打造都市旅游新亮点。

旅游业的迅速发展,推动了旅游文化的的建设和发展,与上述各种旅游新业态有关的旅游文化理论的研究也在加强,如休闲学概论、休闲旅游等休闲理论的研究、都市旅游的理论研究、主题公园游的研究、智慧旅游的研究等。随着这些研究的深入,旅游文化的研究也提升到一个新的高度。这些研究反过来又会成为旅游业发展的新动力,并将进一步推动旅游业的发展。

中国当代旅游文化就是这样在转型中绽放出绚丽多姿的烂漫山花,也在无比灿烂的传统文明中不断创造着崭新的民族文化,吸引着千万世界友人,展示着中华壮丽秀美的风采,阔步走向明天。

思考题

1. 中华旅游文化的产生和发展经历了哪几个时期?
2. 为什么说先秦时期是中国旅游文化的奠基期? 孔子、庄子等奠基者在其中起了哪些作用？

   3. 为什么中华文化被世界公认为是封建文化最杰出的代表？

   4. 为什么说我国的封建文明时代是中国旅游文化的成熟期？

   5. 举例说明古代最有代表性的帝王巡游、士人宦游、文人郊游的事例。

   6. 古代我国有代表性的学术考察旅行有哪些？有哪些代表人物？

   7. 古代我国的弘法旅行有哪些代表？

   8. 何谓中国旅游文化的转型期？有何表现？

   9. 我国何时步入近代旅游？其标志是什么？

   10. 举例说明中国旅游文化的新时期。

第四章 中国旅游主体文化

　　旅游作为社会的一种消费活动,显然是属于精神文化消费,是人们的一种文化生活方式。旅游作为本质上的文化活动,旅游者作为旅游活动的起点和中心,自然成为旅游活动的主体,旅游主体文化就是关于旅游活动的主体——旅游者的文化。中国旅游主体文化就是关于中国旅游者的文化。

　　本章通过介绍中国旅游文化的主体旅游者,介绍秉承本体文化的游客与扮演异质文化交流的游客的组成、作用,以使学生对中国旅游主体文化有进一步的了解。

第一节　中国旅游主体文化概述

一、中国旅游文化的主体——旅游者

　　关于旅游者的界定和分类涉及旅游文化经济诸多方面,多年来一直为联合国、世界旅游组织等一些国际权威机构和国家统计局、国家旅游局所关注。早在 1937 年,国际联盟专家统计委员会就曾对"外国旅游者"提出了"离开常住国到别国访问超过二十四小时的人"的解释,为国际旅游组织联合会所接受;1963 年,在罗马举行的联合国旅行和旅游会议进一步提出了游客(以消闲为目的的外出者),及其所包括的旅游者和短途旅游者(以二十四小时以上或不足二十四小时为界)三种人的界定,明确了外出旅行上的三种类型;1978 年,世界旅游组织在此基础上于其世界贸易统计年鉴中,更对旅行人员进行了分类。

　　1979 年,我国国家统计局对国际旅游者的定义作了明确的解释,"旅游者是指来我国参观、旅行、探亲、访友、休养、考察或从事贸

易、业务、体育、宗教活动、参加会议等的外国人、华侨和港澳台同胞"。此后,我国国家统计局和旅游局更明确了游客的概念,游客是指任何一个因为休闲、娱乐、观光、度假、探亲访友、就医疗养、购物、参加会议或从事经济、文化、体育、宗教活动,离开常住国(或常住地)到其他国家(或地方),连续停留时间不超过十二个月,并且在其他国家(或其他地方)的主要目的不是通过所从事的活动获取报酬的人。游客不包括因工作或学习在两地有规律往返的人。游客按出游地分国际游客(即海外游客)和国内游客。按出游时间分旅游者(过夜游客)和一日游游客(不过夜游客)。其中,海外旅游者又分为外国人、华侨和港澳台同胞。外国人指属外国国籍的人,加入外国国籍的中国血统华人也计入外国人。华侨指持有中国护照,但侨居外国的中国同胞。港澳台同胞指居住在香港、澳门地区和台湾省的中国同胞。

以上中外权威机构对旅游者的定义解释中,虽然国际旅游组织等机构都是针对国际旅游,我国国家统计局和旅游局的提法和分类解释,则根据中国特有的国情;但对确立旅游者的异地性、短暂性和文化娱乐性、非经济性特点都是一致的。

二、旅游者的文化需求

旅游者的旅游需求借用马斯洛的人的需求层次理论,自然是首先属于自我实现的需要,这一最高层次的需要。但肯定离不了情感的关怀和社会尊重的需要,并且必须要建立在满足吃、住等生理需求和保障人身安全的安全秩序与稳定的基础之上。可以说一般定义上的旅游需求都集中体现了五种需要。当然也正是满足这五种需要的过程中使旅游者最终得以实现自我。用鲁迅先生的话说就是人类生命过程"一要生存,二要温饱,三要发展"。人在旅游活动中的自我实现无疑是一种发展的需要。最重要的是文化发展的需要。

很显然,旅游者的需求是旅游的最初的最基本的部分,是研究其他旅游文化现象的前提,旅游者是旅游活动的中心,作为旅游活动中的主体,旅游者在旅游文化中处于核心的地位,也说明旅游文化是整个旅游活动中活的灵魂。

　　旅游文化学主要以文化需求的目的以及旅游行为的文化性质为基准将旅游者分为消遣旅游型、怀旧旅游型、文化观光旅游型、流浪型旅游、冒险旅游、探亲访友型、健身旅游型和购物旅游型等八类①。此八种类型中，流浪型和消遣型最能在实质上普遍反映当今人类外出旅游的根本需求。不管是发达国家的高度文明的城市定居点，还是中国这样的发展中国家的较高文明的城市定居点，人们几乎都被摩天大楼所包围。在这高层建筑的丛林中，广袤无垠的蓝色天空是被割裂的、很局限的；空中那变幻莫测的云霞总得不到酣畅的遥望。陪伴在夏日夜晚最多的电视、电脑和空调。人们发觉被现代化所围困着，就是攀到高楼上，似乎在自由面对星空，可仍然身处在冰冷的没有生命的金属与水泥的环境之中。于是人们在可以自由支配的时间里，愿意付出一部分财力，摆脱一下现代都市空间，去寻找尚未被人污染过的或还比较接近原始的、还很少污染的自然，在享受水、空气、动植物的天人和谐之中回归自然。这种逃离工业化社会、逃离现代都市是人们内心中一种对以人力为中心的农耕畜牧式的农庄生活的回眸，是对恬雅温柔的田园牧歌般生活的眷恋。这种旅游就成了现代人生活中的必然选择，成为后工业社会人们生活的重要组成部分。伴随工业化城市化进程而蓬勃发展的现代旅游业，正是在本质上顺应着现代人们这种生存生活中追求自由的内在需要。

　　人类现代旅游的内在需要是社会发展的必然趋势。自古以来，人类生产和生活相继出现了三个历史发展阶段，也即三种模式：一是以种族的生产为核心的生活模式，二是以物质财富生产为核心的物质生活模式，三是以精神产品生产为核心的精神生活模式。原始社会的瓦解，宣告了维持种族延续的最低级的生产的结束，此后一直延续发展到当今的工业文明社会，以物质利益为核心的生活模式是工业社会人类基本的生活系统，这种生产、生活系统通过提高生产力和增加精神产品，给人类生活向更高阶段发展创造着条件。正如马克思所说：真正自由的领域只存在于物质生产领域的彼岸。这就是摆脱了物质条件的束

---

①　赵光荣，夏太生.中国旅游文化[M].上海：复旦大学出版社，2004.

缚,以精神产品生产为核心的精神生活模式。精神产品的生产早已存在于人类社会与人类的发展、人性的完善同步,只是从未作为主导性、支配性的基本生产方式。马克思说:"在一切社会形式中都有一种一定的生产决定其一切生产的地位和影响,以它的关系来决定其一切关系的地位和影响。"我们不但坚信以精神产品为主导的社会必将到来,而且从现代后工业社会或信息社会的某些生活情景中已微见端倪,以旅游为标志的现代服务经济的蓬勃发展,未来增加的收入……或用于娱乐、旅游。"许多为个人服务的部门如雨后春笋般的涌现出来,例如饭店、旅社、交通、娱乐、运动、艺术消费市场等等。"似乎已经不再是预测。劳动者的劳动价值不断提高,从而收入不断提高,人们的闲暇时间不断增加,家庭收入用于购买精神消费品和休闲娱乐及旅游的费用将逐步增加,人们外出旅游的次数将不断增加,旅游生活的时间将不断延长,生活在从工业社会向后工业社会过渡的人们已经可以清晰地感受到中国旅游将持续演进和逐步发展的进程,这是一个从量变到质变的过程。

按照旅游经济学的分析,人均 GDP 达到 1 000 美元时,社会旅游开始进入生长期。2003 年,中国人均 GDP 达到 8 400 多元人民币,正好相当 1 000 美元,在非典肆虐的背景下仍有 8.7 亿人次出游,出游率达到 69%。而上海、浙江的杭州、宁波、温州等沿海城市,人均 GDP 超过 3 000 美元,旅游需求高速增长,因而使这些地区的旅游更进入了高涨期。黄金周、新增的传统节假日(清明节、端午节、中秋节)、双休日、带薪假期等闲暇时间的增加,带动了休闲度假、出境游,私家车旅游也都呈现出快速的增长,足见人们旅游的内在需求正成为现实。

三、中国旅游主体文化的含义与构成

1. 中国旅游主体文化的含义

关于旅游主体文化含义的讨论,历来为学术界所重视,十多年来国内就有不少学者提出了较好的意见,这里选择王明煊在《中国旅游文化》中的论述:旅游主体文化是与旅游者的思想观念、心理特征和行为方式有关的文化。它具体包括:①游者的所在国(地区)的文化形态;②旅游者的思想信仰;③旅游者的文化素质;④游者的职业和经济状况;

⑤ 旅游者的心理、性格、爱好；⑥游者的生活方式；⑦ 旅游者的消费习惯。这种表述还是比较科学的,譬如其中论述的①和②这两点,旅游者的所在国(地区)的文化形态和旅游者的思想信仰确实在很大程度上影响着旅游主体文化,也就是旅游者在存在明显的共同社会旅游需求的时代性特征外,同样存在鲜明的差异性。

2. 中国旅游主体文化的构成

中国旅游主体文化总体上由中国旅游本体文化和中国旅游异体文化构成,中国旅游活动的主体——旅游者可以按其原所在国(地区)及其本身的文化形态、信仰划分两大类:一是主要作为中华本体文化传承者的游客;二是主要作为中国旅游文化异体文化交流者的游客。

旅游者作为旅游主体与旅游客体相辅相成、相生相伴,在与旅游客体相观照、相审视中成为旅游活动的主体。

从文化的角度上,旅游者在旅游活动中是旅游文化的负载者、承接者、传播者,又是旅游文化的吸收者、交流者、整理者。

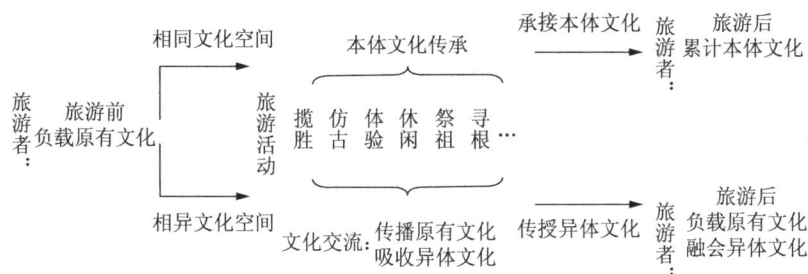

图 4-1 旅游过程前后旅游者文化嬗变

旅游者在旅游前负载原有文化,因为随着旅游活动的进行,大体将发生两类文化的嬗变,其根本的区别缘由是旅游历程和目的地的不同。如若在相同相近的文化空间旅行和游览,旅游主体主要承接吸收本体文化,在本体文化的传承中加深吸收,进一步累积本体文化的内涵。

如若前往相异的文化空间旅行和游览,旅游主体则在把原有文化散播到异地的同时,也将不同的文化和风俗传播回自身的原来文化环境之中。

当然,按照前面所述中国旅游者的分类,联系到旅游者前往目的地文化空间的相同、相近和相异,会相互呈现出多样化的格局,从而体现中国旅游主体的极其丰富的构成。

第二节　秉承本体文化的游客

在旅游者的分类上,我国根据具体国情将旅游者分为入境旅游者(也称海外旅游者)和国内旅游者两大类。其中海外旅游者又分为外国人、华侨和港澳台同胞。在所有这两大类旅游者构成的中国旅游活动的主体中,国内旅游者和海外旅游者的海外华侨与港澳台同胞共同组成了主要作为中华本体文化传承者的旅游者。这不只是因为他们同是黄皮肤、黑眼睛、黑头发,主要是在文化上延续着中华广大空间辽阔大地上千百年来形成的思维方式、文化样式及其价值取向,包括中国各民族生活习惯等等汇成的中华文化传统。这源远流长的中华文化传统以其无与伦比的向心力和凝聚力,永远吸引和激励着作为炎黄子孙的中国人和海外华人的爱国爱乡的"中国心","中华魂",这是中国旅游活动主体以维系五千年的中华文化圈为根基的本体文化的传承的主要特征之一。

一、面广量大的炎黄子孙

具有认同中华文化旅游需求的旅游者是一个巨大的群体,面广而量大,这一体现中华同质(本体)文化传承的旅游群体分布广,既有大陆和港澳台同胞,还应包括散播于全球的华侨,他们都是"龙的传人"。数量更是巨大,仅以中国内地计,2002年国内旅游人次是8.7亿人次,为世界各国国内旅游之最,已达大陆13亿多人口的67%。同时,8.7亿人次也占国内接待国内外游客总数9.76亿人次的89.96%,再加上来往中国内地的港澳台地区的同胞,旅游者近8 500万人,则中国每年接待的中华本体文化旅游者达9.63亿人次,占全部入境和国内旅游总人数的 98.6%。

二、迅速壮大的中产阶层

随着我国经济的逐年增长,人们生活水平日益提高,可自由支配的收入和余暇时间显著增加,极大地促进了国内旅游活动中主体的持续增长。据世界旅游组织的有关统计,一个国家的人均国内生产总值达到一千美元时,旅游业就会兴旺发达起来,国人就会产生旅游的动机,就会在全国范围内形成旅游市场。我国的旅游市场基本反映了这种状况,而且"当代"中国社会阶层已经分化成"十大社会阶层",根据中国社科院的测算标准,家庭财产在 15 万～30 万元之间可以算作是"中产"。在法律保障、政策机理等因素的促动下,我国中产收入阶层呈现迅速成长的态势。1999 年我国中等收入阶层比重是 15%,2003 年达到 19%。目前中国城市居民中已有 49%的家庭进入中等收入阶层。预计未来 8～10 年,中国的职业高级化水平将有一个飞跃式的提高,社会中产阶层将有一个跳跃式的扩大。到 2020 年,中等收入阶层将有望达到 40%左右,社会结构将实现从"葱头型"到"橄榄型"的跨越。社会中产阶层一般都是社会消费,尤其是旅游消费的中坚。伴随中国中产阶层的加速成长,中华主体旅游文化的最大群体的国内旅游者也必将持续扩大。

这样庞大的不断发展的旅游群体,在相同的大地上,作为文化的主体不断传递着中华文化、吸收着中华文化。近年来与中等收入阶层相近的所谓"中产阶级",开始频繁地出现在现代媒介上,甚至成为判定一个家庭社会经济地位的指标。万事达卡国际组织 2007 年初发布了针对中国富裕消费者的首份调查报告,这是该组织和中国国情研究所共同设计的,他们对中国中产阶级这一概念界定为年收入在 7 500 美元至 50 000 美元之间的社会群体。根据 2005 年的评估,中国的中产阶级家庭达到 1 280 万,总收入超过 1 400 亿美元。以 7.5%的实际国内生产总值增长速度为基准,预计未来 10 年内,将有 5 000 万中产阶级家庭诞生。

调查对象 1.5 万名年收入 1 万美元以上的人员,涉及京沪穗津宁杭及成都重庆等 10 个城市。调查表明,他们以年轻人为主,65% 具有大学和研究生学历,并实行新的消费行为模式。他们不但喜爱国内旅游,而且在平均年收入超过 2.2 万美元时,开始定期到海外旅游。

由此可见,中国这一类消费者已经将中华本体文化的传承延伸到海外,主要表现在东南亚华裔主体地区以传承和交融中华文化为主,而在非华人地区就主要在吸收异体文化同时,传播本体文化,通过碰撞、交流、融会、整协,而又成为本异互体跨文化。中国旅游者的出境游承托起当代中华文明传播与传承的使命,成为中外文化交流的使者。

三、文化传承的代表形式

在旅游活动中,中华本体、同质文化的传承主要表现为览胜、访古、寻根、祭祀等形式。

1. 览胜

林语堂先生在《中国文化之精神》中说到中国民族,在优的方面,举出六、七项,其中有一项就是"热烈的爱好山水及一切自然景物"。华夏大地之山山水水,可谓无比壮美与秀丽。每个中国人都钟爱祖国的山山水水,从雪域高原到天涯海角,从茫茫草原到林海雪原,滚滚长江、滔滔黄河、大海大湖、飞瀑清泉,峨眉之秀、青城之幽、三峡之雄、黄山之奇、武陵之峰林、九寨沟之梦幻,数不尽的山川秀丽,更有泰山如座、华山如立、衡山如飞、嵩山如卧、恒山如行。这养育中华民族的奇山丽水大多被赋予人的精髓,千百年来不知吸引了多少中华儿女。"五岳归来不看山"这是徐霞客的壮游豪言;"一生爱入名山游"又是诗仙李白的追求。

2000 年,据对入境旅游者感兴趣的我国旅游资源的调查表明,对中国的山水风光感兴趣的占 52.5%,而其中台湾同胞对祖国的山水风光情有独钟,表示有浓厚兴趣的人数比高达 61.9%,此中可见台湾同胞对祖国山河的特殊感情,本体同质文化传承显然也溢于中华山水之间。

2. 访古

好奇是人类的天性之一,人们自然要寻思自己的文化。近代的考古兴起与不断的重大考古发现,包括秦始皇兵马俑等中国考古十大发现,不仅标志中华民族历史研究取得突破性成果,更不断激发着人们将寻古探古的强烈愿望转化为访古的旅游动机。以观赏中华历史文化为主旨的旅游动机的主要部分出自于对本体同质文化的依恋与溯源。历史遗址以自己特有的方式传递着远古的信息,名人古迹又无不映现着古人的音容笑貌,仿佛仍回荡着千百年前的声音话语。人们瞻仰民族英雄、历史伟人故居,参观博物馆、艺术馆、文化遗址,游览名胜古迹。各个历史景点中的文化资料,诸如典故、古人作的诗词字画和楹联、神话传说都使得先辈的后人从中回溯以往的历程,从而在潜移默化之中承接本体文化。同时,中国文化的传递也渗透于古代丝绸之路、滇藏茶马古道等这些旷世的文化旅游精品。

绍兴的水乡游、北京的胡同游无不诱人;汉唐古都西安和六朝古都南京各具魅力;从苏州的昆曲到国粹京剧,都是古韵犹存;松鹤楼的松鼠鱼,全聚德的烤鸭,同仁堂的中草药,朵云轩、琉璃厂的古玩字画,哪样不与那古字相连。

3. 寻根

在中华本体同质文化的访古游中,很重要的一类就是寻根。探源是现代人类的重要文化使命,中华民族上下五千年、纵横几万里,悠久历史、丰富文化的伟大民族更引得境内外炎黄子孙寻根问底。周口店北京猿人遗址是世界上迄今发掘出的最多、最全面、最具代表性,也是保存最完整的古人类遗址,中华民族的祖先北京猿人在这里生息长达50万年,在科学研究和人类远古文化史上具有十分重要的地位。今日中国人在周口店这一世界文化遗址,能深深感受到二十至七十万年前中华古人类渔猎生活的气息。

2004年夏季的国务院侨办公室、中日海外交流协会联合举办的"海外华侨及港澳地区青少年中国寻根之旅"夏令营,共有来自世界36个国家及港澳地区的近4 000名青少年参加。夏令营旨在弘扬中华文化,增强海外华裔青少年对博大精深的中华文化的感性认识。高温天气抑制不住海外华裔及港澳青少年中国寻根之旅的热情。他们经由成都、西安等地来到北京汇合,参加了天安门广场升旗仪式,参观了天坛以及盼望已久的故宫。故宫宏伟壮观的建筑、丰富的文化内涵和深厚的历史震撼了寻根的青少年。他们兴奋地高呼："故宫太伟大了!""太漂亮了!"

中华民族爱国爱家、恋土恋乡,对祖国和故乡有着特殊的深厚感情。青壮年远走天涯,老要衣锦还乡归故里,就是客逝他乡,也要叶落归根,入土为安。祖先生活过的地方是原籍,山西洪洞大槐树就是典型的寻根目标;哪怕工作过生活过的地方算作第二故乡,也是常常梦牵魂系的地方,回延安,重返黑土地又是另一种寻根活动。

4. 祭祀

这是一种特别的访古寻根旅游活动,是以传统的礼仪形式进行的旅游。每年清明扫墓,也是踏青旅游活动,祭祀祖先的活动和融入自然的春游是分不开的,清明节和祭扫烈士墓就是一类。历史上的民族英雄、贤圣、豪杰是中华民族共同尊崇的,千年祭祀造就了数不清的岳庙、孔庙、禹王殿等;天下名山僧占多,这些庙观大多建在秀美山川之间,使得祭祀和游山玩水难分难舍。每年的黄帝陵祭祀和孔庙祭祀活动已经成为全球凝聚中华儿女的标志性文化盛典,成为中华本体文化传承的重要象征。

第三节　扮演异质文化交流者的游客

一、中华本体文化中的异质交流

中华本体文化的同质传承的同时,也伴随着中华文化圈内本体文化中异质文化的相互传播交流。

中国幅员辽阔,民族众多,国内民族文化五彩纷呈,地域风貌神采各异,中华文化具有明显的差异,从东南沿海经中部到西北内地,由海洋性到大陆性特征伴着经济发展的阶梯状差异,黑龙江、黄河、长江、珠江几大流域差异,及其东部较发达先进经济与西部相对落后欠发达的经济差异,北京的京派文化,上海的海派文化,这些都构成了中国本体文化中的异质特性,由此引发形成为大中华本体文化圈中各异质文化纵横交叉、错综复杂的文化交流传播网络,而这大中华本体文化中异质文化的传播交流,不仅有利于异质文化的发展,更促进着整个中华本体文化不断勃发生机,持续发展壮大。

中华古代六大历史文化圈,如红山文化圈、江浙环太湖良渚文化圈、川渝巴蜀文化圈、岭南文化圈、两湖屈家岭大溪文化圈、中原仰韶文化圈,这构成了丰富的中华多元一体旅游文化资源,又各自吸收着异质文化的中华旅游者,促进这六大区域传统文化不时碰撞和旅游文化的相互吸引交流。

西南云贵高原不仅有世界闻名的喀斯特地貌,西双版纳丰富的植物景观,更以绚丽多姿的民族风情吸引着国内众多的游客,尤其是东部的游客。傣族的新年泼水节、纳西族的丽江古城和白水台、侗族的鼓楼大歌、苗族的芦笙踢歌、彝族的火把节、壮族的对歌会、白族的大理三月街、泸沽湖摩梭女儿国……吸引着中国东部、中部大量游客,既给游客留下难忘印象,也给当地少数民族的文化习俗带来外部文化的影响。

一方山水一方人,君住长江头,我住长江尾,一条大江的上下,文化就有着明显的差异性。上游四川人的生活习惯直至语言都跟下游有很大的不同,四川语、川菜、川剧对于下游的江浙沪皖来说都是特别的。彼此无疑是有着异质的好奇感吸引力,就是长江三角洲这个区域,又各有特点,互为补充、相辅相成。江苏历史人文荟萃,古迹众多,古镇水乡与现代城市风貌独特;而浙江则既有浙东杭嘉湖平原、宁绍平原,水乡和古都并存,浙西则奇山丽水,钟灵清秀;上海市又全然为东方工商大都市,三地在文化传承中往往互为旅游目的地,相互吸引、吸收文化的精粹。长江三角洲这一地区主要是吴语区,但各城市的语言大多有个性,上海话、南通话、苏州话、无锡话、常州话、杭州话、绍兴话、宁波话,几乎是一个城市一种方言,还有一个城市说着几种方言,如无锡市就还有江阴话、宜兴话,甚至几个乡的话语都有不同,真可谓十里不同风,五里不同俗。几十年回家,方言难改。很多地方戏曲同样精彩,沪剧、越剧、锡剧、扬剧、黄梅戏、评弹,各领风骚,均是中华国粹戏曲中的奇葩,传承与传播中华本体文化中各自的异质文化,犹如争妍斗奇的迎春百花共同装扮着中华文化的满园春色。在中国旅游主体中还有个别更显特别的地方,那就是港澳地区。这两个地区作为实行一国两制的特别行政区,不得不说在承认一个中国、中华文化传统的大前提下,港澳地区由于一百五十多年和三百年左右的殖民地经历,其思想形态、信仰和整体文化素质与祖国大陆存在着较大的差别。主要的差别都不在维多利亚港、中环广场、海洋公园和大三巴、望洋山炮台这些景观与物质文化的差异,而在于港澳同胞似乎更强烈的着意保留的中华文化和百多年中港澳的中英、中葡文化长期撞击杂交发展所形成的跨文化,许多已经融入到当地的法律法规中,直至日常生活与行为习惯。不少由香港归来的人深深体会到传统的思维模式与生活习惯在香港法律面前显得很不协调,如大陆某私企老总在香港交通小犯规,没及时交罚款,被法庭传讯,见法官时点头哈腰被加倍处罚,理由即法庭微笑为蔑视法纪,故加倍处罚,即惩罚微笑,值得内地人反思。

二、世界范围的异体文化交流

作为中华文化圈内异质文化交流者的游客,在中华旅游主体文化的传承与传播中,只是一个比较次要的方面。担当真正普遍意义上的异质文化交流的,是那些外国非华裔旅游者(简称外国旅游者)。这些来华的外国旅游者作为中华旅游文化主体的重要组成部分,扮演着中外异质文化交流者的角色。

1. 关于中西文化对偶

讨论中国旅游文化主体中的中外异质文化交流,首先有必要讨论一下中西文化对偶的问题,因为这是中外异质文化交流的前提,而1840年的鸦片战争是人类文化进入到中西文化对偶的标志。

鸦片战争是人类文化由局部冲突走向全球文化全面碰撞的转折点,尤其是中西文化全面碰撞全面交流的开始。1840年发动鸦片战争的英国,准确地说是欧洲、中东和埃及文化的融合体。中世纪后,英国又吸收了阿拉伯文化,包括从阿拉伯人那里学得了中国的四大发明。近现代对非洲的入侵,对美洲的开发,又使之增添了非、美两洲的文化信息。在鸦片战争中,发挥着中转作用的是设在印度次大陆的东印度公司。由此可见,英方实际上是集中了西欧、埃及、中近东、北美、非洲、南亚、东南亚,以及日本和中国本身文化的成果,即差不多是在由白色文化主导下运用了人类文化的全部智慧组成的文化载体,向古老的中国文明发动的进攻。从这个意义上可以讲,当时的西欧文化是西属亚人类文化。

中国代表着黄色文化,虽然也在历史上融合了中国周围众多的民族文化,但根本上是没有历史断层的比较纯粹的民族自体文化,而且这个民族自体文化特别庞大。地球上除了中国还没有第二个这样的民族国家,正是这样一种古老而又庞大的民族文化才有能力与西属亚人类文化相抗衡。如果别的民族国家蒙受鸦片战争这样的灾难,恐怕早已一蹶不振了。两次鸦片战争实际上汇集了全人类智慧的交流,世界文化的东—西对偶,即新生的西属亚人类文化和古老的强大的黄色人种文化,形成真正的人类两种世界观的势均力敌。从此,人类文化的交流便进入世界性交流,哥伦布地理大发现以后的全球经济联系,至此发展为经济、文化的全面深入的联系。

第二次世界大战后,美国继文艺复兴的欧洲之后一跃而为世界强国。标志着以英国为主导的西属亚人类文化中心转移到了美国,并在美国日趋成熟。今日的美国已经成为集中人类各异体文化和人才的"跨国公司"和"百国之国"。在文化上与美国相对峙的仍然只能是中国。且当今中国不是以纯粹的深厚功力与美国相对峙,而是以"中属亚人类文化",即吸收融合了西方以及世界各民族先进文明之后的中国文化,与美国为主导的融会了西方各民族先进文明的西属亚人类文化平分秋色。

2. 中华文明的吸收者和传播者

统计数字显示,1978 年中国内地入境外国旅游者还不到 23 万,到 2002 年增至 1 344 万人,24 年猛增了 58.5 倍多,一跃而为世界入境旅游第五位,超过三万游客的客源国就有 40 多个,遍布全球五大洲。西方旅游者,不远万里,来到中国,无疑是被包括中国的异域山水、民族风情的历史沉淀在内的世界上最强大的民族文化体系所吸引。

长城可谓中国文化景观的第一品牌,在 2002 年,有两项被列入上海大世界吉尼斯之"最",那就是北京八达岭长城接待世界各国元首、政府首脑和接待世界各国游人最多的风景区。毛泽东的《六盘山》诗词中说:"不到长城非好汉"。1952年,政务院副总理兼文化教育委员会主任、著名诗人郭沫若提议:修复八达岭,接待中外游人,1954年10月,周恩来陪同印度总理尼赫鲁游览八达岭。从那时起至2004年9月7日,圣卢西亚国家元首皮尔莱特•路易茜登临长城,成为八达岭长城接待的第四百位国家元首(首脑)。1997年4月22日,乌拉圭总统桑吉内蒂第二次游览八达岭长城,这位总统是位很有成就的画家,他在长城上掏出速写本,仅用几笔就简约地勾画出了长城的雄姿,并在画上写道:中国的古老文化都体现在长城上了。1998年1月10日,年逾八旬的意大利总统斯卡尔法罗,这位白发飘飘的老人在长城上大步奔跑有近30米,沉醉在悠久的历史之中。50多年来,长城仅八达岭长城景区累计接待数以亿万计的中外游客,其中海外游客1 300万人,国际友人在这里深深吸取中华文化,长城对来自异体文化的外国旅游者无不产生壮丽、宽广的强烈时空震撼,留下了深深的印象,正如赠给国际友人的书法所言"八达岭长城永远在您心中"。外国游人对中国文化的吸收即意味着中华文化的传播。随着外国游人的返乡,"心中的长城"也就随之扩散到了世界各地,每个外国游人实际上承担了中华文化在全世界的传播工作,他们在有意无意中免费传播着来自东方中华的各种信息。当年,《马可•波罗游记》把一个东方大国呈现在欧洲人面前,如今1 300多万外国人,更把一个古老而又年轻的中国介绍到了地球的每个角落,只是采用着不同的方式,或日记、随笔、讲稿等,或在饭后茶余的城市沙龙、或在学校讲台上的演说中,或各种媒体上,可以是刻意认真的热烈宣扬,也可能是不经意的自然流露。总之,每个外国游客在不同程度上都是中华文化的散播者,借助长城这一连接中外友谊的长虹,将中华文化传播开去,光耀全世界,扮演着传播中华文化的使者的角色。

东西文化差异性大,相互影响力也强,西方人对中国的文化自然神往,但也要看到差异也给沟通交流带来不便,影响到吸收和传播。

相比之下,亚洲的外国游客,在中国旅游的主体文化中又担当着同样重要的角色。

地处东北亚的岛国日本与中国"一衣带水",同为东亚黄种人,历史上又长期为中国文化所教化,有着根深蒂固的东方黄色文化传统。但日本近现代又急速西化,积极吸收先进的西方现代科技文化,日本文化是东方大陆文明与西方或海洋文明的有机融合,是中国传统文明与西方现代文明的有机融化,可称之为"黄白中间文化"。作为中国文化的近类文化,中日双方的民族有着悠久的无法抹杀的友谊;作为现代工业强国,它又有赞成西方政治、经济、文化的现实倾向,双重逆反性格影响着日本民族的感情倾向。日本每年有近三百万游客来中国旅游,占全部来华旅游外国游客的 20% 以上,常年保持第一位。各种联结文化缘源的文化旅游,樱花团、梅花团、书画交流团、修学团接连不断;各类商务、会展、奖励旅游也层出不穷,无不体现着中日文化交流的连续性、广泛性。

韩国与日本同处东北亚,同样受到中国文化的深刻影响,但受到西方文化的影响要比日本少得多,更多地保持民族特色文化,在经济飞速发展的同时,十分注重发展民族文化。近年来,韩国来华旅游人数急剧上升,每年二百多万,占全部来华游客的 18%,已经成为中国的第二大客源国。

东南亚地处热带,由于地域与东亚大陆紧紧相连,历史上与中国有着长久的交往,因而成为中国文化向热带区延伸异变发展的动力。近现代东南亚国家虽大多沦为西欧强国的殖民地,但文化上更多直接受中国影响,属于黄色文化延伸体。东南亚各国经济持续发展,来华旅游的人数也连年增加,2003 年达到二百多万人,占全部来华旅游外国人的 18%。东南亚游客所在国与中国文化有不少同属于黄色文化,同受中华儒家文化的深厚影响,同根同质因素还是较多的,但在文化价值观上差异性也是比较明显的,要加以适当关注。

3. 作为异体文化的交流者、推进者

文化的交流从来就是双向的,每一个异体文化的游客在中华大地上游览时,不但吸取着中华民族文化,与此同时也在不同程度上散播着各自的异域文化。

中国历史上每一次包括旅游活动在内的文化交流,都吸引了异体文化,都与异体文化的交流息息相关,最具代表性的几次更是对中国社会文化进步影响巨大。汉帝国张骞"凿空",出使西域,开辟了"丝绸之路",异域的商人在从中国输出丝绸的同时,也输入了大量皮毛、宝石,更传入了品种繁多的瓜果菜蔬和香料。我们今天广泛食用的葡萄、芝麻、胡桃、蚕豆、芫荽、姜等都是汉代从西域传入中国的;佛教也在汉初传入中国。唐代中外交流有了更大发展,玄奘"西天"取经,鉴真东渡扶桑。外国使者频来,商旅来华更密,长安的各国侨民就有数万,占居民的5%左右。在京城中,乐舞、绘画、服饰、饮食民俗很多效法西域,引来了胡姬歌舞。李白醉咏:"胡姬貌如画,当炉笑春风。"王维诗曰:"落花踏尽游何处,笑入胡姬酒肆中。"元帝国打通了欧亚交通,"横跃欧亚大陆的道路由一个政权所控制,旅行变得安全了,中断了千年之后,欧洲人又能进入亚洲和远东了。"于是有了《马可·波罗游记》。

中国近代史也可看作中西异体文化的交流史,列强入侵、宗教输入、思想传播、经济文化渗透,无不伴随有各种旅行,近代文化异互交流与中国近代的旅游活动时有交织,相互影响。

这些来自异体文化的入境外国游客,作为异体文化载体在中华大地的改革开放春风中,还发挥着特殊的推进作用。2002年中国接待外国旅游者人数超过十万人次的就有二十九个城市。来自埃及、德国、意大利、法国等众多国家的民族艺术节、文物展览接连不断,2004年还举办了法国文化年,各种文化交流节庆活动丰富多彩。日本文化在中国更是有着众多的交流活动,北京世纪坛,中日旅游友好交流万人联欢会,长城脚下种植万人友谊林,每年接待樱花团,种植樱花树。中韩旅游交流团又以友好城市为依托,寓国民交往、民间友好于旅游,举办球赛、棋赛,韩国民间艺术家来华巡回表演,掀起阵阵"韩流"。外国人参与旅游文化活动,已经成为中华大地上文化交流中又一道亮丽的风景线,它与一般国际游客共同起到了异体文化交流者、推进者的作用。

第四节 中国旅游主体文化与跨文化

作为中国旅游文化的主体——旅游者,中国旅游文化主体还有一个跨文化的问题。

不管是作为中国旅游本体文化中的异质交流,还是中国旅游异体文化与中国旅游主体文化的交流,都涉及到旅游主体文化的跨文化问题,尤其是世界各主要文化。随着外国旅游者作为中国旅游主体文化的异体文化进入中国,势必造成形形色色的跨文化现象,伴随着中国旅游二十多年来的空前发展,跨文化现象可谓层出不穷,极大地影响着中国的社会经济文化,以及人民的生活。

例如,上海这一正在崛起的世界第六大都市的龙头,原本就有着海纳百川中西交融的特征,外滩万国建筑博览和海派文化就是代表。在现代都市中,入夜的衡山路休闲街流光溢彩,是国外游客眼中的东方香榭丽舍,而新天地等新景观更融会了古今中西文化。上世纪上半叶的石库门建筑,千百年传承的中华药膳,浪漫的欧式西餐,琳琅满目的珠宝首饰、字画古玩、现代气息的星巴克咖啡等都交融在新天地之中;而隔街相邻的中共一大纪念馆,也是石库门建筑,是代表中国革命传统的全国重点文物保护单位。来自世界各国的国际游客与来自中国各地的游客,你来我往,熙熙攘攘,中国旅游主体文化中本体文化的传承与传播、异体文化的散播与交流,旅游主体文化异互碰撞,吸收整合,如此巧妙、融洽地结合在新天地,旅游者的各种旅游文化休闲需求在这里得到了满足。

走进江南古镇周庄,又是另一番文化景象,小桥、流水、人家,满坐着品尝中华美食的老外,船娘执橹的小舟上,也载着很多的老外,徜徉在清石板小街上,比肩接踵的是中外游客,观赏于沈府张厅民宅中的还有不少老外,而注意一下各类标识,多了英文字母,还有不少加注日韩文字的介绍。整个周庄普通话、吴语、闽南语、广东话、日语、英语、韩语交织着,身着染腊土布的当地服务员也操起了吴调普通话、中腔外语,中国传统文化吸引着异体文化,而异体文化也无处不在影响着本体文化,这或许就是许多中外著名旅游景点和旅游设施中游览活动的旅游组织者、经营者与旅游者共同演绎着当代中国旅游主体文化的跨文化图景。

从文化的角度讲,对于旅游者来说,异体文化是体现吸引力最具有普遍意义的,又最显文化差异性。在旅游发展国际化浪潮中,传统民族文化包括少数民族独特的文化,在外来文化的冲击下,正在不同程度地趋向同化,如何减少和减缓这种趋向,保护好民族文化,应该是旅游文化的一大课题。

云南丽江古城的四方街,是纳西族文化的象征,被誉为中国"西南边陲的一方净土"。如今,这千百年儒家文化汪洋中的"诺亚方舟",不仅每天吸引着数以万计的中外游客,还出现了不少西洋人来开的咖啡屋、西餐店,如颇有名气的法国人开的"小巴黎"。当然,四方街一年半载还不至于会出现大理那样专门的洋人街,但中西文化、欧洲文化与纳西族文化毕竟如此紧挨,亲密接触,影响实在是太大,难免要在交流中加快失去自我的特点。不过,很多意见认为还无需恐慌,因为纳西族千百年来就是在汉、藏、白、彝等几个强势民族的夹击和包围下独立自主地生存至今的。上世纪中叶,就有美国人和俄国人在此研究此类文化,并著有关于丽江和纳西族的专著。

可人们还是有所担忧,现在的外来文化冲击太厉害,数量与质量上都今非昔比。前不久,美国印第安部落酋长走在丽江的四方街上,羡慕这里的纳西族人还能讲着自己的语言,写着自己的文字,过着自己悠闲的生活,不禁潸然泪下,眼中闪过的是几十年前还留有的印第安人骑马送信、围塘歌鼓、那逝去的原始的生活方式。但愿北美印第安人民的文化几近泯灭的悲剧,千万不要在纳西族等中华少数民族这里出现。

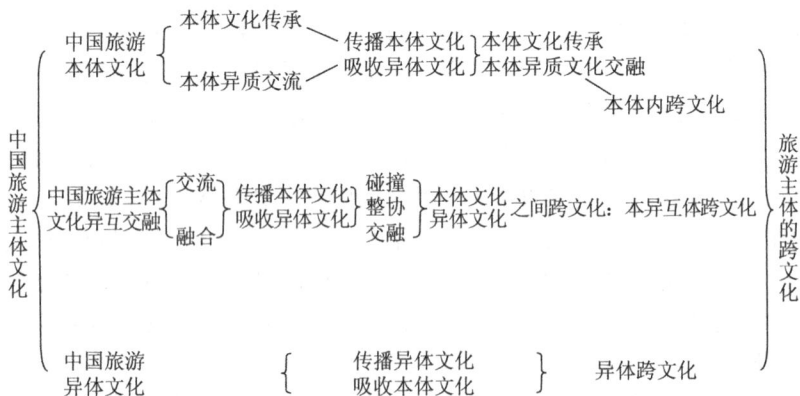

图 4-2 中国旅游主体文化的跨文化构成

到 2020 年,中国成为全球最大的旅游入境国时,每年将有 1.23 亿人来华旅游,跨文化现象必然更为突出,保持文化差异性应该成为中国旅游发展的重要任务。

思考题

1. 何谓旅游主体文化?有何特征?

2. 举例说明旅游主体文化的民族性?

3. 何谓中国旅游主体文化?它是由哪几部分构成的?

4. 为什么说旅游者的文化需求更多的是精神需求?

5. 秉承中国本体文化的游客由哪些人组成?其文化传承的代表形式有哪些?

6. 为什么说旅游者又是文化的传播者?有何特点?

7. 举例说明中华旅游本体文化中的异质交流?

8. 扮演异质文化交流的游客由哪些人组成?其作用是什么?

9. 举例说明近年来中国旅游中的跨文化现象。

第五章 中国旅游介体文化

　　旅游介体是旅游中介体的简称,是指人类进行旅游活动所依托或凭借的全部中介体。它包括旅游者进行旅游活动所直接依靠的旅行社、旅游交通、旅游饭店、旅游商贸、旅游景区经营服务等旅游企业,以及为旅游服务的各级旅游管理机构、传媒信息机构、人力资源服务机构及旅游行业协会等所共同构成的旅游业,同时也牵涉到不以游客为主要服务对象,但都与旅游活动息息相关的其他旅游相关行业与机构,如餐饮业、商业、娱乐业、演艺业、通讯业、金融保险业等相关行业和公安、海关、医疗、卫生、防疫等相关管理服务机构,即泛旅游业的范畴。旅游介体文化是指所有旅游中介体在参与各种旅游活动中所形成和积累的全部物质和精神的文化集合。

　　中国旅游介体文化则是泛指各种旅游中介体在中国旅游活动中发生和涉及的旅游文化现象和关系的集合,包括了这些旅游介体在旅游实践活动中形成和积聚的物质文化与精神文化的总和。

　　与旅游主体文化作为旅游活动的核心与重心而处于整个旅游活动的中心位置相对应,旅游介体文化处在联结旅游主体与客体的中间位置,同样面量广大。它既贯穿于旅游活动的全过程,又牵涉着旅游活动的物质、制度、精神等多个文化层次。只不过旅游介体文化状态的侧重面与旅游主体文化和客体文化的文化状态有着比较明显的差别。旅游主体文化主要属于无形文化,侧重于精神观念状态;而旅游客体在物质与非物质状态中主要侧重于物质化状态;旅游介体文化则因由主客体旅游需求与旅游吸引目的物的联系中,诸如休闲等内容的迅速提升而呈现出,侧重点由物质状态为主朝着物质权重逐步减弱,精神权重逐步增强的方向渐变的趋势。旅游介体文化在中国旅游文化中的突出地位逐渐迭现,愈益为各界所重视。

　　本章旨在使学生了解中国旅游介体文化的含义、构成与作用;并通过对旅行社文化、饭店文化、行文化等介绍,使学生能重视介体文化的建设,以促进中国旅游的介体文化发展。

第一节　旅游介体的构成

　　旅游介体位于旅游主体和旅游客体的联结处,又存在于旅游活动的整个过程,它是旅游主体的旅游需求与旅游客体这目的物之间必不可少的桥梁,其构成是一片广阔的中间地带,实际涵盖了整个泛义的旅游业。当然,旅游介体文化主要还是体现在旅行社、饭店、景点三大支柱行业和相对直接的旅游管理、旅游服务及旅游人力资源机构共同组成的狭义的旅游业。而在文化的立体层面中,旅游介体文化又在物质、行为、精神三个不同界面以各旅游行业的设施工具为物质基础,以各种各样的服务管理到规章制度为行为的主要内容,提升到经营理念,企业文化,直至思想观念、精神文化。从表到里,有着逐步递次深入的体现。其总体构成关系如图5-1所示:

　　旅游介体文化构成的实质是向我们展示了现代旅游业的轮廓,凡是为着满足旅游者的需要,为着旅游者顺利到达旅游的吸引物,实现旅游目的,赢得旅游者满意的一切设施、设备、工具、经营服务管理、机构制度,直至社会政治经济环境,所涉及的人、财、物共同构成了旅游的介体,这也就是我们通常提及的整个广义旅游业和相关产业及周边环境。

一、旅游业与三大旅游产业

　　联合国《暂行中心产品分类》中把旅游相关服务在此分类中名列第九类,其中旅游介体又分成 A、B、C、D 四个部分。

　　A——旅馆与餐旅(包括餐饮业)

　　B——旅行代理商和旅游经营商服务

　　C——旅游导游服务

　　D——其他

　　作为一般服务活动组成部分的旅游活动,最主要的是多种交通服务,但是也包括某些商业服务,分销服务和娱乐、文化、体育服务等通常被置于一般服务类型中。

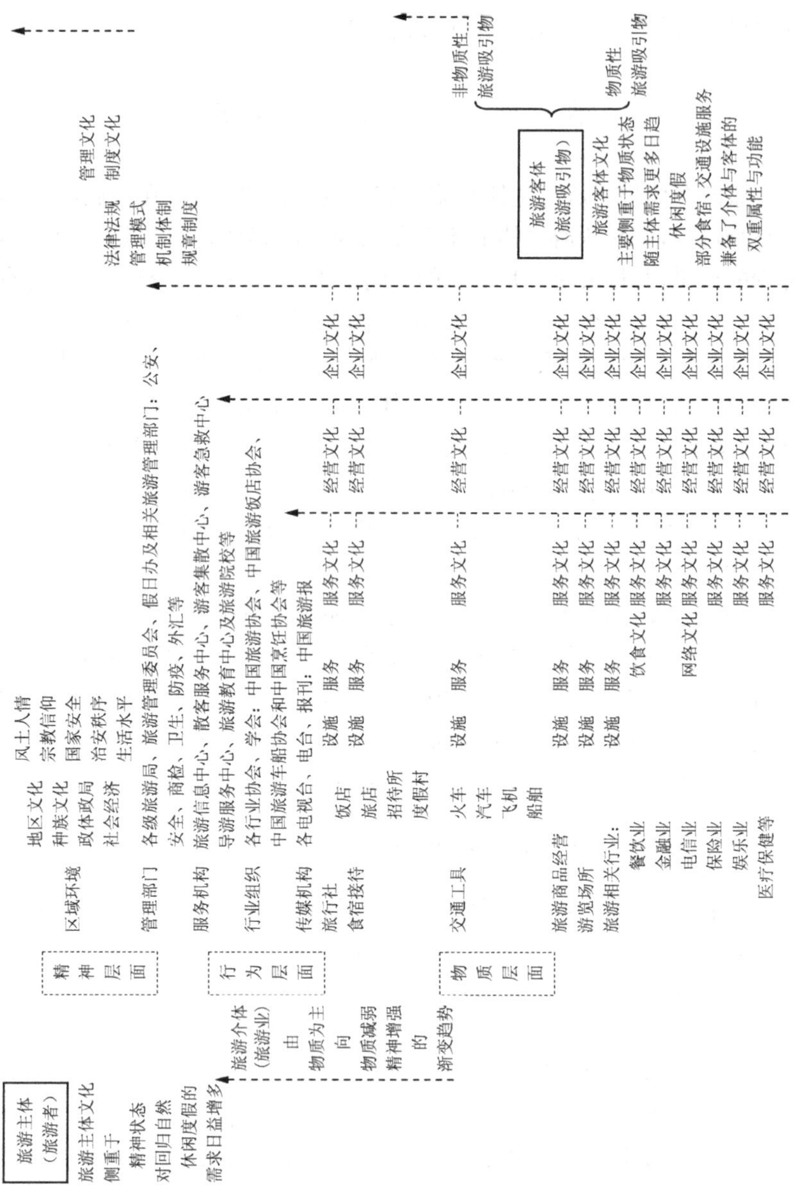
旅游主体（旅游者）
旅游主体文化侧重于精神状态
对回归自然休闲度假的需求日益增多
旅游介体（旅游业）由物质为主向物质减弱精神增强的渐变趋势
精神层面
区域环境
地区文化 种族文化 政体政局 社会经济
风土人情 宗教信仰 国家安全 治安秩序 生活水平
管理部门 各级旅游局、旅游管理委员会、假日办及相关旅游管理部门：公安、安全、商检、卫生、防疫、外汇等
服务机构 旅游信息中心、散客服务中心、游客集散中心、游客急救中心、导游服务中心、旅游教育中心及旅游院校等
行为层面
行业组织 各行业协会、学会：中国旅游协会、中国旅游饭店协会、中国旅游车船协会和中国烹饪协会等
传媒机构 各电视台、电台、报刊：中国旅游报
旅行社 设施 服务 服务文化 经营文化 企业文化
食宿接待 饭店 旅店 招待所 度假村 设施 服务 服务文化 经营文化 企业文化
物质层面
交通工具 火车 汽车 飞机 船舶 设施 服务 服务文化 经营文化 企业文化
旅游商品经营 设施 服务 服务文化 经营文化 企业文化
游览场所 设施 服务 服务文化 经营文化 企业文化
旅游相关行业： 设施 服务 服务文化 经营文化 企业文化
餐饮业 饮食文化 服务文化 经营文化 企业文化
金融业 服务文化 经营文化 企业文化
电信业 网络文化 服务文化 经营文化 企业文化
保险业 服务文化 经营文化 企业文化
娱乐业 服务文化 经营文化 企业文化
医疗保健等 服务文化 经营文化 企业文化
法律法规 管理模式 机制体制 规章制度
管理文化 制度文化
旅游客体（旅游吸引物）
旅游客体文化主要侧重于物质状态
随主体需求更多日趋休闲度假
部分食宿、交通设施服务兼备了介体与客体的双重属性与功能
非物质性旅游吸引物
物质性旅游吸引物

图 5-1　介体文化的构成关系与趋向

世贸组织《服务贸易协定》中,根据《联合国中心分类系统》将旅游业称为其十二大类中的一大类,称"旅游及相关服务",并将其分为A、B、C、D四个部分,与联合国的产品分类是基本相似的。根据世贸旅游组织《旅游活动标准国际分类》草案(SICTA),世贸组织(WTO)服务贸易理事会秘书处发布的一个名为《旅游相关服务的分类》的文件,包含了对核心的旅游活动解释性目录,提出了大约七十个与提供旅游服务有关的特定活动。另外还有七十种活动至少部分与旅游服务的提供有关。此文件对《暂行中心产品》分类的归属是由世界旅游组织确定的,在此文献中还根据世界旅游组织的限定,指出了世界范围内旅游支出的主要项目是住宿、餐饮、地方交通、娱乐和购物。

综上所述,根据联合国的《国际产业划分标准》,一般对从事旅游业务部门分析认为,旅游业主要由三部分构成,即旅行社、交通客运部门和以饭店为代表的住宿业部门。属于这三个部门的企业因而也构成为三种类型的旅游企业,因"其主要业务或产品大体相同的企业类别",旅行社、旅游交通和住宿业成为旅游业的三个主要的组成部分,常称为旅游业的三大支柱行业。

同时,《国际产业划分标准》把餐馆、酒吧和食堂归类在与旅游相关服务中,尽管这些活动部分涉及旅游,但在旅游的销售与购买中只有中等比重(约20%～60%)。确实,在泛义的旅游中,有不少业种虽然与旅游业有很密切的关系,但只是间接服务于旅游活动,这些业种还主要承担着其他的社会职能,并发挥其应有的作用。如属于社会餐饮业范畴的社会餐馆有不少是涉外定点餐馆,时有国际游客团队包餐,也有零星客人光顾,但一般来讲,非诱游人的顾客还占大多数,小吃快餐店也然,对此,联合国产业目录分类颇有参考价值。同理,商业零售业在提供旅游商品方面,金融机构在提供货币兑换、经营结算上,邮政电信在保障游客的信息沟通方面都起着不可替代的作用。但也都担负着更多的社会职能,在旅游行业外发挥着更大的作用,因而这些行业都只能称之为旅游相关行业,这些产业中主要为旅游业提供服务的从业人员,也就称为旅游业间接从业人员。

目前,中国旅游业的构成,有着多年来连续的统一口径,大体上划分为各种旅游服务经营单位,各类旅游相关服务机构和各级旅游服务管理部门三大部分。按照惯例,国家旅游局对旅游经营服务单位中旅游住宿设施(包括星级饭店、社会旅馆、个体旅馆),旅行社和旅游车船公司等企事业单位的产业规模,经营业绩及从业人员每年都有统计分析并加以公布。这也就是人们经常提到的旅游行业的三大支柱。对此,本章将在后面分设三小节专门讨论。

二、旅游介体的三个界面

旅游介体文化主要是在帮助旅游主体成功达到旅游目的中显现出来,其核心内容即是服务。不论是旅游产品的设计、制作、宣传推介,旅游设施的策划、修建、经营管理,还是旅游环境的营造、治理、改善、保护,以及旅游人才资源的培育养成、训练提高,无不是围绕着服务于旅游者,服从于旅游者,使旅游者高兴而来,满意而归。旅游产品、设施、环境、人才,集中代表了旅游介体的主要方面,也集中体现了从物质到精神的文化内涵。因为旅游本质上具有文化活动性质,旅游介体以各旅游行业的设施器具为物质基础,以各种服务行为为主要内容,联系到规章制度、经营理念、管理模式、运营机制、企业文化,直至思想观念、意识形态精神文化,基本上反映了旅游介体文化在旅游文化立体层面中,物质文化、行为文化、精神文化三个不同界面递次深入。在三种不同层次的文化中,旅游服务文化可谓旅游行为文化的典型代表,正是旅游服务凭借各种服务设施、工具,在旅游者的旅游活动中与旅游者共同上演了这一幕幕极其生动的活剧,不断创造着旅游文化,其中也形成和积累了旅游介体自身的物质文化和精神文化,尤其是旅游服务文化、经营文化、企业文化、制度文化。

三、旅游介体文化的双重角色

旅游介体处在旅游主体和旅游客体的中间,担当着主客体之间的媒介作用,势必在很大程度上受制于主体和客体的状况。随着旅游主体需求的变化和旅游客体内容的转换,旅游介体这一中介体,还会同时扮演介体之外的第二角色,即兼有旅游主体或旅游客体的成分,这就是旅游介体的双重角色。

　　导游是旅游介体中颇有代表性的一个双重角色,每个导游在一个景区的游览是重复的,主要的职能是陪同、导向、解说,并提供相关服务。导游也有在一个景区的第一次游览,或许,这第一次游览就是"踩点",或者跟着老导游游览学习,这是学习到见习性质的游览,但毕竟还有相当程度的游览性质,也就有游览的感受。因为没有具体的服务任务,此时,游览的切身感受往往还是主要的。此后,若干次在同一景点导游,虽然绝大部分工作内容是在为游客服务,可是这一景点肯定会对其自觉或不自觉地产生故地重游之感,或感觉到景点的改变,或感受到岁月时光的变化,或感觉到场景气氛的变异,还有自己生理心理状况的不同,以及审美情感的差异与积淀,凡此种种无不证明着每一次导游其实都还是兼有着一位游客的身份,只是以导游为主罢了。可以说,所有导游实际上都既是旅游介体,又兼有旅游主体的性质。更有一些特殊的导游,包括相当数量的优秀导游,其中,绝大部分是一定景区的导游,他们不仅在这些景区中日积月累,甚而朝夕相处,已经几乎与风景名胜融为一体,如南岳衡山的主持和尚就是南岳景区的首席导游,他对衡山景区可谓情深意切,了如指掌,尤其对于南岳佛教禅宗深有研究。这样的导游就不仅既是介体,兼有主体,而且自身又为景区增添了一道亮丽的风景线,可谓兼有了旅游客体的性质。隆中诸葛故里景区的女子导游班也属于此类典型。

　　当然,最具普遍意义的双重角色主要是同时兼有旅游介体和旅游客体两种性质,较多地体现在旅游交通和旅游饭店的设施和服务中。诸多特色旅游交通,如传统的滑竿、轿子、马车、羊皮筏、狗拉雪橇等,这些旅游介体就都是很有吸引力的旅游客体;而现代的旅游交通,如奥丽亚娜号豪华游轮、上海磁悬浮列车本身也都是旅游景点。

　　至于各类特色食宿、康乐设施及其服务,那就更是旅游介体和旅游客体的结合物。广东的御温泉、黄山的温泉浴室……都是以康体功能为主的旅游介体,随着人们康乐旅游的日渐兴起,已经成为一类旅游目的,自然也就结合了旅游介体文化和旅游客体文化。

　　饭店的介体作用是非常明显的,饭店的软硬件又愈来愈重视民族传统风格和现代国际时尚的结合。这样饭店在为游客提供舒适的食宿环境和条件的同时,也给了游客赏心悦目的审美感受,饭店自身成为了一处景观,为整个旅游城市或旅游区平添了巨大的吸引力。北京的香山饭店是世界著名建筑师贝聿铭的精心之作,匠心独运,在香山之麓成功地构建了一座巨大的四合院,饭店随山坡起伏,留野树映衬,七十多棵数十年的大树,把新建的中国庭院极其和谐地镶嵌在自然山林之中,香山饭店由此增添了人文历史,自然也成为香山的一处新景。诸如此类,许多饭店的特色都已经或正在成为吸引游客的新亮点,上海锦江国际集团所属饭店的历史建筑和中国特色服务,北京首旅集团的全聚德烤鸭和仿膳宫廷宴,无锡湖滨饭店的江南八景和西施宴等都已成为海内外游客欢迎的旅游特色项目。这里旅游介体文化和旅游客体文化自然融合,化为一体,处处体现出旅游介体文化的双重角色。

第二节　旅游介体文化中的旅行社

旅行社(旅游公司或其他同类性质的组织)是指"有营利目的,从事旅游业务的企业",到 2003 年末,全国共有旅行社 13 361 个,直接从业人员 2498 万人,分别占全旅游行业的 4.39% 和 3.8%。旅行社在整个旅游行业的三大支柱产业中处于主导的地位,是旅游介体文化十分重要的组成部分。在整个旅游介体文化中,旅行社的文化功能主要表现在三个方面,即旅游活动的主要组织者、旅游产品的重要策划者和旅游文化的积极传播者。

一、旅游活动的重要组织者

旅行社的性质本身确立了其作为旅游者的重要组织者的地位与作用,现代旅游业最主要的标志就是旅行社的出现与发展。

旅行社"为旅游者代办出入境和签证手续,招待、接待旅游者,为旅游者安排食宿等有偿服务",实际上起到了联系游客和旅游供给者之间的桥梁作用,这是一种名副其实的完整意义的中介,这种中介起到了直接或间接地把游客联结起来的作用,也就使旅行社客观地成为旅游活动的主要组织者。

旅行社的旅游组织业务是通过直接与间接两种方式进行的。直接组织主要指的是旅游团队和旅游散客,这是由旅行社完全负责或主要负责的旅游活动,旅行社在旅游团队中是责无旁贷的组织者,在旅游散客中也是首要的组织者;间接组织是指旅行社办理非团队旅游活动的旅行各类业务,如旅行社提供的大量的旅游咨询、订票等专项服务或会议奖励旅游和展览等综合服务也都程度不同地起着旅游间接组织者的作用。正是从直接间接两方面结合起来,可以说旅行社是社会专职从事旅游活动业务的主要组织者。旅行社中的计调与导游则分别在旅游活动的计划组织与具体实施过程中分别担当着各自的组织工作。无锡康辉旅行社自 1998 年来成功地组织了一系列老年旅游。如百位老人潇洒东南亚,五千位老人相约无锡大合唱。千位老人游三峡。康辉旅行社更是配备了六名医生,与 120 急救中心建立了随时急救的联系,并对有慢性病的老人进行了特别照顾。持续的、充满人文关怀的老年旅游产生了较好的经济效益和社会效应,精心组织的充满个性服务的旅游活动不仅成为中国旅游界首创旅游精品,还被中央电视台拍成了专题片。

二、旅游产品的重要策划者

旅行社还是旅游产品的设计者和加工者,而且是旅游产品的重要策划者。

旅行社提供的旅游产品除了预定酒店、机票、代办签证等各项服务外,更主要的是指旅游者参加旅行社组织的从离开客源地或居住地开始,到结束旅程返回出发地的一系列综合性的整体服务项目,如团体、散客、半包价、小包价、零包价旅游和组合旅游等,一项新的旅游产品问世,可能使潜在的旅游需求变为现实的旅游需求,旅行社在旅游主体——游客和旅游客体——旅游资源之间的介体作用正是在旅游产品的立意设计、开发创新,和不断完善之中得以实现,从而真正发挥其旅游中的纽带和桥梁作用。所有这些旅游产品实际上都是在提供给游客一种经历,一种文化经历,“观乎人文以化天下”,好的旅游产品往往在本质上体现了旅行社为代表的旅游介体文化的价值。

南国旅行社从1997年起,创意"重阳爱心之旅——爷爷奶奶逛北京"、"我爱北京天安门"、"千名老人游上海"、"红色革命路线"等主题旅游产品。尤其是1999年设计了"妈妈,我要上北大"主题旅游产品,抓住了许多家长望子成龙的心理,除安排常规景点外,推出参观北大或清华、军事博物馆、圆明园遗址、世界公园和观看天安门广场升旗仪式等。在参观北大清华的同时,还特地邀请学校教师讲解学校发展史,使游客在旅游中接受了爱国主义教育,增长了知识,从而激发了学生学习的热情。

与长城齐名的古代伟大建筑工程京杭大运河,是一项非常吸引人和极有开发价值的旅游资源,尤其是大运河的江南一段更有开发价值。但长期以来并未受到重视,直至中国国际旅行社无锡支社发现后才逐步开发起来。开始,导游只是在汽车经过古运河时随意向旅游者指点一下,车上客人就立刻兴奋起来,纷纷要求下车拍照或安排游览。1980年,无锡支社组织西欧旅游者作了一次乘船游览古运河的尝试,客人情绪高涨,反应强烈,称之为"神奇的旅游"、"在华旅游最动人的节目"。此后,凡是到无锡的游客都要求安排游览古运河这一活动项目。在游览无锡市区古运河的基础上,又发展到乘游轮从无锡古运河到苏州,继而又延伸到常州、镇江直至扬州。据统计,仅从无锡古运河游览到苏州的海外游客,从1981年的2 052人,三年以后已经达到10 084人。"古运河旅游"之"神奇"、"动人"就在于旅行社突出"民族性"、"地方性"来设计旅游产品,赢得了来自异体文化游客的青睐。我国不少旅行社最近又开发了特色旅游产品,如"时事旅游"、"探险旅游"、"小说旅游"、"技巧旅游"、"拓展旅游"、"生日旅游"和"寻婚旅游"等。

作为一个文明古国,数不胜数的名胜古迹,正是由旅行社开发成旅游产品,成为国际或国内游客喜爱的旅游项目。

三、旅游文化的积极传播者

在各类旅游业务机构中,旅行社是旅游信息最积极的发布者,也是旅游文化的积极传播者,这是由旅行社在旅游活动中的纯粹媒介地位和推介作用所决定的。

提供咨询服务是旅行社的主要工作,旅行社不仅在旅游活动中作旅游宣传,更通过报刊、中介、电视各种宣传媒体以无偿提供信息的形式发布各种旅游资料,以及举办专行的推介活动,最大限度地招徕旅游消费者。不断推出旅游产品、精品,创出旅游的品牌旅游项目,特色旅游线路是持续的、更有效的宣传。无比丰富的中国旅游文化正是经由旅行社的不懈努力,在全世界不断提高知名度、美誉度。

江浙两省人文荟萃,山水秀美,中旅在80年代推出锦绣江南游系列,20年来长盛不衰。江苏的历史人物,浙江的青山绿水,把古都南京、杭州,环太湖苏州、无锡、常州,杭绍兴、湖州,多层次整体地推介,取得了良好效果。锦绣江南游已经成为著名品牌,也极大地宣传了江浙及各旅游城市的名胜古迹。

"安徽皖南徽文化之旅"把富含徽州文化内涵的皖南古民居群巧妙组合,以绩溪胡氏宗祠、许国石坊,潜口明代民居博物馆(均为全国重点文物保护单位)和西递村、宏村古民居村落(世界文化遗产)、棠樾牌坊群等穿成一条旅游路线,打出文化旅游旗号,数年来深受游客和文化艺术教育界师生所喜爱,徽州文化的知名度也不断提升。

第三节 旅游介体中的饭店文化

住宿业在旅游业统计中称为旅游住宿设施,习惯上称为饭店业。据国家旅游局统计,至2003年来,全国共有旅游住宿设施28.38万个,占全国各类旅游企事业单位30.44万个的93.23%;全国旅游业直接从业人员中旅游住宿设施从业人员541.43万人,占全部直接从业人员的83.5%;全国旅游设施共拥有固定资产原值7 013.53亿元,占全国旅游业拥有固定资产的83.11%。从这三个数据可以看到,旅游住宿业即饭店业在旅游业中的地位。即人、财物分别占整个旅游业的83%和93%以上,在三大支柱产业中,旅游住宿业达到绝对的举足轻重的地位。

2003年来,全国共有星级饭店9751家,拥有客房99.28万间,188.77张床位,其中五星级198家,四星级727家。入境旅游者对7个接待设施的评价中,对宾馆饭店接待设施的评价最高,评价"尚好"以上的高达94.1%;27%的入境旅游者对饭店接待设施的评价给予了最高分(5 分),比餐饮、购物、游览点的评价高出 10%,比旅游交通和娱乐接待的高出近 20%,比景区厕所则高出 50%以上。

中国旅游住宿业,即饭店业,回顾 1978 年以前,我国有条件接待来访外宾的饭店总共不过百家。25 年来,增加了近 90 倍,可以说中国饭店业取得惊人的业绩,实现了由起点低、起步晚,达到发展速度快、服务水平较高的现状。

值得一提的是近年来经济型酒店在我国的发展异常迅速。据《2008 年中国经济型饭店调查报告》数据,至 2007 年底全国经济型饭店已开业企业达 2 000 家,已开业客房数在 20 万间左右。

随着 2010 年上海世博会的临近,中国经济型饭店部分品牌扩张速度达到 200%~300%的增速,新品牌也不断出现。中国饭店协会有关负责人认为,按照目前的发展速度,经济型饭店的客房数量有望在 10 年内达到或者超过星级饭店 140 万间的客房数量。如果更为乐观地估计,五年之内经济型饭店总客房数就可能超过全国星级饭店的客房数。中国经济型酒店市场份额排行榜见图 5-2。

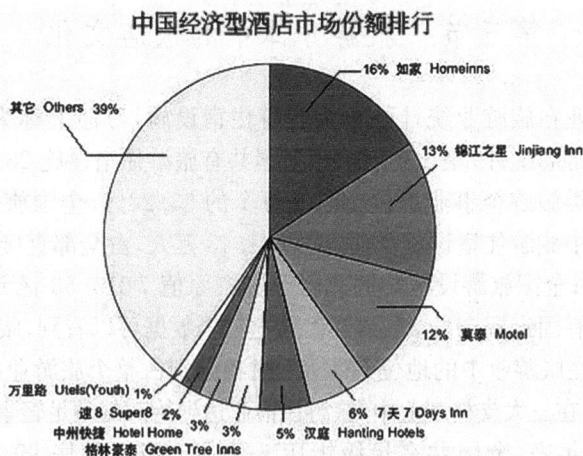

图 5-2　中国经济型酒店市场份额排行榜
资料来源:中国饭店协会网站

中国饭店旅游业的发展与亚洲旅游业的发展几乎是同步的,迅速发展的原因也大致相似,除了亚洲经济的持续发展和认真学习西方发达国家酒店科学管理的先进经验以外,东方文化中的人文服务与管理,无疑起了巨大的作用。可以说,现在的中国饭店进入了构筑塑造饭店文化阶段,也可称饭店文化阶段。

饭店文化主要由经营文化、服务文化、情感文化构成,又表现为饭店企业文化,这主要是由饭店产品特点决定的。一般生产性企业消费者只与产品直接发生关系,不直接与生产商品的人发生关系。而饭店产品的生产过程是人与人交往的过程,是饭店员工为客人服务的过程。饭店产品的质量是靠提供能满足客人物质需求的客房、餐饮、娱乐等设施的服务质量和员工的服务质量来保证的。因此,饭店服务人员的价值观、服务理念、素质和服务水平直接决定着饭店产品的质量。饭店产品要满足客人物质和精神两个方面的需求,必须经过员工"宾客第一"的服务理念和热情周到的行动才能实现。饭店消费更多的是一种体验式消费,不论是商务客人,还是旅游客人,每到一地,每住一家饭店,都期望感受到一种异地的风土人情和特色服务,满足自己心理的体验。这种体验的满足,一方面来自饭店的建筑、装饰、设施的个性化,另一方面来自饭店的文化氛围和服务人员的素质,更多的是体现在对人的服务上。

中国饭店正是在经营文化、服务文化和情感文化上继承发扬中华优秀传统文化,认真学习西方饭店服务文化和管理文化的精华,努力创造着中国自己的饭店文化。

一、饭店形象 文化魅力

中国旅游饭店流传着这样一句话,那就是四星级看豪华,五星级看文化。中国的五星级饭店往往一见钟情的是其充满蕴涵中华文化的形象。一往情深是那细微处透露出中华文化的精髓,前面地域性与文化性的介入是饭店建筑到装饰体现文化的关键,北京香山饭店、曲阜厥里宾舍都称得上典范。它们都遵循"天性为神,人性为气,物性为形"的原则,充分考虑到饭店本地的地域环境、自然条件、季节气候,更融进历史遗风、先辈祖训及生活方式，以及民俗礼仪、风土人情，在整体风格上又体现传统风格的复兴、地方特色的发展、文化类型的扩展。山东曲阜的厥里宾舍是中国已故著名建筑家戴念慈先生的杰作，坐落在孔庙旁，这是一座现代设施的高星级饭店，然而又极具文化内涵，处处散发出中国数千年的文化气息，与孔孟儒学的文化脉络息息相通，在孔子的诞生地增添了一座孔老夫子礼仪迎迓的客舍，门额上"有朋自远方来，不亦乐乎"，宛如两千五百多年前孔老夫子的微笑迎宾的音容笑貌犹在。厥里宾舍的墙基与台阶的金山石材，楼宇间的中式庭院，大堂与走廊的仿青铜回纹墙砖，门厅中的青铜雕塑，直至背景音乐的古琴古筝曲，耳闻目染，处处洋溢着千年的中华文脉。客房中的主色更是匠心独运，床上的布草和窗帘、窗罩全是米色，十分素雅，唯一床灯罩与抽屉搭手为红色木雕，犹如粉墙上的红杏，很是鲜活。卫生间的三大件和地墙砖全部是浅土黄色，文化寓意深长。

上海凯悦饭店所在的金茂大厦(53～87层)，其建筑外观突出了中国传统的东方塔式建筑外形与现代高科技的结合，巍然挺拔，傲对碧空。苏州竹辉饭店则犹如一座清秀的庄园，胥城饭店和苏州喜来登饭店，又好像两座风格各异的城堡，民族风格和地方特色都很鲜明。老饭店的改造也给予文化气息，北京友谊宾馆可谓范例。友谊宾馆是五星级的老饭店，其咖啡厅是宾馆不可缺少的组成部分，在这里，装修仍然刻意在中西融合上做文章，使京城宾馆咖啡厅现时尚温馨，又透出中华文化底蕴，且看三件佳作：数万条竖线琉璃条制成的陌断；以新型镂空陶砖贴金箔而成的环行屏风；选用房山出产的汉白玉精雕而成的十四根立柱。灯光照射，它们成为夺目诱人的亮点，给人单纯、冲击而又平整有序的安静宜人的氛围。简而不空，直而不板的艺术空间，不仅具有鲜明时代感，还渗透着中国传统艺术特有的清新、儒雅的气质。

友谊宾馆商务楼中的酒吧是中西文化合璧的又一杰作。内侧的整排百叶窗上是整幅大立面的芭蕉图在户外光线的映衬下郁郁葱葱，这是由清华大学工美院的大师们在一片片窗叶上画的，看上去宛如连幅，真是精妙绝伦的构思。

二、诚字为魂　人性服务

中华民族历来重视诚字,把诚实守信作为天下行为的准则。在中国饭店的经营服务管理中也无不处处体现,实践诚实经营,服务热情,管理真诚。

在市场发展的今天,强化诚实守信的原则,显得尤为重要,而中国饭店业也正在继承传统美德,努力实践诚信经营。上海大厦是一家老饭店,设施设备相对陈旧,但他们以诚信为经营基石。在给新客户推销饭店产品时,绝不夸大其词,有意抬高自身的产品,而是如实地介绍饭店优越的地理位置、独特的风景和宽敞的房间,同时不忘坦诚饭店硬件上的某些不足等客观现状,以及比较合适的接待层次。客观真实的介绍让客户感受到饭店的真诚和可信。更在服务中体贴入微,以热情与真情赢得了一个个忠诚的客户。

与诚信经营相比,中国饭店的热诚服务更有着深厚的传统。中国誉为礼仪之邦,热情好客,使饭店服务中就充满着东方特有的人情味,体现着人文关怀。2001年6月,上海大厦接待一个新疆少数民族代表团。客户部接到任务,首先组织服务人员到民族饭店学习,进一步了解伊斯兰教客人的生活习俗,熟悉接待伊斯兰客人的服务方式。回店后,把客房内原配备的猪皮等用品全部撤下,把猪毛刷换成尼龙刷,猪皮拖鞋换成布拖鞋。还摆上祷告用的垫毯和指南针。客人一进房间,就有一种到家的感觉。负责接待的上海民委的同志深为感动:"我们想到的,饭店做到了,我们没有想到的,饭店也做到了。"无锡大饭店商务楼的接待也无微不至。一次,服务台接待一位欧洲客人,看到他皮箱上的拉链搭手掉了,服务员主动提出帮客人修配。服务员利用休息日,带着客人的大皮箱,跑了好几个修理铺,才帮客人修配好,结果当然是客人大加赞誉。中国饭店服务中的热诚谦恭、善解人意、随和体贴、主动稳妥、随机应变,这些充满东方情感的服务文化,比比皆是。在认真学好西方先进的标准服务时,中国饭店并没有扔掉中华文化中的人文精华,而是将其在饭店的服务中继承发扬,不断升华,在弘扬中华服务文化中努力创造规范与个性相融、充满真诚情感的中国特色的饭店服务模式。

如同饭店服务一样,中国饭店管理,也有着鲜明的人本意识。管理中讲究真诚相待,用人不疑,开诚布公,将心比心,坦诚相见,设身处地,有着浓厚的东方亚细亚特征,渗透着田园牧歌般的脉脉温情、仁义道德。

"诚"是灵魂,饭店中领导对员工讲真诚守信,后台对前台讲真诚守信,员工对员工讲真诚守信,都能尽力为对方利益考虑的诚信,其结果必然形成员工对宾客讲诚信,企业对社会讲诚信的局面,从饭店领导到每位员工都是讲诚信的实践者,这就构筑了饭店综合竞争力的基石。诚信的领导赢得员工,诚信的员工赢得了客人,诚信的饭店赢得了市场。

第四节　旅游介体中的"行"文化

旅游事业的发展只有仰仗便利的交通,才能得以保障。交通是发展旅游业的前提和物质基础,是旅游业发展的命脉。正是交通在整个旅游历史发展中始终存在的支配作用,使其成为了旅游业发展进程的重要标志。托马斯·库克组织的乘坐火车团体旅游被公认为近代旅游的开始,当代超高速民航的普及直接推动着旅游业成为世界第一大产业,许多国家的旅游业,都将机场客运吞吐能力视为国际旅游接待能力的直接理论依据。

"行"文化在中国旅游介体中自然占有十分重要的地位。中国"行"文化不论在旅游设施、旅游工具、旅游线路上都具有十分独特、非常深厚的文化特性。

一、各具特色的旅游工具

中国旅游交通工具可分主流与非主流两大类,它们的文化特征也有较大差异。

1. 主流交通工具的文化特性

中国旅游交通的主流工具是车船和飞机。车又主要分为汽车和火车。

（1）火车至今仍是中国旅游交通的"铁老大"，运输能力大，安全，费用低。至 2000 年底，中国铁路运营里程已达 6.8 万公里，为亚洲第一。青藏铁路已在 2006 年 7 月 1 日正式开通，使西藏旅游变得更加实在。

至 2005 年，中国铁路五次提速，运行时速已超过每小时 160 公里，北京、上海朝发夕至，同时旅客列车在软硬件上大大提高，新型直达特快全部采用"航空化"标准，软卧车厢和餐车内增设了等离子电视，并为每位乘客配备了耳机、遥控器，让旅客感受到"陆地航班"的快捷、舒适。至各旅游区的旅游列车，有的如南京到杭州双层列车取名"西子"号，服务细腻，一下子让人感到西湖的秀丽，确实颇具特色。更有一些列车，直接将内部装潢成大草原蒙古包的内部，供应草原居民的饮食，让游客在未到达旅游目的地之前就能够先体会到那里的生活气息，称为极富特色的"草原专列"。

2003 年开通的上海磁悬浮列车则有着不同寻常的意义。目前，磁悬浮列车在国外只有德国和日本各有 30 公里的试验，而没有商业运营线。上海的磁悬浮快速列车，是世界上首次修建的第一条磁悬浮商业运营线。它西起上海地铁二号线的龙阳路站，东至浦东国际机场，整个线路呈"S"形，正线全长 29.863 公里，设计时速达 430 公里。从龙阳路站到浦东国际机场全程 31 公里的区间只需七分钟。这条磁悬浮列车线路是新世纪上海集城市交通、观光、旅游等于一体的交通建设重点项目。它比轻轨铁路工程更经济、更安全地达到较高速度，且对沿线的环境影响小、无噪声，对环境保护也比其他公共交通工具有着更为明显的优势，是一种高安全的运输工具。在经过了一场热闹非凡的冠名权拍卖之后，磁悬浮列车更是吸引了众多游客慕名前来乘坐，而终点站浦东国际机场也就顺势成为了列车乘客下车后的观光地。磁悬浮列车的开通连带使浦东国际机场的客流量大大增加，为机场的发展带来了新的生机。

2008 年 8 月日京津城铁正式开通，每天从北京南站和天津站分别始发的 47 对高速动车组作为连接京津两大城市的重要交通枢纽。京津城际轨道的建成使北京和天津之间形成了"半小时交通圈"，实现了同城化。连接 5 个城市的广珠城际轨道交通工程已完工,列车最高运行时速可达 200 公里,建成后珠海至广州只需 40 分钟。2008 年 7 月 1 日正式开工,2010 年 9 月投入运营的沪宁城际全线长约 300 公里,在上海市境内 32 公里,江苏省境内 268 公里,线路走向基本与原京沪铁路沪宁线平行,设 31 个站点。列车设计时速 300 公里,运行大站直达(250 公里/小时,96 分钟)和站站停(160 公里/小时,171 分钟)两种列车。运行时速提升至 300 公里,运行时间缩短为 1 个半小时左右。沪杭城际高铁也已于 2010 年通车,运行速度为 350 km/时,运行时间为 40 分钟。它大大缩短了沪杭两地的出行时间,方便了两地人们的来往。城际铁路的建设,将影响人们旅游出行方式的选择,对带动城区之间的商务旅游、休闲旅游及观光旅游产生直接影响。

(2) 中国旅游交通中,发展最快的要数汽车,因为汽车灵活便利。汽车更因其便捷而且最具可进入性,在主流交通工具中独占鳌头,具有不可替代性。随着近代高速公路的迅速形成,私家车数量的飙升,对火车及飞机都构成了相对的竞争。而私家车队更引领着中国内地休闲与旅游的新潮。中国旅游交通的汽车文化中,两大旅游集团的车队铸就着辉煌的文化。首汽集团国宾车队的司机车上不抽烟,衬衫天天换,"外事接待的礼仪"、"服务心理学"、"服务英语"是每位司机的必修课。他们做到基本英语会话对应自如,服务客人体贴入微,技术熟练过硬,"起步不闯,转弯不晃,刹车不点头,行车一条龙,停车一条线"。他们视安全为本,载客熄火一次,踩一次急刹车就算是一次事故。始终坚持这样的高质量、高标准服务特色。无独有偶,上海锦江汽车服务公司,这家沪上车型品种最全、车辆档次最高的车队,司机每人都备五件衬衫和五条不同领带,每天换洗,更是技术娴熟,英语流利,反应机敏,服务热诚,饮誉国内外。

(3) 2004 年 8 月,从上海召开的全国民航机场工作会议上获悉,根据国际民航组织的统计,2003 年我国内地运输总周转量位于美国、德国、英国和日本之后,居世界第五位。如果加上港、澳、台,则我国民航运输总量居世界第二,已经成为民航大国。

乘飞机旅游快速省时,安全舒适,为大家所公认。地球空间由于民航的飞速发展,变得狭小,东西文化在地球村里变得很近,以致近距离碰撞。民航运输成为远程国际旅游的主要方式,国际民航的降价竞争,给旅游者带来实惠,也促使中国旅游文化得以更多的交流。国内旅游乘飞机发展也较快,然在各种交通工具中飞机票价仍属昂贵,加上乘飞机要往返机场,附加时间长,问津者当属少数。

此外,我国服务业中,空乘服务人员的服务质量一般是最高的。东方航空等在空中食品供应上也颇有中国特色,但综合服务水平与国际民航还有一定差距,机场设施不完善,飞行不准时等问题还常有发生。

(4)众多的江河湖海,将中华数千年文明与水与船紧密相连。一条大运河更是封建中国南北沟通的大动脉。造就了漕运、盐运和无数商旅的故事,也向人们展示着中国水上文人雅士的一叶轻舟。隋炀帝、乾隆辉煌的龙舟,舒适而悠闲的旅游。近代车船史蒸汽机动力广泛使用到船舶,中国的水上客运,特别是内河客运也靠着超载能力加大与低廉票价,再度兴旺。然随着公路建设的快速发展,内河客运市场必然向陆路转移,我国水上旅游客运受速度慢,线路长,经营成本高等局限,不如其他交通工具景气。

但是,中国水上旅游的潜力巨大,旅游船舶在根本上不可替代,这不仅由于亲水舒适而且十分惬意,更是因为游漓江山水、观三峡运河都是非船莫属。就是在目前,游船总体很不景气的状况下,我国还是有着一些水上旅游的成功的范例。如苏州至杭州的大运河夜航,桂林至阳朔的漓江游览和西湖的泛舟网络等,长江三峡旅游出现了多艘豪华游船竞争的局面,提出了如何提高客运能力和服务质量的问题,魏小安等旅游专家则专门研究了中国游轮经济的现状和发展趋势的课题,把中国游船放入了国际游轮经济与贵族文化的角度,提出了三种模式,并分类进行了较深的分析。应该说中国目前在近岸型和河湖型游船的发展还是具有比较现实的较广阔的空间,此两类游船的文化特色也较鲜明深厚。

"浯江鹭江江对江,厦门金门门对门"。2004年5月,游客们登上两艘豪华的游船,进行"海上看金门"旅游这项富有闽南特色的文化经典金厦海域游,一下子成为闽南旅游中的精品。多半有赖于"成功游6

号"和"成功游8号"这两条内涵丰富、设施齐全的高级游船。这两艘游船均采用中国古代宫船造型,可这一艘船船体建筑极富闽南特色,船头高翘,飞檐翘角,雕栏画栋,四面宫灯环绕,船上歌舞升平。过去,这样的庞然大物是王公贵族才能享受的奢侈品,如今,旅游业赋予了它们新的生命。游船长38米,宽8米,可容纳260名宾客。进入游船,就仿佛步入了一座高雅的水上宫殿。"成功游6号"和"成功游8号"集游览、观光、餐饮和休闲、娱乐于一体。游船上设施高档,还配有卫星定位和雷达导航系统,文化特色鲜明,船名"成功号"寓意着人们对民族英雄郑成功的纪念,又寄寓着中国人民期待两岸早日实现统一,台湾能成功回到中国怀抱的情怀。

在河湖游船中,无锡的"古运河号"、"霞客号"姐妹游船和"春秋号"龙舟可谓久负盛名,是太湖和古运河中的一道亮丽风景。无锡太湖中的龙舟叫做"春秋"号,表面是铜质的,全身漆成朱红色,头部造成金色的龙头状,可以喷水,两耳是喇叭,双眼装有探照灯,尾部是龙船的舵。"春秋"号龙舟集餐饮、娱乐于一体,深受中外游客的喜爱,为无锡的水上旅游事业做出了巨大的贡献。另外,值得一提的是随着游舫而传播开来的船菜文化。泛舟游太湖时,船家都备有精美的湖肴供应。由于它与饭店菜肴的做法截然不同,后来就渐渐形成了著名的太湖船菜。像这样以船为载体,将食、住、行、娱集于一体旅游方式引起了游客的广泛兴趣,有着很好的发展空间。

2. 非主流交通工具的文化内涵

除了上述飞机、火车、汽车、游船等在旅游中普遍使用的交通工具,在旅游交通中还有些特殊的交通工具,虽然它们仅作为辅助交通工具,在一些特殊地区有限制的使用,但这些非主流交通工具功能各异,往往都具有娱乐性和享受性,不少已经属于当地传统生产工具,反映着当地的民风民俗,它们的运载作用大多让给了旅游享乐,有着较明显的文化特征。

大连的有轨电车,阿里山的小火车,上海的野生动物园中防护观光车和水上摩托快艇都属于特殊的机械旅游交通工具,帆船、漂流皮艇、滑雪板等则是凭借风力、水力或坡度行进的自然力旅游交通工具,它们通常与原始传统生活生产关联,反映着一定的历史文化与现代时尚,常常是旅游者追新猎奇,体育健身的选择。

人们似乎更感兴趣的是畜力旅游交通工具,骑上骆驼、大象或牛、马、驴、骡是一种经历,坐在马车或狗拉雪橇上,也使人由都市生活回归自然,又是一种感受。"小小竹排江中流",羊皮筏过黄河,能满足人们好奇和追求刺激的愿望。滑竿助你爬山,轿子感觉历史,租辆自行车可以近距离深入旅游地,接触民情民俗,坐上人力车(又称黄包车)、三轮车,又是一种体验。北京的三轮车胡同游已经成为京城旅游中的拳头产品。在满街汽车、经济高度发达的大都市,人力旅游交通工具显得格外别致。

此外,像泸定铁索桥,华山攀登铁索链,这些当地人们生活中不可缺少的交通设施与工具,对于旅游者则是稀奇和刺激。凌驾于大渡河的泸定桥,是铁索桥中的佼佼者。史籍告诉我们,泸定桥建成于清朝康熙四十五年(公元 1706 年),长为 103.7 米,宽 3 米,由 13 根大铁链组成,它是当时世界上独一无二的大铁索桥。200 多年来,它为便利西南地区的交通做出了贡献。"金沙水拍云崖暖,大渡桥横铁索寒",毛泽东同志的著名诗句,更为这座在工农红军长征途中立下汗马功劳的铁索桥增添了光彩。而在众多的古代索桥中,四川都江堰的珠浦桥则是竹索桥的杰出代表,珠浦桥长 320 米,上有粗如碗口的十根竹缆为桥面,下有木排架八座及石墩一座,有九个桥孔,最大的跨度达 61 米。至于这座桥的始建年代,现在尚不清楚。

至于怒江上的溜索及深山攀岩的荡绳,对于游客现已都只是仅供观赏的表演项目了。

二、中国交通设施与线路的文化意蕴

"长亭外,古道边,芳草碧连天"。《城南旧事》中李叔同略带忧伤的美妙歌声,也给人们传递着中国旅游交通设施的悠远与诗意。由数千年前的古驿道、驿亭、驿站,中国大地现今已经建立起略小于加拿大的世界第二大高速公路网,大江大河上的大桥已数不胜数,并不断创新着一项项高、大、长、新的记录,宁波至上海跨越杭州湾的大桥,又将创下世界之最。中国各大中城市的大广场和景观大道星罗棋布,像上海浦东的世纪大道、浦东大道,这样高等级、高品位的特宽景观大道已经令国人觉得有些太过奢侈。

环顾古今的交通设施,包含文化意蕴的旅游交通文化设施俯拾皆是,不胜枚举,其中西历代建造的交通设施,许多至今仍在发挥着作用。当然,其本身也已经成为宝贵的人文景观了。

著名的无锡古运河南长街至清名桥这一黄金段称为水弄堂,连接着三千多年前先秦泰伯开凿的一段最古老的河道——伯渎港,每当游船驶至清名桥,导游指向伯渎港介绍这段中国最早的运河,总是博得外宾一片惊叹,转而观赏眼前的古石拱桥,又是纷纷赞叹。

苏州古运河上的宝带桥修长清丽,雁荡山中的天生桥宛如天开,赵州桥千年绝唱,卢沟桥石狮奇观,在云贵地区的一座座风雨廊桥上,美国的"廊桥遗梦"只是小巫见大巫。

比之旅游交通文化设施,中国的旅游文化线路也毫不逊色。公元前一三九年,汉使张骞出使西域十三年,回到长安,从此开创了联结中西、横跨欧西亚的著名历史通道——"丝绸之路",2 000多年的商旅之路,留下了敦煌文化等瑰宝。今天,这条西行道仍是充满着大漠奇观的旅游线路。乘上"沙漠之舟"——骆驼,骑上驼背,紧抱着驼峰,在沙漠上漫游,喝着羊皮囊中的水,顶着烈日狂风,谛听那富有节奏的驼铃声,享受征服严酷自然的无限愉悦,遐想又回到遥远的古代,别有韵味。

中国的西南有一条茶马古道,它是世界上最高、最险、最神奇的道路,因汉藏间茶马集市而得名。茶马古道自云南和四川出发,穿越横断山脉,以及金沙江、澜沧江、怒江向西延伸,交会于西藏的门户——昌都,是千百年来汉、藏等多民族经济文化交流的重要纽带,也是滇藏、川藏公路的雏形。而今,茶马古道的交通功能已悄然隐去,但壮丽动人的绝世风光不变。沿着先人的足迹行走其间美不胜收,奇山异水自不待言,先人为生存所激发的非凡勇气和所做出的超常努力更是震撼心灵。

在茶马古道的中心区,昌都的魅力独具特色。距今有四五千年历史,距昌都镇仅十余公里的卡若遗址,是西藏境内科学发掘的第一处新石器遗址。该遗址面积大、保存好、文物丰富,展现了昌都先民在澜沧江流域创造的远古文明。

昌都地区,康巴文化源远流长,从原始宗教到藏传佛教各教派,建筑风格各异的塔林和寺庙林立,其中,强巴林寺最为闻名。强巴林寺又称昌都寺,规模之大在康巴区首屈一指,气势之宏伟"亦藏区之胜区"。

神山多姿,圣湖多彩,茶马古道还把一座座散落在高原上的明珠串起来,形成了集观光、科研、考察、探险等于一体的世界级旅游精品,成为"中国香格里拉生态旅游区"中不可缺少的重要部分。

思考题

1. 旅游介体的地位与作用。

2. 何谓中国旅游介体文化？它在中国的旅游活动中居于何种地位？

3. 旅游介体文化的构成、角色和功能。

4. 旅行社的文化功能表现在哪些方面？

5. 简述饭店文化的概念和结构。

6. 如何创建中国自己的饭店文化？

7. 举例说明"行文化"的概念。

8. 中国旅游介体中的"行文化"有哪些文化特性？

9. 何谓非主流交通工具？有何文化内涵？

第六章 中国旅游客体文化及其山水文化

中国旅游客体文化是中国旅游文化的一个重要组成部分,也是满足旅游者观赏游览体验的重要内容。掌握这些内容,对于旅游者、旅游经营者和广大的旅游从业人员都是非常重要的。本章是教材的第四部分,主要选择有代表性的客体文化,如中国山水文化、中国古代建筑文化、中国的宗教文化、民俗文化、饮食文化和旅游文学、艺术文化等加以阐述,使学生了解中国传统文化的精髓,了解中国以山水大自然为载体的审美文化,认识山水的景观美及其文化特性;了解中国古代的建筑文化,知悉它的历史发展,区分它的主要建筑类型,认清中西方建筑文化观念之差异;了解中国的本土宗教、外来宗教及其中国化,尤其是佛教文化的中国化,以及中国的民俗风情及其魅力所在。

本章主要介绍中国旅游客体文化的含义与构成,介绍山水文化及其内涵、形态和结构,阐述山水景观的审美特性、审美过程以及古代中国的山水审美意识。

第一节 中国旅游客体文化概述

一、旅游客体文化

旅游客体是指一切可供主体(旅游者)观赏游览的对象,包括各类旅游资源(景观)或吸引力因素。它们之所以能够对旅游者产生强大的吸引力,就在于它们所包含的文化属性。作为人类文化的载体,它们不仅是能为旅游者所感觉到的具体物象,而且是能够满足旅游者的精神需要,尤其是审美需要的产品。它们所含的文化意蕴,就是旅游客体文化,属文化的范畴。具体而言,既包括物质形态的客体文化,如旅游历史文化、山水文化、建筑文化,又包括非物质形态的客体文化,如宗教文化、民俗文化、饮食文化、工艺美术文化和旅游文学艺术文化等。当然,这两者之间也有交叉,在非物质形态的客体文化中,也有物质形态客体的存在,如宗教文化中的宗教建筑、宗教名山、景观等就是物质形态的客体;山水文化中的审美观、建筑文化中的建筑理念等则属物质形态客体文化中的非物质形态客体。

二、中国旅游客体文化

中国是世界文明古国,是旅游文化产生最早的国家之一。作为民族文化重要组成部分的中国旅游文化客体,主要是指中国人文景观和自然景观以及一切与旅游有关的文化现象,是中国旅游文化的重要组成部分,是旅游业发展的物质基础。具体包括:中国旅游历史文化、山水文化、建筑文化、宗教和民俗文化、工艺美术文化等。这里不仅有我国几千年的历史传承、重大的历史事件和科技文化成就,有富含文化意蕴的奇山异水、风景名胜和历史古迹,有五十六个民族不同的风尚、礼仪、习俗和年节风情,有传承中国传统文化的中国古建筑和园林,有中国主要宗教的文化和文化景观,尤其是佛教的中国化,有灿烂夺目的民间文学艺术以及独具特色的土特产等。

第二节　山水文化及其内涵

我们伟大的祖国,有着姿态万千的崇山峻岭,也有着蜿蜒曲折的江川大河,美丽富饶的土地和丰沛充足的水源,养育着华夏儿女,滋润着中华民族,浇灌出山水文化。山水文化是人类认识自然、改造自然的产物,自然山水也关爱、呵护着人类,人类与自然的互生共存推动着山水文化的发生发展。人们在攀登、跋涉、观赏自然山水的活动中,不仅发掘了许多山水资源,改造了许多名山大川,而且产生了把这种山水自然与人间道德相联系的“天人合一”思想,对后世有相当影响。古代的许多文人墨客,把山水看作尊长、朋友、哲人,写了许多山水诗词、山水游记、山水画,或谱之曲,成为风光音乐,或再现于自己的居住环境成为山水园林。从泰山封禅、"智者乐水,仁者乐山"、"逍遥游"、"会当凌绝顶,一览众山小"、"黄山归来不看岳",到"城市起山林"、"古刹名山话禅悦"、"洞天福地味真玄"等,无一不是中国山水文化的表现。

一、山水的含义

山水,在古代作为自然的代称,具有自然的总体特征。"山水"不仅指山和水,还应包含山水草木、雨露云雾、泉岚烟云。清代画家石涛曾对山水的涵义做过这样的概括:"山川,天地之形势也。风雨晦明,山川之气象也;疏密深远,山川之约经也;纵横吞吐,山川之节奏也;阴阳浓淡,山川之凝神也;水云聚散,山川之联属也;蹲跳向背,山川之行藏也"。这就是说,山水是指广义的自然景观,大指山川形势、风雨晦明,小则指一点一景、一泉一石、山中亭水中阁。它们应该是自然景观的静态与动态、声与色、人工与天巧相结合的综合形态。

从现代旅游美学的角度看,"山水"是具有美学价值的"山水",是指具有美学、科学和文化价值的景观,是专供人们进行观光、审美、科研、文化教育等精神活动的主要场所。近几十年来人们发现的很多奇山异水(张家界、武陵源、九寨沟、黄龙等),经过开发已成为新的风景名胜区;为建设新安江水库而使富春江两岸的许多奇峰峻岭变成了千岛湖中的小岛,成为一个新的国家风景名胜区;三峡大坝的建成,使原来水流湍急的三峡出现高峡平湖的壮丽景象,成为新的旅游景观,有了新的面貌和新的内涵;昆明世界园艺博览会,汇五大洲之名贵花木,集世界各地园艺之精华,为春城昆明增添了一个新的生物景观。因此,"山水"的涵义不断地变化着。由于山水的文化积淀深厚,又具有文化、科学和美学价值,因而可称为"山水文化"。

所谓文化积淀深厚,是指大多数山水风景区都有着悠久的开发历史,在景区里面积淀着历代封建王朝的烙印,包含着丰富的文化内涵。例如,历代帝王从秦始皇到乾隆皇帝都要到泰山去"封禅"。据《史记·封禅书》说:"此泰山上筑土为坛以祭天,报天之功,故曰封;此泰山下小山上祭地,报地之功,故曰禅。"那些封建帝王们为了祈求天地神祇的祝福,保佑封建王朝的长治久安及自身的长生不老,都专程到东岳泰山来报天地之功,这是当时的一大盛典。中国第一个专制皇帝秦始皇在即位的第三年去登泰山封禅;紧跟着秦始皇封禅的是另一位好大喜功的皇帝——汉武帝;第三位封禅的是东汉开国君主光武帝刘秀……直至乾隆帝,曾经有13位帝王31次来此进行过祭祀活动。帝王们登山封禅的过程,也是大规模游览的过程。在游览中,留下了帝王踪迹。如泰山的五大夫松是秦始皇登山避雨的大树;《祭泰山铭》是唐玄宗留下的墨迹……据《史记·封禅书》记载,秦始皇泰山祭天,中途遇雨,歇于大树下,秦始皇因此树护驾有功,乃封其为"五大夫"。唐玄宗李隆基书写的《祭泰山铭》在泰山碧霞祠侧,即唐摩崖。正文966字,加上题额刚好千字。这是他在开元十三年(公元725年)十月率领百官去泰山封禅时亲笔所写,刻于岱顶大观峰峭壁上;北宋大中祥符元年(公元1008年)十月封禅泰山,宋真宗制造神话,加封"碧霞元君",护修岱庙,兴建"天贶殿",把祭天地的封禅活动转化为祭神活动;明太祖朱元璋封泰山之神为"正神",每年都派人来祭神,曾作文以颂泰山之高大雄伟;清乾隆祭泰山先后有十一次,其中六次登上岱顶,在封建帝王的封禅史上是最多的。他在宣扬"功德"的同时,也歌颂了泰山的雄伟壮丽,留下了不少为泰山增色的诗词。如《题封禅事》、《题汉柏作》等。

在许多名山中,除了帝王封禅巡游之外,历代不少文人墨客登山游览,留下了众多的山水诗词和游记。在他们的心目中,这些名山胜水已经不是山神崇拜对象,而是陶冶心情、游览观赏的场所。在他们的笔下,山水实景与诗境之美交融,使人尽享自然之美,进入精神愉悦之境。当我们游览庐山、观看香炉峰瀑布时,自然会想起李白的"飞流直下三千尺,疑是银河落九天"的千古名句。当人们游览长江三峡、行至巫峡时,李白的诗句就在耳旁吟诵:"朝辞白帝彩云间,千里江陵一日还。两岸猿声啼不住,轻舟已过万重山。"当我们游览杭州西湖山水时,会想起苏东坡的"水光潋滟晴方好,山色空蒙雨亦奇。若把西湖比西子,淡妆浓抹总相宜"的传世佳作。当我们参观黄鹤楼时,也不由地会想起苏东坡的"大江东去,浪淘尽,千古风流人物"的佳句。这一切都表明,我国的"山水"有着深厚的历史积淀、丰富的文化内涵。

所谓具有文化、科学和美学价值,是指"山水"不单是可以满足人们的物质和生活需要,还是可以供人们观赏、审美、科研和进行文化教育的活动。我们在游览祖国的名山胜水时常会思索很多问题:同样是五岳,为什么其形象不同? 为什么泰山"雄"? 为什么华山"险"? 为什么衡山"秀"? 为什么嵩山"峻"? 为什么恒山"幽"? 为什么泰山会成为历代帝王举行封禅活动的地点? 为什么在恒山的悬崖绝壁上有"三根马尾空中吊"的悬空阁? 为什么武夷山风景区的三曲一侧的半山腰上有那么多的悬棺? 为什么桂林山水会甲绝天下? 为什么漓江两岸有那形状各异的石峰? 为什么大多数的名刹都修建在风景秀丽,古木参天、环境幽静的山林之中? 为什么古代有那么多的山水诗词、山水画、游记文学,去描绘我国的名山大川? 要弄清这些问题,必须去从科学、历史、文化等方面去加以考证,其中有众多的科学道理包含在其形成的原因里面,有历史的厚度在其上留下的烙印,有文化的潜在根由。从地质时期、历史时期至今,每个时期、每个朝代都在它们上面留下踪迹,这些踪迹正是人们了解过去、激发灵感、唤起审美愿望的重要契机,正是人们从大自然中索取知识、开阔胸怀、愉悦精神的最好时刻。所以,游览山水不仅是认识大自然山水的壮丽,还需了解它为什么壮丽,认识其文化的内涵。

二、山水文化的内涵

什么是山水文化? 山水文化内涵是什么? 我们认为应有如下的看法:

第一,山水文化是与自然山水相联系的包括文学、艺术、书法、绘画、园林、建筑及民俗等各方面的文化活动。

第二,山水文化应是包括与山水有关的物质文化与精神文化的总体。这儿所指的与山水有关的物质文化,应指客观存在的山水景观所包含的文化内涵,如黄山、华山、峨眉山等名山和大江、大河、大湖等所包含的文化意蕴。所谓与山水有关的精神文化,是指表现山水的各种山水诗词、山水画、山水游记、碑刻、题记、匾额、故事、传说等。中国山水诗鼻祖南朝大旅行家谢灵运曾经说过:"夫衣食,生之所资;山水,性之所适。"他一语道破了中华民族视游山玩水为精神生活的民族性格。在人类和自然之间的沟通中所留下的踪迹就是山水文化。在古代,这些踪迹或是山中樵夫和江上渔翁闲谈的话题,或是士大夫、文人墨客寄情的载体,或是民间流传的故事传说;在现代,则成了旅游者观光游览、休闲度假的对象。

第三,山水文化是人类的一种审美文化,是人类用审美的眼光所发现的、按照自然美的规律去加以解释的山水现象。没有人的发现,它是成不了动人的山水现象的。例如,宋人郑震描写黄山奇丽风光的诗:"奇峰三十六,仙人结青鬐。日际云头树,人间天上山。九州人共仰,千载鹤来还。遥见樵苏者,披云度万关。"他描绘了"山似青鬐、树在云间、人在仙山"的奇景,渲染了"日照高山树,人度云间关"的动人画面。唐代诗仙李白的《望庐山五老峰》,诗曰:"庐山东南五老峰,青天削出秀芙蓉。九江秀色可揽结,吾将此地巢云松。"一个削字,将险峻、陡峭、高耸入云的五老峰形象,活生生烘托出来,五老峰侧,有庐山的三叠泉瀑布,落差共约一百五十余米,其中第三级最长、也最壮观,每一叠瀑布都独具神韵,因此,有"庐山第一奇观"之誉。南宋诗人刘过《观三叠泉》诗描绘了该瀑布的美:"初疑霜奔涌天谷,翻若云奔下岩宿。散为飞风扬轻烟,垂似银丝贯珠玉。随风变态难尽名,观者洞骸心与目。"这一优美的诗句,把三叠泉的美,把其高峻、冷凝、轰响刻画得淋漓尽致。游人看到此诗,就会联想起看三叠泉产生的奇异感受,使你达到悦神的精神享受的目的。由上述例子可见,这些奇景若不是人们带着审美的眼光去发现和挖掘,只是一堆山石,这就是山水文化的精髓所在。

第三节　山水文化的形态和结构

山水文化的形态多种多样,既有秀美的自然景观,又有悠久的人文景观。从我国的很多山水风景名胜区而言,它又是自然景观与人文景观的相互渗透和融合,其中既有优美的环境,又有丰富的文化内涵;既具游览观赏价值,又具科学文化价值。例如,峨眉山是我国国家重点风景名胜区,有"天下秀"的美誉,其山体的自然形态似美女,其势蜿蜒六十多公里，细而长，美而艳。其峰峦起伏，云缭雾绕，飞泉瀑流，松杉簇翠，猴群嬉戏，自然风光秀丽。加上金顶佛光、云海、日出、神灯等大气中的奇景异象，令峨眉山博得"秀甲神州"之誉。同时，峨眉山又是佛教名山，山中寺庙林立，香火鼎盛。古代李白在《登峨眉山》诗中就对其自然和人文景观的融合作了极高的评价。明代一僧人用一诗概括了它的特色，诗曰："峨眉高，高插天，百二十里烟云连。盘空鸟道千万折，奇峰朵朵开金莲。"

除此之外，峨眉山的地质科学价值也是很大的。金顶玄武岩(二亿年前形成)是广泛分布于川、滇、黔各省玄武岩的标准地层，为地质工作者研究玄武岩地层提供了很大的方便。在国际通用的地质时代表中所列的地层，除志留纪、泥盆纪和石炭纪三个时代的地层在峨眉山找不到外，其他各个地质时代的标准地层都能找到，尤其是峨眉山东麓的震旦纪—寒武纪地层剖面，在世界上是难以找到的好剖面，可作为认识地史、普及地质知识的基地。

由此例可知，峨眉山风景名胜区作为"山水"的一个代表，展现了富有美感的山岳自然景观的自然美，展示了它是一个时空相结合的名山景观。在这个空间综合体内，既有纵向的景观序列(地底的地层和岩石、山下至山上的垂直植被带、隆起于地表的秀丽的山体，直至山顶的大气景观——日出、佛光、神灯)；又有横向地域内所分布着的众多景点(优美的风景、古老而又丰富的地层剖面、丰富的动植物资源、众多的寺庙建筑、有着悠久历史的巴蜀文化遗产等)。在这个空间综合体内，还蕴含着时间上的变化(亿万年的地质变迁、地壳运动留下了众多的地质痕迹)。我们的祖先开发建设峨眉山的悠久历史也通过大量的文物、寺庙，从山麓的报国寺到金顶的金殿，体现在这座山岳空间综合体内。

一、山水景观的审美形态

山水景观由于为人类所赞赏，成为人的审美对象，就成为一种具有文化内涵的山水景观。探讨这种山水景观的审美形态，就是山水文化的初步体现。根据现代的审美理论，结合山水的具体情况，山水景观的审美形态可有六种，即雄、奇、险、秀、幽、旷。

1. 雄

雄指雄伟、雄壮、壮观,是一种挺拔、壮观的气势,一种崇高、坚不可摧的感觉。山的雄主要是指其高大的形象,尤其是它的相对高度。泰山之"雄"就在于它是位于辽阔坦荡的华北大平原的东缘,以磅礴之势凌驾于齐鲁大地之上,相对高度高达1360米所形成的高大山体形象;水的"雄",主要是指其汹涌澎湃的气势。例如,每年农历八月十五前后的钱塘江潮水,涛声怒吼,潮头高数丈,景象壮观,气势磅礴。潮来时,远处的水天之间,一条雪白的素练横江而来,铺天盖地的潮头滚滚而来,发出雷鸣般的声响。宛如滚动的雪山,令人感受到雪山的冷气和大自然的威力;又如,在金沙江的虎跳峡,江水在峡谷间奔腾咆哮,夺路飞驶,冲越七个陡坎,上下缺口落差高达200米,澎湃的江水震撼天地,惊心动魄。危崖绝壁之上,飞瀑自天而降,冲击在横卧于江中的巨大礁石上,溅起漫天飞沫,形成壮丽绝景;再如,落差高达310多米的云台山瀑布,6米多宽的水头从两座峰峦的豁口处轰然冲出,跌进300多米深的沟谷内,被扯成20多米宽的瀑布。站在沟底仰望从天而降的瀑布,仿佛一条白练从云端垂下,令人疑是银河落九天,巨大的水练砸在沟底岩石上,发出雷鸣般的巨响。这种气势令人震撼。

2. 奇

奇主要指奇特、奇异、奇怪,所指的是山水形态非同一般,出人意料,产生令人惊喜的效果。黄山"奇",就奇在奇峰、怪石、苍松、云海。奇峰是指山峰劈地摩天,叠嶂连云。72座千米以上的山峰,高低错落,变化无穷。其中,莲花峰、天都峰、光明顶为三大主峰,还有形似名字的石门峰、鳌鱼峰、莲蕊峰、白鹅峰、玉屏峰、牛鼻峰、狮子峰、佛掌峰等;怪石是指其形态别致、千姿百态。大者石林耸峙、石笋罗列;小者玲珑剔透,造型精妙,巧中见怪,怪中有巧。众多巧石,有的酷似珍禽异兽,有的形同各种物品,有的宛如各式人物,有的又以神话故事而命名。酷似的形态和优美的神话,使得巧石形神兼备、韵味无穷。其中,最有名的是刘海戏金蟾、松鼠跳天都、童子拜观音、金鸡叫天门、犀牛望月、老鹰抓鸡、五老上天都、猴子观海、梦笔生花等。奇松,是指黄山松,它是生长在江南地区800～1800米高度的一种能耐低温、抗大风、耐贫瘠的松树,其枝干曲生,形态盘平,盘根于石,傲然挺立。其根生于危崖峭壁之中,挺立于峰崖绝壑之上。看起来,破石而生,苍劲挺拔,虬枝盘结,姿态美而奇、奇而绝。故有"无石不松、无松不奇"之说。还有许多奇松与怪石相映成趣,格外瑰奇,如"喜鹊登梅"、"仙女打琴"、"梦笔生花"等。在这些奇松中,最有名的是迎客松。它挺立于玉屏峰东侧、文殊洞上,破石而生,已逾八百年。树高十米左右,胸径 64 厘米,地径 75 厘米,枝下高 2.5 米。树干中部伸展出长达 7.6 米的两大侧枝,迎向前方,恰似一位热情好客的主人,伸出双臂,欢迎海内外客人前来游览。北京人民大会堂安徽厅陈列的巨幅《迎客松》铁画,就是据此松的形象制作的。迎客松已成为中华民族热情好客的象征,受到中外游客的赞赏,作为国宝,当之无愧。又如天都峰顶的探海松,悬在危崖上,一长侧枝倾伸前海,犹如一条苍龙探取海中之物,故名。因其造型奇特,故有诗咏之:"天都绝壁一松奇,古干倾斜势欲离。要与龙王争海域,侧身欲跳舞披靡。"

我国的奇山异水还有很多,如桂林山水之奇在于簪山、带水、幽洞、奇石四绝;雁荡山之奇在于峰、嶂、洞、瀑四绝。武夷山之奇在于碧水丹山,有诗云"三三秀水清如玉,六六奇峰翠插天"。东南第一清凉世界福建茫荡山风景名胜区之四奇,即晴雨树、山顶平原、云雾和百合花,其中,山顶平原上布满了各具形态的异石,如仙人叠石、金交椅、蛤蟆石、棋盘石等,实属罕见,第三奇云雾,来去无踪,时开时合,变幻莫测。湖南省桑植县的九天洞,因洞内天生有九个天窗而得名;整个洞穴分为上中下三个主体层次和五层不同高度的螺旋景观楼台,最下层低于地面 400 多米。洞内景观异常壮美,有灰、黑、黄、白、红、绿等不同颜色的石柱、石笋、石花、石人、石兽等,千姿百态;洞口的迎宾厅可容纳两万多人;舞厅的音乐柱在敲击之下可奏出优美的探戈舞曲,游客可在此翩翩起舞。洞中还有高达 380 米的九星山,山顶有一眼天窗,高 50 米,宽 4 米,呈桶状,昂首仰望,两耳生风,双脚似有离地步云之感;其他还有九天玄女宫、寿星宫等奇观;因而,九天洞被誉为世界奇穴之冠。

3. 险

险是指险峻、险要、陡峭。对山而言,指山势的险峻,坡度大、山脊高而窄,会让人产生一种险峻的心理体验。"自古华山一条路",就是说华山的山体陡峭,四壁陡立,坡度几乎达 80~90 度,登山几乎无路可走,只有手攀铁索,经"千尺幢"、"千尺峡"、"擦儿崖"、"上天梯"等奇险路径,才能抵达峰顶。另如,恒山之悬空寺,"三根马尾空中吊",以神奇惊险而有名;四川剑门蜀道,壁立千仞,穷地之险,极路之峻。"蜀道难,难于上青天",一语道出了山路之险已到了"难于上青天"的程度。对水而言,长江三峡、小三峡等峡谷,绝壁对峙,水流湍急,险滩急流多,游人过峡,飞舟而下,雄险至极。如长江三峡中的瞿塘峡,"雄伟险峻",全长仅 8 千米,是三峡中最短的一个峡谷,却是最险要的。它的两岸悬崖壁立,江流湍急,号称"天堑"。

4. 秀

秀是指秀丽、秀美、秀媚。山水景色与秀是不可分的。秀丽的山水需具备三个条件,一要有形态丰满、柔和别致的山体;二要有水景相配;三要有茂密良好的植被。山、水、植被三者的配合,才构成了秀丽的山水景色。如"峨眉山天下秀"、"雁荡奇秀"、"匡庐奇秀"、"桂林山水甲天下"、楠溪江之秀、西湖山水的娇秀等。其中,峨眉山之秀有几层含义:一是远观其形,线条柔和,山势平缓,诗云"此山云鬟凝翠,鬓黛遥妆,真如蟫首蛾眉细而长,美而艳也";二是气候温暖湿润,降水充沛,溪流众多;三是植被茂密(覆盖率达 86%),色彩翠黛雅丽。而这些秀丽景色,又都是断块山体受长期的风化和流水切割作用所形成的千岩竞秀、万壑争流的结果。人们进入峨眉山,仿佛置身于起伏和缓的重重翠峦、道道秀谷之中。巨樟、古楠、苍松、翠柏、修竹掩映着古刹殿宇、宾馆饭店和山村民居,构成秀丽、恬静的自然景区,带给人们一种闲适、静雅、安逸的审美享受;楠溪江之秀,是指介于雁荡山和括苍山之间的楠溪江,乃是一条景色秀丽的河。它是典型的树枝状水系,主流河谷宽广,曲折多变,坡降不大,而支流河流深切,落差大,形成许多飞瀑、峡谷、奇峰、峭壁,景色奇伟。每条支流的上源都是秀丽的景区。楠溪江之秀在于:美在自然、纯洁和多姿多彩。说它自然,在于它至今仍保持"青春的体态"、原始的气息,很少受到人类的干扰和破坏;其纯洁是指其水色清澈,靓丽动人,且水质优良,未受污染;多姿多彩则是指其功能多,不仅宜观、宜游、宜饮,而且两岸景色多变,回味无穷。人们乘坐小小竹筏,在楠溪江上漂流,能尽情地享受其山水之秀美,满足人们的审美感受。

5. 幽

幽是指幽静、幽深、幽美、所谓"曲径通幽",是指当人们沿着弯弯曲曲的小路,走在茂密的树木丛林之中,会有一种神秘、宁静平和的感受。幽的景色常以崇山深谷或山麓地带为地形基础,加以拥有茂密高大的乔木林为条件,构成一种半封闭的景观空间。在这个空间里,视域小,光量少,空气洁净,景色深而层次多。人们走在其中,感到迂回曲折、深不可测,无一览无余之直觉。在这里,幽深与幽静是紧密相连的,只有在幽深的背景条件之下,才会有幽静之感。只有这两者的紧密结合,才能把人们带进一个有着深不可测的宁静的神秘世界。如有着"青城天下幽"的青城山,既有宏观之幽,又有微观之幽。由于它处在高达6 250米的邛崃雪山脚下,隐伏在深深下切的岷江峡谷之中,相比之下,像是有一种隐藏于高山巨谷之中的幽深感觉,这谓之曰:宏观之幽;由于它是由红色砾岩和沙泥岩构成的山体,经各种地质内外力作用的结果,形成峰高崖陡、洞壑幽深的地形,加之松、楠、枫、柏等古木参天,遮天蔽日,形成了微观之幽景。在这样幽深的背景下,作为道教名山的宫观空中楼阁阁掩映于浓荫翠蓝之间,杂草交掩的通幽小径穿行于丛林深谷之中,到处都是幽深、清静,幽中有奇,幽中见秀。作为青城山麓第一景的建福宫,坐落在高百丈的悬崖峭壁丈人峰下,周围五峰环列,古木葱茏,上连岩腹,下临清溪。"为爱丈人山,丹梯近幽意"的诗句,反映当年青城山的幽美和诗人对景色的流连忘返。微观幽景在我国的其他奇山胜水中还有很多,例如,雁荡山的灵岩景区中的灵岩寺、观音洞;武夷山的水帘洞、桃源洞、茶洞;九寨沟的海子,许多石灰岩地区的溶洞,均是奥妙的幽深景色。长江三峡中的巫峡,特别曲折幽深,有两个风景奇观,分别是巫山十二峰、巫山云雨。其中,巫山十二峰,连绵不绝,秀丽无比,互不相同,构成了一条曲折流动的锦绣画廊。

6. 旷

旷是指坦荡、开阔、旷野。它是指视野的开阔,水域或陆域的坦荡,极目天际,一望无涯,令人心旷神怡。登泰山岱顶"会当凌绝顶,一览众山小"、"放眼嚣尘界,万象皆渺小";登岳阳楼观八百里洞庭,水波浩渺;登黄鹤楼纵览长江景色,观"孤帆远影碧空尽",均使人心旷神怡,胸襟畅旷。毛泽东1959年登庐山,写诗《登庐山》一首,诗云:"一山飞峙大江边,跃上葱茏四百旋。冷眼向洋看世界,热风吹雨洒江天。云横九派得黄鹤,浪下三吴起白烟。陶令不知何处去?桃花源里可耕田。"毛泽东从庐山俯视大江,眼界已超越庐山、中国,抒发出胸中的豪情,展现了旷景给人带来的愉悦。

上述山水景观的各种形态,是历代人们所赋予的。但它们不是孤立的,而是相互关联、相互渗透的。人们所说的"泰山雄"、"黄山奇"、"华山险"、"青城天下幽"、"峨眉天下秀"等,只是各个名山的总体特征,即以某种形态为主调的特征。实际上,每座名山往往具有各种形态特征,如黄山奇秀、峨眉雄秀、华山奇险、青城奇幽、泰山雄险等。它们在各种地质、地貌、水文、植被等因素的组合下,形成一个美的空间综合体。游人从不同视角去观赏它,就会感受到不同的审美形态,并得出不同的直觉。

二、山水景观自然美的结构

山水景观的审美,不仅看其外部形态美,还要看其展示的缤纷色彩美、不断变化的动态美、悦耳的听觉美,以及具有诱人香气的嗅觉美。

1. 色彩美

色彩美是一般美感中最大众化的形式。它可以影响人的视觉,给人造成强烈的视觉感受。山水景观的色彩美,主要体现在植被花卉的色彩变化上。如云南的山茶、井冈的杜鹃、洛阳的牡丹、邓尉的梅花、香山的红叶。茶花红似火、白如玉,杜鹃满山遍野、色彩灿烂,牡丹国色天香、姹紫嫣红,梅花红白相映、姿态横生。花卉植被的多彩缤纷,生动地反映了植物的造景功能,展示了大自然的色彩美。另外,山水上空的云霞,在太阳光的照射下,也会呈现不同的色彩,如碧水丹山的由红色沙砾岩形成的丹霞地貌,表现从绛红、紫红到浅红等深浅不同的颜色;江河湖海的水体,因含沙量和深度的不同,也会呈现不同的色彩。

2. 听觉美

自然界的事物,从其形态、色彩给人以视觉美,也可以从其虫声、鸟声、风声、雨声、涛声给人以听觉美,并给人以强烈的感染效果。海浪惊涛击岸、飞瀑跌落深潭,发出的轰轰巨响;溪流山涧、泉泻清池,发出潺潺的水声;雨打芭蕉、风起松涛,道出了风雨声;幽林鸟语、寂夜虫鸣,给出了虫鸟叫声。峨眉山万年寺旁有一种特有的"弹琴蛙"栖息在一个水池里,每到傍晚蛙声四起,声如古琴,悦耳动听。实际上这是一群音调高低不同的山蛙合鸣所产生的一种声音,类似琴声。留宿万年寺的游客,均可听到这一特有的"乐曲";武汉东湖风景区有一"听涛阁",为游人倾听东湖涛声而设;青岛崂山的"上苑听涛"景,指的是在翠屏岩上倾听海风吹来、阵阵松涛,使人流连忘返的景色。

大自然的"天籁",具有强烈的感染效果。海潮奔腾、波涛汹涌、潺潺水声、瀑落深潭、林间鸟语、寂夜虫鸣等不同的声音,会唤起人们不同的情感和想象。人们在观赏自然风景的过程中,有时听到这些不同的声音,会产生不同的心理体验。站在青岛、大连的海边,看波涛起伏、海浪撞击海岸,听到这种有规律的海涛声,会感觉人生虽短,但生命不息;一人出门在外、夜宿山中,听到雨打芭蕉、阵阵松涛之声,常会思念家人、思念故乡之情。

3. 动态美

上述大自然的种种美感,既有山水的静态美,又有山水的动态美;既有静态的山,又有动态的水,两者的结合构成了山水美景的魅力。山水的动态美,主要是指流水、飞瀑和流云飘烟所形成的美感。

流水是山水风景的血脉,增添了山水风景的活力。水可静如镜面,也可动如生命。湖水似镜,倒映银月;涓涓细流,丁冬泉水,长流不息;汹涌巨流,动人心弦。瀑布是流水中最具活力的水景,它或从断崖上跌落,或从石壁上凌空直下,或顺着山势蜿蜒流淌;或几度跳跃、奔泻而下。这种如玉龙飞泻、击石雷鸣的景色,是形、声、色三态的绝妙结合,把大地装扮得更加秀美壮丽。我国著名的黄果树瀑布、壶口瀑布、雁荡山的大小龙湫、三叠泉、开先瀑布等皆可给人们带来这样的动态美景,得到美的享受。

流云飘烟指的是云海景观。云海比流水更为活泼、多姿,更具活力。例如,观庐山云海,流云飘烟,朝霞暮霭,似给庐山蒙了一层神秘的面纱,有"不识庐山真面目"之感。站在含鄱口,面向鄱阳湖,微风吹来,云气舒卷,团团白云,如絮如丝般飞来,忽而千峦中断,忽而万壑合冥,恢奇秘幻,不可拟状;黄山云海是黄山四绝奇观之一。由于黄山秀峰叠嶂,危崖突兀,幽壑纵横,气流在山峦间穿行,上行下跌,局部环流活跃,致使漫天云雾和层积云,随风飘移,时而上升,时而下坠,时而回旋,时而舒展,构成了一幅奇特的千变万化的云海大观。黄山云海千变万化,风平浪静之时,白云茫茫,一铺万顷。无数的山峰,被白云淹没,只剩下几个峰尖,像是大海中露出的一些岛屿。但转瞬间,又会波起云涌,浪花飞溅,惊涛拍岸。尤其在雨雪之后,在日出或日落时的"霞海"最为壮观。从美学角度来看,黄山云海妙在似海非海,非海似海。其洁白云雾在天空中飘荡,使黄山景色呈现出静中寓动的美感。正是这种山石和云烟的动静结合,造化出变幻莫测的人间仙境。

动植物的动态美也是自然美中动态美的一种。春天到来,草木萌动,花儿含苞待放,杨柳迎风吹拂,这是植物的动态美;彩蝶翩翩起舞,鱼儿游来游去,鸟雀鸣于枝头,白鹭飞上青天,这是动物的动态美。唐代诗人白居易在《钱塘湖春行》中所描述的"几处早莺争暖树,谁家新燕啄春泥。乱花渐欲迷人眼,浅草才能没马蹄"。正是西湖早春的景象。万物复苏,大地回春,显示出大自然旺盛的生命力,展现了大自然的魅力。它们与山水动态景观一起构成了大自然的动态美。

第四节　山水景观与人文景观的交融

一、山水风景名胜区

我国是一个有着悠久历史文化的文明古国,勤劳勇敢的中华儿女在开发山水景观的同时,也创造了众多的人文景观,而且将两者融合在一起,形成了很多有名的风景名胜区。例如,在优美的山水风景点里有各种各样的独具特色的古建筑,而在天然山水美景之外,人们还要去创造一个人工的自然山水园林,把山水与建筑等融合在一起,让人们通过游览园林去回味自然山水的审美体验,把自己从功名利禄的尘世解脱出来,成为一个与大自然融合的自在之人。另外,人们也可通过山水诗词、山水画和游记文学来达到情景交融的意境。"情"是指作品里所表现出来的思想感情,"景"是指作者在作品中所描述的自然山水景观。所谓情景交融则是指两者的结合,达到了一个"情中有景,景中有情"的境界。比如,柳宗元的山水诗《江雪》曰:"千山鸟飞绝,万径人踪灭。孤舟蓑笠翁,独钓寒江雪",就体现了这样一个特点;又如元末明初的著名画家王蒙的《春山读书图》,写大山脚下,空寂无声,有数株苍劲的松树挺立于石坡之上,旁边有几间书屋,屋内有不同的一些人的情境,有的展卷静读,有的对坐相谈,而窗外春光明媚,草木复苏,让人感受到一派超然世外、自得其趣的景象。此图表现了当时的士大夫、文人墨客对大自然山水景观的亲切感,把山水画得可游可居,它也体现了画家所追求的情景交融的境界。

二、古建筑与山水景观的融合

中国古建筑以其宏伟的规模、惊人的数量、绚丽的风姿、独特的风格,屹立于世界建筑艺术之林。它与山水景观的融合,成为中国山水文化的重要组成部分,成为重要的旅游资源。

中国的古建筑已经形成了一种成熟的独特体系,成为一种由古代都城宫殿、寺庙、桥梁、陵墓、民居、园林、楼阁等组成的复杂系统。随着建筑技术的不断发展,建筑由实用逐步走向审美,使中国古建筑具有若干审美特征。例如,木结构梁柱式结构方式成为古建筑的主流,并形成了独特的艺术风格,具有灵活、方便、抗震的特点;通过基座、屋顶等构件所形成的优美的艺术造型,体现了造型美,也实现了实用与审美的完美结合;古建筑的中轴对称布局,体现了中国古代重视"和谐对称"的审美观念;古建筑一些部件上的绚丽色彩(琉璃瓦的色彩和彩画)和多样化的装饰,增加了宫殿建筑的华丽富贵的气氛。

在我国一些著名的山水风景名胜区中,最突出地就是把一些古建筑(亭、台、楼阁、寺院、塔庙)融合在山水景观中,使这些建筑物起到美化、增强自然景观美感效果的积极作用。同时,也体现了古代天人合一的思想。例如,在峨眉山中,建筑物往往选择在幽谷密林、山麓浓荫之中,在环山小盆地、山间谷地之中,或者在陡崖之下。像报国寺、清音阁等建筑,坐落在两山之间的谷地里,整座寺庙掩映在森森古木之中,显得神秘莫测。在报国寺不远的密林深处,隐藏着伏虎寺。所谓"密林藏伏虎",几乎全部寺庙均隐藏在参天蔽日的古楠木林中,给人产生一种"人到山门不见寺"的感觉。清音阁隐现于牛心岭下,左面是黑龙江,右面是白龙江,两水回抱,溪流有声,岩壑林泉,清幽绝伦。

在泰山、华山这种雄险的山岳景观里,一些建筑物常常建造在山脊、峰顶或悬崖之上,以进一步加强山势的雄伟险峻的形象,产生令人惊叹的审美效果。例如,泰山的南天门建在泰山主峰的南端,其下是最险峻的十八盘,两侧悬崖峭壁;其上则化险为夷,别有天地。南天门正处在两种不同景观的转折点,由下向上仰望,显得格外壮观。华山也有南天门,处于华山南峰(落雁峰)东坡石崖下,出门便是南峰绝壁,上接苍穹,下不及底,门外观峰,更见其险;华山之群仙观,建于凸坡巉岩之间;翠灵殿架于悬崖峰巅之上;下棋亭筑于绝壑环峰之顶。它们无一不是险超绝顶,与华山自然景观之险高度协调。

在黄山、雁荡山等奇秀为主的山岳景观里,建筑物的安排也是另辟奇景、变化多端的。例如,慈光阁是黄山唯一保存较完整的古寺。它的四周群峰耸立,竹林遮天,环境十分幽静;雁荡山的观音洞,原是沿裂隙崩塌形成的竖洞,洞口如合掌一缝隙,洞内高旷,顺洞就势由低到高兴建九层殿宇,殿宇层层叠起,表现出不凡之气势。由于该洞处在合掌峰下,远看此峰,只见洞,不见屋,入内方知其中别有洞天和仙境。可见构思之巧妙。

在以江河湖海为主的水景里,建筑物往往临江、临湖,或者布设在较高的山丘上。而建筑物中必定有较高的主体建筑,以供观赏江河湖海的美景,令人有心旷神怡之审美感觉。例如,江南三大名楼之一的黄鹤楼,位于武汉蛇山之巅。原黄鹤楼始建于三国吴黄武二年(公元223年),楼凌黄鹄之巅(蛇山又名黄鹄山),俯览武汉三镇之风光,有"天下江山第一楼"之美誉,最后被大火毁于清光绪十年(公元1884年)。现黄鹤楼于1986年重建,主楼高达51米,飞檐翘角,琉璃瓦盖顶,富丽堂皇。站在黄鹤楼头,面对长江,极目四望,不免潮起伏,动人心弦;浙江杭州的六和塔,位于钱塘江边月轮山上。北宋开宝三年(公元 970 年)为吴越王钱俶镇江潮而建。塔身九层,高五十余丈。登塔是观望钱塘江水景的最佳点。古代不少文人学士在此登高赋诗,留下了若干名篇。元朝诗人白廷玉诗云:"烂烂沧海开,落落云气悬。群峰可俯拾,背阅黄鹤骞。"

由上述各山水风景区的建筑布设实际可知,在建筑景观的布设中最关键的是:要做到建筑与山水景观的融合、自然景观与人文景观的统一。在此过程中,将人的情感赋予大自然中,使建筑物与所在的自然风景相映生辉,从而满足人们在精神上的审美需求。

三、自然生态和人文景观结合的乐园

自然山水以其形、声、色、动态与静态之自然美感染着人们,而人们为把这种对大自然的体验回味终生,就在天然美景之外再去创造一个人工的山水风景,即园林。我国的古代园林,在"天人合一"、"人与自然和谐相处"的理念指导下,不论是皇家园林还是私家园林,都属自然山水式园林。其造园艺术特点是:师法自然,分隔空间,融于自然;园林建筑特点是,顺应自然;树木花卉,表现自然,这是东方自然式园林的最大特色。

1. 造山理水,制造野趣

我国的古代园林为突出这一特色,采取了多种构景要素。其中,通过叠山理水,达到山水共存并依,制造山林野趣,实现"天人合一"的理念,是最重要的要素。从西周开始,古代人们就累土筑台,引水为沼。人们就幻想在烟波浩渺的水上耸立着蓬莱、方丈和瀛州三座仙山,那里有金玉筑成的巍峨宫阙,里面住着各路神仙,藏有长生不老的灵丹妙药。到秦汉时期,秦皇汉武不仅有强烈的去海上求仙的举动,还大量建造宫苑,实施对海上仙山的仿造。据史书记载,秦始皇曾在咸阳都城中引渭水修池,池内立蓬莱、瀛州等山;汉武帝在上林苑的太液池内仿造上述仙山。这种在苑内营造水中仙山的做法,一直被延续了下来。在南北朝、隋、宋和明清时期的皇家园林中均采用了这一做法。如北宋徽宗在汴京(今开封)城郊作艮岳,立蓬壶堂于曲江池中;南宋高宗在临安

(今杭州)德寿宫中,凿池注水,叠石为山;明清在北京的西苑,仿海中三山,形成水绕山耸的仙界壮观。同样,在颐和园的昆明池中,也建有三洲。所以,我国古代园林中,尤其是在皇家园林中,始终保持了这种山水并存互依的主体框架。

在我国江南地区的许多园林中,虽不能像皇家园林那样,大规模地造山理水,但叠石造山、凿水为池的手法却更加巧妙,达到了"小中见大"的境界。例如,上海豫园黄石假山用浙江武康黄石(即黄色石英砂岩)建造,虽然高仅 12 米,但是假山上重峦叠嶂,深洞幽壑,石壁森严,飞梁临涧,平桥缘水,磴道行曲,树木葱郁。由于因山势而作层次,高下相间,错落有致,因而显得峻峭嵯峨,气势磅礴,假山看起来似真山,即人们所说的"以小山之形传大山之神"。又如,豫园的鱼乐榭,榭前有一小溪,长仅数丈,但采用一饰有漏窗和半圆洞门的粉墙加以分割,让小溪从墙下淌去,却让人产生"小溪不知流向何处去"的遐想。若无此粉墙,前面景致一览无余,何来此种情趣。这些都是江南园林追求明清园林"芥子纳须弥"的意境的体现。

2. 栽种树木花草,构造山林氛围

在园林中栽种树木花草,也是为了构造一种山林氛围,满足人们在城市追求山野之趣的要求。中国古代园林种植栽培花木也强调自然美,即讲究植物的姿色美、色彩美(如红枫、翠竹、白色之广玉兰等)、味美(香味),还很重视植物的象征意义,如松柏象征坚强、长寿,莲花象征洁净无瑕、隐喻君子出淤泥而不染,兰花象征荣华高贵,牡丹象征荣华富贵等。另外,在我国,不少园林还有一些古树名木,作为旅游者的观赏珍品。例如,在陕西省黄帝陵的庙院里面有传说是轩辕帝亲手种植的古柏,高达 20 米,树围 10 米,已有四五千年历史;上海豫园万花楼前有两棵古树,一是有约四百年历史的银杏,一是约有二百多年历史的广玉兰;山东曲阜孔府、孔庙和孔林院内,更有千年古柏林立。

3. 嵌入题记、楹联及石刻,增加景观的人文内涵

在自然山水景观里面,除了建筑外,各种题记、对联及石刻,也是必不可少的人文景观。它们不仅能起到美化环境的作用,还能起到增加自然景观人文内涵的效果。尤其是题记或楹联,有的内容深邃,富于哲

理,有箴世规人的作用;有的语言精练,画龙点睛,起到点题传神的作用。

题记 是指一个景区或某一个景点的题名。它有很多形式,常见的有碑石、摩崖、匾额等。例如,上海豫园一进门的一个厅堂,名"三穗堂"。梁上高悬"三穗堂"、"灵台经始"和"城市山林"三块匾额。其中,"三穗堂"匾额的"三穗",典出《后汉书·蔡茂传》中"梁上三穗"的故事。蔡茂早年未入仕途时,曾梦见自己坐在殿上,有三穗禾从梁间长出,因而跳起来取得中穗,梦就醒了。醒后问郭贺,贺听后即离席相庆,为之解梦说:大殿为朝廷的象征,"梁"是栋梁之材意。梁上穗是人臣之禄,中穗即中台之位。不久,蔡茂果然被朝廷聘用,就任中台官职。据史书记载:蔡茂为官清廉、后遇王莽篡位,托病辞职。他的这种经历,恰与豫园园主潘允端自四川布政司告病归沪相仿,故被其用此典故作堂名;"城市山林"匾额是清道光六年(公元 1826 年)兵部侍郎翰林院编修陶澍所书。"城市山林"指的是不出城廓而有山林野趣。豫园的山水花木反映了中国营造古典园林的"天人合一"的观念。又如,杭州西湖风景名胜区,古时有"西湖十景",就各有题记,来点明这十个景点的特色。如"苏堤春晓",意即春天清晨去苏堤观西湖景色最好。"断桥残雪",断桥在白堤东端,最早起于唐代,古代断桥,系王建桥亭,每当冬末春初,积雪未消,桥的阳面冰雪消融,阴面却仍是积雪如玉,故称"断桥残雪"。"双峰插云"也为西湖十景之一,所指双峰为南峰和北峰,两峰遥相对峙,相隔十余里,中间小山起伏,蜿蜒盘结,春秋雨日,从湖西北遥望,浓云浓如远山,远山淡如浮云,峰顶时隐时现于薄雾轻风之中,望之如峰插云天。其他如"柳浪闻莺"、"花港观鱼"、"南屏晚钟"、"雷峰夕照"等胜景皆各有所指。据说,"西湖十景"源出于南宋画院的山水画题名。画院的许多著名画家均画过西湖十景。自此,十景的题名就广为流传,成为西湖风景的代表。

对联 对联又称楹联。名胜楹联的主要功能在于点景,一些佳联妙对往往能将周围景色最动人的神韵尽摄其中。例如,豫园三穗堂内有一楹联:"山墅深藏,峰高树古;湖亭遥对,桥曲波皱。"写的是三穗堂四周的美景,上联指的是仰山堂与卷雨楼和黄石大假山,下联指的是豫园门口的湖心亭与九曲桥;又如杭州西湖灵隐寺前冷泉亭楹联,用两句话为对:"泉自几时冷起,峰从何处飞来。"此联出自明代书画家董其昌之手。其意是:既点出亭面峰临泉的优美景色,又以"峰从何处飞来"一问让人遐想。

碑刻、摩崖石刻 碑刻、摩崖石刻和题记、楹联有着同样的作用。它们不仅可以丰富山水景观的形象,而且也可充实其文化内涵。例如,泰山从下向上,在往返20公里的登山沿途和山顶,处处都有古人的摩崖石刻和碑碣题词。它们不仅丰富了泰山景观的雄伟形象,且赋予景观以文化内容。例如,沿山而上有相当数量的石刻,讴歌了雄伟壮观的山河气象,如"一览众山小"、"星月可摘"、"拔地通天"、"擎天捧日"等等。天街碧霞祠东北有唐摩崖,上刻唐玄宗御书《纪泰山铭》、唐摩崖削壁为碑,高13.3米,宽5.3米,共九百六十六字,为唐玄宗开元十四年封禅所书。该碑字大50厘米见方,遒劲雄浑,开"唐隶"一格,被历代誉为书法珍品。碑体形制端庄,气势雄伟,旁有历代石刻,满布山崖,琳琅满目。此石刻不仅是泰山壮观景色的点缀,且更增加了泰山的威严。

此外,悠久的历史文化会给许多自然景观披上了人文的色彩。古代人们在改造大自然的过程中,给那些山山水水附上了许多传说、神话和典故。如女娲补天、夸父逐日、鲧禹治水、后羿射日等,都是人们想象出来的征服自然的神话故事,美丽的山水风光加上一些民间神话传说的渲染,便会处于神奇、深沉的气氛中,会使人滋生更深刻的心灵感受。例如,杭州西湖有关飞来峰的传说、长江三峡神女峰有关巫山神女的传说、路南石林中有关"阿诗玛"的传说、雁荡山有关夫妻峰、婆婆峰的传说、山东蓬莱阁有关"八仙过海"的传说、河北秦皇岛的孟姜女庙有关"孟姜女哭长城"的故事等等。由于有了这些传说故事,使这些地方的吸引力大增,成为长盛不衰的旅游胜地。因此,这种民间传说景观和山水景观的结合,也是形成一个有名的山水风景名胜区的重要因素。

第五节 古代中国的山水审美意识

我国古代不少先贤先哲、文人志士经常邀游祖国的山山水水,去领略山水之美。他们在赏玩之后,以山水诗词、山水画和游记文学等形式记录下来，并总结了他们对山水的审美看法。其中，以老子和庄子的"天然说"、儒家的"比德说"、宗炳的"澄怀味像说"和郭熙的"有序协调说"影响最大。

一、老庄的"天然说"

"天然说"是古代道家的代表人物老子和庄子等提出的。这一学说的核心体现在对天然之美、不加雕琢之美的推崇。他们认为：天地之美是客观存在的，它们都按照自己的自然本性表现自己，人们应该去顺应它，不要以外力去强行干预、去改变它。如老子说："人法地，地法天，天法道，道法自然。"庄子说："天地有天美而不言，四时有明法而不议，万物有成理而不说。"这些话告诉我们一个道理，即天地、四时、万物等自然界都有自己的运行规律，它们都按自身的规律在运行，共同造就了大自然的生生不息、和谐美满。道家的这种"天地与我并生"，强调的是"自然之美"、"天人合一"的境界。庄子在其著作中一再赞赏大自然的天然之美，反对一切破坏天然之美的行为。对于艺术，庄子主张顺应大自然的运行规律，不露人工雕琢的痕迹。与此同时，庄子也主张人类应回归自然，与山林为伍，与鸟兽同乐，以求得美好安乐的社会。

以老子、庄子为代表的道家学派对自然之美的看法，对后世影响很大。其一，拉开了古代中国人们游历自然山水的序幕；其二，影响着中华民族审美心理的形成，特别是唐代以后对自然之美的追求。中国古代园林的"虽由人做，宛自天开"的原则就是受其影响形成的；其三影响着人们对待大自然的态度，即要顺应自然，不要用外力去干预它、改变它。这对于目前开发和保护旅游资源是值得借鉴的。

二、儒家的"比德说"

以孔子为代表的儒家的"比德说"，以山水比喻道德、品质，体现了中国古代的传统自然审美观念。孔子曾在《论语》中说："智者乐水，仁者乐山。智者动，仁者静。智者乐，仁者寿。"仁者何以乐山？在《韩诗外传》中曾做这样解释，即山受万物之瞻仰，草木生于其上，万物、飞鸟、走兽皆汇聚在此，风云也起于山中。天地的和谐，国家也会安宁，这就好比君子之德，所以君子爱山（君子就是指品德高尚的人）。智者何以乐水？在《韩诗外传》中也指出，作者把水的流动、汇聚、跌落、静澄和奔流不息，比作君子之智、礼、勇、命、德的品格，所以，智者乐水。孔子的这种以山比德、以水比智的观点，着重从人的伦理道德观点去看自然现象，对后来的山水审美观有很大影响。李白、周敦颐、陆游等文人名士在游山玩水中领悟到人生的价值、出污泥而不染和君子洁身自好的可贵，都是这一审美观念的体现。

　　"比德说"的审美价值，首先，在于它强调把自然之美和人的道德品质联系起来，这就使人们在游览山水景色的同时，开阔胸怀、陶冶情操。它对于提高民族的文化修养与道德水平有积极的影响；二是有助于人们在欣赏山水景色时，透过表面的自然现象去寻找内在的涵义，即不仅要看到山水的外在的形态美、色彩美、动态美，还要看到内在的气质和蕴含的精神。例如，杜甫的佳作《望岳》，诗曰："岱宗夫如何？齐鲁青未了。造化钟神秀，阴阳割昏晓。荡胸生层云，决眦入归鸟。会当凌绝顶，一览众山小。"诗人绘尽了岱宗的景色，给登临泰山者以慧眼观泰山岱顶之雄伟，并以其哲理打动了游人的心。这首诗以岱岳的雄伟、诗歌的魅力，打动了千古游人，荡涤着游人的胸怀；三是在这种理念的影响下，不少的山水景观得到了"人化"，即这些山水景观被留下了人的道德情操的印记，从而使山水的自然美和精神美相结合，使这些山水景观具有更高的旅游价值。因此，自古至今，泰山在中国人民的心中不是一般的山脉，而是五岳之尊、名山之祖，黄河也不是一条普通的河流，而是中华民族的发祥地、母亲河，是中华民族精神的象征。

三、其他一些学说

　　我国的山水画是对所游历山水的形象描述和再现，古代的一些著名的山水画家积累了不少自然审美思想，如南朝的山水画家宗炳，在其《画山水序》一文中提出了"澄怀味像"的自然审美观；北宋山水画家郭熙在其《林泉高致·山水训》中提出了"有序协调"的山水审美思想；北宋画家韩纯全的山水是动静结合的审美观点等等。

　　宗炳的"澄怀味像说"是他的自然审美观。所谓澄怀是澄清胸怀中的一切世俗杂念,做到虚静、坐忘。而宗炳所说的"贤者澄怀味像",贤者是指品德高尚的人,贤者通过游览观赏山水,应达到心灵被净化后的愉悦。所以,这儿所指的"澄怀"是审美应达到的目的;味像是指人们在欣赏山水时,要通过想像、联想和思维等,超越山水形体的局限,去品味包含在山水中的内在情趣。这里特别强调品味,强调游人自身的主体意识的参与,强调把握山水的意象美。这也告诉我们,游人在欣赏自然山水时注重精神上的愉悦、情趣和精神状态。

郭熙是北宋时期的一位有影响的山水画家,他的《早春图》、《关山春雪图》,代表了当时北宋画院的水平。他通过了对不同季节气候景色的描绘,表现了山水林泉的优美,将北派山水提升到一个新的高度。他在其论著《林泉高致·山水训》中,对如何欣赏自然山水、构筑山水都提出了自己的看法。他认为:山水风景总是有主有从、主从之间互相陪衬、互相呼应,形成一个有机的整体。他说:"山以水为血脉,以草木为毛发,以烟云为神采。故山得水而活,得草木而华,得烟云而秀媚。水以山为面,以亭榭为眉目,以渔钓为精神。故水得山而媚,得亭榭而明快,得渔钓而旷落""山无烟云,如春无花草。山无云则不秀,无水则不媚,无道路则不活,无林木则不生,无远近则浅,无平远则近,无高远则下。"在这里,郭熙把自然山水拟人化,指出构成自然山水的诸要素中主要是山、水、树木,又指出了山、水、树之间的相互依存关系就如同人的骨架、血脉和毛发之间的关系。它们之间相互依存、有主有次,共同构成了一个有序的协调的整体。这些观点对后世影响很大,尤其在人工建造园林中成为要遵循的一条重要原则。

第六节　山水景观的审美过程

山水能成为山水风景,成为重要的山水旅游资源,最重要的一点是:它不仅有吸引游人的自然美特征,还有着深厚的文化内涵,而这些文化内涵又是附着在人文景观的载体上。这些人文景观包括各种建筑、题记、石刻、碑铭,以及很多民间神话故事、传说和典故等等。它们与自然山水融合一体、渗透其中。人文景观渗透于山水景观中的过程,叫做山水景观的"人化"过程。这一过程对于提高山水风景的旅游价值,增强山水风景的审美价值,是极其重要的。

一、自然崇拜

名山胜水的诞生始于人们对山神的自然崇拜。远古时代,在神州大地上已出现了原始人类。据考古史料记载,元谋人、蓝田人、丁村人、北京猿人和山顶洞人都居住在黄河流域的低山丘陵的山麓河谷地带。当时他们都以渔猎、采摘为主要生活来源,因而依山傍水的地理环境最为理想。随着生产力的不断发展,人们逐渐进入以耕作为主的农业社会,于是渐向平原地带迁移,但人们对大山又有一种眷恋和畏惧。由于生产力低下,人们的生活受着强大的自然力的支配,对于风云雨雪、雷鸣电闪等自然现象也没法进行科学解释,从而使人们对高山大川感到神秘莫测,以为这些现象都是神灵所为,故而产生了对山神、水神、土地神的崇拜。在《礼记》中曾有"山林川谷丘陵,能出云,为风雨,见怪物,皆曰神"的记载。在《山海经》中有"昆仑之丘,是实惟帝之下都"的记述。人们把昆仑山看作是最高的山,是天帝在地上的都城。《山海经》中还把昆仑作为黄河的源头。其位置在西海之南,流沙之滨,赤水之后,黑水之前。因此,这个昆仑山可能指我国西部的高山,不一定就是现在的昆仑山。据《山海经》,昆仑山除天帝外,还有西王母的住处。西王母样子像人,但长着豹子的尾巴、老虎的牙齿,头上戴着鸟的羽冠。它掌管着瘟疫和刑罚,奉天帝之命,用疾病和灾害去消灭恶人。到春秋战国时期,这个传说中的西王母已成为天帝之女、西土的首领。据《穆天子传》所记,周穆王游西域,见到了西王母,受到了西王母的招待和祝福。由此,昆仑山和天上一样,成为人们向往的地方。

人们为了求得大自然恩赐,求得风调雨顺,避免自然灾害,因而产生了祭祀山神、水神的想法和活动。在春秋战国时期,这种对山神、水神的崇拜已遍及神州大地,并已形成一套祭祀的标准和规范。秦汉时期,祭祀地上的名山大川已成为非常重要的大事。据《汉书·郊祀志》说:"自是五岳、四渎皆有常礼。"即是说,五岳祭祀就已成为国家祭祀中的单独一项,处于重要地位,并有了固定的礼仪。东岳泰山,在秦汉时期被人们认为是最高的山。那时,人们崇拜的最高神灵是天帝。泰山高,离天最近,就被认为是最理想的祭天场所。因而,泰山首先以此闻名于天下。由于统治阶级积极参与了祭祀活动,到泰山祭天,便称作封禅活动。封是祭天,禅是祭地。高峻的五岳成为天的五个方位的代表,有了五方神灵,成为封建帝王封禅活动的理想场所。公元219年,秦始皇亲自登泰山岱顶,封泰山(在泰山上设坛祭天),下山禅梁父(在泰山下的梁父山上扫地祭地),这是有文字记载的第一个到泰山封禅的君主。第二位登泰山封禅的是汉武帝,他打败匈奴,开拓疆土,确立了独尊儒术的思想,巩固了皇家政权,于是到泰山向天帝报告成功。其后,东汉刘秀、唐高宗、唐玄宗、宋真宗等先后到泰山举行封禅活动。由于这些活动的不断进行,因而大大推动了名山胜水的建设。以泰山为首的五岳名山就成为历代名山建设的重点。以泰山为例,由于帝王要上山祭祀,就要修筑道路;建造一大批祠庙宫室;禁止樵采,保护风景;为纪念帝王的功德,留下了大量的碑刻、摩崖石刻,还命名了一些如五大夫松、五松亭、对松山等景点。因而,泰山作为一个风景名胜区的开发早已开始,而且打上了中华文化的烙印,有了丰富的文化内涵。

二、山水文化与山水景观审美

文人名士的品评、鉴赏,山水诗画的蓬勃兴起,使山水风景更加壮丽、品位提高。从魏晋南北朝开始,人们对名山大川的认识已由自然崇拜逐渐转变为游览观赏的审美活动。一些文人学士因仕途失意而消极厌世,转而寄情山水。游览名山的活动已蔚然成风。他们触景生情,借题发挥,赋诗作词,促使山水诗词、山水画、山水游记等山水文化蓬勃发展,对山水风景区的建设和发展起了推动作用。

以山水诗词为例,唐宋时期的一些文人名士,如李白、王维、柳宗元、苏轼、王安石、张继、欧阳修等所写的山水诗词有着重大的影响。李白,唐代浪漫主义诗人的代表,以“一生好入名山游”而自豪。他的诗由于以祖国壮丽河山为素材,而显得气势澎湃;祖国的大好河山也因其诗的描述,焕发出新的风采。如他对庐山瀑布的描写,诗曰:“日照香炉生紫烟,遥看瀑布挂前川。飞流直下三千尺,疑是银河落九天。”他对瀑布的细微观察也令人十分心动,诗曰:"西登香炉峰,南见瀑布水。挂流三百丈,喷壑数十里。欻如飞电来,隐若白虹起。初惊河汉落,半洒云天里。仰观势轻雄,壮哉造化功。""飞珠散轻霞,流沫沸穹石。而我游名山,对之心益闲。无论漱琼液,且得洗尘颜。但谐宿所好,永愿辞人间。"在诗中,李白不仅把瀑布写得淋漓尽致,还写出了自己强烈的审美感觉。看这首诗,会把人带进这样一个瀑布奇景,让人的思绪得到净化,进入情景交融的境界。今天,当人们游览庐山的香炉峰瀑布、三叠泉瀑布时,会很自然地想起李白的千古名句;又如,他对长江三峡的壮丽风光的描写也令人激动不已。三峡是瞿塘峡、巫峡和西陵峡的总称。瞿塘峡和西陵峡景观,绝壁对峙,深谷急流,江山雄险,惊心动魄,但也有幽深秀的巫峡。景观之美在于雄伟、险峻、幽深、秀丽。诗人李白的"早发白帝城",是对乘小舟游览三峡的动态美感的描绘。它使三峡实景之自然美与诗境之意境美交融,使人得到美的享受。

柳宗元是唐宋八大家之一,是中唐时期著名的诗人。他的艺术风格与李白不同,他善于在静静的山水中寻找自然之美,并在静观中陶冶心情。柳宗元在《始得西山宴游记》一文中,先指出西山风景之胜,"其高下之势,岈然洼然,若垤若穴,尺寸千里,攒蹙累积,莫得遁隐。萦青缭白,外与天际,四望如一,然后知是山之特立,不与培塿为类。悠悠乎与颢气俱,而莫得其涯"。后指作者面对群山奔涌、云蒸霞蔚的壮观,顿觉心胸开阔,排遣了胸中的郁愤不安之情,达到了"心凝形释"的忘我的境界,实现了精神的愉悦和升华。"洋洋乎与造物者游,而不知其所穷,引觞满酌,颓然就醉,不知日之入。苍然暮色,自远而至,至无所见,而犹不欲归。心凝形释,与万化冥合。"表达了作者达到了人与自然的完美融合的境界和宽松解脱的心态。他的《永州八记》对后世山水审美观念有很大影响。

与山水诗词出现的同时,古代的山水画到隋唐时期也成熟,宋代达到了高峰。山水画家通过自己对名山胜水的细致观察,把山、水、草木的优美形态用画表现出来,让其再现于世。例如,五代画家荆浩、宋初画家范宽、宋代山水画家郭熙、明清时代的山水画家文征明、董其昌、唐寅、原济(石涛)、髡残等,他们的很多山水画,如文征明的《万壑争流图》、唐寅的《落霞孤鹜图》、董其昌的《青山白云红树图》、弘仁的《黄山图》、髡残的《仿大痴山水图》、原济的《细雨虬松图》等为山水名胜留下了精彩传神的艺术写照。同时,他们也是山水风景的鉴赏家、理论家,提出了很多山水的审美思想。这些思想也影响着山水风景区的开发建设。例如,清初著名画家石涛,一生游遍名山胜水,不仅领略了山川的自然美,也将山川人化,感受到山川之灵和神。"故山川万物之荐灵于人,因人操此蒙养生活之权。苟非其然,马能使笔墨之下,有胎有骨,有开有合,有体有肉,有形有势,有拱有立……尽其灵而足其神!""天有仪能变山川之精灵,地有衡能运山川之气脉,我有是一画能贯山川之形"。他指出观赏山水,亦要观其形而悟其神,这样才能真正领悟到山水之美。

历代文人名士通过山水诗词、山水画、游记文学等文学手段,不仅指出了这些山水景观的审美价值,而且也大大增加了它们的审美价值;这些山水名胜的品位,在山水诗词、山水画的渲染下,名声大振,身价百倍。例如,庐山的香炉峰瀑布与我国的一些著名瀑布相比,并不出众,却由于李白的一首《望庐山瀑布》而成为一个著名瀑布景观,吸引着众多游人去观赏。

三、宗教文化与山水人文景观

佛教和道教的发展在我国古代自然山水的人化过程中贡献甚大。宗教的传入和发展,尤其是佛教的传入和发展,在我国已有几千余年。我国土生土长的宗教——道教,也从东汉开始,至今已二千多年。唐代是我国宗教发展的最盛时期,尤其是佛教在我国广泛传播,建造了大量的寺庙,遍及国内大小名山。很多寺庙位处于山川形胜之地,寺庙周围树木茂密,显得非常幽静。寺庙本身建筑优美,佛塔、石窟等建筑艺术代表了中外建筑艺术的杰作,成为当时人们的朝拜和游览胜地。例如,我国的四大佛教名山,如普陀山成了观音菩萨的道场,每年有成千上万的民众朝山进香,边朝圣边游览。这样的朝拜游览活动,也可以说是我国较大规模群众性旅游活动的开始。这种活动不仅培养了人们对名山胜水的审美观念,也增强了人们保护建设山水名胜的自觉性,客观上起到了保护山水名胜的自然景观和人文景观的作用。

我国的道教在名山胜水的建设中也起了重要的作用。我国的一些道教名山,如青城山、武当山、龙虎山、三清山、崂山等,也各有各的道场。武当山从五代起就被尊称为"太岳"(其主峰比五岳之首的泰山还高出七八十米)。主峰周围七十二峰绕,形成一幅壮丽的"七十二峰朝大顶"的天然美景。山上有三十六岩、二十四涧、十一洞、三潭、九泉、十池等诸多胜景。加上该地降水充沛,云雾众多。每天山上云雾缭绕,宛如人间仙境。由于武当山的自然景色,峰奇谷险,因而被道教推崇,在北宋时期作为真武大帝的本山,香火日渐旺盛,修建了紫霄宫、五龙观、玉仙观、佑圣观等一批道观。明代永乐年间,朱棣大崇玄武神。在武当山大兴土木,建成宫观 33 处,或称八宫、三十六庵堂、七十二岩庙、三十九桥、十二亭的庞大的道教建筑群,可以说是除北京故宫外最大的一处明代建筑群。武当山宫观的设计,发挥道家追求物我一体的思想,注重园林环境的塑造,使之成为融南北建筑风格于一体的艺术珍品。武当山除了上述优美的自然风光和宏伟的道教古建筑群以外,还形成了其独特的武术流派、道教音乐和道教民俗。近千年来,武当山就以其自然奇景、名胜古迹、道教文化,吸引着无数的文人学子、名流羽士来此游览观赏,留下了不少赞美之词。这也为武当山增添了文化意蕴,提高了旅游价值。

佛、道二教在许多名山胜水的大量发展,使自然景观和人文景观相互融合,加强了自然的"人化"。在这个过程中,僧侣、道众等为这些名山胜水的建设保护作出了很大的贡献。他们的选址、建立寺庙道观,均建在山水自然美集中的地区,极具特色。有的寺观建造在山麓谷地岗峦的茂密的树林之中,以深山藏古寺来营造佛道仙境的幽邃意境;有的寺观建在山顶或者悬崖峭壁之上,寺观居高临下,显露出一种超尘出世、俯临凡界的仙界气氛;他们在山水名胜景区修筑道路、组织景点、设计景区,成了我国许多名山胜水的最早的开发者和建设者;他们在名山建立寺庙后,采取各种措施保护寺观的神圣和宁静,保护名山的生态环境,使这些名山胜水的自然和人文景观得以保存至今天;他们将名山胜水的自然和人文景观相互融合、高度协调,使之成为有机的整体,体现了古代"天人合一"的审美思想，这是他们的一大贡献。

四、科学家与山水景观中的神话传说

科学家对山水的调查研究和人民创造的神话传说赋予自然景观新的内容。古代科学家对山水的调查研究和历代人民所创造的有关山水风景的神话传说，也给自然景观的"人化"赋予了新的内容。

我国古代不仅在名山胜水的观赏、建设理论和实践方面达到很高的水平，而且在研究山水风景的成因、探索其科学价值方面出现了许多人才。其中代表人物是宋代的沈括、明代的徐霞客。他们对山水的考察和研究远远走在世界同行科学家的前面。他们的理论和实践为名山胜水赋予了新的内容。

北宋沈括是一位在地理、地貌、气象、水文、工程技术等方面都有卓越成就的科学家，也是足迹踏遍南北的旅行家。他的著作《梦溪笔谈》，被誉为"中国科技史上的里程碑"。在此书中他记录了考察过的地貌、水文现象。他游览过雁荡山，对雁荡的奇峰异石作过仔细观察，提出雁荡诸峰成因："其原理，当是谷中为大水冲激，沙土尽去，惟巨石岿然挺立耳。"这一学说成为地质上最早提出流水侵蚀使流纹岩山体露出地表的理论。地质考查证明，雁荡山是由火山喷出岩流纹岩形成的，岩体内断层节理十分明显，当流水将岩体表面的疏松土层冲走后，再沿断层、节理面不断地侵蚀扩大，最终形成如同大小龙湫、水帘洞、初月谷等瀑布奇洞景观。在现存雁荡山龙鼻洞摩崖石刻中，就有当时沈括的楷书题名"沈括"二字于龙鼻洞左壁上。

明代徐霞客是伟大的地理学家、旅行家。他在三十多年的地理考察旅行中，足迹遍及华北、华东、华南及西南各省，写出巨著《徐霞客游记》。在书中，他刻画了所经各种名山的特征，如武夷山由红色沙砾形成的"丹霞地貌"、雁荡山由流纹岩体垂直节理发育所形成的奇峰异洞地貌形态、庐山三叠泉的形成、金华三洞的形成等等；详细考察了我国西南地区的石灰岩地貌形态，不仅记录了沿途所见的各种石灰岩地貌形态的特征，而且科学地分析了这些石灰岩地貌的成因，如溶洞、石钟乳、岩溶漏斗洼地等的成因。他的这些研究走在当时世界的前列，至少比欧洲对喀斯特地貌的研究早五百多年,具有重大的科学价值。

继徐霞客之后,我国还有不少考察祖国山河的地理学家和旅行家,为探索名山胜水付出了大量的劳动。其中,清末的思想家、文学家魏源也是一位大旅行家,他对五岳名山作了生动的描绘,如"恒山如行,岱山如坐,华山如立,嵩山如卧,唯有南岳独如飞";还对山岳形态美的诸标志的变化,以及人与山水形态之间的感应关系作了辩证的科学分析。他说:"奇从险极生,快自艰余获";"好奇好险信幽癖,此中况趣谁知之。不深不幽不奥旷,苦极斯乐险斯夷。"他提到的这些游山玩水的基本思想,对后人有很大的启迪。

从沈括、徐霞客到魏源,在对名山胜水的考察研究中,从科学成因上作了分析,给山水风景赋予了新的内容。他们的这些论述不仅提升了山水景观的品位,使游人进一步认识山水的审美价值,也使游人对我国古代的科技成就有进一步的了解。

从古至今,我国历代人们所创造的有关山水风景的神话传说,也是中国山水景观"人化"的一个重要内容。这些神话传说与山水风景融为一体,从而使山水景观积淀丰富了民族文化的内容,文化意蕴进一步加深。

思考题

1. 何谓山水文化?其内涵有哪些?
2. 山水文化景观的审美形态有几种?举例说明之。
3. 何谓山水的动态美?主要表现在哪些方面?
4. 举例说明山水景观与人文景观的融合。
5. 题记、楹联和石刻在山水景观中起着什么样的作用?举例说明之。
6. 古代中国的山水审美意识有哪些?它们各自的观点是什么?
7. 何谓山水景观的审美过程?历代文人名士的品评、鉴赏对山水景观的人化起着什么作用?
8. 佛教和道教的发展在我国自然山水的审美过程中起何作用?
9. 古代科学家对山水的调查研究对自然景观的审美起何作用?

第七章　中国古代建筑文化

　　古代建筑文化是中国传统文化中的一个重要组成部分，也是中国旅游文化客体中一个最具吸引力的部分。自古至今，我国古代的宫殿、陵墓、民居和园林等建筑成为中国古代建筑中的精华。许多著名的宫殿(如北京故宫)、陵墓(明定陵和明长陵)、坛庙(北京天坛)、民居(北京四合院、皖南古民居)和古典园林(北京颐和园、苏州古典园林)成为具有巨大吸引力的历史人文旅游资源。它们的建筑思想、风格、结构和特点体现了我国五千年来优秀的中华民族文化，蕴含着丰富的文化内涵。其中，有许多项目已列入世界遗产项目中的文化遗产名录，如万里长城、北京故宫、北京天坛、颐和园、承德避暑山庄、平遥古城、丽江古城、苏州古典园林、明清皇家陵寝、皖南古村落等等，均已名扬海内外，成为众多海内外游客必来之地。

　　本章不仅要让学生认识这些必游之地，了解这些不同类型的建筑景观，还要让学生了解为什么要游这些景观？这些景观所包含的历史积淀和文化内涵是什么？我们从中可以得到些什么样的审美感受？

第一节　中国古代建筑文化概述

一、中国古代建筑的产生和发展

　　在世界建筑体系中，中国古代建筑是源远流长、独立发展的体系。这种建筑体系最迟在三千多年前的商殷时期就已经初步形成，并逐步发展起来。直至20世纪初，始终保持着独特的结构和布局，而且传播、影响到邻近国家。中国建筑与欧洲建筑和伊斯兰建筑并称世界三大建筑体系。

　　中国古代建筑的发展大致可分为下述几个阶段。

1. 创始阶段

这一时代包括中国原始社会新石器时代中、晚期和整个奴隶社会的夏、商、周。

以定居为基础的新石器时代，是我国古代建筑艺术的萌生时期。由于自然条件的不同，黄河流域及北方地区流行穴居、半穴居及地面建筑；长江流域及南方地区流行地面建筑及干栏式建筑。

商朝的建筑有了较大的发展，在河南偃师二里头发现了商代早期宫殿遗址。商代末年，商纣王大兴土木："南距朝歌，北距邯郸及沙丘，皆为离宫别馆。"这一历史记载也已为现代考古发掘所证实。

周朝的建筑较殷商更为发达，尤其技术进步很大，开始用瓦盖屋顶。此时建筑以版筑法为主，其屋顶如翼，木柱架构，庭院平整，已具一定法则。在陕西岐山凤雏村发现了西周早期宫殿遗址，在扶风召陈村有西周中晚期的建筑遗址。

"上古穴居而野处，后世圣人易之以宫室，上栋下宇，以避风雨。"人类从穴居到发明三尺高的茅屋再到建筑高大宫室，从原始本能的遮风避雨到崇尚、表现高大雄伟的壮美之感，艺术的进步也是随着人类生产力的不断提高和经济的发展而进步的。

2. 成型阶段

这一阶段处于封建社会初期，从春秋直到南北朝。其中春秋、战国是这一阶段的序曲；秦、汉是主题，是中国古代建筑发展史的第一个高峰；三国、两晋是第一高峰的余脉；南北朝是下一阶段，即成熟阶段的序曲。

在这一历史阶段，中国古代建筑体系已经定型。在构造上，穿斗架、叠梁式构架、高台建筑、重楼建筑和干栏式建筑等相继确立了自身体系，并成了日后二千多年中国古代木构建筑的主体构造形式。在类型上，城市的格局，宫殿建筑和礼制建筑的形制，佛塔、石窟寺、住宅、门阙、望楼等都已齐备。

春秋战国时期，各诸侯国皆大兴土木，"高台榭，美宫室。"今天，我们仍可从燕赵古都三十多所高大的台址上窥见当时宫殿建筑一斑。

秦始皇统一六国后，开始了中国建筑史上首次规模宏大的工程，这便是建造上林苑、阿房宫。此外，又派蒙恬率领三十万人"筑长城，固地形，用制险塞。"从中我们可以看到，秦作为统一的大帝国在中国建筑历史上所表现出来的气派。中国建筑从一开始就追求一种宏伟的壮美。

汉代建筑规模更大，到汉武帝时更是大兴宫殿、广辟苑囿，较著名的建筑工程有长乐宫、未央宫等。汉宫殿突出雄伟、威严的气势，后苑和附属建筑却又表现出雅致、玲珑的柔和之美，这与秦相比显然有了很大的艺术进步。

魏晋南北朝佛教盛行，寺庙、石窟大量建造，给中国建筑艺术蒙上一层神秘的色彩。寺庙建筑大盛，难怪唐代诗人杜牧有"南朝四百八十寺，多少楼台烟雨中。"值得一提的是，北朝不仅寺庙建筑众多，而且依山开凿石窟，造佛像刻佛经。今天我们仍可游览的敦煌莫高窟、云冈、龙门石窟都是中国乃至世界建筑史上的奇观。

3. 成熟阶段

这是中国古代建筑达到顶峰的时代，也是中国古代各民族间建筑第二次大融合的年代。这一历史阶段有较多的建筑遗存，并开始有了总结性著述。

这一历史阶段又可分为前、后半期。前半期包括隋、唐两个朝代，后半期包括五代、宋、辽金各朝。隋唐建筑气势雄伟、粗犷简洁、色彩朴实，其特色是单体建筑的屋顶坡度平缓，出檐深远，斗拱比例较大，柱子较粗壮，风格庄重朴实；而以两宋为代表的建筑风格趋于精巧华丽、纤缛繁复、色彩绚丽如织绣，其单体建筑的屋顶坡度增大，出檐不如前代深远。

这一历史时期的建筑成就表现在建筑类型更为完善，规模极其恢弘；在建筑设计和施工中广泛使用图样和模型；建筑师从知识分子和工匠中分化出来成为专门职业；建筑技术上又有新发展并趋于成熟，如组合梁柱的运用，材分模数制的确立，铺作层的形成。此外，宋代还出现了总结建筑标准和经验的《木经》、《营造法式》两部具有历史价值的建筑文献。

隋唐建筑的主要成就在皇宫建筑方面。隋唐兴建的长安城是中国古代最宏大的城市；唐代增建的大明宫，特别是其中的含元殿，气势恢弘而高大雄壮,充分体现了大唐盛世的时代精神。此外,隋唐时期还兴建了一系列宗教建筑,以佛塔为主,如玄奘塔、香积寺塔、大雁塔等。

北宋将汴京外城东北部扩展了一些,并仿洛阳宫殿的制度修了大内宫殿。南宋偏安江南,在临安多建游幸苑囿。

4. 完善阶段

这一阶段指元明清(1840年前),它是我国古代建筑史上的一个高峰时期。

这一历史阶段重要的建筑活动和变革有:元大都、明清北京城的兴建,这是中国古代封建帝都建设的总结与终结;木构造技术的变革,包括拼合梁柱的大量使用、斗拱作用的衰退、模数制的进一步完成,促使设计标准化、定型化以及砖石建筑的普及;施工机构的双轨制及设计工作的专业化;个体建筑形制的凝固,总体设计的发达。其建筑特色是单体建筑出檐较浅,斗拱比例缩小,在重要建筑中,减柱法已不采用。

这一时期建筑遗存十分丰富,重要的有明、清北京城、故宫和一些大型的皇家园林、众多的私家园林及许多著名的寺观建筑。我国现存古代建筑,大量是明清建筑。例如,北京故宫是我国现存规模最大、最完整的古代木构建筑群;北京颐和园是我国规模宏大,布局精巧的皇家园林;承德避暑山庄是我国现存规模最大的皇家园林。

5. 解体阶段

从1840～1911年,此时中国社会已经沦为半殖民地、半封建性质。大量外国文化、建筑、技术涌入,被动地揭开了中国历史上第三次对外来文化的吸收时期,同时,也揭开了中国近代建筑史沉重的帷幕。这股外来势力动摇了中国传统的价值观,也动摇了中国传统建筑体系的根基。在强大的外来文化冲击与挑战下,固有的体系显得很不适应而开始解体。

二、中国古代建筑的特点

中国的古代建筑的产生与发展,表明了它与中国古代封建社会的发展是密不可分的,尤其是其建筑思想与古代的伦理思想观念是密切联系的。中国古代建筑的特点:

　　首先要讨论其营造观念。古代建筑的营造观念主要有敬天祀祖的礼制观念、皇权为核心的等级观念、家长为中心的家族观念和天人合一的思想。古代人崇尚自然、崇尚天地、崇拜天地,于是有了许多神祀建筑。宋朝祠祀建筑的典范——太原晋祠,是纪念周武王次子叔虞而建的祠堂,内有祠、庙等多组建筑,形成了历史氛围浓厚的礼制建筑文化;明朝北京太庙是祭祀皇帝祖先的地方,内有主殿、寝殿,大殿建筑在三层汉白玉石台基上,雄伟壮观。古代帝王登基后都要大兴土木,建设都城,而重点在于营造宫殿。如秦始皇在咸阳大造阿房宫,汉高祖在长安兴建未央宫,唐太宗在长安兴建大明宫,明成祖建造故宫,均是为了象征帝王的统治具有至高无上的权威、长治久安的实力。在这些宫殿的建造中,许多殿堂建筑的屋顶、台基、斗拱和装饰均体现了以皇权为核心的等级观念,如故宫太和殿是皇帝上朝处理政事的地方,则采用最高级的屋顶(重檐庑殿顶)、台基(三层汉白玉须弥座)和彩画(和玺彩画),其开间的数目也最多(11间),以体现帝王"君王之尊"。古代的许多礼制建筑,也体现了古代的"天人合一"思想,如北京天坛是"天人合一"思想的杰作,整个建筑群由内外两重围墙环绕,内外墙的南面为方角,北面为圆角,象征"天圆地方"。天坛的总体格局生动地体现出崇高神圣和"天人合一"的思想,再现了古代工匠高超的建筑技术和科学的艺术构想。古代宫殿的崇高、雄伟、辉煌、灿烂的外观特征,其内涵象征了古代典章制度的等级秩序和应天承运的阴阳术数,并具体表现为森严、肃穆的特色。中轴对称的布局、神秘形象和神秘数字的运用,与崇高、雄伟、辉煌、灿烂的特色互为表里,共同构成了体现皇权至高无上的宫殿,展现了中国古建筑的营造观念。

　　第二,中国古代建筑的平面布局有一种简明的组织规律。所谓平面布局的规律,就是每一处宫殿、寺庙、民居等建筑都是以"间"为单位构成单体建筑,再以单体建筑组成庭院,进而以庭院为单元,组成各种形式的组群。就单体建筑而言,以长方形平面最为普遍。此外,还有圆形、正方形、十字形等几何形状平面。一般地说,多数庭院都是前后串联起来,通过前院到达后院,这是中国封建社会"长幼有序,内外有别"思想意识的产物。家中主要人物,或者应和外界隔绝的人物(如贵族家庭的少女），就往往生活在离外门很远的庭院里，这就形成一院又一院层层深入的空间组织。宋朝欧阳修《蝶恋花》词中有"庭院深深几许？"的字句，古人曾以"侯门深似海"形容大官僚的居处，这些都形象地说明了中国建筑在布局上的重要特征。

同时，这种庭院式的组群与布局，一般都是采用均衡对称的方式，沿着纵轴线（也称前后轴线）与横轴线进行设计。比较重要的建筑都安置在纵轴线上，次要房屋安置在左右两侧的横轴线上，借助于建筑群体的有机组合和烘托，使主体建筑显得格外宏伟壮丽。北京的故宫和四合院是最能体现这一组群布局原则的典型实例。这种布局是和中国封建社会的宗法和礼教制度密切相关的。它最便于根据封建的宗法和等级观念，使尊卑、长幼、男女、主仆之间在住房上也体现出明显的差别。如北京故宫在中轴线上排列着三朝五门，从南向北为大明门（大清门）、天安门、端门、午门、太和门、太和殿、中和殿、保和殿、乾清门等，而次要建筑是文华殿、武英殿等，安置在左右两侧。这充分体现了中国古代皇权的至高无上、封建的等级观念；又如，北京四合院由三进院落组成，每一进院落内又有东西厢房、正厅房，正厅房两侧有耳房。四合院各房的使用一般按长幼、内外、贵贱来安排，体现了以家长为中心的家族观念。

第三，艺术形象丰富多彩。中国古代建筑经过长时期的努力，同时吸收了中国其他传统艺术，特别是绘画、雕刻、工艺美术等造型艺术的特点，创造了丰富多彩的艺术形象，并在这方面形成了不少特色。其中比较突出的，有以下三个方面。

1. 富有装饰性的屋顶

中国古代的匠师很早就发现了利用屋顶取得艺术效果的可能性。《诗经》里就有"作庙翼翼"之句，说明三千年前的诗人就已经在诗中歌颂祖庙舒展如翼的屋顶。到了汉朝，后世的五种基本屋顶式样——四面坡的"庑殿顶"，四面、六面、八面坡或圆形的"攒尖顶"，两面坡但两山墙与屋面齐的"硬山顶"，两面坡而屋面挑出到山墙之外的"悬山顶"，以及上半是悬山而下半是四面坡的"歇山顶"就已经具备了。我国古代匠师充分运用木结构的特点，创造了屋顶举折和屋面起翘、出翘，形成如鸟翼伸展的檐角和屋顶各部分柔和优美的曲线。同时，屋脊的脊端都加上适当的雕饰,檐口的瓦也加以装饰性的处理。宋代以后,又大量采用琉璃瓦,为屋顶加上颜色和光泽,再加上后来又陆续出现其他许多屋顶式样,以及由这些屋顶组合而成的各种具有艺术效果的复杂形体,使中国古代建筑在运用屋顶形式创造建筑的艺术形象方面取得了丰富的经验,成为中国古代建筑重要的特征之一。

中国古建筑常见的屋顶样式有七种:庑殿顶、歇山顶、悬山顶、硬山顶、攒尖顶、卷棚顶、盝顶,其中以重檐庑殿顶、重檐歇山顶、重檐攒尖顶为最高级别,其次为单檐庑殿顶、单檐歇山顶、单檐攒尖顶。

庑殿式屋顶的造型为四坡屋面与五条屋顶(一正脊四斜脊),还有正吻、垂兽和仙人走兽在屋脊上。这种屋顶的形状又像是一个古代先民盛米的斗覆盖在房上一样。建于明永乐十八年(1420年)的北京故宫太和殿是重檐庑殿式。它不仅以屋面面积宽阔居国内之最,而且屋顶檐角上的仙人走兽数量也是国内绝无仅有的(十个走兽加上仙人共十一个)。这种屋顶及其檐角布置体现了皇权至高无上的理念,是明清遗留下来的传统建筑中屋顶级别最高的。在皇宫以外的各种官衙府第,其屋顶样式是不能做成庑殿式的。

歇山式屋顶的造型为四坡屋面九条屋脊(一正脊、四垂脊、四戗脊),以及脊吻、仙人走兽等组成。整个屋顶的形状极像古代官员头上所戴的官帽。这种屋顶的造型层次丰富、富有变化。与庑殿式屋顶相比,前者给人以宏大、庄重的感觉,而后者给人的感觉是活泼、高贵。因而,歇山式屋顶基本上成为中国传统建筑的主要屋顶样式。皇宫内外、佛教寺庙殿堂采用这种屋顶样式甚为普遍。北京故宫的天安门、保和殿屋顶样式是重檐歇山式,江南著名古刹上海的龙华寺大雄宝殿也是重檐歇山式屋顶。

攒尖式屋顶的造型为一圆锥体状,没有屋脊,只在锥体的顶部,因其诸屋脊交于上端,故称攒尖顶。顶的形状多样,有圆形攒尖顶、三角攒尖顶、四角攒尖顶、八角攒尖顶等。它给人的视觉效果是呈放射线状,如果是圆形攒尖顶,它给人的印象是圆满和谐的。在中国传统习俗中,圆被认为是象征天,同时也是吉祥的象征。如北京天坛的祈年殿与皇穹宇的屋顶是三重檐圆形攒尖顶。此外,攒尖顶也多用于园林建筑中的亭的屋顶上。

悬山式屋顶的造型是由两个坡屋面组成的一个人字型屋顶,这种屋顶的两端伸出了房屋侧面的山墙。它是由两坡屋面与一条脊组成,是中国传统建筑屋顶中最简朴的一种,也是古代一般民居建筑的主要屋顶样式。其造型简单,给人一种朴实的美感。

硬山式屋顶样式与悬山式屋顶基本相同,也是两坡屋面,不同的是前者伸出房屋两侧山墙,而后者两侧的山墙一直砌到屋顶或稍高于屋顶。由于两侧的砖墙超过屋面,无论是自身的火灾或近邻房屋发生的火灾,都可通过砖墙起着隔火作用,所以称这种山墙为风火墙。因而,它比悬山式屋顶多了一项防火功能。它也是民居建筑的主要屋顶,如安徽地区民居流行的马头墙就是根据屋面坡度长短、砌不同高度的矩形风火墙,并在这些风火墙的顶部同样按屋顶样式盖上瓦片,称为马头墙。

卷棚式屋顶造型主要是屋顶上没有正脊,而是用呈弧形状的底瓦和盖瓦将前后两坡屋面的底瓦和盖瓦连接起来,不让雨水浸漏到室内去。这种样式的屋顶一般多用于中小型建筑,特别是以中国北方园林建筑中的廊房屋顶为多。它给人的感觉是屋顶上有很多流畅的线条,显得明快舒畅。如北京颐和园中有不少建筑是卷棚式屋顶。

盝顶式屋顶的造型是屋顶面上部分呈凸弧形,下部分呈内凹弧形,有屋顶。它很像古代武士们所戴的头盔,所以称为盝顶,给人一种力量感,房屋可显得威武且安全。一般都属于小型传统建筑物的屋顶,多在明清建筑中出现。如湖南岳阳楼的屋顶就是盝顶式。

屋顶是中国传统建筑中一个主要的构件。它的样式多、功能多。屋顶最主要的功能是避雨防水,遮阳挡风;其次,还具有装饰美化功能。在屋顶上采用屋面檐口伸出屋顶的办法,其作用有二:一是将屋面上的雨水排泄出台基,以免屋内受潮,以及起风时挡住雨水被风吹进室内;二是遮挡盛夏季节强烈的阳光照射。屋顶样式的多样化,加之飞檐翘角、檐角上的仙人走兽排列,均给人造成各种不同的美感,增强了对人的感染力。

2. 色彩的运用

中国古代的匠师在建筑装饰中是最敢于使用色彩也最善于使用色

彩,这个特点是与中国建筑的木结构体系分不开的。中国建筑很早就采用在木材上涂漆和桐油,不仅可以防潮、防水化剥蚀,还可以防虫蚁,以保护木质和加固木构件,并用榫卯结合的关接,达到实用、坚固与美观相结合的效果。以后又采用丹红装饰柱子、梁架或在斗拱梁、枋等处绘制彩画。经过长期发展,中国建筑在运用色彩方面积累了丰富的经验,例如在北方的宫殿、官衙建筑中,很善于运用鲜明色彩的对比与调和。房屋的主体部分、即经常可以照到阳光的部分,一般用暖色,特别是用朱红色;房檐下的阴影部分,则用蓝绿相配的冷色。这样就更强调了阳光的温暖和阴影的阴凉,形成一种悦目的对比。朱红色门窗部分和蓝、绿色的檐下部分往往还加上金线和金点,蓝、绿之间也间以少数红点使得建筑上的彩画图案显得更加活泼,增强了装饰效果。

一些重要的纪念性建筑,如北京的故宫、天坛等再加上黄色、绿色或蓝色的琉璃瓦,下面衬上一层乃至好几层雪白的汉白玉台基和栏杆,在华北平原秋高气爽、万里无云的蔚蓝天空下,蓝天与黄瓦,春绿彩画和红柱、红门窗、白台基和深色地面形成强烈对比,给人以鲜明的色彩感染。它的色彩效果是无比动人的。当然这种色彩风格的形成,在很大程度上与北方的自然环境有关,这种鲜明的色彩就为建筑物带来活泼和生趣。基于相同原因,在山明水秀、四季常青的南方,建筑的色彩一方面为封建社会的建筑等级制度所局限,另一方面也是因为南方终年青绿、四季花开,为了使建筑的色彩与南方的自然环境相调和,它使用的色彩就比较淡雅,多用白墙、灰瓦和栗、黑、墨绿等色的梁柱,形成秀丽淡雅的格调。这种色调在比较炎热的南方夏天里使人产生一种清凉感,不像强烈的颜色容易令人烦躁。从这里我们也知道,在我国的古建筑中色彩的运用是很注意自然环境差异的,随着民族和地区的不同,色彩的运用也有差别。

3. 丰富多彩的装饰——彩画和雕饰的运用

彩画多出现于屋顶内外檐梁枋、斗拱及室内天花板、藻井和柱头上。原来用以防潮、防腐、防蛀,后突出其装饰功能,因而具有保护、装饰、标志、象征等多方面的功能。明清时期彩画已成为宫殿和王公大臣等宅第不可缺少的装饰构件。明清的梁枋彩画最令人瞩目,主要有三种：

一是和玺彩画，是最高等级的彩画，是皇帝的宫殿里所采用的。主要特点是，中间画面内容为龙凤图案组成，间以花卉图案托之，贴有沥粉贴金，画面两边用比线双括号"《》《》"框住，金碧辉煌，壮丽夺目。

二是旋子彩画，是次一级的彩画，用于次要的宫殿或寺庙大殿之中。主要特点是，画面内容为带卷涡纹的花瓣，即所谓旋子。它可以贴金粉，也可以不贴金粉，两边用双线单括号"《》"框住，秀美典雅。

三是苏式彩画，是彩画中等级最低的一种，多用于游览场所的一些建筑上。主要特点是画面内容为山水、人物故事、花鸟鱼虫、民间传说等，两边用双线"《》《》"或圆括号"（）"。由于苏式彩画起源于江南苏杭地区的民间传统作法（江南包袱彩画），故称为苏式彩画。它与前两种彩画的不同之处在于不能画龙凤图案。

雕饰也是建筑装饰艺术的重要组成部分。它包括砖雕、石雕、木雕、金银铜铁等建筑饰物。其题材内容十分丰富，有人物形象、动植物花纹、戏剧场面及历史传说故事等。如北京故宫保和殿台基上的一块陛石，雕刻着精美的龙凤花纹，重达 200 吨；在佛教寺庙、古典园林的许多厅堂建筑中都有许多砖雕、石雕、木雕。上海豫园的三穗堂梁坊和屋顶上刻有许多三国故事、水浒故事的木雕。

第二节　中国古建筑的基本构件

中国古建筑常用的基本构件有台基、圆柱、横梁、开间、斗拱、藻井、栏杆、铺地等。

一、台基

又称基座，是高出地面的建筑物底座，用以承托建筑物，并使其防潮、防腐，同时可弥补中国古建筑单体建筑不甚高大雄伟的缺陷。主要有四种：

1. 普通台基

用素土、灰土、碎砖三合土夯筑而成，约高一尺，常用于小式建筑。

2. 较高级台基

较普通台基高,常在台基上边建汉白玉栏杆,用于大式建筑或宫殿建筑中的次要建筑。

3. 更高级台基

更高级台基称须弥座,又名金刚座。"须弥"是古印度神话中的山名,相传位于世界中心,系宇宙间最高的山,日月星辰出没其间,三界诸天也依傍它层层建立。须弥座原是用作佛像或神龛的台基,用以显示佛的崇高伟大。中国古建筑采用须弥座表示建筑的级别。一般用砖或石砌成,上有凹凸线脚和纹饰,台上建有汉白玉栏杆,常用于宫殿和著名寺院中的主要殿堂建筑。

4. 最高级台基

由几个须弥座相叠而成,从而使建筑物显得更为宏伟高大,常用于最高级建筑,如故宫三大殿和山东曲阜孔庙大成殿,即耸立在最高级台基上。北京故宫的太和殿有三层汉白玉石须弥座台基,高8米,为最高级的台基,使太和殿显得更加巍峨高大、气势壮观。

二、圆柱

圆柱常用松木或楠木为材料,制成圆柱形木头,置于石头为底或铜器为底的台上。在中国古建筑中,常用多根圆柱支撑屋面檩条,形成梁架。

三、横梁

横梁是架于木头圆柱上最主要的木头,用来形成屋脊。它是用松木、榆木或杉木为材料制成,是中国木结构建筑中骨架的主件之一。

四、斗拱

它是中国古代建筑独特的构件,由斗形木块、弓形短木、斜置长木组成,纵横交错层叠,逐层向外挑出,形成上大下小的托座。斗拱一般置于柱头和额枋(又称阑头,俗称看枋,位于两檐柱之间,用于承托屋顶)、屋面之间,用来支撑梁架、挑出屋檐,兼具装饰作用。斗拱一般使用在高级的官式建筑(称为大式建筑)中,它在结构上挑出承重,并将屋顶的大面积荷载经斗拱传递到柱上,是屋顶和屋身上的过渡,也有一定的装饰作用。此外,还作为封建社会中森严等级制度的象征和重要建筑的尺度衡量标准。因为斗拱的重要性,使历代对它十分重视,时代特征明显,它是判断建筑时代的重要标志之一。

五、开间

四根木头圆柱围成的空间称为"间"。建筑的迎面间数为"开间",或称"面阔";其纵深间数标为"进深"。从室外看建筑物的"开间",其圆柱数减一就是"开间"数。中国古代以奇数为吉祥数字,所以平面组合中绝大多数的开间为奇数,而且开间越多,等级越高。北京故宫的太和殿、北京太庙的大殿开间均为 11 间,象征皇帝的至高无上。

六、藻井

中国传统建筑中室内天花板上的一种装饰,是平顶的凹进部分,名为"藻井",含有五行,以水克火,预防火灾之意。它可以呈现各种形状,有方格形、六角形、八角形、中圆形等,上有雕刻或彩画,常见的有"双龙戏珠"。常位于寺庙佛座或宫殿的宝座上方。

七、栏杆

栏杆是台基的一个重要组成部分,主要由望柱、栏板、地栿、抱鼓组成,与台基一样多为石材,其质地、色彩与台基相同。栏板是栏杆的重要组成部分,一般栏板的高度是栏杆通高的 5/9;栏板下面的部件叫地栿,其外表面有做雕刻的和无雕刻的;地栿向内退进是望柱,望柱就是栏杆柱子,上有各种雕刻造型。它们集中表现在望柱头上,望柱砂往往浮雕云龙纹、云凤纹等图案,形状多为圆形、四方形或多边形;望柱头圆雕多数为狮子,也有雕成各种奇珍异兽、十二生肖或植物、瓜果。这些造型既丰富又精美,又有丰富的文化内涵及寓意吉祥,如望柱头上的狮子头虽是石头雕刻,但通过匠狮们的鬼斧神工,把这些无生命的石狮雕刻成一个个有形、有神、有意并充满了无限生机的艺术品。雌狮站在望柱头上,有的把幼狮踩在脚下,有的把幼狮抱在怀中,表现了母子嬉戏时的情景。望柱头上的云龙纹与云凤纹中的龙与凤在天空中穿云拨雾,时隐时现。卷草纹是大自然绿色植物的代表,卷草纹图案相互勾连,昂扬向上,充满生机。望柱莲花头是佛教建筑栏杆常见的装饰。莲花头造型是按自然界中含苞待放的莲花为样本来雕刻的。它除了给人们一种无限生机的自然美外,还蕴藏着深奥的人生哲理。

中国传统建筑中的台基配上栏杆后,整个台基就像是一座巨大的雕刻艺术品,房屋就像建在一座雕刻艺术品之上一样美丽。如北京故宫三大殿同建在一个台基上,台基分为3层,总高8米,约2900件石栏杆安放在台基四周,这座由2.5万平文米石栏杆构成的多层栏杆为中国最大的组合式汉白玉台基。三座大殿建在这巨大的雕刻艺术品更显示出皇家宫殿的气势和壮丽。

八、铺地

铺地一般指中国建筑的地面,主要由砖或石铺成。室内所铺的砖质量不一,质量最高的是皇宫里的"金砖"(用泥烧成的,质地细腻,没有孔隙,敲击时产生金属的声音,由此被称为"金砖")。铺地上有各种图案,寓意很深,如圆形铺地,往往用以象征人的八面玲珑;多角形铺地,往往寄托人们处事有气节,讲原则;蝙蝠图案铺地,往往希望时时事事处处是福。

第三节　中国古建筑的主要类型

中国古建筑的类型多样,内涵丰富,主要有古城、宫殿、坛庙、陵墓、桥梁、民居、园林建筑、宗教建筑等。

一、古城建筑

古代争战都是用刀、枪、剑、戟等兵器,巍然雄伟的古城墙就是为了阻止敌人侵犯的。一旦发生战争,凭城拒敌,进可攻,退可守,居高临下,对保卫城池安全十分有利。中国古城一般都筑有城墙,城墙外有护城河(或叫护城壕),有的城内还有皇城、宫城、内城,有的还有外城。

我国古代的城墙早在商朝初期就出现了。那时候的城墙,都是用夯土法筑成的。城墙上面窄,下面宽,成梯形的横断面。位于江苏武进县境内的"淹城"是我国目前保留最古老、最完整的城墙建筑,相传是商末周初的遗迹。唐代的都城是长安(今西安),长安古城由三重城墙组成,即外城、皇城和宫城,布局完整,但该城已于唐末战争中付之一炬了。旅游者今天能够观赏的西安城墙是明洪武三年至十一年(公元1370~1378年)所建。该城墙是夯土筑成,底宽18米,顶宽14米,高12米,高大厚重,异常坚固。

万里长城几乎成为中国古代建筑文化的象征,被中外游人誉为"人类的纪念碑"。长城是我国古城中最伟大的军事防御工程,每天都吸引着数以万计的旅游者"竞相攀登长城,一览世界奇迹"。一般认为,长城是秦始皇开始修筑的。其实我国古长城早在战国时代就开始建筑。秦始皇统一中国后,为了巩固边防,于公元前221年开始修筑长城,把战国时代燕、赵、秦等修筑的长城连接起来,又扩充了许多部分,西起临洮,东至辽东,形成万余里的庞大城墙建筑。秦代以后,西汉、东汉、北魏、北齐、北周、金、明各代,都对长城进行过大规模的修筑和增建。明代修筑长城前后用了一百多年的时间,耗费巨大。修筑坚固,东起山海关,西至嘉峪关全长1.27万多里,大部分保留完好,这就是我们在八达岭、山海关、嘉峪关所看到的长城,通常称为明长城。

山海关,号称"天下第一关"。山海关城楼上高悬着的巨匾"天下第一关",字形端庄,浑厚有力,每字高达1.6米。此匾相传为严嵩所题,但根据可靠文献记载,应是明朝进士山海关人萧显所书。长城西端的嘉峪关,位于河西走廊西部,号称"天下雄关",城楼上"天下第一雄关"的匾额,与山海关"天下第一关"的匾额遥相呼应,但"天下第一雄关"之匾已于1928年被军阀毁掉。

长城沿线还建有许多关城,最著名的有山海关、嘉峪关、平型关、雁门关、居庸关、白虎关、娘子关等。

我国现存规模最大的古城是南京城。城池的四周长旧说98华里,实际上是67华里。城高平12米,宽10~18米。它是明太祖朱元璋在休宁人朱升的"高筑城、广积粮、缓称王"的建议下,逐步兴建起来。古城墙是用特制巨型城砖筑成,朱元璋还亲自检查工程质量。六百多年来,南京古城墙一任风雨剥蚀,仍然安然无恙地保留下来。此外,在南京城外还筑有外城,周长120华里,有18个城门,称"外十八"。内设13个城门,称"内十三"。内城13个城门中以聚宝门(今中华门)最为雄伟、险要。南京古城是我国重要的名胜古迹,去南京旅游,游览南京古城,尤其是重新修整开放的中华门,是必到的景点。

如今的北京城是明成祖迁都北京后,在元大都的基础上改建的,有外城、内城和皇城。清代的北京城基本上保持了明城的原状。共二十座城门,其中最高大雄伟、气势磅礴的是北京内城的正阳门(俗称"前门")。正阳门城门楼是所有城门楼中工艺最精湛的一个,高42米,三重飞檐,两层楼阁,具有独特的中国古城楼之美。

此外,我国现今保存较完好的古城还包括一些县级古城,如平遥古城、丽江古城等。平遥古城位于山西省平遥县,建于明洪武三年(公元1370年),是我国现存完好的四座古城之一。1998年被作为文化遗产列入《世界遗产名录》。城墙周长6.4公里,墙高12米,平均宽3.5米。古城外墙全部用青砖砌筑,内墙为土筑。周辟六门,东西门外又筑瓮城,以利防守。城门上原建有高数丈的城门楼,四角各筑角楼,每隔五十米筑城台一座,连同角楼,共计四座,至今大多已损坏。城外有护城河,城内的街道、民居、商店等均保留原有形制。这些都可作为研究我国明代县城建置的实物资料。至今为止,平遥古城基本保持着明代的城镇建设格局,保存着完好的古城墙和四百余处古民居。其主要街道两侧还保留了17~19世纪建造的商店店铺。因而,应予以很好地保护。

丽江古城位于云南省西北部,是我国融合少数民族纳西族传统建筑及外来建筑特色建造的唯一城镇,始建于南宋末年。纳西族祖先,以巧妙的构思、合理的布局,建设起了自己的这座城镇。所以古城未受中原建城礼制的影响,城内的道路网分布不规则,也没有森严的城墙。古城被三山环抱,中间绿水萦绕,形如一方硕大的石砚,故名大研镇。古城的主要水源黑龙潭,在双石桥处被分为东、中、西三条水流,蜿蜒穿城,又分成无数小流,环镇越街、入院绕屋。水旁垂柳依依,蔷薇旁枝;水上座座石拱桥,栗木桥追随着流水。鳞次栉比的为瓦土墙院落,与水相依相伴,形成了"小桥、流水、人家"的迷人景观。因而,古城也有"高原姑苏城"的美誉。古城的民居是中国民居中具有鲜明特色和风格的类型之一。傍水而建的一座座小院落,多为三方一照壁或四合五天井。家家庭院都是土木结构的古式建筑,融汉、纳西风格于一炉,雕梁画栋,集实用与艺术于一体。古城的人们就在此过着舒缓而平静的居家生活。作为古城居民的纳西族拥有悠久丰富的传统文化,东巴文化、纳西古乐、丽江壁画和《创世纪》史诗就是其有代表性的民族文化遗存。1998 年丽江古城被列入世界文化遗产。

二、宫殿建筑

1. 宫殿建筑概述

宫殿建筑是封建帝王为了巩固自己的统治,突出皇权的威严,满足精神生活和物质生活的享受而建造的规模巨大、气势雄伟的建筑物。几千年来,历代帝王不惜人力、物力和财力为自己建造的宫殿都是金玉交辉、巍峨壮观。

"宫"在我国出现得较早,原是指"圣人"的屋宇。从秦始皇开始,"宫"成为皇帝及其皇族居住的地方,宫殿则是皇帝处理朝政的地方。宫殿建筑最大的特征是硕大的斗拱、金黄色的琉璃瓦铺顶、绚丽的彩画、高大的盘龙金桂、雕镂细腻的天花藻井、汉白玉台基、栏板、梁柱,以及周围的建筑小品,以显示宫殿的豪华富贵。

北京故宫又名紫禁城,是我国古代宫廷建筑保留最完整的一处。故宫是明、清两朝皇帝的宫廷。明朝先后曾有 14 个皇帝在这里居住,清朝先后 10 个皇帝在这里居住。故宫规模之大、风格之美、建筑之辉煌、陈设之豪华,是世界上宫殿所少见的。故宫占地面积 72 万平方米,建筑面积 15 万平方米,有房屋 9 000 多间。故宫周围是数米高的红围墙,周长 3 400 百多米,城外是宽 52 米的护城河。从整个建筑布局来看,故宫可分为前后两个部分:前部分称"外朝",主要建筑有"三大殿",即太和殿、中和殿、保和殿。三大殿两侧是文华殿和武英殿。"外朝"是皇帝举行重大典礼和发布命令的地方。"外朝"后面部分是"内廷",也叫"后延"。这一部分的主要建筑有乾清宫、交泰殿、坤宁宫和御花园。内廷的东西两侧是东六宫和西六宫,是皇帝处理政务和后妃们居住的地方。故宫是一处豪华壮丽的殿宇之海,是一处宏伟的古代宫廷建筑群,充分显示了我国宫殿建筑艺术的高超水平。

沈阳故宫在沈阳老城,是清军入关以前的清室宫廷。清朝的开国皇帝努尔哈赤和他的儿子皇太极,都在这里居住过。沈阳故宫占地面积六万多平方米,有七十多处建筑物,三百多间房子,现在整个建筑群保存完好。它具有浓厚的民族特色,是我国仅次于北京故宫的最完整的皇宫建筑,现已成为沈阳故宫博物院。

2. 宫殿建筑的布局与陈设

(1) 宫殿的布局原则主要体现在以下几方面:

中轴对称 为了表现君权受命于天和以皇权为核心的等级观念,宫殿建筑采取严格的中轴对称的布局方式。中轴线上的建筑高大华丽,轴线两侧的建筑低小简单。这种明显的反差,体现了皇权的至高无上;中轴线纵长深远,更显示了帝王宫殿的尊严华贵。

左祖右社 中国的礼制思想中包括了崇敬祖先、提倡孝道以及祭祀土地神和粮食神的重要内容。中国宫殿建筑"左祖右社"的布局,充分体现出这些观念。所谓"左祖",是在宫殿左前方设祖庙,祖庙是帝王祭祀祖先的地方。因为是天子的祖庙,故称太庙;所谓"右社",是在宫殿右前方设社稷坛,社为土地,稷为粮食,社稷坛是帝王祭祀土地神、粮食神的地方。古代以左为上,所以左在前,右在后。

前朝后寝 这是宫殿自身的布局。所谓"前朝",即为帝王上朝治政、举行大典之处;所谓"后寝",即帝王与后妃们生活居住的地方。在"前朝"中央靠墙处,设有御座,这是帝王上朝的地方;在"后寝",则设有床具,供休憩之用。

(2) 宫殿外陈设主要体现在以下几方面:

华表 华表是古代设在宫殿、城垣、桥梁、陵墓前作为标志和装饰的大型立柱。设在陵墓前的又名墓表。通常为石质制,柱身通常雕有蟠龙等纹饰,上为方板和蹲兽。华表高高耸立,既体现了皇家的尊严,又给人以美的享受。竖立于皇宫或帝王陵园之前,将其作为皇家建筑的特殊标志。如天安门前一对华表还深含中华文化内涵。华表上端的小兽"犼"的犼头朝南,表示"望君归"希望君主不要因留恋世上的山水风光而废弃朝政,应及时返回治理朝廷。

华表起源于墓碑(木制),后来人们将木柱竖于交通要道,作为识别道路的标志,故称"华表木"或"恒表"。不久,君主又让人们在上面刻写意见,称其为"诽谤木"(古代"诽谤"一词是中性词,指责过失的意思)。随着原始社会的瓦解,奴隶制度、封建制度社会的相继建立,已经不允许人们在"诽谤木"上刻写"谏言",而演变为刻上云龙纹的华表。

石狮　宫殿大门前都有一对石狮(或铜狮),主要起辟邪的作用,又因为狮子是兽中之王,所以又有显示"尊贵"和"威严"的作用。按照中国文化的传统习俗,石狮成对摆放,左雄右雌。也可以从狮爪所踩之物来辨别雄雌:爪下为球,象征着统一环宇和无上权力,为雄狮;爪下踩着幼狮,象征着子孙绵延,是雌狮。此外,石狮有北狮、南狮之分。北狮头小身长、雄壮威严,南狮头大身小、活泼有趣。还有所谓"三王狮",是指蹲在刻有凤凰和牡丹的石麒香基座上的狮子雕刻。因为狮子是兽中之王,而狮子所蹲的基座刻着凤凰和牡丹,凤凰是鸟中之王,牡丹是花中之王,故称"三王狮"。

日晷　即日影,它是中国古代利用太阳的投影和地球自转的原理,借指针所生阴影的位置来显示时间的器具。秦汉时已广为应用。

嘉量　我国古时的标准量器。全套量器从大到小依次为:斛、斗、升、合、龠。含有统一度量衡的意义,象征着国家统一和强盛。故宫太和殿和乾清宫前都有,用以表示帝王的秉事公正和至高无上。

吉祥缸(门海)　置于宫殿前盛满清水以防火灾的水缸,有的是铜铸的,古代称之为"门海",以比喻缸中水似海可以扑灭火灾,故又被誉为吉祥缸。如北京故宫中的吉祥缸,古时每年冬天在缸外套上棉套,覆上缸盖,下边石座内燃炭火,以防止缸中之水冰冻,直到天气回暖时才撤火。

鼎式香炉　有盖为鼎,无盖为炉。一般为三足。是古代的一种礼器,举行大典时用来燃檀香和松枝,能辟邪,又能祈求吉祥。

铜龟、铜鹤　龟和鹤是中国文化中的神灵动物,用来象征长寿,庆贺颐享天年。还用来渲染宫殿的空间环境气氛。

(3) 古建筑屋顶上有许多动物造型的装饰物,被统称为吻兽(置于屋顶正脊两端的称之为吻)。起初是由简单的翘突逐渐形成动物形的脊饰,有鸟形的,更多的是鱼龙形的,最早的记载可以追溯到周代,《三礼图》中的周王城图屋脊两端就有这类装饰物。鸟形演变为鸱尾(传说是一种海中能灭火的神物),至中唐或晚唐出现张口吞脊的鸱吻。宋代以后龙形的吻兽增多,清时已很普遍,表面饰龙纹四爪腾空,龙首怒目张口吞住正脊,脊上插着一柄宝剑,艺术形象完美,称为"正吻"、"龙吻"、"大吻"。正脊以外的垂脊、戗脊上则常用兽头,这些兽头顺着脊的方向面向外望去,故名望兽。吻兽的使用也逐渐形成较严格的定制和比较严密的格局。中国古建筑的岔脊上,都装饰有一些小兽,这些小兽排列有着严格的规定,按照建筑等级的高低而有数量的不同,最多的是故宫太和殿上的装饰(共有 11 个),这在中国宫殿建筑史上是独一无二的,显示了至高无上的地位。在其他古建筑上一般最多使用 9 个走兽。这里有严格的等级界限,只有金銮宝殿(即太和殿)才能十样齐全。中和殿、保和殿都是 9 个。其他殿上的小兽按级递减。天安门上也是九个小兽。

最前端为骑凤仙人,这源于一个传说:齐国国君一次作战中失败,逃至一条大河岸边,追兵即将到来,危急之中,一只大鸟突然飞到眼前,齐王急忙骑上大鸟,渡过大河,逢凶化吉。古人把它放在建筑脊端,也表示骑凤飞行,逢凶化吉。

骑凤仙人之后的小兽的排列顺序依次为:

鸱吻(龙的九子之一)　最喜欢四处眺望,常饰于屋檐上。

凤　比喻有圣德之人。据《史记·日者列传》:"凤凰不与燕雀为群。"这里充分反映了封建帝王至高无上的尊贵地位。

狮子　代表勇猛、威严。《传灯录》记载:"……一狮子吼云:'天上天下,唯我独尊。'狮子作吼,群兽慑伏。"

天马、海马　在我国古代神话中也是吉祥的化身。

狻猊　古书记载是与狮子同类的猛兽,也有说为龙的九子之一。

狎鱼 是海中异兽。传说和狻猊都是兴云作雨、灭火防灾的神。

獬豸 我国古代传说中的猛兽,与狮子类同。《异物志》中说"东北荒中有兽,名獬豸。一角,性忠,见人斗则不触直者,闻人论则咋不正者"。它能辨曲直,又有神羊之称,因而被人们看作是勇猛、公正的象征。

斗牛 传说中是一种虬龙,据《宸垣识略》载:"西内海子中有斗牛,即虬嫡[虫旁]之类,遇阴雨作云雾,常蜿蜒道路旁及金鳌玉栋坊之上。"它是一种除祸灭灾的吉祥雨镇物。

行什 行什因排列在第十个,故称"行什",是个猴子形的走兽。行什在一般古建筑上极少使用,只有在北京故宫的太和殿上可见到。所以它只出现在等级最高的建筑上。

这些小兽依次排列在高高的檐角处,象征着消灾灭祸、逢凶化吉,还有剪除邪恶、主持公道的意义。装饰上这些走兽,使古建筑更加雄伟壮观、富丽堂皇,充满艺术魅力。

三、坛庙建筑

坛庙是中国古代礼仪性的祭祀建筑,主体建筑是坛(露天的砖石台)和庙(殿宇)。此外,还有安放神主(牌位)的享殿,斋戒的寝殿(斋宫)或更衣的具服殿,雨雪日拜祭的拜殿,储放祭器、祭品的神橱、神库,屠宰牺牲物的牺牲所或宰牲亭,以及门殿、配殿、井亭等附属建筑。祭祀礼仪是中国奴隶制和封建制王朝的重要政治制度,祭祀的对象有等级,礼仪也有差别,分为大祀、中祀、小祀三等。每一等级祀礼的祭品、仪仗、舞乐和建筑形式,都有严格细致的规定。

1. 坛庙建筑种类

原始社会已有祭祀活动,《史记》记载,黄帝轩辕氏多次封土为坛,祭祀鬼神山川,称为"封禅",应是坛的开始。西安半坡村的新石器文化遗存中发现了正方形的"大房子"基址,从遗址准确的南北方位、整齐的柱网排列和巨大的空间推测,应当是部落集会和祭祀的场所,即庙的开始。商周非常重视祭祀,祭礼是周礼的主要部分。汉代坛庙分开,也开始确立祭祀的礼仪等级。以后各代坛庙数量日益增多,制度日益完善。

从礼制内容上祭祀性建筑可分为五大类：

（1）明堂辟雍是商周时期最高等级的礼制建筑，也是象征王权的纪念建筑，天子在明堂中朝见诸侯，颁布政令，宣讲礼法，也祭祀祖先和天地。汉代明堂是十字轴对称的坛庙混合形式，周围环绕圆形水渠，称为辟雍。东汉以后各类礼制建筑基本完备，明堂辟雍的祭祀功能减弱，成为王权代表的象征性建筑，宋以后即不再建造。

（2）宗庙是祭祀祖先的庙宇。皇帝的宗庙称太庙，王公贵族官吏都有各自的祖庙，庶人只能在家中设祭。宗庙的等级限制很严，历代对各种人的宗庙建筑规格都有详细的规定。如《礼记·王制》规定，天子七庙，诸侯五庙，大夫三庙，士一庙。

（3）坛，又称丘，是祭祀各类神灵的台座。祭祀有天、地、日、月、星辰、土地、农神、谷神、蚕神、山川、水旱、灾戾等。京师有全套祭坛，除天地日月外，府、州、县也有相应的一套。

（4）祠庙是列入朝廷礼制的祭祀庙宇。其中一类是祭祀朝廷表彰的历史人物，如北京历代帝王庙、山东邹县孟轲庙、山西解州关帝庙、四川成都武侯祠、山西太原邑姜祠（晋祠）等。由于儒学是封建礼制的理论基础，孔子在封建社会有特殊地位，所以孔庙在祠庙中规格最高。孔庙又称文庙，京师以外，各府、州、县也都建造地方性文庙；另一类是祭祀著名的山川，秦汉已专门祭祀泰山，以后固定五岳、五镇、四渎、四海为朝廷设祭。泰山在五岳中居于首位，所以东岳庙（岱庙）的规格也最高。

（5）杂祀庙是在城市和乡村中，祭祀与人民生活有密切关系的神灵的小祠庙，一部分列入朝廷小祀等级，大部分只是民间祭祀，如城隍、土地、火神、马王、龙王、旗纛、后土、天妃等。这类祠庙的形式比较自由，有些是风景名胜所在，有些是集市场所。

2. 坛庙建筑的艺术特征

除了民间杂祀以外，坛庙建筑的艺术形式都是以满足精神功能为主，要求充分体现出祭祀对象的崇高伟大、祭祀礼仪的严肃神圣。坛庙建筑的美学特征是：将丰富的艺术形式与严肃的礼制内容密切结合起来，通过审美感受启示人们对当代政治典章和伦理观念的理性皈依。

因此,坛庙建筑艺术的主要特征是:

(1)加深环境层次。坛庙占地很大,但建筑相对较少。主体建筑布置在中心部分,外面有多层围墙,并满植松柏树。人们在到达主体以前,必须通过若干门、墙、甬道,周围又是茂密的树木,这就加深了环境的层次,加强了严肃神圣的气氛。

(2)组织空间序列。建筑依纵轴线布置,在轴线上安排若干空间,主体建筑前面至少有两三个空间作前导,到主体时空间突然放大,最后又以小空间结束,使得多层次的环境更富有序列性、节奏感。

(3)突出主体形象。主体如是殿宇,它的量、形式、色彩等级别很高,明显与众不同;如是祭坛,则重点处理周围环境的陪衬,使它的形象引人注目。

(4)显示等级规格。坛庙是体现王朝礼制典章的重要场所,不但每一类每一等坛庙要按照制度建造,而且一组之内每个建筑的体量、形式、装饰、色彩、用料也必须符合等级规矩。这种主次分明的艺术形象,不但显示出礼仪制度的严肃性,也符合统一和谐的美学法则。

(5)运用象征手法。为了启示人们对祭祀对象的理性认识,增加它们的神圣性,坛庙建筑中常用形和数来象征某种政治的和伦理的涵义。如明堂上圆象征天,下方象征地,设五色象征五方、五行、五材等。明堂外环水呈圆形,象征帝王的礼器璧,又象征皇道运行周回不绝。孔庙是官学,也是教化礼仪的中心。京师孔庙即太学,设辟雍象征教化圆满无缺;地方孔庙前设半圆形水池,名泮池,象征它们只是辟雍的一半,地方不能脱离朝廷独立存在。天坛以圆形、蓝色象征天,社稷坛以五色土象征天下一统。天为阳,天坛建筑中都含有阳(奇)数;地为阴,地坛建筑中都含有阴(偶)数。某些建筑的梁柱、间架、基座等构件的数目、尺寸,也常和天文地理、伦理道德相对应。这类手法增大了审美活动中的认识因素,也有助于加强建筑总体的和谐性和有机性。

四、陵墓建筑

陵墓建筑是中国古代建筑的重要组成部分,中国古人基于人死而灵魂不灭的观念,普遍重视丧葬,因此,无论任何阶层对陵墓皆精心构筑。在漫长的历史进程中,中国陵墓建筑得到了长足的发展,产生了举世罕见的、庞大的古代帝后墓群;且在历史演变过程中,陵墓建筑逐步与绘画、书法、雕刻等诸艺术门派融为一体,成为反映多种艺术成就的综合体。

陵墓建筑是中国古建筑中最宏伟、最庞大的建筑群之一。这些陵墓建筑,一般都是利用自然地形,靠山而建,如唐代"以山为陵"也有少数建造在平原上。陵墓的形制有:"堆土为坟"、"方上"、"以山为陵"、"宝城宝顶"等。明清帝王陵寝是宝城宝顶形式,体现帝王的至高无上。中国陵园的布局大都是四周筑墙,四面开门,四角建造角楼。陵前建有甬道,甬道两侧有石人、石兽雕像,陵园内松柏苍翠、树木森森,给人以肃穆、宁静之感。

1. 秦始皇陵

位于陕西省西安市骊山北麓的秦始皇陵是中国最著名的陵墓,建于 2 000 多年前。被誉为"世界第八大奇迹"的秦始皇兵马俑就是守卫这座陵墓的"部队"。秦始皇兵马俑气势恢弘、雕塑和制作工艺高超,于 1987 年被列入《世界遗产名录》。世界遗产委员会曾这样评价:那些环绕在秦始皇陵墓周围的著名陶俑形态各异,连同他们的战马、战车和武器,都是现实主义的完美杰作,同时也保留了极高的历史价值。目前它是中国最大的现代化遗址博物馆。

陕西西安附近是中国帝王陵墓较为集中的地方,除了秦始皇陵外,还有西汉 11 个皇帝的陵墓,唐代 18 个皇帝的陵墓。其中汉武帝刘彻的茂陵是西汉皇陵中规模最大的一座,埋藏的宝物也最多;昭陵是唐太宗李世民的陵墓,陵园面积极大,园内还有 17 座功臣贵戚的陪葬墓,昭陵地上地下都是珍贵的文物,其中最负盛名的是唐代雕刻精品"六骏图"。乾陵是唐高宗李治和女皇武则天的合葬墓,是唐代十八陵中保存最完整的一座。

2. 明清两代皇陵

明朝皇帝的陵墓主要在北京的昌平,即十三陵,为明代定都北京后十三位皇帝的陵墓群,位于北京市昌平县城北天寿山下一个三面环山、向南开口的小盆地内。小盆地内的山坡上错落有致地分布着这些帝王的陵墓,占地面积达四十平方公里。陵区内共埋葬着 13 位帝王、23 位皇后和众多的妃子、皇子、公主及丛葬的宫女等。明十三陵规模宏伟壮丽,景色苍秀,气势雄阔,是国内现存最集中、最完整的陵园建筑群。其中地上部分规模最宏伟的是长陵(明成祖朱棣);地下部分规模最宏伟的是定陵(明神宗朱翊钧)。经挖掘发现,定陵地宫的石拱结构坚实,四周排水设备良好,积水极少,石拱无一塌陷,这充分展示了中国古人建造地下建筑的高超技术。明定陵的地下宫殿最出名,而明长陵的地上部分稜恩殿,为明十三陵中最雄伟的建筑。

中国现存陵墓建筑中规模最宏大、建筑体系最完整的皇家帝后陵寝——清东陵,初建陵时,幅员辽阔,约 2 500 平方千米。整个陵区雄奇玲秀,宏伟秀丽。其中埋葬着清朝 5 位皇帝、14 位皇后、百余名嫔妃,共葬入 157 人。清东陵内的主要陵墓建筑都精美壮观,极为考究。以上的明清皇家陵寝已被列入世界文化遗产名录。

五、桥梁建筑

中国古代桥梁形式多样,在建筑上极富特色。从结构与造型上可分为拱式桥、梁式桥、索桥、浮桥、悬臂桥等。拱式桥又分为联拱式与单拱式,单拱式桥亦可分为敞肩式与实肩式等。大多数桥梁位于重要的商旅要道,以济交通。有的在桥上还建有桥亭、桥廊,甚至市肆店面,使桥梁本身也成为交易场所。还有相当一部分尺度较小的桥梁,则作为建筑或园林的附属部分,或列于建筑组群的前部,以增强建筑的前导空间序列,强调建筑中轴线;或置于园林的山间水际,创造写仿自然的园林艺术环境。

拱式桥在我国桥梁史上出现较晚,但拱券结构一经采用,便迅猛发展,成为古桥中最富生命力的一种桥型。最著名的为建于隋代的河北赵县安济桥(即赵州桥),为世界上最早的大跨度敞肩式平拱桥。和它类似的还有建于金代的河北宁晋永通桥、山西崞县普济桥、山西晋城景德桥及建于明代的河北赵县济美桥等。宋代张择端的《清明上河图》上表现的虹桥,是一座大型木构拱桥,桥下可以过往商船。明清时期更有大量富于创造性的砖石拱桥出现,尤其是江南一带,为便于水运交通,拱桥必须有足够的高度,从而创造了半圆拱、尖形拱、弓形拱、多边形拱等多种拱桥形式。古代遗留下来的石拱桥数量很多。其中有不少工程十分浩大,如金代建造的北京卢沟桥,明末建造的江西南城万年桥、永丰思江桥,清代建造的清漪园十七孔桥等,都很著名。

梁式桥是应用比较普遍的桥梁。桥面结构有石梁、木梁或石木混合等数种。其中石梁限于跨度,桥墩较密集,木梁的跨度可以较大。在多雨的南方地区,为防止木梁朽损,在有些梁式木桥上盖以屋顶来保护桥面,这种桥称为廊桥。有些较长的廊桥还在每个桥墩上各建重檐亭屋一座,使桥梁的造型更加美观。著名的梁式桥为南宋时建造的福建泉州安平桥,雄跨于安海镇港的港湾之上,全长约二千五百米,分有三百六十二跨,因长度超过五里,故又称五里桥。五里桥建有供人歇凉的桥亭五座,是我国现存古代第一长桥。

湖南、贵州与广西交界一带的侗族村寨,多建有各种形式的风雨桥。风雨桥又称花桥,为木梁式结构,桥上建有桥廊与桥屋,桥廊内两侧设有坐凳,可供行人休息。四川、青海、甘肃交界处还有一种悬臂式廊桥,结构为由两岸层层挑出圆木,至中部再架横梁,桥上建廊,外观奇特。

由上可见,我国是个桥梁大国,在古代无论是建筑技术,还是桥梁数量均处于世界领先地位。但由于我国幅员阔,自然环境、社会发展、文化习俗的差异较大,因而各地创造出多种多样的桥梁形式,并逐步形成自己的特色。具体特点如下:

1. 地域性

如北方中原地区,处于黄河中下游平原,地势较为平坦,河流水网较少,因此,这里的桥梁多为宽坦雄伟的石拱桥和石梁桥;江南水乡地区,河湖纵横,水网密布,人们运输物资多依靠舟船。因此,这里的桥梁多为驼峰隆起的石拱桥和高低相配的石梁桥,以便于船只从桥下通过;西南地区,山高水激,谷深崖陡,难以砌筑桥墩,因此,多建造绳索式吊桥或伸臂式木梁桥;福建、广东等沿海地区,盛产质地坚硬的花岗岩,所以石桥遍布;云南少数民族地区,因竹材丰富,所以到处可见各式竹桥。

2. 多样性

我国地大物博,山河奇秀,南北地质地貌差异较大,因而出现了多种桥型,从汉代的四种基本桥型:梁桥、索桥、浮桥、拱桥,分别演化出近四十种桥型,可以说,什么形式的古桥在我国都能找到。

3. 多功能性

我国的古桥既考虑到因地制宜,一切从实用出发,又考虑使桥梁尽量发挥多种功能的作用。如廊式桥更充分反映了一桥多用的特点,桥上的廊屋不仅为过往行人提供躲避风雨、免日光照晒、便于歇息的场所,而且还增加了桥梁的自重,以免洪水把桥冲走,并起到保护木梁,铁索不受风雨腐蚀的作用。有些还用来兼作集市、住宿和进行商业活动。

4. 公益性

我国的桥梁,不管是官修私建,都为社会所公有。故几千年来,爱桥护路成为一种良好风尚,而"修桥铺路"则是造福于大众的慈善行为,被广大民众所推崇。因此,修桥或建桥具有广泛的群众性,如著名的赵州桥、泉州洛阳桥等,均属捐集资,报经官府支持,官民协力兴建的。

六、民居

民居是中国各地人们的居住建筑,是中国最基本的建筑类型。它出现最早、分布最广、数量最多。我国现存的民居绝大多数是明清民居,其中北方地区的代表是北京四合院、黄土高原地区的窑洞式住宅、南方四合院式来自东南沿海地区的土楼,以及少数民族地区的傣族竹楼、苗族吊脚楼、藏族碉房等。

1. 北京四合院

四合院是我国汉族地区庭院式住宅的最典型的布局,是我国住宅的主流。院落在汉代已有发展,并广泛流行于当时中国的北方地区。四合院建筑的布局,是以南北纵轴对称布置和封闭独立的院落为基本特征的,一般由正房、厢房、厅房、耳房、厢耳房、倒座房、后罩房、大门、垂花门、抄手廊、影壁、院墙等组成。组合形式分为单进院、二进院、三进院和多进院。基本的四合院分前后两院,前院横长,院门多设在东南角,院内布置次要用房;后院方阔,通过中门进入,居中的正房称为堂,是举行家庭礼仪、接见尊贵宾客的地方。堂屋左右接建耳房,耳房和左右厢房都作居室用。各幢房屋朝向院内,以游廊相连接。在正院、正房、厢房和垂花门用廊连接起来,围绕成一个规整的院落,构成整个四合院的核心空间。

过了正房向后的一个院落,有一排坐北朝南的较为矮小的房屋,叫后罩房,多为女佣人居住,或为库房、杂间。四合院的中层院落中,都配置有花草树木、荷花缸、金鱼池和盆景等。

四合院是中国封建社会宗法观念和家长观念在民居上的具体表现,是我国古老传统的文化象征。"四"是东西南北四面,"合"是合在一起,形成了一个口字形,成为四合院的基本特征。四合院展现了中庸之美,突出的是严整、端庄的风格。其建筑之雅致、结构之精巧、数量之众多,以北京四合院最为典型。

2. 黄土窑洞式住宅

窑洞式住宅是我国黄土高原地区的典型民居。在陕西、甘肃、河南、山西黄土地区,由于黄土质地比较疏松,因而当地居民在天然土壁内开凿横洞,并常将数洞相连,在洞内加砌砖石,建造窑洞。窑洞冬暖夏凉,防火、防噪音,又节省土地,经济省工,因而是因地制宜的完美建筑形式。

3. 南方四合院式建筑(一颗印)

我国江南地区夏季炎热多雨,为适应这种湿热气候,建造一些正、厢房连在一起,以天井为中心的四合院住宅,有的地区建成二层楼房。一般北面是一系列间楼房,楼下正中一间前檐敞开,为堂屋,其他房间为居室。东、南、西三面是较低的房屋或廊。大门开在前墙正中或偏左,天井围成中央。所有墙头都是高出屋顶的高墙,以利防火,故又称封火墙或马头墙。整个外观方方整整,如一块印章,俗称为一颗印。我国云南中部有许多这种住宅。

4. 客家土楼

客家人是指我国古代由于天灾和战乱迁至南方的北方人。他们陆续定居在我国东南部的福建、广东、江西交界处的山区内,历经十几个世纪,他们的住宅多为家族聚居。

土楼是以土作墙而建造起来的集体建筑,是由于族群安全而采取的一种自卫式的居住样式。同一个祖先的子孙在一幢土楼里形成一个独立的社会,共存共荣,共亡共辱。它们多呈圆形、方形,其中以圆形最具特色,其最中心处是家族祠院,向外依次为祖堂、围廊,最外一环住人。整个土楼房间大小一致,面积约 10 平方米,楼梯共同使用,居住条件平等,无等级之分。

土楼建筑的最大特点是造型大,即单体式建筑庞大。一个普通的圆楼,其直径大约为五十余米,高度达三四层楼,共有百余间住房,可住三四十户人家,容纳二三百人。大型的圆楼可容纳七八百人,这充分体现了客家人聚族而居的民俗风情。广东梅州、福建永定、江西龙南的客家土楼风格最具特色。福建客家土楼已列入世界文化遗产名录。

5. 傣家竹楼

傣族分布于云南西双版纳地区,那里属于热带雨林气候,高温高湿,降水量多。为适应这样的自然环境,傣族人建立了适合自己居住的竹楼建筑。它的造型是干栏式建筑,房顶呈“人字型”,易于排水,一般为上、下两层的高脚楼房。高脚是为了防止地面的潮气和地面的虫蛇,底层一般不住人(饲养家禽之地),上层住人,屋内分堂屋和卧室两部分,堂屋是招待客人、商谈事宜的地方。堂屋的外部设有阳台和走廊,通常放打水工具和妇女做针线活的地方。卧室地上铺上竹席,一家大小在此休息。整个竹楼宽敞、通风,非常合适潮湿多雨的气候条件。

整个竹楼的所有梁、柱、墙等都是用竹子制成的。竹楼的每一个部分都有不同的含义,如顶梁大柱被称为“坠落之柱”,为最神圣的柱子;竹楼内中间较粗大的柱子代表男性,而侧面的矮柱子代表女性。

在竹楼的建造上,也体现了家族的等级制度,如长辈居住的楼室柱子不能低于六尺,楼室比楼底还要高出六尺,室内无人字架,木梯要在九级以上;晚辈的竹楼,首先高度要比前者低,其次木梯也只能在 7 级以下。

6. 苗族吊脚楼

吊脚楼为一种两层的楼房,建于斜度较大的山坡上,是一种典型的干栏式建筑。下层多为堆放柴草、农具和养牲畜、家禽之处;二层为全家起居活动的主要场所,外设走廊;三层可作卧室,亦可存放杂物。

吊脚楼是木结构建筑,其木料以杉木为主。按传统的标准,一栋三层三开间的吊脚楼,需用 24 根柱子、四五十根枕木、39 根檩子、28 根大小枋、135 根椽子、600 块坊子和 600 块木板,以及 15000 块瓦片即可建成。这样大的一座木结构楼房,绝大部分全部用榫卯构筑而成,反映了苗族人民高超的建筑技艺。这种住宅多为黔东南地区的苗族居民。

7. 藏族碉房

它是广大藏族地区的民居建筑形式。高层碉楼是藏族碉房中最高大、最古老的一种,有着独特的砌筑技术。布达拉宫就是碉楼技术进一步发展的产物。

藏族地区的一般碉楼高 5～6 层或 7～8 层,最高达 11～12 层,高从十几米至三四十米不等,棱角突出,墙面有显著收敛。为了防止高原风大,房屋采用了平屋顶、厚墙身、底层高、封闭式天井或院落等建筑结构形式。这种建筑整体造型严整,色彩华丽,建筑风格粗犷凝重,其虚实对比、粗细对比给人以厚重而又活泼的感觉。

8. 皖南民居

这是安徽省南部黄山脚下最典型的明清民居建筑。走进徽州村落,朴实的民居显得平淡恬静温暖舒适、外观上没有浓丽的色彩。进入这样一个古村落,就像进入"桃花源里人家",使人陶醉忘返。以黟县的宏村古村落为例,整个村落山明水秀、桃红柳绿、粉墙青瓦清渠绕户,山水风光秀丽,徽州人文底蕴深厚。现今的宏村,有保存完好的一百五十多幢明清古民居;有历经四百多年的参天古树和藏身于高墙深院的百年牡丹;有精雕细刻、飞金重彩而被人们盛誉为"民间故宫"的"承志堂"、"敬修堂"等代表性建筑。民居外部造型简洁,白墙黑瓦,高高的马头墙遮挡着房顶的结构。正是由于在外观上有大面积的实墙,才给人以清空感和神秘感,诱使人们去猜想里面的结构与布局。

民居内部为庭院式布局,屋面向内倾斜,雨水不会流向外面的巷子,雨天便于行人走动,而且雨水不至于冲入别人的房屋,不会造成邻里纠纷。这种屋面形式,四面的水流入天井,民间称之为"四水归堂",用俗话说就是"肥水不外流";另外纳四水于明堂,而后涓流不息,就宗族繁衍而言,可表示源远流长,川流不息。民居室内,祖堂、客厅以及主要装饰都集中在楼下,楼上仅作为闺房、书房和库房等辅助用房。室内砖雕、木雕、石雕多,匾额楹联多,充分体现了徽州文化的深刻内涵。

古村落极重环境,村头巷尾常常设置水面。一座座民宅倒映水中,动静咸宜,空灵蕴藉,给人一种旷远清丽的美感。人们还将流水引进宅落,把它处理成塘式天井。水中见屋,院外流水,既利于生活,又利于防火。

皖南古村落的魅力,不仅在于其保存完好的古建筑蕴含的深厚的文化内涵和厚重的历史感,也在于其自然景象和人文精神的深层次的契合。像宏村,它的小巷、石踏步、石坎阶、青石路面、参天古树,以及平滑似镜的月沼和碧波荡漾的南湖,环抱着粉墙青瓦、鳞次栉比的古民居群,构成一个完美和谐的艺术整体;九曲十弯的小圳如同一条银带在村中缓缓舞动,高墙深院中的潺潺流水声与浣衣村姑的阵阵槌声,宛如在合奏一支美妙动听的乐章。

在皖南的古村落中,一个村落往往都有两个以上的姓氏家族,因而姓氏内部的凝聚力显得十分重要,于是人们就要修建一些公共性建筑,使同姓家族有一个共同活动的场所,祠堂就是其中最有代表性的一种。祠堂的建筑形式和民居差不多,大、中、小祠堂都有。如皖南绩溪县龙川的胡氏宗祠,建于明嘉靖年间,至今已有四百多年的历史。宗祠的环境非常优美,一泓春水,烟波渺渺,绵绵不断的稻田蔓延到远处的屏山之下。从风水角度而言,这是一块佳地,已达天人合一的境界。宗祠不仅选址很好,建筑也很精美,既讲求装饰,也富含内涵。如胡氏宗祠的门楼屋顶层层迭落,屋角高高翘起。门楼的前、后两个立面,各有六根石柱、五根月梁和四根方梁,结构严谨,布局匀称。方梁、门窗的表面雕刻着精致的图案装饰,如蟠龙、孔雀、万年青和水仙花等图案,还有“九狮滚球”、“九龙戏珠”等题材。另外,皖南古村落中,牌坊也很多,如皖南歙县棠樾村的七座牌坊,清朝前期朝廷先后赐建了“忠”、“孝”、“节”三座牌坊也在其中。它也是民居中的纪念性公共建筑。在深切感人、沉郁深婉的艺术意境中,使人们对过去产生回顾,对将来寄予希望。

七、园林建筑

1. 园林建筑概述

根据文献记载,在商周时期,我国就有了最初的造园活动,最初的形式是囿。它是指在圈定的区域内,滋生草木,繁育鸟兽,挖塘筑台,以供帝王和贵族们狩猎和玩乐。公元前十一世纪,周武王曾建灵囿,可以说是我国古代园林的雏形。

秦汉时期,我国出现了以宫室建筑为主的宫苑,如秦始皇建上林苑,引渭水作太液池,并在池中筑蓬莱三山,象征神山仙境。这是规模宏大的皇家苑囿园林的典型风格;魏晋南北朝时期是我国古代思想文化及艺术大变革的时代,也是中国园林发展中的一个转折时期,老庄哲学的传入,以无为浪漫、归隐山林为高雅,为人们带来了对山川自然美的新的认识,提出游山玩水、欣赏风景,可以畅神和娱情的观点,因而在江南地区首先涌现了小巧精致、风格雅朴的士人私家园林,冲破了皇家苑囿式花园一统天下的局面。佛教的大举传入,使人世间的花园走进了佛国禅寺,寺庙园林开始兴盛;唐宋时期是我国封建社会的盛期,也是我国古典园林的成熟时期,苑囿仍向宏伟、奢华发展,官僚文人和富商巨贾也大兴园林之风,并将诗与画融入园林的布局和造景中,使园林进入写意山水的境界。在园林的组成要素中,叠石、堆山、理水等技巧有了很大的发展。另外,随着商业的发展城市人口的急剧增加,以自然山水为主的邑郊风景园林有了较大的发展,最有代表性的是杭州西湖,成为一种带有大众游览性质的园林风景区。明清时期是我国封建社会的最后时期,我国古典园林艺术进入精深阶段,这时的皇家园林和私家园林,在设计和建造上都达到了高峰,"芥子纳须弥"成了明清园林所追求和营造的最高境界,清漪园(其后的颐和园)在有限的空间中,安排了"须弥灵境"、"四大部洲"等景区,苏州古典园林、扬州园林、上海豫园,均以小见大,以局促之空间表现无限的大自然,可谓"芥子纳须弥"了。现代保存下来的园林大多属于明清时期,它们充分表现了中国古代自然式园林的独特风格和高超的造园艺术。

2. 中国古代园林的特色

(1)造园艺术"师法自然"是造园的指导思想。"师法自然"在造园艺术上包含两层内容:一是总体布局、组合要合乎自然,山与水的关系以及假山的峰、涧、坡、洞各景象因素的组合,要符合自然界山水生成的客观规律;二是每个山水景象要素的形象组合要合乎自然规律,如假山峰峦是由许多小的石料拼叠合成,叠砌时要仿天然岩石的纹脉,尽量减少人工拼叠的痕迹,水池常作自然曲折、高下起伏状;花木布置应是疏密相间,形态天然。乔灌木也错杂相间,追求天然野趣。

(2)分隔空间、融于自然是造园的手法。中国古代园林用各种办法来分隔空间,其中主要是用建筑来围蔽和分隔空间。分隔空间力求从视角上突破园林实体的有限空间的局限性,使之融于自然,表现自然。为此,必须处理好形与神、景与情、意与境、虚与实、动与静、因与借、真与假、有限与无限、有法与无法等种种关系。如此,则把园内空间与自然空间融合和扩展开来。比如漏窗的运用,使空间流通、视觉流畅,因而隔而不绝,在空间上互相渗透。在漏窗内看,玲珑剔透的花饰、丰富多彩的图案,有浓厚的民族风味和美学价值;透过漏窗,竹树迷离摇曳,亭台楼阁时隐时现,远空蓝天白云飞游,造成幽深宽广的空间境界和意趣。

(3)园林建筑、顺应自然是体现人与自然和谐的建筑理念。中国古代园林中,有山有水,有堂、廊、亭、榭、楼、台、阁、馆、斋、舫、墙等建筑。人工的山,石纹、石洞、石阶、石峰等都显示自然的美色。人工的水,岸边曲折自如,水中波纹层层递进,也都显示自然的风光。所有建筑,其形与神都与天空、地下自然环境吻合,同时又使园内各部分自然相接,以使园林体现自然、淡泊、恬静、含蓄的艺术特色,并收到移步换景、渐入佳境、小中见大等观赏效果。通过这些建筑的巧妙布局,体现出园林的朦胧美与含蓄美。所谓"曲径通幽处,禅房花木深",就是展示其朦胧含蓄的意境。

(4)树木花卉、表现自然是表现自然美。与西方园林不同,中国古代园林对树木花卉的栽种和处理,讲究的是表现自然。松柏高耸入云,柳枝婀娜垂岸,桃花数里盛开,树枝弯曲自如,花朵迎面扑香,其形与神,意与境都重在表现自然。

师法自然,融于自然,顺应自然,表现自然——这是中国古代园林体现"天人合一"民族文化所在,是独立于世界之林的最大特色,也是永葆艺术生命力的根本原因。

3. 中国古代园林的构景要素

(1) 为表现自然,叠山置石是造园的最主要的因素之一。秦汉的上林苑,用太液池所挖土堆成岛,象征东海神山,开创了人造山的先例。假山有土山、土石山、石山三种,其中,石山可以得到高耸的效果,也可酷像峰石嶙峋的自然山景。

东汉梁冀仿照伊洛二峡,在园中累土构石为山,从而开拓了从对神仙世界向往,转向对自然山水的模仿,标志着造园艺术把现实生活作为创作起点。

魏晋南北朝的文人雅士采用概括、提炼手法,所造山的真实尺度大大缩小,力求体现自然山峦的形态和神韵。这种写意式的叠山,比自然主义模仿前进一大步。

唐宋以后,由于山水诗、画的发展,以及玩赏艺术的发展,对叠山艺术更为讲究。最典型的例子便是爱石成癖的宋徽宗,他所筑的艮岳是历史上规模最大、结构最奇巧、以石为主的假山。

明代造山艺术,更为成熟和普及。计成在《园冶》的"摄山"一节中,列举了园山、厅山、楼山、阁山、书房山、池山、内室山、峭壁山、山石池、金鱼缸、峰、峦、岩、洞、涧、曲水、瀑布等17种形式,总结了明代的造山技术。然后清代造山技术更为发展和普及。现存的苏州拙政园、上海豫园都是明清时期园林造山的杰作。上海豫园的黄石大假山,以小山之形传大山之神,是明代叠山名家张南阳的唯一传世作品,是江南名园中著名的大假山。

置石是把单独的湖石置于园中,制造山林野趣。如上海豫园中的玉玲珑、苏州十中校园水池内的瑞云峰、苏州留园内的冠云峰,为江南三大奇石。把它们单独置放在园林中,增加了山峦形态,给人们增添了山林野趣。

(2) 为表现自然,理水也是造园最主要因素之一。不论哪种类型的园林,水是最富有生气的因素,无水不活。自然式园林以表现静态的水景为主,以表现水面平静如镜或烟波浩淼的境界取胜。人们或观赏山水景物在水中的倒影,或观赏水中怡然自得的游鱼,或观赏水中芙蕖睡莲,或观赏水中皎洁的明月……自然式园林也表现水的动态美,但不是喷泉和规则式的台阶瀑布，而是自然式的瀑布。池中有自然的矶头、矶口，以表现经人工美化的自然。正因为如此，园林一定要造池引水。古代园林理水之法，一般有三种：

掩　以建筑和绿化将曲折的池岸加以掩映。临水建筑，除主要厅堂前的平台，为突出建筑的地位，不论亭、廊、阁、榭，皆在前部架空挑出水上，水犹似自其下流出，用以打破岸边的视线局限；或临水布蒲苇岸、杂木迷离，造成池水无边的视觉印象。

隔　或筑堤横断于水面，或隔水净廊可渡，或架曲折的石板小桥，或涉水点以步石，正如明代计成在《园冶》中所说："疏水若为无尽，断处通桥"。如此则可增加景深和空间层次。如杭州西湖，用苏堤和白堤将其分隔，水面分成上湖、里湖、岳湖、西里湖、小南湖五个部分。苏堤春晓、平湖秋月等十景环置湖上，景区层次大大增加。

破　当水面很小时，如曲溪绝涧、清泉小池，可用乱石为岸，怪石纵横、犬牙交错，并配以细竹野藤、朱鱼翠藻，那么虽是一洼水池，也令人似有深邃山野风情的审美感觉。

古代园林理水的原则是注重水源，因水成景，开合聚散，有静有动，以使园林的水景更具吸引力。

（3）植物是造山理水不可缺少的因素。花木犹如山峦之发，水景如果离开花木也没有美感。自然式园林着意表现自然美，对花木的选择标准，一讲姿美，树冠的形态、树枝的疏密曲直、树皮的质感、树叶的形状，都追求自然优美；二讲色美，树叶、树干、花都要求有各种自然的色彩美，如红色的枫叶，青翠的竹叶、白皮松，斑驳的粮榆，白色广玉兰，紫色的紫薇等；三讲味香，要求自然淡雅和清幽。最好四季常有绿，月月有花香，其中尤以腊梅最为淡雅、兰花最为清幽。花木对园林山石景观起衬托作用，又往往和园主追求的精神境界有关。如竹子象征人品清逸和气节高尚，松柏象征坚强和长寿，莲花象征洁净无暇，兰花象征幽居隐士，玉兰、牡丹、桂花象征荣华富贵，石榴象征多子多孙，紫薇象征高官厚禄等。因此，在园林内种植花草树木，也要讲究象征意义。

古树名木对创造园林气氛非常重要。古木繁花，可形成古朴幽深的意境。所以如果建筑物与古树名木矛盾时，宁可挪动建筑以保住大树。计成在《园冶》中说："多年树木，碍箭檐垣，让一步可以立根，研数桠不妨封顶。"如上海豫园万花楼前的庭院有株400年的雄银杏古树和两株近200年的广玉兰，使庭院更显山林风光。

除花木外，草皮也十分重要，身处平坦或起伏或曲折的草地中间，也令人陶醉。

（4）中国古典园林重视饲养动物。最早的范围中，以动物作为观赏、娱乐对象。魏晋南北朝园林中有众多鸟禽，使之成为园林山水景观的天然点缀。唐代王维养鹿放鹤，以寄托"一生几经伤心事，不向空门何处销"的解脱情趣。宋徽宗所建艮岳，集天下珍禽异兽数以万计，经过训练的鸟兽，在徽宗驾到时，能乖巧地排立在仪仗队里。明清时园中有白鹤、鸳鸯、金鱼，还有天然鸟蝉等。园中动物可以观赏娱乐，可以隐喻长寿，也可以借以扩大和涤化自然的境界，令人通过视觉、听觉产生联想。

（5）园林中建筑是一种既有实用功能又可供观赏的景观和构筑物。它的功能多样，作用重要，可满足人们享受生活和观赏风景的愿望。中国自然式园林，其建筑布局不讲中轴对称，而讲究可行、可观、可居、可游；另一方面起着点景、隔景的作用，使园林移步换景、渐入佳境，以小见大，又使园林显得自然、淡泊、恬静、含蓄。这是与西方园林建筑不同之处。中国古代园林建筑的建造原则是：选址因地制宜、布局灵活多变、手法多种多样、色彩缤纷各异。中国自然式园林中的建筑形式多样，有堂、厅、楼、阁、馆、轩、斋、榭、舫、亭、廊、桥、墙等。

厅堂　是待客与集会活动的场所。也是园林中的主体建筑。"凡园圃立基，定厅堂为主。"（计成《园冶》）厅堂的位置确定后，全园的景色布局才依次衍生变化，造成各种各样的园林景致。厅堂一般坐北朝南。向南望，是全园最主要景观，通常是理池和造山所组成的山水景观，使主景处于阳光之中，光影多变，景色显得变幻无穷。厅堂建筑的体量较大，空间环境相对也开阔，在景区中，通常建于水面开阔处，临水一面多构筑平台，如北京园林大多临水筑台、台后建堂。这成为明清时代构园的传统手法，如苏州拙政园的远香堂、留园的涵碧山房、狮子林的荷花厅,上海豫园的三穗堂、和煦堂、点春堂等,都采用此法布置厅堂。

楼阁　是园林中较高层的建筑。一般如作房阁,须回环窈窕;作藏书楼,须爽皑高深;供登眺,在视野内要有可赏之景。楼和阁体量处理要适宜,避免造成空间尺度的不和谐而损坏全园景观。阁,四周开窗,每层均设围廊,有挑出平座,以便向四周眺望观景。如北京颐和园的佛香阁,上海豫园的快楼、观涛楼等。

书房馆斋　馆可供宴客之用,其体量有大有小,与厅堂稍有区别;大型的馆,如大观园的潇湘馆。斋供读书用,环境当隐蔽清幽,尽可能避开园林中主要游览路线。建筑式样简朴,常附以小院,多种植芭蕉、梧桐等树木花卉,以创造一种幽静、淡泊的情趣。如北京香山静宜园内的见心斋,是一座颇具江南园林风格的小院,整个小院背靠青山绿树,环境条件极好,堪称休养身体、明心见性的好地方。

榭　建于水边或花畔,借以成景。平面常为长方形,一般多开敞或设窗扇,以供人们游想、眺望。水榭则要三面临水,如杭州西湖的平湖秋月就是榭,是中秋观月的最佳处。上海豫园中的鱼乐榭是观赏鱼在水中游玩的极好去处。

轩　轩是小巧玲珑、开敞精致的建筑物,室内简洁雅致,室外或可临水观鱼,或可品评花木,或可极目远眺。如上海古漪园鸢飞鱼跃轩,小轩姿态甚美,邻水三面全敞开,以便观水观山,背面有墙,上开圆月洞门,门上写有"鸢飞鱼跃"四个字,相传为南宋朱熹的手迹。

舫　是仿造舟船造型的建筑,常建于水际或池中。它不是船,不能动,不畏风浪,不用系缆,故名不系舟。南方和岭南园林常在园中造舫,如南京煦园不系舟,是太平天国天王府的遗物;苏州拙政园的香洲是舫中佼佼者;上海南翔古漪园的不系舟是荷花池旁的一艘石船,是仿造江南水网地区的游船建造的。整座建筑被水中粼粼倒影一衬,格外美丽。大多将船的造型建筑化,在体量上模仿船头、船舱的形式,便于与周围环境和谐协调,也便于内部建筑空间的使用。它们是江南私家园林水边点景,很主要的一种形式。有一首古人写旱船景的绝句,"水陆皆随便,阴晴总自操。泛虚原不系,何处见波涛"。就点出了古代文人名士喜爱这种建筑的原因。

亭 是一种开敞的小型建筑物,可眺望,可观赏,可休息,可娱乐。亭在造园艺术中的广泛应用,标志着园林建筑在空间上的突破。亭或立山巅,或枕清流,或临涧壑,或傍岩壁,或处平野,或藏幽林,空间上独立自在,布局上灵活多变。在建筑艺术上,亭集中了中国古代建筑最富民族特色的精华。亭的形式多种多样,凡有佳景处都可建亭,画龙点睛,为景色增添民族色彩和气质;即使无佳景,也可从平淡之中见精神,使园林更富有生气和活力。苏州沧浪亭园林中的沧浪亭,拙政园中的松风亭、嘉实亭,安徽滁州琅玡山的意在亭,北京恭俯花园假山旁的流杯亭等都是著名的亭。

路与廊 在园林中不仅有引导、交通的功能,更重要的是有观赏功能。中国园林中,路与廊是最富有可塑性与灵活性的建筑。蜿蜒曲折也好,高低起伏也好;曲折如游龙也好,高下如长虹也好,是一种生动活泼颇具特色的民族建筑。它既可在途径上连通自如,将园林连通一气;又可让游人移步换景,仔细品味周围景色。它既可使游人于烈日之下免受曝晒之苦,又可使游人于风雨之中免遭吹淋之罪,在酷暑和大风大雨之时,仍然可以观赏不同季节和不同天气状况下的园林美。廊是园林建筑中的最长的一种,有引导和组织游人的作用。廊有单廊和复廊之分,单廊曲折幽深,若在庭中,可观赏两边景物;若在庭边,可观赏一边景物,还有一边通常有碑石,还可以欣赏书法字画,领略历史文化。复廊是两条单廊的复合,中间用墙分隔,墙上开设众多漏窗,两边可对视成景,既移步换景增添景色,又扩大了园林的空间。苏州沧浪亭园林中的复廊、上海豫园的复廊最负盛名。

桥 园林中的桥,有拱桥、平桥、廊桥、曲桥等类型,有石制的,有竹制的,有木制的,十分富有民族特色。它不但有增添景色的作用,而且用以隔景,在视觉上产生扩大空间的作用。同时过了一桥又一桥,也颇增游客兴致。特别是江南园林和岭南类型园林,由于园林中注重水景之塑造,水域多,因而桥也较多。桥也是造园家组织游览路线的重要手段,它常与廊、曲径、堤岸等联络在一起,形成水景区域完整的线路。园中的桥常其他建筑形式结合,组成亭桥、廊桥、闸桥等。例如,北京颐和园中的十七孔桥是我国园林中最长的桥,它将岛堤相连,使单一画面变成远近皆可观赏的美景。

园墙 园墙是围合空间的构件。中国的园林都有围墙,且具民族特色;比如龙墙,蜿蜒起伏,犹如长龙围院,颇有气派。园中的建筑群又都采用院落式布局,园墙更是不可缺少的组成部分。如上海豫园有五条龙墙,即伏卧龙、穿云龙(口下有金蟾)、双龙抢珠、睡眠龙。它们将豫园分割成三穗堂、点春堂、会景楼、万花楼、玉玲珑等几个意境不同的景区,使景色有层次、有变化、有节奏,大大地扩张了园林的有限空间。这五条龙墙龙的姿态神情因势而不同,有起有伏,有张有弛,符合规律。江南园林通常在园墙上设漏窗、洞门、空窗等,形成虚实对比和明暗对化,并使墙面丰富多彩。漏窗的形式有方、横长、圆、六角形等等。窗的花纹图案灵活多样,有几何形和自然形两种。园林中的院墙和走廊、亭榭等建筑物的墙上往往有不装门扇的门孔和不装窗扇的窗孔,分别称洞门和空窗。洞门除供人出入,空窗除采光通风外,在园林艺术上,作为造园的框景手法,又常作为取景的画框,使人在游览过程中不断获得精彩的画面。

铺地 是古代园林中的一个建筑小品。它起着烘托园中风景主题的作用。铺地多以几何形或植物花叶的简单图案或几何形作纹样,表现主人的愿望。如圆形铺地,往往有以象征主人的八面玲珑;多角形铺地,往往寄托主人处事讲原则有气节;蝙蝠图案铺地,往往希望时时事事处处是福。如苏州留园内的铺地,用三角形及正六边形两种几何图案,颜色深浅不一,形成对比,极有韵味。

(6)匾额、楹联与刻石。匾额是指悬置于门振之上的题字牌,楹联是指门两侧柱上的竖牌,刻石指山石上的题诗刻字。园林中的匾额、楹联及刻石的内容,多数是直接引用前人已有的诗句,或略作变通。如苏州拙政园的浮翠阁引自苏东坡诗中的"三峰已过天浮翠",还有一些是即兴创作的,另外还有一些园景题名出自名家之手。不论是匾额楹联还是刻石,不仅能够陶冶情操,抒发胸臆,也能够起到点景的作用,为园中景点增加诗意,拓宽意境。例如,上海的豫园进入正门,面前是一座气势雄伟的大厅,名曰"三穗堂"。中堂悬挂着园主人潘允端撰文、潘伯鹰书写的《豫园记》,梁上高悬着"三穗堂"、"灵台经始"、"都市山林"三块贴金匾额,点出了该园建造的主题。"三穗"故事乃祈福之意,可见园主人潘允端之孝心。

4. 中国古代园林的常见构景手段

中国古代园林在造园构景中运用多种手段来表现自然，以求得渐入佳境、小中见大、步移景异的理想境界，以取得自然、淡泊、恬静、含蓄的艺术效果。构景手段很多，比如讲究造园目的、园林的起名、园林的立意、园林的布局、园林中的微观处理等。在微观处理中，通常有以下几种造景手段，也可作为观赏手段。

（1）借景。大至皇家园林，小至私家园林，空间都是有限的。在横向或纵向上让游人扩展视觉和联想，才可以小见大，最重要的办法便是借景。它是把园林以外或近或远的风景巧妙地引"借"到园林中来，成为园景的一部分。这种手法在我国古典园林中运用得非常普遍，而且具有很高的成就。借景有远借、邻借、仰借、俯借、应时而借之分。借远方的山，叫远借；借邻近的大树叫邻借；借空中的飞鸟，叫仰借；借池塘中的鱼，叫俯借；借四季的花或其他自然景象，叫应时而借。例如，现存苏州古典园林中建园历史最早的沧浪亭，它的重要特色之一便是善于借景。因为园门外有一泓清水绕园而过，该园就在这一面不建界墙，而以有漏窗的复廊对外，巧妙地把河水之景"借"入园内。再如北京的颐和园，为了"借"附近的玉泉山和较远的西山的景，除了在"湖山真意"充分发挥借景手法的艺术效果外，在其他方面也作了精心的设计。如颐和园的西堤一带，除了用六座形式不同的桥点景外，没有高大的建筑屏挡视线。昆明湖的南北长度也正适合将园内看得见的西山群峰全部倒映湖中。同时，两堤的桃柳恰到好处地遮挡了围墙，园内园外的界限无形中消失了。西山的峰峦、两堤的烟柳、玉泉山的塔影都自然地结合成一体，成为园中的景色，园的空间范围无形中扩大了，景物也更加丰富了。呈现在人们眼前的是一幅以万寿山佛香阁为近景、两堤和玉泉山为中景、西山群峰为远景的锦绣湖山诗境画卷。

（2）对景。在园林中，或登上亭、台、楼、阁、榭，可观赏堂、山、桥、树木；或在堂桥廊等处，可观赏亭、台、楼、阁、榭，这种从甲观赏点观赏乙观赏点，从乙观赏点观赏甲观赏点的方法（或构景方法），叫对景。如在大观园中，站在怡红院眺望潇湘馆，站在潇湘馆眺望怡红院；在上海的豫园中,站在仰山堂,仰望大假山,站在大假山的望江亭俯视仰山堂,都是对景。

（3）框景。园林中的建筑的门、窗、洞,或乔木树枝抱合成景框状,往往将远处的山水美景或人文景观包含其中,这便是框景。如江苏扬州的瘦西湖,通过两个月洞门观赏五亭桥和白塔,显得格外清晰,就是框景。

（4）漏景。园林的围墙上,或走廊（单廊或复廊）一侧或两侧的墙上,常常设以漏窗,或雕以带有民族特色的各种几何图形,或雕以民间喜闻乐见的葡萄、石榴、老梅、修竹等植物,或雕以鹿、鹤、兔等动物,人们透过漏窗的窗隙,可见园外的美景,这叫做漏景。例如,上海豫园的复廊,其中间墙上有很多漏窗,为漏景手法。

（5）夹景。如果某风景点在远方,或是自然的山,或是人文的建筑（如塔、桥等）,它们本身都具有审美价值,若视线的两侧大而无当,就显得单调乏味;如果两侧用建筑物或树木花卉屏障起来,只留下中间充满画意的远景,则使远处的景点更显得更加诗情画意,这种构景手法即为夹景。如在颐和园后山的苏州河中划船,远方的苏州桥主景,为两岸起伏的土山和美丽的林带所夹峙,构成了明媚动人的景色;在南京的灵谷公园中,为了收拢游人视线,在灵谷塔前路径西侧种植了两排松柏。这都是夹景手法。

（6）添景。当某风景点在远方,或是自然的山,或是人文的建筑,如没有其他景点在中间、近处作过渡,就显得虚空而没有层次;如果在中间、近处有乔木、花卉作过渡景,景色显得有层次美,这中间的乔木和近处的花卉,便叫做添景。如当人们站在北京颐和园昆明湖南岸的垂柳下观赏万寿山远景时,万寿山因为有倒挂的柳丝作为装饰而生动起来;在无锡鼋头渚拍摄对岸的三山风景,特意等候一艘游艇闯入按下快门,这艘游艇所起的作用就是添景。

（7）抑景。中国传统艺术历来讲究含蓄,所以园林造景也绝不会让人一走进门口就看到最好的景色,最好的景色往往藏在后面,称做"先藏后露"、"欲扬先抑"、"山重水复疑无路,柳暗花明又一村",采取抑景的办法,才能使园林显得有艺术魅力。如园林入口处常迎门挡以假山,这种处理叫做山抑;如景点前有树丛,则为树抑;如挡以巨大石块,则称为石抑。上海豫园正门,进入后迎面是一巨大盘陀黄褐石块,使人不能一眼就看见里面的厅堂,就是石抑;苏州拙政园大门入口处挡以假山,称为山抑。

5. 中国古代园林的类型

中国古代园林的分类,从不同角度看,可以有不同的分类方法。一般有两种分类法。

(1) 按园林的占有者身份分类。

皇家园林　是专供帝王休息享乐的园林。其特点是大多利用自然山水加以改造而成,一般占地很大,少则几百公顷,大的可到几百里的幅员,气派宏伟,包罗万象,园中建筑色彩富丽堂皇,建筑体型高大。历史上著名的宫苑有秦的上林苑、汉的甘泉苑、隋的洛阳西苑、唐的长安禁苑、宋的艮岳等。现存皇家宫苑都是清代创建或改建的,著名的有北京城内的西苑(中、南、北海)、西郊三山五园中的颐和园、静明园、圆明园(遗址)、畅春园和承德避暑山庄。帝王宫苑都兼有宫殿功能,其苑景部分的主题多采集天下名胜、古代神仙传说和名人轶事,造园手法丰富,注重各个独立景物间的呼应联络,讲究对意境的经营。

私家园林　多是人工造的山水小园,多为皇家的宗室外戚、王公官吏、富商大贾等所造。其特点是规模较小,一般私家园林的规模都在一公顷上下,个别大的也可达四五公顷。园内景物主要依靠人工营造,建筑比重大,假山多,空间分隔曲折,特别注重小空间、小建筑和假山水系的处理,同时讲究花木配置和室内外装饰。造园的主题因园主情趣而异,大多数是标榜退隐山林,追慕自然平淡。因而,小巧玲珑,淡雅素净是其主要特色。历史上著名的私家园林很多,见于记载的就不下一千余座,其中,苏州、扬州、南京的园林最为人所称道。现存的私家园林,比较著名的有如北京的恭王府,苏州的拙政园、狮子林、留园、沧浪亭、上海的豫园等。

寺观园林　寺观园林一般只是寺观的附属部分,手法与私家园林区别不大。但由于寺观本身就是"出世"的所在,所以其中园林部分的风格更加淡雅。另外还有相当一部分寺观地处山林名胜,本身也就是一个观赏景物,这类寺观的庭院空间和建筑处理也多使用园林手法,使整个寺庙形成一个园林环境。

邑郊风景园林 如苏州虎丘、天平山,杭州西湖,扬州瘦西湖,南京栖霞山,昆明西山滇池,滁州琅玡山,太原晋祠等,它们位于城镇市郊,属于一般游人均可自行进入的公共园林。它既离城比较近,又以自然山水为景色的主要骨架,占有天时地利之便。这一类园林没有明确的范围,其中还会包含寺庙园林和私家园林等主要景点。最有代表性的是杭州西湖。

(2) 按园林所处地理伴置分类。

北方园林 又称为黄河类型园林。园林多为皇家园林,以北京为代表。

江南园林 又称为长江类型园林。园林多为私家园林,以苏州为代表。

岭南园林 又称为珠江类型园林。一般规模较小,多数是宅园,建筑的比重较大,风格介于北方园林与南方园林之间,近代又受外国构园方法的影响,轻盈秀丽,室内造景,内外呼应。广东顺德、东莞等地,这一类的园林较多。

6. 中西古代园林的比较

世界上的园林可分为三个系统:欧洲园林、西亚园林和中国园林,其中,中国园林是东方自然式园林的代表,而西方园林是几何规则式园林的代表。中西园林,不论从造园理念、造园原则,还是从造型艺术、总体布局等方面都有较大的差异。

(1) 造园理念。中国古典园林强调"天人合一"的理念,强调人与自然的和谐、融合,而西方园林强调人文主义的理念,强调人对自然的控制、改造。

(2) 造园原则。中国古典园林强调绘画原则,即写意山水式园林是诗文意境、绘画意境的生动表现。造园者将诗与画融入园林的造景与布局之中,以表现"诗中有画,画中有诗"的境界;而西方园林强调建筑原则,建筑是园林的主体,把自然风景纳入建筑的构图里,即把自然风景作为建筑物的环境加以处理。如江南园林在上海的代表——豫园,园林中的各种建筑既要与天空、地上的自然环境吻合,又要与园内的假山、池沼、花草树木等各种人工山水环境相配,以表现中国园林的自然、淡泊、恬静、含蓄的艺术特色。而法国的凡尔赛宫及其园林,主体是凡尔赛宫,两个明镜般的大池塘位于宫殿的正后方,一条长长的十字形水渠令伸向远方,巨大的喷泉颇为壮观。整个园林共有一千四百处喷泉、瀑布、雕塑、装饰品和各种几何形状的花坛。

(3)造型艺术。中国古典园林是一种自然山水式园林,山水因地制宜,不追求什么对称轴线,而是追求清静、淡泊、含蓄、自然、和谐,追求"壶中天地"、"芥子纳须弥"的自然美境界;西方园林是一种几何规则式园林,整齐一律,均衡对称,追求几何形美。如法国的凡尔赛宫及其园林,就是典型的几何规则式园林。

(4)总体布局。中国古典园林,不论是皇家园林还是私家园林,都因自然地势的起伏而筑山挖池,强调自然布局、曲径通幽,道路、小径大多弯弯曲曲,花草树木皆有自然之野趣。如承德避暑山庄,山岭占全园总面积的五分之四,包括松云峡、利树岭、松林屿与北山等。另有大片草场平原,以及由三堤七岛分隔成的六个湖面,组成丰富多样的山水林泉景色。其中,最近宫区的湖区是园林之精华所在,水面、岛屿之间各以堤岸、小桥或曲径相通,湖岸透迤,楼阁相间,景色层次非常丰富,又植有大量乔木,到处一片浓绿,呈现一片生机。西方园林的平面布局是强烈的对称轴线,道路大多是直线形,形成如矩形或放射形的交叉;草坪和花园也被分割成各种几何形状的团簇,树林花卉也塑造成各种几何图形。如西欧各国的古典园林皆是此种布局。

第四节 中西古建筑的比较

建筑不仅是一种工程技术,更重要的是人类最大的社会历史文化的物化。著名的俄罗斯作家果戈理曾说:"建筑是世界的年鉴,当歌曲和传说已经缄然,她依旧诉说。"中西的古建筑都是在向旅游者展示各自的历史文化最精彩的篇章,也是向旅游者显示各个国家的个性和魅力最精彩的舞台。中国以自己的古建筑向人们展示几千年的中华文化的魅力,而世界各国的建筑,尤其是欧洲的古建筑在我国也有不少,尤其是在上海分布面广、数量多。在上海的各国各式建筑众多,上自古希腊、古罗巴的建筑风格,下至别墅、花园洋房等应有尽有,形成了一道"万国建筑博览"的靓丽风景线。因此,对中西古建筑作些比较,有助于我们更好地观赏各国的建筑美。

中西古建筑的差异表现在众多方面,如在营造理念、布局、屋顶造型、装饰、材料和结构等方面均有体现。

1. 营造理念

中国古建筑重在表现敬天祀祖、皇权至高无上、家长的长幼尊卑等观念,如北京的故宫、太庙、社稷坛等建筑就是这些观念的极好体现;西方古建筑重在表现宇宙、上帝的恢弘和至高无上,以及人的个性发展需求。如法国的巴黎圣母院,教堂正立面优美和谐,内部并排着两列高耸的柱子,给人以一种腾空而起的动感,体现了上帝的恢弘和人的个性发展。

2. 建筑布局

中国古建筑重在平面布局而楼层不高,重中轴线与东西偏殿对称,重庭院式。如我国帝王的宫殿、坛庙、陵寝,宗教的寺院、宫观等,大都采用整齐对称、严谨均衡的布局形式,高大的主体建筑,如故宫的三大殿均在中轴线上。主要建筑与其两侧和对面的若干次要建筑,组合成封闭式的空间(庭院),如北京四合院民居最为典型。中国的古建筑楼层不高,如故宫的太和殿雄伟高大,连三层台基在内也不过高达二十多米;而西方古建筑截然不同,它们重在立体发展,楼层较高,重独体式。如英国伦敦的圣保罗大教堂平面呈十字形,中央是直径约 34 米的穹窿,顶高约 111 米;德国乌尔姆主教堂的尖塔竟高达 162 米。

3. 屋顶造型

中国古建筑的屋顶重在飞檐翘角,如我国的古建筑多是大屋顶,屋檐向上翘起,故宫的太和殿是重檐庑殿顶,屋檐下有斗拱将其挑出;而西方古建筑重在斜坡顶、尖顶、圆顶、平顶等,如土耳其首都伊斯坦布尔的圣索菲亚大教堂,教堂顶部为巨大的圆形穹顶;英国伦敦的国会大厦是尖顶、尖塔;上海外滩的沙逊大厦是金字塔式的斜坡顶等。

4. 装饰艺术

中国古建筑的装潢重在彩画,如宫殿的梁柱上多是带龙凤图案的彩画,寺庙的梁柱上多是带涡卷瓣旋花的图案;而西方古建筑重在雕塑,如上海邮政总局大楼的塔楼是巴洛克建筑艺术风格,塔楼下方设方形基座,基座两侧上部有两组巴洛克风格的雕塑,一组是手持火车头、轮船铁锚和通讯电缆模型的三人雕塑,一组是希腊神话中的商人和爱神的三人雕塑。

5. 材料和结构

中国古建筑是以木材为主,辅以砖瓦,是木结构为主的框架式结构,如山西应县木塔是我国现存最古老的木构建筑;而西方古建筑是以石材料为主,采取圆柱式。如上海外滩的万国建筑博览群,多半是用金山石堆砌而成。

思考题

1. 中国古代建筑的产生和发展经历过哪些阶段? 其中成熟阶段和完善阶段各处哪个时代? 各有何特点?

2. 中国古代建筑的营造观念有哪些? 各自体现在哪些方面?

3. 中国古代建筑的平面布局有何特点? 举例说明之。

4. 中国古代建筑的主要结构方式是什么? 它有何优点?

5. 中国古代建筑的艺术形象有何特色? 主要表现在哪些方面?

6. 简述中国古代建筑的基本构件及台基、斗拱的作用?

7. 以北京故宫为例,说明宫殿建筑的布局原则。

8. 我国宫殿建筑中的外陈设有哪些? 华表、石狮摆放在宫殿外面有何意义?

9. 以北京天坛为例,说明我国坛庙建筑的艺术特征?

10. 我国古代陵墓建筑有何特点? 举例说明之。

11. 我国的桥梁建筑有何特色? 试结合实例加以分析。

12. 我国民居建筑主要有哪几种类型? 各有何特点? 以北京四合院、皖南古民居为例加以说明。

13. 中国古代园林的特色是什么? 试以北京颐和园和苏州古典园

林为例加以说明。

14. 举例说明中国古代园林的构景要素"叠山置石"。

15. 举例说明中国古代构景要素"理水"的原则和方法。

16. 中国古园林中的建筑主要有哪些? 它们在构景中起何作用?

17. 园林中的小型建筑有哪些? 它们各起何种作用? 举例说明之。

18. 简述古园林的构景手法。

19. 以北京颐和园和苏州古典园林为例,举例说明并对皇家园林和私家园林进行比较。

20. 对中西古园林的造园理念、原则、艺术和总体布局进行比较。

21. 对中西古建筑的营造理念、建筑布局、屋顶造型进行比较。

第八章 中国的宗教和民俗文化

中国是一个多民族、多宗教的国家,世界三大宗教佛教、基督教、伊斯兰教传入中国后,经过中国化,也有了较深厚的土壤和文化积淀,尤其是佛教的中国化最为明显和深刻。中国土生土长的宗教——道教,也经历了一个兴衰的过程。因此,中国的宗教文化是一个丰富多彩的立体图画,可以向人们展示宗教的丰富文化内涵和宗教建筑、宗教名山、宗教习俗等各个方面,对旅游者增长知识、开拓眼界、陶冶情趣有潜移默化的影响。

中国的民族众多,蕴含着丰富的民俗文化旅游资源,各民族的文化、风俗、习惯,从神话传说、音乐舞蹈、戏曲艺术、雕俗壁画、节庆娱乐、民族工艺、服饰、饮食、建筑形式等均各有特色,人们从中可获得美的享受,可增添许多有益的知识。

本章着重介绍中国宗教文化的特色、民俗文化的特色,剖析其丰富的文化内涵,以使学生对中华民族的传统文化更深刻的认识,有助于学生更加热爱中华大地和中华文化。

第一节 中国佛教文化

中国宗教文化是中国传统文化的有机组成部分,且有其自身的特点。在漫长的历史长河中,外来的佛教文化、伊斯兰教文化和基督教文化受到中国儒教、道教文化的影响,经历了中国化的过程,才得以在中国扎根和发展。中国土生土长的道教文化和中国少数民族地区的原始宗教文化也均有发展,其中佛教文化是影响最广和最深的,也是中国化最深刻的宗教文化。

一、佛教文化概述

1. 佛教的产生和发展

佛教是以佛陀释尊为开山鼻祖而尊崇信奉佛法的宗教。佛就是佛陀，是印度语 buddha 的音译，意译为觉者，即觉悟了社会、人生之真理的人。"释尊"就是释迦牟尼世尊的略称，释迦牟尼是人们对佛陀的尊称。

佛教产生于公元前六至五世纪的古印度。其创始人为悉达多·乔达摩(约公元前 566～公元前 486 年)，他是古印度迦毗罗卫国(在今印度、尼泊尔的边境地区)的净饭王太子，幼时受传统的婆罗门教育，文武双修，长大后深感人世生老病死的各种苦恼，又对当时的婆罗门教不满，遂舍弃王族生活，出家探索人生解脱之道。29 岁时出家苦修六年，进而至菩提伽耶毕钵罗树下深思默想，终于在一天晚上"悟道成佛"。得道后，他在鹿野苑初转法轮，弘扬佛法，并在印度北部、中部恒河流域传教，历时四十五年，从道者众，流传下来，称为佛教。他反对古印度"婆罗门第一"的种姓制度，提出四姓平等主张，得到广大的穷苦百姓的支持，所以人们尊称他为释迦牟尼，即"释迦族圣人"。释尊的出生地蓝毗尼花园、成道地菩提迦耶、初转法轮地鹿野苑、涅槃地拘尸那迦是举世闻名的佛祖四大圣迹。

2. 佛教在中国的传播

佛教传入中国，主要以大乘佛教为主，其经典主要属于汉语系的，亦称汉语系佛教。它是于西汉哀帝元寿元年(公元前二年)传入中国内地的，故称为汉地佛教。魏晋南北朝时期是佛教在我国的大发展时期，各地开始建立大量的寺庙，洛阳白马寺就是这时候创建的。许多石窟也是这时开始建造的。在唐代，佛教逐步完成了中国化的过程，形成了各个宗派。

在我国云南的一部分少数民族地区，如傣族、布朗族、德昂族、阿昌族、佤族等地区，则是小乘佛教，其经典为巴利语系，也称巴利语系佛教或上座部佛教。

藏传佛教是公元 7 世纪左右，从古印度和中国内地传入的，它是佛教密宗和西藏当地的古老宗教(苯教)相融合形成的具有西藏地方色彩的佛教,是佛教中国化的产物,俗称喇嘛教,主要流传于藏族、蒙古族、裕固族,以及蒙古和西伯利亚等国家和地区,其经典属藏语系,亦称藏传佛教。公元 13 世纪后期,元世祖忽必烈定藏传佛教为元朝国教。在藏传佛教的发展过程中,最重要的事件是 15 世纪初宗喀巴进行的宗教改革,他创立了格鲁教派,俗称黄教。该派在蒙古贵族势力和清皇室扶持下,从 17 世纪开始,实行政教合一,掌握了西藏地区的领导权。在清朝初期,顺治和康熙年间,清政府先后册封宗喀巴的再传弟子达赖喇嘛和班禅额尔德尼为活佛,从此正式形成两大活佛转世制度(称为金巴制度)。活佛是汉族地区对大喇嘛的习惯称号,藏语称为"朱古",意指由佛化身的肉身,即在宗教修行方面取得杰出成绩,能够根据自己意愿转民的人。"达赖"意为大海,"喇嘛"意为上师,"班禅"意为大学者。

近代佛教更加体现了传统文化中注重世俗生活的特点。首先佛教和道教、民间一般信仰日益融合。佛教在追求来世解脱的同时,也重视对现世利益的追求,如祛病消灾,增福延寿,全家平安,佛教的许多礼仪也世俗化;其次,佛教的信仰对象逐渐普遍为多数人接受,受到非佛教信徒的敬仰与信奉,如观音信仰的中国化。

3. 佛教基本教义

(1) 四谛说。释迦牟尼的社会伦理观,代表了佛教对人生、社会的基本看法。"谛"是真理之意。四谛即四条真理:苦、集、灭、道。其中,苦谛是佛教对世界与人生的基本认识,是佛教理论的基本出发点,即整个世界和全部人生都处在无边苦海之中;集谛是分析造成痛苦的原因,即"缘起说",指人生痛苦的总根源是"无明"(对佛理的盲目无知),只有消除了无知才能获得解脱;灭谛是要灭尽造成人生痛苦的原因,指人生苦难的灭寂与解脱;道谛是如何将众生引向解脱(消灭痛苦、征得涅槃)的方法。"八正道"和归结的戒、定、慧"三学",就是这些方法的中心内容,是佛祖为众生所开的"药方"。四谛是相互联系的、不可分割的整体,四谛说是佛教教义的核心。

(2) 三法印说。"三法印",即"诸行无常"、"诸法无我"、"涅槃寂静",是佛教教义最集中的体现和概括。所谓"诸行无常",就是世界上一切事物和现象都是变化无常的,没有永恒不变的事物。"诸法无我"是指一切存在都没有独立不变的实体或主宰者,一切事物都没有起主宰作用的我或灵魂。前者指"法无我",后者指"人无我"。世上所有世俗之人以为人有灵魂,产生"我执"的观念,致使产生各种烦恼,并造成种种行动。所以"对我的执著"是万恶之本、痛苦之源,需全力拔除。所谓"涅槃寂静",是指要为众生提供一个归宿、一个努力方向和理想乐园,即为众生安排一个虚幻的快乐的彼岸世界。因而,"三法印说"基本上概括了佛教理论的主要观点,从诸行无常、诸法无我到涅槃寂静的理论体系,是佛教的基本原则。

上述佛教的教义深刻地影响着中国传统文化的发展,它的"来世达彼岸"的思想与儒家的"入世"思想,以及道家的"出世"思想相互融合,形成了"从苦的此岸世界到乐的彼岸世界"的文化心理,并最终达到"三教合流"的结局。这是佛教在中国发展的必然结果,也是中国古代传统文化发展的重要特征。

4. 佛教神祇

(1) 佛是佛陀的简称,梵文的意译,意思为觉者,是佛教修行的最高果位。觉有三个意思:自觉、觉他(使众生觉悟)、觉行圆满。据称,阿罗汉缺后两项,菩萨缺后一项,只有佛才三项俱全。小乘佛教所说的佛一般是指释迦牟尼,大乘佛教除指释迦牟尼外,还泛指一切觉行圆满者。如,过去有七佛、燃灯佛,未来有弥勒佛,东方有阿閦(读醋或错)佛、药师佛,西方有阿弥陀佛。

(2) 菩萨是梵文菩提萨缍(读朵)的简译音。菩提意思为觉悟,萨缍意译为有情的生物或众生。大乘佛教认为,以阿罗汉果为修行的目标还不够,应该修持佛果,即达到成佛的境地。但在成佛前,先作菩萨,即一面修持佛果自度,一面教化众生,度众生到极乐彼岸。佛经中常提到的,以及我国汉族地区影响较大的菩萨,有观音菩萨、文殊菩萨、普贤菩萨、地藏王菩萨和弥勒菩萨。

观世音是梵文的意译,传说唐代避李世民名讳,略去"世"字简称观音。他是阿弥陀佛的左胁侍。佛教认为他大慈大悲,遇难众生只要念诵他的名号,"菩萨即观其音声",前往拯救解脱,故叫观世音。据说观音可以应机以种种化身救苦救难,所以有各种不同名称和形象的观音,如白衣观音、送子观音、鱼篮观音、水月观音、千手千眼观音等。观世音菩萨在印度原为男像,自传入中国后,逐渐被汉化,大约从南北朝起,为更好体现大慈大悲和方便闺房小姐供奉,产生女身观音像。为普济众生,观音可以示现三十三身。相传观音菩萨的道场在浙江普陀山。以致千百年来,有"家家观世音,户户阿弥陀"之称。

文殊师利菩萨　简称文殊菩萨,意译为"妙德"、"妙吉祥",专司智德(即佛教认识论)。手持宝剑(或宝卷),象征智慧锐利;身骑狮子,象征智慧威猛,人称大智菩萨,相传其道场在山西五台山。在佛教寺院中,他常塑在释迦牟尼佛的左边,为释迦牟尼的左胁侍,专司"智慧",常与司"理"的右胁侍普贤并称。

普贤　是梵文的意译,亦译为"遍吉"。他是释迦牟尼佛的右胁侍,专司"理"德。其职责是把佛门所倡导的"善"普及到一切地方。手持如意棒,身骑六牙大象(表示六度),人称大行菩萨。相传普贤菩萨显灵说法的道场在四川峨眉山,现峨眉山万年寺有宋代铜铸普贤骑白象的造像。

地藏　是梵文的意译。佛经说,这位菩萨"安忍不动犹如大地,静虑深密犹如地藏",所以得名。释迦牟尼嘱咐他,在释迦寂灭,弥勒佛未生之前,救助六道众生。他即发下誓愿"众生度尽,方证菩提,地狱未空,誓不成佛",人称大愿菩萨。他手持锡杖,或手捧如意球。《宋高僧传》载,他转世为新罗(今朝鲜半岛)王子,自幼出家,唐玄宗时来华入九华山,建寺收徒,99岁圆寂,肉身不坏,以全身入塔。现九华山神光岭有肉身殿,相传即为地藏菩萨的成道处。

弥勒　据佛经上讲,他本为释迦牟尼佛祖的弟子,先于佛寂灭,上升到弥勒净土。释迦牟尼预言他在五十六亿七千万年后,当下生人间成佛。因此,他是佛门三世佛中的未来佛,因为是未来之佛,故现在还是菩萨。传说在我国五代时期出了一位名叫"契此"的和尚。传说这个契此和尚身材矮胖,肚子特大,常用竹竿挑着个大布袋东游西荡化缘。他逢人便笑,言语无常却每多灵验,因而名噪一时。他圆寂时说偈道"弥勒真弥勒,化身千百亿,时时示时人,时人自不识"。于是,人们皆传他就是弥勒佛的化身。后世许多寺院里照他的模样塑造了笑口常开的大肚弥勒像。许多地区民间俗称他为"笑头儿和尚","大肚罗汉"。"大肚能容,容天下难容之事;笑口常开,笑世间可笑之人"这副对联也不胫而走。

（3）罗汉是阿罗汉的简称,小乘佛教修行的最高果位就叫阿罗汉果。修持佛法的人达到了超脱生死,即不再生死轮回就叫阿罗汉。阿罗汉这个词是梵文音译,本身有杀贼、应供、不生等意思。杀贼即杀一切烦恼之贼,佛教把众生因无明迷妄所引起的各种烦恼、疑惑、痴迷等情,称之为心中之"贼",认为它们是扰乱人们内心清静、妨碍修行的有害情感。而阿罗汉已经灭尽了种种"心中之贼",因此称之为"杀贼"。"应供"是说到了阿罗汉果位,已经断灭一切能导致生死流转的"有漏"法,身心清静,应受人天供养。"不生"即是说阿罗汉已进入永恒不变的涅槃境界,不再进行生死轮回。寺院中有十六罗汉、十八罗汉和五百罗汉。唐以前的寺庙中供奉十六罗汉,宋代开始寺庙中供奉十八罗汉,民间传说的济公也列在罗汉之中。

济公,南宋僧人道济,俗名李心远,世称济公。他不守戒律,嗜好酒肉,如痴如狂,被称为"济癫僧"、"济癫"。相传济公为罗汉转世,但去罗汉堂报到已晚,加上辈分不高,只得站在过道里,甚至让其蹲坐在梁上。一般也供在罗汉堂。

5. 其他佛教文化常识

（1）佛教礼仪。

称谓　佛教的教制、教职在各国不尽相同。在我国寺院中,一般有"住持"（或称"方丈",是寺院负责人）、"监院"（负责处理寺院内部事务）、"知客"（负责对外联系）,可尊称"高僧"、"大师"、"法师"、"长老"等。佛门弟子依受戒律等级的不同,可分为出家五众和在家两众。出家五众是指:沙弥、沙弥尼、式叉尼、比丘、比丘尼。在家两众是指:优婆塞和优婆夷。佛教徒出家的俗称"和尚"（僧）和"尼姑"（尼）,亦可尊称"法师"、"师太"。不出家而遵守一定戒律的佛教信徒称"居士",可尊称为"檀越"、"护法"、"施主"等。

"四威仪"　是指僧尼的行、住、坐、卧应该保持的威仪德相,一切都要遵礼如法。不允许表现举止轻浮,即行如风,住(即站)如松,坐如钟,卧如弓。

饮食习惯 过午不食。在东南亚一带,僧尼和信徒一日两餐,过了中午不能吃东西。午后只能喝白开水,连牛奶、椰子汁都不可喝。我国汉族地区因需要在田里耕作,体力消耗较大,晚上非吃东西不可,但进食称为"药食"。

不吃荤腥 荤食和腥食在佛门中是两个不同的概念。荤专指葱、蒜、辣椒等气味浓烈、刺激性强的东西,吃了这些东西不利于修定,所以为佛门所禁食。腥则指鱼、肉类食品。东南亚国家僧人多信仰小乘佛教,或乞讨,或到附近人家轮食,无法挑食,所以,无论素食、肉食,只能有什么吃什么。而我国大乘教派的经典中则有反对食肉的条文。但蒙藏地区,由于气候和地理原因,缺乏蔬菜,不食肉不能生活,所以一般也食肉。但无论食肉与否,大小乘教派都禁忌荤食(即葱、蒜、辣椒等刺激性食品),南北佛教均须遵守。

不喝酒 酒会乱性,不利于修行,故严格禁止。

礼节 "合十",亦称"合掌"。其形状是两手当胸、十指相合。合十为礼,以示敬意。

"顶礼" 向佛、菩萨或上座行此礼。双膝跪下,头顶叩地,舒两掌过额承空,以示头触佛足,恭敬至诚,就是俗话说的"五体投地"。

"功课" 在寺庙里,僧尼每天的必修课为朝暮课通,又名早晚功课,或五堂功课。寺庙在早上4时就打催起板(起休号令),僧尼盥洗完毕,齐集在大雄宝殿,恭敬礼佛,端坐蒲团,听候大钟大鼓结束声。随后起立,随众念诵早课楞严、大悲、十小咒、心经等,这是二堂功课。晚课在下午4时左右,僧尼立诵弥陀经和跪念忏悔文、发愿、回向、放蒙山,这是三堂功课。回向的意思就是将自己念诵的功课,回归向往使大众都能亲证佛果。"晨钟暮鼓"就是由佛教寺庙里的早晚功课而来的。

五戒 指不可杀生,不可偷盗,不可邪淫,不可饮酒,不可妄语。这叫做"方便五戒"。

大戒 又叫"比丘戒",指不杀、不盗、不淫、不妄、不酒、不着彩色衣服和不用化妆品、不视听歌舞、不睡高床、不过午食、不蓄财宝,共十种根本戒。并由此扩充为比丘的 250 戒、比丘尼的 348 戒等。过去比丘和比丘尼受戒时,要在头上烫 12 个香洞。现在中国佛教协会根据广大教徒的意见,决定受戒时不必燃香疤,这主要是因为佛制原来没有这个规定,像东南亚佛教国家的僧人都不烫香疤。

过堂　僧尼吃饭都要过堂,早晨、中午到"五观堂"或"斋堂"用食。五观之意为:一是思念食物来之不易,二是思念自己德行有无亏缺,三是防止产生贪食美味的念头,四是对饭食只作为疗饥的药,五是为修道业而受此食。在过堂时,住持和尚坐在堂中的法座上,僧众在两边就座。饮食之前,先要敲挂在寺庙走廊上的大木鱼(梆)和葫芦型铁板(云板)。梆是吃饭号令,又叫长鱼。鱼昼夜均不合眼,隐喻佛徒修行也应精勤不息,废寝忘食。吃饭中间如果需要添饭菜,应将空碗送到桌边,由斋堂服务员添,不可出声叫唤,碗筷应摆在桌边放齐。如住持和尚的筷子搁在碗边上,表示他要对大众讲话;筷子放平,即不准备讲话。过去,大寺庙因僧众较多,多采用"过堂"形式吃饭,并实行分食制。现在一般小庙,人数不多,多采用四菜一汤共食制。佛教主张过午不食,现已有改变,多数僧尼为了工作和学习,也吃晚饭,叫做"吃放参"。

非佛教徒进入寺庙应注意的事项　佛寺被佛教徒视为清净的圣地,非佛教徒进入寺庙衣履要整洁,不能着背心、打赤膊、穿拖鞋。当寺内举行宗教仪式或做道场时,不能高声喧哗。未经寺内职事人员允许,不可随便进入僧人寮房(宿舍)等。为了保持佛地清净,严禁将一切荤腥及其制品带入寺院。

对僧尼称呼,可称"师父",或在他们的职称后加"师"字,如当家师、维那师、知客师等。习惯上也可称法师或师太。

应该注意的是不能问僧尼的尊姓大名。因僧尼出家后一律姓释,出家入道后,由师父赐法名。受戒时,由授戒师赐戒名。因此,问僧尼名字时,可问:"法师上下如何?"或"法师法号如何?"这样便可得到回答。

(2)佛教的经典和标记。大乘和小乘佛教的经典,包括经藏(释迦牟尼说法的言论汇集)、律藏(佛教戒律和规章制度的汇集)、论藏(释迦牟尼大弟子对其理论、思想的阐述汇集),故称三藏经,或称"大藏经"。

藏传佛教大藏经称为《甘珠尔》和《丹珠尔》。《甘珠尔》意为佛语部,《丹珠尔》意为论部。

佛教的旗帜或佛像的胸间,往往有"卍"的标记。这标记武则天将其定音为"万";意为太阳光芒四射或燃烧的火。后来作为佛教吉祥的标记,以表示吉祥万德。佛教的标志也往往以法轮表示,因为佛之法论如车轮辗转可摧破众生烦恼。

(3)常见的佛事。

有水陆法会、众姓道场、增福延寿道场、焰口施食、忏法等,其中,水陆法会是规模最大的道场。

水陆法会　全名为"法界圣凡水陆普度大斋胜会",也称"水陆道场"、"水陆大会"、"水陆会"、"水陆斋"。因其超度水陆一切鬼魂、普济六道众生,故称之。少者七天,多者四十九天。

(4)主要节日。有佛诞节(亦称浴佛节)、成道节(亦称佛成道日、腊八节)、涅槃节、观音节(中国汉族地区于农历二、六、九三个月的十九日为纪念观音的节日)、世界佛陀节(亦称维莎迦节,即南传佛教将释迦的诞生、成道、涅槃并在一起纪念的节日)、驱鬼节和跳神节(藏族地区佛教节日)、泼水节(傣族佛教节日)、佛牙节(斯里兰卡的佛教节日)等,有些节日已成为民俗。

二、佛教的中国化

中国宗教文化的历史表明,任何外来宗教必须中国化,才能扎根于中国大地,也就是说,外来宗教必须与中国的传统文化相融合,才能在中国存在和发展。佛教在中国的传播和发展,分成三个派别:汉地佛教、云南上座部佛教和藏传佛教,都是古印度佛教与中国传统文化相融合的结果。其中,汉地佛教是印度大乘佛教与汉地传统文化的融合;云南上座部佛教是印度小乘佛教和云南一部分少数民族地区的民族文化的融合;藏传佛教则是佛教的密宗与西藏当地的苯教融合而形成的。

佛教的中国化表现在很多方面,如佛教的儒学化、佛教神祇的汉化、佛教信仰的民俗化、佛教建筑的中国化等等。

1. 佛教的儒学化

佛教中国化最突出、最典型的表现就是伦理道德的儒学化。中国佛教重视忠孝,尤其是集中表现在以戒为孝、戒即孝的独特格式上。简而言之,就是以孝道为核心,调和儒家的伦理,这是中国佛教不同于印度佛教伦理的根本特征。例如,佛教提出的四报,即报佛祖恩、报国君恩、报师父恩、报双亲恩,就体现了儒家的忠君报恩思想,强调父母之恩当报、要忠君爱国。同时,佛教还把人们的孝行和佛事活动结合起来,力求在民间创造奉行孝道的气氛。印度佛教《盂兰贫经》突出地体现了孝道精神,书中特别强调释迦牟尼出家和目犍连出家,都是为了孝道。中国佛教依照这种说法而举行盂兰盆会是唐代以后中国民间的最大节日之一,而盂兰盆会则是深受古代民间欢迎的一种法会。

佛教以人生为苦,因而就把追求人生的解脱作为自己的最高理想,为此提出了一套去恶从善的理论和伦理道德准则。所以佛教是以大慈大悲、利己利他为伦理道德的出发点,这和儒教的"恻隐之心"、"人之初、性本善"的性善论相通,和我国的国家本位与民本思想的文化传统相近,因而,在中国历史上佛教的道德训条影响很大。

当代中国佛界的宗旨强调:"诸恶莫做,众善奉行,庄严国土,利乐有情",也是吸取了道教的因果报应论的思想而提出的。

2. 佛教信仰民俗化

这是佛教中国化过程的一个重要方面。汉化佛教表现出明显的功利性、实用性色彩,而宗教神学的色彩越来越淡薄,民间信仰的氛围越来越突出。如汉地佛教的信徒往往是出于对佛教神灵的纯粹功利性、实用性祈求去烧香拜佛的,像阿弥陀佛、观音菩萨、弥勒佛等功能性神灵,影响广泛,深入人心,几乎达到妇孺皆知的程度,而作为创始人的释迦牟尼则被大大淡化。尤其是中国四大菩萨中的观音菩萨,成为我国最受欢迎的神祇。千百年来,他深受我国社会各阶层人士的信奉和青睐,"家家阿弥陀,户户观世音",可以说无人不知。据史料记载,东晋义熙四年(公元 408 年),太原郭宣被关在狱中,他心念观世音,遂被恩赦,出狱后为观音菩萨造像,这是观音信仰及观音造像见于文献的最早记载。由此可见,人们对观音菩萨的信服也是出于现世利益功德而博得的南北朝时期的观音信仰全面发展。随着我国佛教的全面发展与兴盛,观音菩萨在民间进一步深入人心,并且在唐朝出现了他的独立道场——普陀山。观音道场的形成又促使观音信仰更加盛行。随着观音在中国落户,我国也出现祭祀观音的日子。农历二月十九日是他的诞生日,六月十九日是成道日,九月十九日是涅槃日。每逢这三个节日,寺院和民间都隆重地纪念他。在这三个节日期间,普陀山的香火最盛、人最多、最热闹。

3. 来源于印度的佛教神祇都不同程度地打上了中国文化的烙印

汉地佛教神祇是佛教汉化的一个重要方面。汉化主要表现在以下方面:

(1)与中国传统文化相适应。佛教神祇是印度来的"洋神",其神职既高又专,不易为人们理解,要赢得中国人的信奉,必须迎合世俗社会的爱好、情趣、风俗习惯和道德观念,走世俗化的路子,否则就将受到人们的冷落。如观音菩萨,大慈大悲,深受世人敬仰,可是人们还嫌不够,在观音的 32 种化身的基础上,又创造出许多观音(如送子观音、数珠观音等),赋予观音更多的更实际的济世功德,观音的世俗化达到了无以复加的地步;再如,天王殿中的四大天王,在佛教中的职责是守护四大部洲佛教及人民,离人民十分遥远,而在我国的通俗小说《封神演义》里,将他们改造成为掌管人间"风、调、雨、顺"职能的四兄弟,深受人们欢喜。

(2)与中国古代的鬼神信仰相融合。佛教在传播与发展过程中,要不断地吸收外来神祇,扩大其队伍,而中国人在接受佛教神祇时,也会不自觉地将我国民间鬼神与佛教神祇相联系。例如,三国时期的关羽被奉为佛教寺庙的护法伽蓝神;范仲淹、包拯等刚直不阿的清官被奉为地狱中的阎罗王;地藏王菩萨,由于其誓愿救渡地狱众生,被人们称为大愿菩萨,从而取代了大势至菩萨,成为中国四大菩萨之一,后又被奉为"冥间大王",与我国传统信仰的"十殿阎罗"组成了掌管阴间善恶的神祇。

(3)与中国人民喜爱的形象相融合。佛教神祇形象的汉化也是一个重要方面。在佛教神祇中,菩萨形象的汉化最为突出。在印度佛经里,菩萨形象都是留髭须的男子像,但传入中国后,菩萨形象逐渐女性化,如观音菩萨形象由男身变为女身,成为一个端庄美丽、雍容华贵的中国贵妇人的形象。弥勒在中国的化身象为布袋和尚(大肚弥勒);韦驮菩萨成为一个身穿甲胄的少年武将形象;四大天王的形象也汉化,成为武士装束,身着甲胄,威武雄壮的中国武将形象。

4. 古印度原型的佛教建筑逐渐汉化(在汉地发展为殿宇式建筑)

我国的佛教建筑来源于印度,但传入汉地以后,受到中国古建筑的影响,因而寺院的布局以中轴式为主体,主要的殿堂沿中轴线排列,如天王殿、大雄宝殿、三圣宝殿、方丈室、藏经楼等,两侧为次要殿堂,如观音殿、罗汉堂等;中原地区的建筑则多采用楼阁式建筑或皇宫式建筑。整个寺院建筑,到南宋时已确立了"伽蓝七堂制",完全成为中国传统的一正两厢、多进院落的格局。"七堂"是指寺院的主要建筑,必须具备七座不同功用的殿堂,否则就不能称为寺院(伽蓝)。可以说,中国古建筑的营造法则在佛教寺院建筑中均得以充分体现。

佛塔是佛教三大建筑之一,它是于公元一世纪前后随佛教传入中国的,东汉以前我国原无这种建筑类型。佛塔传入中国后,与寺院的汉化类似,在造型上有着明显变化。尤其是塔檐,呈向上挑起的飞檐翘角状,这是中国古建筑最显著的特征,是印度佛塔所没有的。佛塔借用了中国传统的飞檐建筑形状,不仅使佛塔出现飞动、轻快、向上的挺举之势,给人以舒展轻快的韵律美,而且也体现了佛教所追求的崇高境界,使佛教信仰和传统信仰在飞檐中得到了完美的体现。

三、中国的佛教艺术和佛教景观

在人类文化的发展过程中,宗教和艺术是密不可分的。宗教从它产生开始,就充满着人们对神秘力量的想象,是人类在现实中遭受的苦难或达不到的理想的抗议和慰藉。艺术是人类感情的系统化、形象化,是想象的物化形象。宗教感情和艺术感情有许多接近的地方,它们都可以是人生幸福和积极力量的肯定,都可以使人在想象中得到满足和激励。"艺术可以从宗教中获得深厚的热情的灌溉,世界上最伟大的建筑、雕塑和音乐多是宗教的,第一流的文学作品也是基于伟大的宗教热情"。我国当代美学家宗白华先生这样说,所以世界上最伟大的艺术往往是宗教艺术。

佛教和其他宗教一样,在传播教义的过程中,也用形象化的实物和艺术形式来进行宣传,从而创造出许多灿烂的艺术瑰宝。印度的佛教艺术,如以雕塑为主的犍陀罗艺术、佛教造像、绘画等都具有明显的宗教色彩,并具有极高的艺术价值和审美价值。佛教传入中国后,印度佛教艺术受到了中国传统文化的影响,与中国文化精神相互融合、交流,引导佛教艺术追求积极的情感态度和美好和谐的审美意境。因此,中国的佛教艺术是要寻找克服人与自然、社会对立与分裂的途径,旨在取得真正意义上的精神自由,增强了人存在的丰富性,使其成为怡心养性的享受。由于中国地域博大,各地区的文化特征差异也较大,因而使印度的佛教艺术受到了不同地域文化和审美思想的影响,并促使中国佛教艺术呈现出风格多样化的特点。

中国的佛教艺术可以分为五大类:佛教建筑艺术、佛教雕塑艺术、佛教绘画艺术、佛教音乐艺术、佛教文学。

1. 佛教建筑艺术

它包括寺庙艺术、佛塔艺术、石窟艺术、经幢艺术等,这里着重介绍石窟艺术。石窟艺术起源于古印度,是最古老的佛教建筑艺术。它原是指开凿于山石、岩壁间的洞窟,供释迦牟尼及其弟子们坐禅或苦修的石室,在印度称为"石窟寺"或"僧伽蓝"。石窟艺术被汉地中原文化逐步接纳、融合与改造,使石窟由单一性洞窟"僧伽蓝"的功能发展成为集建筑、雕塑与壁画一体的佛教石窟文化综合体。中国的石窟艺术成为世界上佛教石窟艺术最为繁荣和发达的部分,其开凿时间之长、分布之广、数量之多、规模之大,是世界上任何国家和地区所无法比拟的。中国四大石窟为:甘肃敦煌莫高窟、山西大同云冈石窟、甘肃天水麦积山石窟和河南洛阳龙门石窟,各有特色,是众多海内外旅游者参观、朝拜的对象,成为我国重要的历史人文旅游资源。其中,敦煌莫高窟、洛阳龙门石窟、大同云岗石窟已列入世界文化遗产名录。

2. 佛教雕塑艺术

它也源出于印度,粗犷、奔放且激动人心是印度雕塑艺术刻意追求的艺术效果。它们注意的是宗教气氛的创造和故事情节的宗教意义，不顾及人物的比例和形象的和谐。

佛教传入中国后，佛教雕塑也融合了中国的传统创造出具有中国特质的佛教雕塑艺术。首先，中国内地的雕刻造像与印度佛教雕刻有外形上的区别。印度多裸像，中国却没有，只是服饰上稍微透明一些。它反映了两国不同的伦理观念和审美意识。佛教宣传禁欲，但不禁止在艺术中表现人体美。中国因受儒家伦理道德的影响，非礼勿视，非礼勿为，故中国的雕刻造像多体现一种庄严、安静、平和、优雅的态势。其次，中国还独创了泥塑佛像艺术、造像碑、石麝香经幢等佛教艺术形式。如敦煌莫高窟和天水麦积山石窟有很多彩塑，是佛教艺苑中的一支奇葩。

在佛教的雕塑艺术中，佛教造像（雕像和塑像）占了最主要的部分，也是最有吸引力的观赏景观。我国现存的比较典型的佛像珍品很多，有当今世界上最大的石刻佛像——四川乐山大佛；我国最早的石刻佛像——江苏连云港孔望山摩崖石刻佛像；我国最大的木雕弥勒像——北京雍和宫的一尊独木雕佛；世界最高的青铜大佛——香港大屿山木鱼峰顶的释迦牟尼坐像；我国最大的铸造铜卧佛——北京卧佛寺内的释迦牟尼涅槃像、我国目前最大的石刻卧佛——四川潼南县马龙山石刻卧佛；上海玉佛寺的大玉佛像。近年来，我国各地又建造了不少佛像，如无锡马山大佛，对丰富当地旅游景观、增强旅游吸引力具有重要的作用。

3. 佛教绘画艺术

佛教绘画是佛教引发信仰热忱、扩大宣传影响的一种重要工具。它不仅可以形象地传播佛教教义，也可以供佛教徒礼拜敬奉，并可作寺院殿堂装饰之用。

中国绘画早在春秋战国时期已有独立的发展。佛教绘画艺术传入中国之后，推动了中国绘画的进一步发展，使之呈现出多姿多彩的绚烂局面，产生了原中国绘画所没有的佛教壁画。佛教壁画的线条流畅飞动，富有旋律美，抒情意味浓，色彩绚丽，晕染技巧很高，已成为佛教绘画的主要部分。佛教壁画的内容有以下几种：一是以讲述释迦牟尼前世修行为主的本生故事画,这类故事大多生动有趣、情节曲折;二是讲述释迦牟尼生平事迹的佛本行故事画,这类故事是释迦牟尼一生中各个阶段形象的综合,从他出生、王太子的生活、到出家修道、直到成佛、涅槃前后的生平事迹;三是宣传佛教因果报应的因缘故事;四是经变画,即是用绘画形式将佛经内容表现出来的画;五是许多附会"灵异"、"圣迹"的传说和故事的佛教故事画;六是佛教史迹故事画,如《张骞出使西域图》、《五台山图》等;七是描绘佛、菩萨、罗汉诸像为主的尊像图;八是供奉人图,即出钱建寺开窟、敬事"佛宝"的人的画像。敦煌莫高窟中的壁画是最有代表性的,绘制精巧,形象生动,是千百年来无数艺人长年累月精心创造的结晶,今天已成为重要的佛教旅游资源。

帛画也是佛教绘画的一种,是在布上和丝织品上的画。它所描绘的也是佛教的题材,如佛、菩萨、天王、力士像以及经变画、说法画等。现今在我国内地能见到的汉地佛教帛画已不多,而流行在西藏地区的藏传佛教帛画——唐卡却很多,这是一种画在布上和丝织品上的宗教卷轴画,其题材比较广泛,便于携带,不仅受到信徒的崇敬,还可作为绝好的旅游纪念品。

4. 佛教音乐艺术

音乐是一种通过演唱、演奏,让听众有所感受而产生艺术效果的一种艺术。它是一种直接诉诸感觉、最易引起心弦共鸣的艺术形式,有时它能令人热血澎湃或情思绵延,有时能诱人击栉顿足,甚至翩然起舞。佛教音乐是一种主要用来渲染和加强宗教仪式的气氛和效果,起到澄清杂念、净洁心灵作用的宗教音乐。它是寺院和信众在举行宗教仪式时所用的音乐。中国的佛教音乐源于古印度,经过一千多年的发展,与中国本土的儒道思想融会整合,与悠久的宫廷音乐、道教音乐、民间音乐相融合,形成了以"悠、和、淡、静"为特征的独特风格。我国唐代佛教空前隆盛,佛教音乐在创作、演唱、演奏上均达到了很高的水准,并且完成了汉化。唐代佛曲名目甚多,敦煌莫高窟中保存有大批文书,其中有大量的佛曲,如《婆罗门》、《悉昙颂》、《好住娘》、《散花乐》、《归去来》、《太子五更传》等。现今,我国佛教音乐中较具特色的有北京智化寺的京音乐、潮汕庙堂音乐、福建南音、开封大相国寺音乐等。它们以其深邃的宗教意识、独特的音乐风格、强大的艺术感染力,成为中国宗教音乐艺术中的一块瑰宝,至今仍具有独特的魅力。如佛事中放焰火的音乐,据传有九板十三腔,完全不同的唱腔旋律有几十种,它实际上相当于一出音乐清唱剧。

5. 佛教文学

佛教的传入,使中国文学的思想意识、行为方式和体验模式发生改变,从而开创了中国文学的新局面。佛教文学则成为中国文学的一个组成部分,包括佛典文学、本土僧侣创作的文学作品,以及由中国文人创作的受佛教影响的文学作品。

佛典,也称为佛经,原是佛教传教的文字记录。佛祖释迦牟尼在说法布道的 45 年间,留下了大量的思想和语言。在他死后,众弟子加以整理形成了最初的佛典。后各教派又把自己的思想主张教育民众,扩大影响,又创造了更多的经典。据《大藏经》所载,佛经的总数约在两万卷以上。为了达到教化大众、扩大佛教影响的目的,佛经需用民众喜闻乐见的形式,使形象生动化,使语言流畅与优美,因而佛典常常带有浓郁的文学色彩。

佛典三藏分为十二部经,其中有四部可以看作是以文学故事的形式来表达佛教理义的,如《本生经》、《本事经》、《因缘经》、《譬喻经》,此外其他部经中也含有大量的文学故事,特别是叙述佛教生平事迹的各种故事。这些故事集中在一起,形成了一个极其庞大的、丰富的佛典文学体系。其中,一部分是说佛陀前世修行、以致轮回的故事;一部分是对佛陀在世时的种种事迹的记载(称为佛传文学);还有一类是譬喻文学。在藏经的十二部经中,譬喻作为独立的一部,专用载录表现"英雄行为故事"。在我国影响最大的譬喻经典当属《贤愚经》和《百喻经》。即使在正式的大乘,也含有丰富的文学成分,如《华严经》讲述佛成道后在各地借文殊、普贤等诸大菩萨显示因行果德、表达佛教宗旨的事迹,其中有一段著名的"善财童子五十三参"的故事,讲的是善财童子在文殊的指引下,学法求法,遍处寻访,遇到五十三位师父,直到最后参悟佛法的故事。该故事表现了大乘佛教宏通顺世的思想,后成了佛教艺术经常采用的经典题材之一。

为了保存佛教,古代印度把经文刻写在贝多罗树叶(贝多罗树是在南印度、缅甸和斯里兰卡常见的一种阔叶棕榈树,叶长肥硕厚实),称为贝叶经。佛教传入中国后,大量的贝叶经被带入我国,对佛教文化的传播和发展起到了很重要的作用。还有就是石经,是指为使佛经流传久远、佛法永存而在石头上刻写的佛经。房山石经是我国现存规模最大的石刻佛教大藏经,是研究佛教历史和典籍的极其重要的实物资料,也是我国书法和雕刻艺术的宝库之一。

随着佛教的传入,佛教开始渗透到中国思想界,而佛理也引入文学创作领域,出现了佛理诗。东晋初年,最著名的佛理诗作家是支遁,现存诗歌有18首,多是弘扬佛法、描述佛事之作。慧远是东晋后期的佛教领袖,也颇具文才。他的诗今存两首,一是《报罗什偈》,劝勉当时北方经学大师鸠罗摩什,告其勿归天竺;一首《庐山东林杂诗》,意境恬静,融理于景。我国山水诗的创始人东晋谢灵运继支遁的路子,进一步将山水与佛理结合,正式创立山水诗派。唐代佛教达到鼎盛阶段,同时佛教诗歌创作也进入高潮。许多诗人都亲佛,僧侣中习诗者也甚众。因而使唐诗留下了丰富的佛教印迹,同时也促进了唐诗的发展和兴盛。唐代受佛教禅宗影响而做诗并获最高成就的首推王维,其次是柳宗元。唐代的另一派诗,即通俗派诗,也受佛教影响较大。创作主要以僧侣诗人为主,如王梵志、寒山、拾得等。再就是白居易,晚年住龙门香山寺,号香山居士,将佛门作为一种精神寄托。在《香山寺二绝》中写着:"空门寂静老人闲,伴鸟随云往复还。家醖满瓶书满架,半移生计入香山。"这表达了他任运随缘、悠优自行的情趣和对人生纵逝的悲叹。宋元明清时期,佛教诗歌也长盛不衰。总之,佛教对诗的影响是巨大和深远的,它给中国诗歌提供了广泛的素材、特殊的意境和语言,引导建立了一种明白晓畅的诗风,加深了诗歌的意义深度,促成了理趣诗的发展。此外,它还滋育了大批优秀诗人,极大地丰富了我国古典诗坛。

除了诗歌外,颂偈(一种特殊形态的诗)、散文(檄文、愿文、忏文、记叙文文体)、变文、宝卷、小说、戏曲等也受到佛教的影响。例如,白居易写的《赞佛偈》:"十方世界,天上天下。我今尽知,无如佛者。堂堂巍巍,为天人师。故我礼足,赞叹为依。"表达了对佛的颂赞。禅宗六祖慧能的示法偈:"菩提本无树,明镜亦非台;本来无一物,何处惹尘埃。"揭示了佛理,在禅门中被视作经典之作。散文中比较特殊的是一些檄文,它能主动地采用各种文学表现手法,突破一般散文纪实、议论的界限,尽可能地渲染文采,大胆想象,使其更具吸引力。如释智静的《檄魔文》,文中大段地描写法王与天魔两阵对垒的场面,最后是劝谏天魔改往修来,翻然归顺;忏文和愿文是佛教文学中特有的体裁类型,都是向崇高、神圣的对象倾诉心情的文章。如简文帝的《六根忏文》、梁武帝的《金刚般若忏文》、梁简文帝的《四月八日度人出家愿文》、卢思道的《北齐辽阳山寺愿文》等。在记叙文体中,记叙佛教事迹的,如慧远的《庐山记》、白居易的《画西方帧记》、柳宗元的《柳州复大云寺记》、《永州龙兴寺修净土院记》等。变文是将佛典原文变更改做的作品,如中唐时期唐玄宗的《降魔变文》、孟棨的《目连变》等。佛教对中国小说的影响也不小,佛教的思想和佛教文学题材一直是中国小说创作的源泉之一。例如,王琰《冥祥记》、颜之推《冤魂志》等是出自印度佛教故事的;《西游记》的大量素材都与佛教史迹、故事有关,如孙悟空大闹天宫、猪八戒招亲与流沙河沙僧的事,源于佛典及《玄奘法师传》;中国四大奇书之一的《金瓶梅》充满了佛教色彩,其前后有两段诗将所有的内容作了框架和总结,前一段诗是:"善有善报,恶有恶报。天网恢恢,疏而不漏。"为一书之总纲;尾部的一段诗为:"阀阅遗书思惘然,谁知天道有循环,西门豪横难存嗣,敬济癫狂定被歼。楼月善良终有寿,瓶梅淫佚早归泉。可怪金莲遭恶报,遗臭千年作话传。"主要人物的命运都依前诗所言,进入到业报循环的圈子。佛教对戏曲的影响也很大,佛教的大量素材为中国传统戏曲所采用,如金院本《唐三藏》、元杂剧《唐三藏西天取经》、《西游记杂剧》、《哪吒三变》、《观世音修行香山记》等,都取材于印度佛教故事。

6. 佛教名山景观

我国有很多佛教名山,它们大多是当今的旅游胜地,其中最著名的要数四大佛教名山,即山西五台山、浙江普陀山、四川峨眉山和安徽九华山。

(1)五台山坐落在山西省北部,距太原市 230 公里,以清秀的高山自然风光和灿烂的佛教文化艺术著称。山中寺庙众多,有的小巧、有的精制、有的雄伟、有的肃穆。全山以东、南、西、北、中五座平台形的山峰环抱而成。五峰之外,称台外,有寺庙八座;五峰之内,称台内,有寺庙三十九座。以佛光寺(创建于公元471～499年间)、南禅寺(782年重建)、显通寺(创建于公元58～75年)等最为有名。众多的寺庙成为佛教信男信女门烧香拜佛的好地方,同时也为中国佛教的研究提供了条件。五台山的标志是位于塔院寺内的藏式舍利塔,塔高六十多米,极为庄严雄伟。一百单八级台阶直通顶端,气势雄伟,登顶远望,美景尽收眼底,为全山远眺最佳之处。主峰"北台顶",有"华北屋脊"之称,海拔高度2893米,绝妙之处在于峰上阴冷之处,有终年不会融化的"万年冰",峰峦层叠,林木耸翠,夏季凉爽宜人,为旅游避暑胜地,故有"清凉佛国"之称。它是我国唯一兼有汉地佛寺和藏传佛寺的名山,即既有汉地佛教寺庙,又有喇嘛庙的佛教名山。相传为文殊菩萨的道场。

(2) 普陀山位于杭州湾东西的莲花洋中,是东海舟山群岛中的一岛,长约八千六百米,宽约五百米,面积12.5平方公里。山上石洞奇古,寺庙众多,素有"海天佛国"、"蓬莱仙境"之称。据传唐代大中年间(公元846年)天竺僧人上岛亲睹菩萨现灵说法,并让以七色宝石。佛教年传,观音为阿弥陀佛的左胁侍,因此,普陀山被传为海天佛国。南宋绍兴元年(1131年)岛上佛教各宗统一归于禅宗。从此,普陀山即为观音显灵的道场,又为佛教禅宗的圣地。最盛时,大小佛寺达三百余座,烟雨楼台,浪声梵音,山海兼胜,名满海内。现存主要景点有建于宋代的普济寺,建于明代的法雨寺等。普济寺之大圆通殿内供奉毗卢观音,像高8.8米,其四周是观音三十二化身,为观音大士道场所特有。岛上岩石属花岗岩,因风化海蚀而千奇百怪,形神各异。磐陀石被誉为"天下第一石"。磐陀石植被丰茂,远望一片锦绣。奇花异草,时有所见,尤以芬芳素雅的普陀水仙最为人们喜欢。每年在观音诞生日(农历三月十九日)、成道日(农历六月十九日)和涅槃日(农历九月十九日)佛事活动最盛。它是近代中国佛教最大的国际道场。

(3) 峨眉山雄踞四川盆地西南缘,因山势逶迤,"如蟒首蛾眉,细而长,美而绝"故名。又因气候暖湿,降水丰富,植被繁茂,水景众多,故有"峨眉天下秀"之美誉。峨眉山寺庙众多,佛事频繁,如山下第一寺院报国寺,入山第一大寺伏虎寺,山上最大寺院万年寺。据传,此山乃普贤菩萨显道之道场。主山峰最高之处为金顶,海拔3 077米。山路沿途有五支猴群,约五百余只,常聚集路旁与游人戏耍、讨食,在佛堂内随香客叩头拜佛,被称为"猴居士"。金顶上有四大奇观:佛光、云海、日出及圣灯。在风平云静的午后和日落之前,人站在金顶山崖观望云层,可见到一圈彩色艳丽的光环,不时依稀出现本人的头像,人称之为金顶佛光。实际上,这是大气中的一种光学现象,是由于衍射作用所引起。由于峨眉山垂直高度大,山上和山下的气温差异大,因而可以形成不同的垂直气候带、植被带,人们称为垂直景观带。人们从山下走到山上,等于经历了不同的季节变化。现已被联合国教科文组织列入《世界遗产名录》。

(4)九华山位于安徽青阳县境,属黄山西脉。山有九十九峰,面积百余平方公里。唐以前原名九子山,因李白三游九子山,写下"妙有分二气,灵山开九华"的诗句,又以山有九峰如莲花,故易名九华。山中多溪流瀑布、怪石古洞、苍松翠竹,有许多名胜古迹、幽洞深潭,素有"东南第一山"之称。相传唐开元、天宝年间,新罗国(今朝鲜)王子金乔觉航海至此,购地建寺,出家授徒。在九华山苦修75年,于99岁圆寂,三年之后肉身不坏,颜面如生,状似佛经所载地藏王菩萨,又因他生前笃信地藏,于是大家都认为他是地藏菩萨的化身。唐王朝就钦命将九华山辟为地藏道场。后历经劫难,大部分庙宇荡然无存,清代康熙年间才重修庙宇。寺庙就山势而建,不拘格局,不求规整,因地制宜,形式活泼。现存庙宇七十八座,佛像一千五百余尊,号称"莲花佛国"、"仙城佛国"。其中,化城寺是九华山的总丛林、开山寺,始建于唐肃宗至德二年(757年),重建于清代光绪十五年(1889年)。为四进四合院,依山筑寺,逐级升高,雄浑庄严。内藏明英宗年代(1440年)印制的木刻《涅槃经》一部,共六千七百七十七卷,为稀世文物。肉身殿(俗称肉身塔)是金乔觉的纪念塔殿,建在九华山神光岭上,始建于唐,清同治年间重修,塔在殿内,为七级木质结构,每层有佛龛八座,内供地藏金色坐像。肉身殿前有上禅堂,殿宇宽敞,塑像精细,为九华山香火最盛之处。每到农历七月三十日地藏诞辰,众寺大办佛事活动,在这里举行传统庙会,热闹非凡。

第二节　中国道教文化

道教是我国土生土长的宗教。它扎根于中国这块深厚的土壤,是中国传统文化直接孕育的产物。因而,道教文化有鲜明的中国特色,更多地表现出中华民族传统信仰的特质,并成为中国旅游文化的重要组成部分。道教以成仙得道、返璞归真为宗旨,认为名山是神仙所居。尤其是有着以幽静为自然美特征的名山,就成为成仙修道的理想环境。我国有十大洞天、三十六小洞天、七十二福地,并成为重要的旅游景点。千百年来,许多文人墨客在这些名山中挥墨作画、吟诗题句,留下了许多绝妙的诗词、绘画;不少名山得益于道教文化的传播而开发,修建了大量的道教建筑,使许多名山成为道教名山,成为自然景观和人文景观相互融合的风景名胜区。

一、道教的产生与发展

道教是我国古老的宗教,早于世界其他各种宗教。在五千年前,我国就出现了道家。《五帝本纪》记载:黄帝曾至肃州崆峒山,问道于广成子(广成子:《开天经》说广成子为老子的化身)。《抱朴子内篇》云:"黄帝西见黄子,受九品之方,过崆峒,从广成子受自然之经。"广成子居崆峒山,授黄帝自然之经,是为道家传道之始。

原始社会,人群处于愚昧状态,备受自然界的各种威胁,在人们尚不能掌握自己命运,处理周围发生事故的情况下,于是崇拜自然、信仰鬼神,为求避祸求福,沟通天人之间、神鬼之间的信息,开始出现了巫师。殷人尚鬼、重巫祝。巫,为人们占卜吉凶祝福。祝,取悦于神,以沟通人之间的信息。人们依靠巫祝,来表达自己的愿望和祈求,改变现状,以求安居乐业。

至周代,人们进一步探索神仙的踪迹,战国时期,尤为突出。庄子《逍遥游》说:"藐姑射之山,有神人居焉。肌肤若冰雪,绰约若处子,不食五谷,吸风饮露,乘云飞,御飞龙,而游乎四海之外。"屈原《楚辞.离骚》中也说:"前望舒使先驱兮,后飞廉使奔属;鸾皇为余先戒兮,雷师告余以未具。吾令凤凰飞腾兮,又继之以日夜"。当时列国诸侯,为求长生,向往神仙,于是方士竞出,纷献仙药,齐威王、燕昭王、秦始皇等君主,皆遣使入仙山求长生药,是为方士仙道兴盛时期。

汉初,黄老子学兴盛,推崇黄帝,尊奉老子。汉文帝、景帝,以黄老之道治天下,曾一度出现了历史上的"文景之治"。继而汉帝迷信神仙,建立了新的神仙体系。此后方士辈出,访仙求药,极一时之盛。

道教大约建于东汉末年顺帝(125~144年)时期,太平道又称黄老道,奉《太平经》为主要经典,奉"中黄太一"为至尊天神,创立者是黄巾农民起义领袖张角。后张陵到五斗米道,它产生在今四川境内,奉老子为教祖,尊为"太上老君",以《道德经》五千言为主要经典。经历魏、晋、南北朝、隋、逐渐发展起来。

至唐宋时期,道教进入鼎盛时期,唐朝皇帝自称是老子的后裔,奉行崇道政策,规定三种宗教的次序为:道先、儒次、佛后。唐玄宗正式册封老子为道教教主"太上老君",规定科举人士必须兼通《道德经》,诏令天下读书人人手一本,各百姓家家藏一册;唐武宗规定老子诞晨(农历二月十五日)为降圣节,并将此日定为全国休息日,并实行兴道灭佛的政策。宋朝皇帝也采用唐代的做法。宋真宗宣称其祖赵玄朗为道教尊神,以此提高赵氏皇族的地位,转移民众对统治者的不满。宋真宗还让女儿入道,并加封老子为太上老君玄元上德皇帝,又命人领修道藏,使其增至四千五百六十五卷。到北宋末年宋徽宗更加沉迷于道术,自称为教主道君皇帝,在太学中设置了《道德经》、《庄子》、《列子》博士,令道士改穿道服,并亲自主持校补道藏,使其增至五千四百八十一卷。因此,道教在这个时期进入了全盛阶段,道观规模日益增大,道士人数剧增,"神仙"队伍愈加庞大,道藏编辑完成,涌现出不少著名的道教学者,如孙思邈、吕洞宾等。

明清时期,道教从停滞走向衰落。究其原因,在内部,教团腐化;在外部,理学的强力排斥,失去统治者的支持,民间宗教的相互争夺地盘等,均是促使道教走向衰落的因素。明代统治者对道教仍然尊崇敬奉,对道教社团严加管理,拜访张三丰,大修武当山崇奉真武神;而清朝不重视道教,从乾隆年代起道教的政治地位下降,因为清政府采取的是重喇嘛教而抑制道教的政策，从而日趋衰落；到了近代，由于受到辛亥革命，特别是五四运动的冲击，道教更是每况愈下。但是在民间通俗形式的道教却很活跃，作为一种道教信仰受到民众的欢迎，如读书人想金榜题名就拜文昌帝君、商人想发财就拜财神赵公明、妇女求子拜东岳娘娘、官员赴任拜当地城隍、渔民出海捕鱼拜妈祖（天后）等等。道教已经向民俗和民族习惯转化，并沉淀在中国老百姓的潜意识中，发挥出无形却深远的影响。

作为我国土生土长的宗教——道教千百年的盛衰过程，值得我们去深思：为什么外来宗教——佛教、基督教和伊斯兰教，至今仍较兴旺，而道教却已渐渐衰退，这里面有许多原因，有深层次的，也有浅层次的。但不论怎样，作为一种历史最长的社会意识形态，作为中国传统文化的直接产物，有着深厚的文化积淀，在民间有很大的影响，我们应予以重视，应把它看成是中国古代文化遗产中的重要组成部分。

二、道教的基本教义

1. 道德并称

道教宣扬"道"是天地"万物的本源"，是"宇宙的原动力"，"德"是道的显现，是道的行动。老子所谓"道"，就是他的宇宙观，他认为"道"是天地"万物的本源"，又是"宇宙的原动力"，也是"大自然的规律"。

道教把"道"、"德"并称，把"道"与"德"作为一个事物的两个方面，两者是整体和局部、一般和特殊的关系。"德"有时作"道的本体"讲，有时作"道的特性"讲，有时作"道的总体表现"讲。但不论怎么解释，"道"是宇宙的本源，是天、地、人的主宰者，是无所不在的力量，而取得这种本源的体性便是德，"德"是道的显现，是道的行动。因此，道教中把"道"和"德"作为信仰、行动的总准则，他们要修道，还要积德。他们同为道教教义中的基本原则。

2. 无为而无不为

《道德经》说："道常无为而无不为"，"为学日益，为道日损，损之又损，又至于无为，无为而无不为矣，"两处都肯定了"无为而无不为"就是道；它既是"道"的本性，也是"道"的现象，同时又是"道"的作用。

　　道教以"无为而无不为"作为思想准则。《庄子·天地篇》中说："古之蓄天下者,无欲而天下足,无为而万物化。"《列子·黄帝篇》中说,华胥之国是顺自然而治的,他所说的"自然",事实也就等于"无为而无不为"。《道德经》中说："我无为而民自化,我好静而民自正,我无事而民自富,我无欲而民自朴。"又说："道常无为而无不为,侯王若能守之,万物将自化。"无为而治,作为一种思想策略,是人君的"南面之术","无为"是指君主的无为,而不是指一般人的无为,我无为我好静、我无事、我无欲都与"无为"意见相通,其主体都是我(指诸侯王或君主),只要诸侯王坚持"无一为",人民就可以自化、自正、自富、自朴,实际上是提供人民的"有为"的。一方面提出君主"无为",另一方面要求人民"有为",这正是《老子》思想的精深博大之处。君主的"无为",人民才可以"无不为",因为君主"无为"就能顺民之性,因民之情而治,这样就可以放宽对人民的束缚,人民应可以发挥自己的创造性,"八仙过海,各显神通",从而达到自化、自正、自富、自朴,也正是"无不为"。西汉初年,汉文帝和景帝(公元前179~公元前141年)曾以这种思想和主张来治理天下,实行清静无为、与民休息的政策,使战国以来破坏严重的经济得以好转,成为我国历史上著名的"文景之治"盛世。

　　道教还以"无为而无不为"作为处世哲学的主要原则。《淮南子·原道训》中说："所谓无为者不先物为也;所谓无不为者因物之所为。"《文子·上仁篇》中说："夫道退故能先,守柔弱故能矜,自身卑下故能高人,自损弊故坚实,自亏缺故盈全,处浊辱故新鲜,见不足故能贤,道无为而不为也。"

　　3. 柔软、不争、清静、寡欲

　　老子说："弱者道之用",认为"柔弱"就是"道"的作用。他在谈修养方法时说："专气致柔,能如婴儿乎?"在谈论物理的时候说："天下柔弱莫过于水,而攻坚强者莫之能胜,以其无以易之。"在谈人的生理现象时说："人之生也柔弱,死也坚强,万物草木生也柔脆,其死也枯槁,故坚强者死之徒,柔弱者生之徒。是以兵强则灭,木强则折,强大处下,柔弱处上。"在谈到战略方针时说："天下之至柔,驰骋天下之至坚,无有入无间。"此外,他还说过,"柔胜刚弱胜强",主张以静制动,以柔克刚。他有句名言,叫做"善为士者不武,善胜敌者不与,善用人者为之下,是为不争之德"。他反对轻敌说:"祸莫大于轻敌,轻敌几丧吾宝。"相反他认为:"物壮则老","强梁者不得其死","勇于敢则杀",明确地指出了"柔弱"的功用和"刚强"的弊害。"不争"是老子处世哲学中的一个重要准则。老子说:"圣人之道,为而不争",就是一切作为都要顺乎自然;他的"不敢进寸而退尺"便是这个意思。他说:"天之道不争而善胜",又说:"上善若水,水善利万物而不争。"此外他还说:"夫唯不争,故无尤矣",又说:"夫唯不争,故天下莫能与之争",由此可见老子是以"不争"的精神随处都有表现,如"知足""知止""不有""不恃""不自见""不自是""不自伐""不自矜"都是从"不争"的思想中引申出来的。"清静":老子说:"清静为天下正。"在《道德经》中,"清静"和"无为"是两个颇为相似的概念,同时它和"寡欲"也有一定联系。它们都是"道"的部分表现,如道书中常说"清静无为"或说"清心寡欲"。在老子的宇宙观中,"清静"是大自然最早的形成,在他的社会政治思想中,"清静"则是他理想领导人物的政治风格;在修养方面,"清静"则又指修养过程中的一种境界。老子说:"见素抱朴,少私寡欲",在他的修养方法中,"寡欲"是非常重要的。《道德经》第四十六章说:"罪莫大于可欲,祸莫大于不知足,咎莫大于欲得。"这是他从"道"中体会出来的。后来道教中对"寡欲"的精神,主要表现在戒律中,较早地有"道民三戒"、"录生五戒"、"祭酒八戒"、"想尔九戒"、"老君二十七戒"……一共是320戒,虽说"戒重于因,律重于果",但他们都尽量发挥了老子"寡欲"的精神。

4. 乐生、重生,追求长生不老、肉身成仙

宗教是苦难者的呻吟,是被压迫生灵的叹息,不少宗教教义认为人生充满了痛苦,生老病死,天灾人祸,忧患重重,无可留恋,因而把希望寄托于虚幻天国,或西方极乐世界,寄托于来生。道教的教义却与他们迥然不同,认为生活在世界上是件乐事,希望长生不老,永远活着,认为死亡才是最痛苦的。所以,道教是重今世,是乐生、重生,希望通过种种道功道术,追求长生不老,鼓励人们最低要求是竞其天年,最高的理想是"根深固蒂,长生久视"。道教还认为,人的生命并不决定于天命,《抱朴子·黄白篇》中说:"我命在我不在天,还丹成金亿万年",意即人的生

命之存亡,年寿之长短,决定于自身,并非决定于天命。道教强调个人不断地修炼,不抱有听天由命的消极思想,旗帜鲜明地反对传统的"死生有命,富贵在天"的观念。它所提倡的导引、服饵及内外丹炼养,更是这种精神的体现。正由于道教乐生、重生,所以众多得道之士积极寻求能使人长寿方法,发展出一整套健身长寿的养生之术(包括各种养形方术和养神方法),从而和中国古代的医药学、养生学、人体科学的发展结下了不解之缘。

三、道教神仙

因道教神仙众多,职能错综复杂,下面仅介绍其中的一部分。

1. 先天尊神(三清和四御)

元始天尊　道教最高神灵三清尊神之一,元始天尊常以手持混元珠,神像居于大殿神像之中位。元始天尊的神诞之日是正月初一,在道教神系中排在首位。

灵宝天尊　道教最高神灵三清尊神之一,原称上清高圣太上玉晨元皇大道君。灵宝天尊常以手捧如意,神像居元始天尊之左侧位。神诞日为夏至日,约在农历五月中旬。

道德天尊　道教最高神灵三清尊神之一,即老子。其神像常作一白须白发老翁,手执羽扇,居元始天尊之右侧位。太上老君,即道德天尊之神诞日为农历二月十五日。道教以太上老君为教祖,在民间影响最大。

四御　指的是道教三清尊神下的主宰天地万物的四位尊神,即:玉皇大帝、中天紫微北极大帝、勾陈上宫天皇大帝和后土皇地祇。玉皇大帝是万神之主,又称昊天金阙至尊玉皇大帝、玄穹高上玉皇大帝。玉皇大帝是诸天之帝、仙真之王、圣尊之主,三界万神、三洞仙真的最高神,有制命九天阶级、征召四海五岳之神的权力。

西王母　俗称王母娘娘,全名为白玉龟台九灵太真金母元君。西王母为女仙之宗,居昆仑之间,女子得道登仙者,都隶属于西王母管辖。西王母是作为长寿的象征,是金箓延寿道场的主神。

2. 土地神和地方保护神

包括城隍、土地、门神和灶神。

3. 财神和福禄寿星

财神 分文财神和武财神。

武财神 当今道教宫观中的财神神像,多为黑面浓须,骑黑虎,一手执银鞭,一手持元宝,全副戎装。该财神像当为武财神,即赵公明帅像。

文财神 民间所指甚多,如:比干、范蠡、财帛星君和福禄寿三星中的禄星等。文财神多见于民间雕塑和木版年画,大多是锦衣玉带、冠冕朝靴,脸色白净,面带笑容,适合新春喜庆,堂室张挂。文财神或是生前巨富,或是升仙后奉命管理人间财帛、人世爵位。文财神大多并未进入道教神系,亦少有经籍传世。

福禄寿星 福星指的是天官;禄星指的是文昌帝君;寿星指的是南极老人。

4. 得道仙真

包括三茅真君,吕祖,八仙(指的是钟离权、张果老、吕洞宾、李铁拐、何仙姑、蓝采和、韩湘子和曹国舅八人),妈祖,王灵官(为道教护法监坛之神灵,红脸开口,满髯高翘,披甲执鞭,露獠牙,额上眼为玉帝加赐之"慧眼")等。

5. 航海保护神

原为福建省莆田县乐于救人的林然,后被封为妈祖神。宋代又被封为"天妃"。

四、其他道教文化常识

1. 道教礼仪

(1) 拱手礼。两手相抱(左手抱右手,寓意为扬善隐恶。盖以左手为善,右手为恶之故),举胸前,立而不俯。拱手礼亦称抱拳礼,道侣相逢或道俗相逢,多行此礼,表示恭敬。

另外,有一种抱拳手式,以左手大拇指插入右手虎口内,掐右手子纹(即无名指根部);右手大拇指屈于左手大拇指下,掐住午纹(即中指上纹),外呈"太极图"形,内掐"子午诀"。这种抱拳形式多用于打坐时,其寓意为"抱元守一"。常行拱手礼或作揖礼时,只需自然抱拳即可。

（2）作揖礼。一面躬身，一面双手于腹前合抱，自下而上（不过鼻），向人行礼。因举手伴以屈身（躬身）故亦称"打躬"。又因身体弯曲成月牙状，故又称"圆揖"。向人作揖行礼时不要过分屈身，以免臀部突出而显得不雅观。作揖礼较拱手为敬，对长者多行此礼。

（3）叩拜礼。道教叩拜礼有两种形式，其中以一礼三叩最为常见，以三礼九叩最为隆重。道门中人常说的"朝上三礼"，就是指行三礼三叩礼，此礼多用于平日朝神。三礼九叩是道教最高的礼拜仪式，只有逢初一、十五、祖师圣诞及各种斋醮道场时，方行此礼。

2. 道教仪式

道教仪式，除了日常的早晚功课，还有大型的功德法事，统称为"斋醮"。"斋"就是齐，祭祀之前，整洁身心；"醮"就是设坛修建祈禳法事。道教斋醮又可区分三类：黄箓、金箓、玉箓。黄箓，专用于超度亡录；金箓，除了超度外，还包含延寿受生的内容；玉箓，专用于消灾祈福，祈求国泰民安。道场以天为计，有一、三、七、四十九天不等。

3. 道教经典—道藏

道藏是汇集收藏所有道教经典及有关书籍的大丛书。

魏晋南北朝时期，随着道教的发展，各派道士撰写的经典日益增多。一些道士开始搜集整理道书。南朝刘宋时道士陆修静广集道书，编写《三洞经书目录》，著录各类道经、符图及医药方技著作，共有一千二百二十八卷。

到了唐代初年，道书开始汇集成"藏"。唐玄宗开元年间，政府下令搜访天下道经，汇编成《一切道经》，后世亦称《开元道藏》，共收入道书三千七百四十四卷。

北宋真宗时，道士张君房又奉命主持编修了《大宋天宫宝藏》，四千三百五十九卷，分装成四百六十六函，每函依《千字文》顺序编号。宋徽宗时又将《天宫宝藏》扩编为五千四百八十一卷，并首次在福州闽县刻版印刷，称作《万寿道藏》。金代在章宗时曾编刻《大金玄都宝藏》，凡六千四百五十五卷。元朝初年，全真派道士宋德方主持编辑刊印的《玄都宝藏》，已增至七千八百多卷。

今道藏，是由明朝第四十三代天师张宇初及其弟张宇清奉诏主持编修,刊成于明正统十年(1445 年),称为《正统道藏》。万历三十五年(1607 年),明神宗又命第五十代天师张国祥编成《续道藏》。这部明代正、续道藏共收入各类道书一千四百七十六种,五千四百八十五卷,装为五百十二函,仍以《千字文》编号。《正统道藏》内容庞杂,卷帙浩繁。其中有大批道教经典、论集、科戒、符图、法术、斋仪、赞颂、宫观山志、神仙谱录和道教人物传记等等,是研究道教教义及其历史的百科全书。

4. 道教徒

道教徒有两种:一种是神职教徒,即"道士"。据《太霄琅书经》,"人行大道,号曰道士。""身心顺理,为道是从,故称道士。"他们按地域可分为茅山道士、罗浮道士等。从师承可分为"正一"派、"全真"派等。按宫观中教务可分为"当家"、"殿主"、"知客"等。另一种是一般教徒,人称"居士"或"信徒"。"宫观"是道家最主要的组织形式。宫观是道士修道、祀神和举行仪式的场所。道教另有一些经济组织(如素食部、茶厂等)、教育组织(道学班、道教经学班等)、慈善组织(安老院、施诊给药部等)。

5. 民间崇道习俗

道教在中国民间有巨大的感召力。作为古代中国的三教之一,道教对中国民众的精神生活、风俗习惯,有十分深刻的影响。民众对于道教的神仙,素来敬奉有加。不过民间对于道教又不完全了解,老百姓往往用自己的理解、自己的心态、自己的表达感情方式,去从事崇拜道门神仙的活动。这样,民间的崇道活动根源于道教的神仙信仰,以道教的各类宫观神庙为基础,同时又具有民俗化的特点。它是神仙信仰与民俗的结合,在这种结合中,自然会形成丰富多彩的形式,表露出民众各种各样的生活情趣和内心祈求。

(1) 接玉皇。农历正月初九,传说为玉皇生日,道观中例要举办隆重法会,以示庆贺,民众则结会烧香,称为玉皇会。玉皇会气势恢弘,热闹非常,但它的举办一般都在玉皇的神殿,或以神殿为中心,难能成为全民的节日。对绝大多数民众而言,每年除夕有一次接玉皇。据说,玉皇大帝每届除夕都会巡视天下,若见到民众行善或造孽,分别给予奖赏或惩罚。所以这一天,家家户户都要摆香案,办素斋为供,以迎接玉皇御驾降临,称为接玉皇。

(2)迎财神。中国民众在过年时有一项接财神的习俗。一般在正月初二清晨或者在初五清晨燃放鞭炮,以示迎接财神。

(3)送灶和接灶。辞灶接灶是过年习俗的一部分。依照《抱朴子·内篇》记载,灶神平时有监察下民的职责,该户人家的功过善恶,都要定期报告天庭,上天则依据其报告定这家人来年的祸福。一般认为他上天的日子是每年的腊月二十三(也有认为是在二十四),届时便要好生欢送;他上天述职之后,于除夕回来,是时当然必须欢迎。前者为送灶,又称辞灶;后者则是接灶。

(4)挂钟馗和雄黄酒。中国的传统岁时风俗中,端午是个重要的节日。在这一节日中,有很浓厚的道教元素,其中很重要的两项活动就是挂锺馗像和喝雄黄酒。

五、道教名山(洞天福地)

道教名山是道教文化中的一个重要的组成部分。它是我国传统文化中的瑰宝,已成为我国宗教旅游景观中的不可或缺的组成部分。我国的道教名山是同道教的仙境联系在一起的。为了能够长生不老、肉身成仙,道教建构了很多仙人修炼和居住的地方,道教称之为仙境。这些神仙所居的胜境,有的在天上,如三清境;有的在海中,如十洲三岛;有的在名山洞府,如十大洞天、三十六小洞天、七十二福地。地上神仙居住在这些洞天福地,洞中修炼,与天界相通。这些洞天福地就分布在我国的众多名山之中,这些名山不仅风景优美,而且有众多的神仙传说和故事,有众多的宫观建筑,成为自古至今的旅游胜地。

1. 青城山

青城山位于四川省都江堰市西南 15 公里,背靠岷山,面临成都平原。在其方圆 20 里内,有三十六峰、七十二洞、一百单八处胜景。此山称为"青城",是因其周围诸峰环绕,形如城郭;加之山上茂林修竹,终年常绿之故。从自然美的角度而言,青城山形态美的主要标志是幽,故有"青城天下幽"之称。由于青城山是著名的道教发源地,不少神仙、羽客、隐士在此居住。故道教把青城山当作仙境之一,道教十大洞天的第五洞天"宝仙九室之天"和第五十五福地"大面山"均在青城山之中。

青城山上有不少的道观,至今尚存的宫观主要有长生宫、建宫、天师洞(即常道观)、朝阳洞、祖师殿、上清宫、圆明宫、玉清宫等,其中天师洞和祖师殿列为全国道教重点宫观。天师洞现在殿宇建于清代,原创建于隋朝(公元605～618年),正殿为三清大殿,供奉三清尊神。道观后峭壁上有一处岩穴,名为"宝仙九室洞",即道教第五洞天。传说是张道陵(张天师)结茅传道的地方,故名天师洞;祖师殿位于青城山的轩辕峰,始建于晋代,现有殿宇系清代所建,为四合院式样。殿中供奉东岳大帝、真武帝君和铁拐李、吕洞宾、张三丰等道教祖师神像。祖师殿背后金鞭岩传为财神赵公明藏鞭之处,是青城山的镇山之宝。

2. 龙虎山

龙虎山位于江西省上饶市贵溪县的西南部,山地景色秀丽,风光奇特,素有"形似武夷,神似桂林"之称,为道教洞天福地中的第三十二福地,是道教第一代大师张道陵最初修道的地方,为道教正一派(原天师道)的祖庭,在我国的道教史上有很大的影响。现存的主要道观是上清宫和天师府。其中,上清宫是历代天师传教授箓的主要宗教活动场所,也曾是我国道教活动规模最大的宫观;天师府是历代天师的起居之所,是一座王府式的建筑,现为国家重点文物保护单位和国家重点道教宫观。

3. 泰山

泰山又名岱山,为我国五岳之首的东岳。泰山位于山东省泰安市的北部,方圆四百多平方公里。被道教视为36小洞天中的第二小洞天。由于泰山地处齐鲁大地之上,从山水自然美的形态而言,以雄为主,被誉为"泰山雄"。因此,自古以来历代帝王登基要去泰山进行封禅活动,道教也将其作为神仙居住的仙境。尤其是清代以后,泰山上的宫观占了绝大的优势,以祭祀东岳大帝和碧霞元君的岱庙和碧霞元君祠最为有名。其中,岱庙的主殿天赐殿与北京故宫太和殿、曲阜孔庙大成殿齐名,被称为我国著名的三大宫殿建筑。碧霞元君是泰山山顶最主要的道教建筑,现为道教全国重点宫观之一。其中,供奉的碧霞元君是道教所尊奉的女神之一,传说是东岳大帝之女,民间称其为"泰山娘娘",香火旺盛。泰山有众多的历史遗迹,文化内涵丰富,又被称为中国第一文化名山。早已列入世界自然和文化双遗产名录。

此外,我国还有湖北武当山,江西三清山,安徽亓云山,山东青岛崂山,广东罗浮山,福建清源山、太姥山,江苏茅山等道教名山。

六、道教宫观建筑艺术和音乐艺术

道教文化中能在旅游中直接感触的是以宫观为主的道教建筑。它们是中国古代建筑文化中重要的组成部分,又是道教信仰的一个重要体现。

1. 道教建筑的特色

道教建筑基本上是按中国古建筑的样式、布局来建造的,主要表现为:

(1)建筑样式与宫殿、佛寺、宅第大体相同,为中国传统的木结构体系。但道教建筑有一点不同,即多楼阁。很多道教建筑都叫望仙楼、聚仙楼、灵官殿、三清殿、玉皇殿、三茅阁、文昌阁、真武阁、斗姆阁等。

(2)道教宫观的山门往往与戏台结合,一般上为戏台,下为山门,并常用戏台"酬神演戏"。这不仅使用合理,而且空间变化丰富。

(3)道教建筑有深厚的文化内涵和丰富的艺术价值。其文化内涵表现在:宫观建筑的规格、大小和装饰与神仙信仰密切相关,即以信奉的神仙神位来决定它的等级;建筑的布局、体量、结构与传统的阴阳五行学说、天人感应等哲学观念相联系;建筑布局与道教的教义密切相关;建筑布局与民间习俗、节庆习俗密切相关,可供人们社交、游览、食宿、娱乐、交易,可进行庙会、花会等节庆活动。

其艺术价值主要是指道教建筑中有大量的绘画、雕塑、诗文、篆刻、联额、题词、碑刻等艺术形式,宫观内也有园林;也有诸多的石窟和摩崖石刻。它们都以具体生动的形象,表现长生不老的理想和对吉祥如意的追求。它们的艺术价值是永存的,例如,在上海老城隍庙内有许多楹联,含有深意,大门两侧的一副楹联:"做个好人,心正身安魂梦稳,行些善事,天知地知鬼神钦。"警示世人多做善事,不做恶事。

2. 我国著名的道观

我国有许多著名的道观,如陕西周至楼观台、北京白云观、苏州玄妙观、四川成都青羊宫、山西芮城永乐宫等。

(1) 陕西周至楼观台。位于陕西省周至县城东南的终南山北麓山中,有楼观台、老子墓、重阳宫等道教圣地,其中楼观台是我国最早的道教宫观,享有"仙都"之誉。据传老子曾在楼南高岗上筑台,传授经典,讲授《道德经》,后授予周大夫尹喜。自此,楼观台的名称产生。

东汉张道陵创立道教,推崇老子为教主,把《道德经》视为主要经典,楼观台被视为道教的发祥地。其后各代,楼观台成为道教圣地。至今只留下说经台、吕祖洞、老子墓等遗址,还有许多历代文人刻写的碑石,有的是很有价值的文物。

(2) 北京白云观。它是道教全真派的胜地,号称"全真第一丛林"。从唐代创建(公元 739 年),直到元代(公元 1227 年),这里一直都是北方道教的中心。经几次焚毁与重建,明代改名为"白云观"。目前,它是我国现存规模最大的道教建筑群。

(3) 苏州玄妙观。位于江苏省苏州市市中心观前街,相传是春秋战国时期吴国宫殿的旧址,是一座历史悠久、规模宏伟的宫观建筑。其中的三清殿是江南最大的木构古建筑,殿内保存有《老君像》碑一座,据传是唐代名画家吴道子绘,堪称镇观之宝,是我国书法艺术的传世瑰宝。

(4) 四川成都青羊宫。位于四川成都市西南,是成都市最古老、最大的宫观。1982 年被国务院定为全国道教重点宫观之一。其正殿三清殿的建造体现了我国的阴阳五行和八卦学说,整座殿上有三十六根大柱,代表三十六天罡,而其中的八根木柱代表八大金刚;二十八根石柱代表二十八宿。殿前台阶石基上有太极图和十二生肖石刻浮雕。殿内有《吕祖碑》和《三丰碑》,是非常珍贵的道教遗物。

3. 道教音乐

道教音乐是在道教的斋醮、诵经、法术、云游宣道及宫观礼仪等道教活动中的歌唱、器乐演奏等声闻手段。它由器乐、声乐两部分组成。在器乐中以钟、磬、鼓、木鱼、云锣等为主,并配有吹管、弹拨、拉弦乐器;

声乐则由高功法师宣戒诵咒,赞神吟表的独唱以及督讲道士的表白,道士们的齐唱等形式组成。器乐演奏经常用于法事的开头、过门、队形变化及唱典的伴奏上,声乐器乐灵活配合。

道教音乐既有优美恬淡、缥缈飞翔的音韵,也有庄严威武、气冲霄汉的声调。它的一个重要特点就是群众性和通俗性。因此,道教音乐实际上就是民乐的一部分。它在吸收民间音乐的同时,有些乐曲也流行于民间,广为流传。如唐代《霓裳羽衣曲》、司马承祯《玄真道曲》、贺知章《紫清上圣道曲》等。

第三节 基督教文化

一、基督教概述

1. 基督教是当今世界上传播最广、信徒最多的宗教

公元 1 世纪中叶,基督教产生于地中海沿岸的巴勒斯坦,135 年,基督教从犹太教中分裂出来成为独立的宗教。392 年,基督教成为罗马帝国的国教,并逐渐成为中世纪欧洲封建社会的主要精神支柱。1054 年,基督教分裂为罗马公教(天主教)和希腊正教(东正教)。16 世纪中叶,公教又发生了宗教改革运动,陆续派生出一些脱离罗马公教的新教派,统称"新教",又称"抗罗宗"或"抗议宗",在中国称为"耶稣教"。所以,基督教是天主教、东正教和新教三大教派的总称。

基督教的创始人是耶稣(Jesus)。传说耶稣是上帝之子,他出生在巴勒斯坦北部的加利利的拿撒勒,母亲名叫玛利亚,父亲叫约瑟。玛利亚未被迎娶前,圣灵降临在她身上,使她怀孕。约瑟一度想休了玛利亚,但受了天使的指示,仍把她娶了过来。耶稣三十岁时受了约翰的洗礼,又在旷野中经受了魔鬼撒旦的诱惑,这一切坚定了他对上帝的信念。此后,耶稣就率领彼得、约翰等门徒四处宣传福音。耶稣的传道引起了犹太贵族和祭司的恐慌,他们收买了耶稣的门徒犹大,把耶稣钉死在了十字架上。但三天以后,耶稣复活,向门徒和群众显现神迹,要求他们在更广泛的范围内宣讲福音。从此,信奉基督教的人越来越多,他

们把基督教传播到世界各地。基督教的经典是《圣经》。

2. 基督教的教义

基督教教义比较丰富多彩,各教派强调的重点也不同,但基本信仰还是得到各教派公认的。基督教的基本信仰有:

(1) 三位一体的上帝(或译天主、神)是创造并治理天地万物的主。

(2) 上帝无形体无方位,但有理性有意志,超越于万物又内在于万物。

(3) 上帝有三个位格,其一为圣父,无限公义而又慈爱;其二为圣子,即"道成肉身"为人受难的耶稣基督,兼具神人二性,已经复活、升天,还将再临、审判;其三为圣灵,运行于世界,作用于人心,使人知罪、悔改、成圣。

(4) 教会乃基督所建,由上帝选民组成,具有圣洁性和普世性,使命是在世上传播福音。

(5) 人乃上帝按其形象所造,由灵魂和肉体构成。基督教的教义可归纳为两个字——"博爱"。在耶稣眼里,博爱分为两个方面:爱上帝和爱人如己。耶稣曾经说过:"你要尽心、尽性、尽意的爱你的上帝,这是诫命中的第一,且是最大的。其次也相仿,就是要爱人如己。这两条诫命是律法和先知一切道理的总纲。"(《马太福音》第二十一章37～40节)在基督教的教义中,爱上帝是指在宗教生活方面要全心全意的侍奉上帝。基督教是严格的一神教,只承认上帝耶和华是最高的神,反对多神崇拜和偶像崇拜,也反对宗教生活上的繁文缛节和哗众取宠。"爱人如己"是基督徒日常生活的基本准则,它的要求是:人应该自我完善,应该严于律己,宽以待人,应该忍耐、宽恕,要爱仇敌,并从爱仇敌进而反对暴力反抗。只有做到上述要求,才能达到博爱的最高境界——爱人如己。

3. 基督教的节日

圣诞节是基督教各教派信徒纪念耶稣诞生的日子,为每年12月25日。它最早起源于古罗马帝国,原来是罗马人供奉太阳神的节日。公元354年,在西部教会年历上首次沿用12月25日为耶稣诞生纪念日。圣诞节的活动从12月24日晚就开始,即平安夜。根据《圣经》上的传说,在圣诞节,信徒们组成唱诗班,到各个信徒家中唱祝圣歌曲,互相问候、祝贺。又根据传说,人们又有了摆放圣诞树的习俗,人们把写有亲朋好友名字的礼物挂在树上,在圣诞树旁唱歌跳舞,迎候耶稣的降临。在圣诞节还有一位不可缺少的人物,就是圣诞老人。所说这位老人是小亚细亚姆拉城主、教圣尼古拉的化身。圣诞节现已成为一个世界性的节日。

复活节是纪念耶稣受难后复活,是把每年春分月圆后第一个星期日作为纪念日,日期不固定,即每年三四月间,春分月圆后第一个星期日。教会规定,耶稣复活日是基督教举行宗教礼仪的日子。在复活节这一天,人们会赠绘制精美的彩蛋,以象征生命复活。对孩子们来说,这是孩子们欢乐的节日,拣拾彩蛋是节日其间重要的活动,用小动物形状做成的巧克力糖果、精美甜点是节日中的重要食物。

二、基督教派别

1. 天主教

天主教是与东正教、新教并列的基督教三大宗教派别之一,亦称公教。又因为它以罗马为中心,也称罗马公教。16 世纪传入中国后,因其信徒将所崇奉的神称为"天主",因而在中国被称为天主教。

天主教会在组织体制上十分重视教阶制。天主教的教阶制分为神职教阶和治权教阶两类。神职教阶属"神所立的品级",由主教、司铎、助祭构成。治权教阶是根据教会的治理和统辖权以及某些特定分工而形成的极次,位居最高者为教皇,下有宗主教、牧首主教、省区大主教、都主教、大主教、教区主教以及由教皇特委的教廷重要成员枢机主教。

目前,天主教是基督教的第一大派别,全世界共有天主教徒 8.8亿,约占世界人口的 18.5%。

2. 东正教

东正教作为基督教三大派别之一,亦称正教。又因为它由流行于罗马帝国东部希腊语地区的教会发展而来,亦称希腊正教。1453 年拜占庭帝国灭亡后,俄罗斯等一些斯拉夫语系国家相继脱离君士坦丁堡普世牧首的直接管辖,建立自主教会,逐渐形成用斯拉夫语的俄罗斯正教,希腊正教主要指使用拜占庭礼仪的东正教会。

东正教的信徒主要分布于东南欧、巴尔干半岛、小亚细亚、美国等地区,在中国人数不多。1984年,中国有东正教徒八千人左右,主要集中在东北地区。

3. 新教

新教为16世纪宗教改革运动中脱离天主教而形成的新宗教,以及从这些宗派中不断分化出来的各个新宗派的统称,亦译为"抗罗宗"或"更正宗"。中国的新教各教会则自称基督教或耶稣教。

15世纪后期,西欧封建制度开始解体,许多新兴民族国家确立了中央集权的王侯统治,神圣罗马帝国和罗马教廷的力量大大削弱。思想文化上,经院主义神学日渐衰落,文艺复兴唤起的理性主义和批评精神在知识分子中迅速传播,并产生巨大影响,这一切都为宗教改革创造了条件。新教就是随着一系列宗教改革产生并发展起来的。

新教虽然有很多派别,但在教义方面有三个共同原则,即不承认天主教的某些教义,不受教皇的支配,认为圣经具有最高权威。

新教派别众多,但以三大主流教派为主,即分布于丹麦、瑞典、挪威、芬兰等国的路德宗,分布于瑞士、荷兰、苏格兰和德国一部分的归正宗以及分布于英格兰的安立甘宗。全世界新教徒约3.6亿,三分之二集中于欧洲和北美。

三、基督教的中国化

基督教在中国的发展经历了一个漫长而曲折的过程。从唐代传入中国直到明清,经历了三传:一传始入景教,即基督教中的聂斯脱里派,唐太宗允许其发展,至唐武宗(公元845年)时中断;二传是元代,公元13世纪又传入,称里可也温教或十字教,至公元1368年元朝被推翻后中断;三传是明朝,明万历十年(公元1582年)基督教第三次传入,天主教中的耶稣会影响最大,意大利传教士利玛窦真正打开了中国的大门,奠定了基督教在华传播的基业。

利玛窦在中国传播基督教取得了成功,其成功的原因在于:基督教适应了中国的情况。首先,他们认识到必须得到中国皇帝的信任。利玛窦经过多方努力,觐见了当时的明神宗,献上圣像、《圣经》、自鸣钟、八音琴等,并借用儒家的词汇向皇帝传教,说我们信仰的上帝和你们的"天"是一样的,我们来此,只是提出一些补充而已。神宗很赏识他这番话,于是批准他传教;其次,基督教传教士认识到必须了解中国的一些传统信仰,并予以尊重,如中国人的一些祭祖、祀天仪式。利玛窦死后,意大利人龙华民接掌中国天主教事务,由于他违犯中国礼俗,禁止教徒参加祭祖、祀天,致使中国人产生反感,引起了反教风潮。可见,基督教在中国的发展不是一帆风顺的,它对中国社会的影响也是丰富多彩的。基督教与中国传统文化之间既有无法跨越和填补的鸿沟,又有两者的相融相合。但有一点必须谨记,即基督教必须适应中国社会的实际,符合中国的礼俗,才能得以发展。

近代,从20世纪20年代开始,基督教在中国的传播进入中国化的时期。1922年,中国掀起了非基督教运动,教会开始致力于自保。资本主义世界经济的衰退,迫使西方传教士纷纷回国,中国基督教会进入自立、自传、自养阶段。1922年上海召开全国基督教大会,正式提出本色教会的主张,要求全国教徒通力合作,达到"自治、自养、自传"。自治,就是由中国人担任教会领导;自养,就是经济上自筹,不再依赖外人;自传,就是宗教教义、仪式自行决定。

建国后,天主教徒感到欢欣鼓舞,他们希望独立自主自办教会,故开展了天主教三自爱国运动;中国基督教也开展了三自爱国运动。1954年7月,在北京正式成立了"中国基督教三自爱国运动委员会",这标志着我国的基督教从"洋教"转化为中国教徒自办的宗教,从此走上一条新的健康发展道路。

四、中国基督教建筑和绘画艺术

近年来,基督教在中国的传播和影响是广泛而深入的,涉及中国社会的各个方面,尤其是基督教建筑、绘画、音乐等艺术,对人们有着很大的吸引力,为我们增添了许多富有特色的旅游资源,有利于我国旅游业的发展。但这些艺术也受到中国本土这些艺术的影响,也发生了一些变化。

1. 中国的基督教建筑

在我国,上海徐家汇天主教堂就是哥特式教堂,是远东地区最大的天主教堂之一。但也有一些基督教建筑受到了中国传统建筑的影响,成为中西合璧的建筑。如上海佘山天主教堂,始建于清代同治年间,后多次翻建,现在的建筑是1935年修建的。它融希腊、罗马、哥特式建筑艺术于一体,以罗马风建筑风格为主,但部分建筑与装饰又采用了中国传统建筑手法,可谓中西文化融合的结晶。高耸的钟楼,按一定音符排列着八只大钟,塔尖高38米,由紫铜铸造成的玛利亚圣母像高8米。圣母高举呈十字状的小耶稣,意指欢迎各地前来的朝圣者。1942年罗马教皇曾将其封为"圣殿",成为我国天主教徒朝觐的圣地。

2. 中国的基督教绘画

基督教传入中国后,中国基督教接受了西方绘画的影响,运用了中国国画再创造,产生了中国基督教绘画的艺术珍品。这实际上也是基督教中国化的一个表现。在这些珍品中,著名的有《圣母古像》、《拜上帝会的礼拜堂》等。

第四节　伊斯兰教文化

伊斯兰教是与佛教、基督教并列的世界三大宗教之一。公元7世纪初,诞生于阿拉伯半岛,后在亚非等地区传播,目前世界上有十亿多信徒。它很早就传入我国,在一千多年的发展和演变过程中,与中国的本土文化互相碰撞、融合,逐渐稳固下来,形成一种独具特色的中国伊斯兰教文化。由于它是经历了中国化的过程,因而它具有旺盛的生命力,成为我国宗教文化中的一个组成部分。

一、伊斯兰教概述

1. 伊斯兰教的产生

伊斯兰教诞生于阿拉伯半岛的社会大变革时期。当时部落割据,战乱频繁,内忧外患,危机重重。在宗教信仰上,各个部落都有自己的神,外部的犹太教和基督教也开始向半岛传播。因此,要抵御外族入侵,改变内乱局面,必须实现半岛统一,而实现统一就必须先统一宗教意识。于是先知穆罕默德就提出了"安拉是唯一的真神"口号,提出了禁止高利贷、施舍济贫、和平安宁等主张。这些主张适应了当时社会的要求,为广大民众所接受,就产生了伊斯兰教。公元631年,半岛上的各部落相继皈依了伊斯兰教,政治渐趋统一。公元632年3月,穆罕默德率十多万穆斯林到麦加,以安拉启示的名义宣布"我已选择伊斯兰教做你们的宗教",从此伊斯兰教成为阿拉伯民族的精神支柱。

2. 伊斯兰教在中国的传播

伊斯兰教在中国的传播,始于7世纪。当时阿拉伯的穆斯林带着对大唐的向往,到中国进行商贸旅行活动。公元651年8月(唐永徽二年)阿拉伯帝国正式第一次派使者到长安,从此开始了两国之间的友好交往。许多阿拉伯商人通过陆上丝绸之路和海上丝绸之路来到中国,有的在中国定居下来(称为蕃客),伊斯兰教也开始传入。元代是伊斯兰教在中国迅速发展的时期,这与蒙古人的统治、西征有关;到了明朝,伊斯兰教的地位在中国有所下降,但却出现了一个新的民族——回回民族共同体,穆斯林改用汉族姓名,且世代相传。这标志着伊斯兰教开始与中国本土文化相融合,在中国伊斯兰教的发展过程中有着里程碑的意义。清代(公元1644~1911年)是中国伊斯兰教典型化的时期。中国的一些少数民族也开始接受伊斯兰教,回族穆斯林开始在社会生活的各个方面发挥了重要的作用。中国穆斯林的先贤们开始注重和发展伊斯兰教育,用中国古代哲学中的某些思想解释伊斯兰教义,形成了中国伊斯兰教宗教哲学体系,促进了伊斯兰教中国化的过程。

3. 伊斯兰教的经典

《古兰经》是伊斯兰教唯一的根本经典。"古兰"在阿拉伯语中的意思是宣读、诵读或读物,《古兰经》是使者穆罕默德宣布的"安拉启示"汇集。它是伊斯兰教信仰和教义的最高准则,是伊斯兰教立法的首要依据,是穆斯林社会生活、宗教生活和道德行为的准则。《古兰经》是阿拉伯有史以来第一部阿拉伯文书写的典籍。

《圣训》是穆斯林对穆罕默德言行录的尊称。它包括言语的圣训、行为的圣训和默认的圣训。它的地位仅次于《古兰经》,是教中立法、教诲教徒的第二依据与源泉。它与《古兰经》相辅相成,互相补充。

4. 伊斯兰教的教义

伊斯兰教的教义有六大信仰(伊玛尼)、五项功课(仪包达特)和善行(伊赫桑)等:

第一,信仰安拉。相信安拉是宇宙万物的创造者、恩养者和唯一的主宰,是全能全知、大仁大慈、无形象、无所在又无所不在、不生育也不被生、无始无终、永生自存、独一无二的。

第二,信仰天使。相信天使是安拉用光创造的一种妙体,人眼无法看见。天使只受安拉的驱使,只接受安拉的命令。它们各司其职,但并无神性,只可承信它们的存在,不能膜拜。天使数目很多,最著名的为四大天使,其中以吉卜利勒地位最高。

第三,信仰经典。相信《古兰经》是安拉的语言,是通过穆罕默德降示的最后一部经典。

第四,信仰使者。使者,就是安拉派到人间来拯救世人的代理人,他既是人间治世安民的伟大先知,也是安拉真主的奴仆。因此,服从安拉的人应该无条件地服从使者。《古兰经》中提到的使者有 28 位,如穆罕默德、亚伯拉罕、摩西、大卫等,其中,穆罕默德地位最高,是一位集大成的使者。

第五,信仰后世。相信人都要经历今生和后世,终有一天,世界一切生命都会停止,进行总清算,即世界末日的来临。届时所有的人都将复活,接受安拉的裁判,行善者进天堂,作恶者下火狱。

第六,信仰前定。伊斯兰教认为人生的一切都是由真主预定的,谁也无法改变,承认和顺从真主的安排才是唯一出路。尽管各教派在前定与意志自由的问题上发生过争议,但对前定的信仰仍是一致的。

五项功课是指念功、礼功、斋功、课功和朝功,是信徒必做的功课。

5. 伊斯兰教节日和禁忌

(1)节日。古尔邦节:古尔邦节又叫宰牲节、忠孝节。古尔邦是阿拉伯语献牧的意思,是伊斯兰教的重大节日。相传先知易卜拉欣的儿子伊斯玛义 13 岁时,真主安拉启示易卜拉欣要他宰杀自己的儿子伊斯玛义进行奉献,易卜拉欣遵命行事,自己的儿子伊斯玛义也欣然表示同意,这时安拉派遣天使吉卜利勒牵来一只黑头白身的绵羊来到米纳山谷,替代伊斯玛义献牧。这一天正是伊斯兰教历的十二月十日,为纪念易卜拉欣和他的儿子伊斯玛义为安拉牺牲奉献的精神,人们把这一天定为宰牲祭礼的节日。这一天伊斯兰教要宰杀牛羊,炸馓子、烤全羊、烤羊腿等,有些阿拉伯人还宰杀骆驼。

开斋节:开斋节又叫肉孜节,肉孜是阿拉伯语斋戒的意思。伊斯兰教历九月是一年之中吉祥尊贵的月份,教规规定每一位虔诚的健康的成年穆斯林,应全月封斋,每日从拂晓至日落,禁绝饮食,封斋二十九天,第二十九天傍晚如见新月,次日即为开斋节,如不见新月,再封斋一天,共为三十天。次日即为开斋节,亦谓之小年,届时要欢庆三日,是伊斯兰教的重大节日。

(2) 禁忌。伊斯兰教在饮食方面的禁忌是禁吃自死物、溢流的血、猪肉和"诵非安拉之名而宰的动物"。《古兰经》除了在肉食方面提出了禁忌要求之外,它还要求教徒禁止饮酒、赌博、求签,等等。

伊斯兰教严禁吃自死物有两个原因:一是因为自死之物一般是由于伤病中毒、衰老等原因而致死的,食后对人的健康不利;二是因为动物不宰自死者,血未去,血液中往往残存有害物质,对人体不利。但是,在所有的自死物中,鱼类是例外的。在现实生活中,很多人误以为凡是牛羊肉和鸡肉,穆斯林都是可以吃的。殊不知,伊斯兰教禁食之物还包括不以安拉名义宰杀的任何动物。伊斯兰教认为,安拉是万物的创造者,是生命的赋予者和掌握者。因此,要求穆斯林在宰杀牛、羊、鸡等可食动物时,诵"以安拉之名"表示结束该动物的生命是奉安拉的名义进行的,不是出于仇恨该动物,也不是由于它弱小可欺。这样宰杀的动物,其肉是合法可食的,是清洁的。伊斯兰教禁食血液的原因是,动物的血液乃是"嗜欲之性",也是污秽的物质,所以不可食用。伊斯兰教之所以严禁信徒食用猪肉,是出于"重视人的性灵纯洁和身体安全"。《古兰经》说,猪肉是不洁的,这里的"不洁"不单是指卫生,更重要的是指宗教义上的不纯洁。穆斯林从宗教的、伦理的、审美的、卫生的角度,认为猪肉是不干净的。除了《古兰经》提出的四种肉类外,圣训中还规定了一些不可以食用的动物,主要包括猛禽猛兽和不反刍的畜类。

伊斯兰教严禁饮酒,也禁止一切与酒有关的致醉物品。所以,一切有危害性及能麻醉人的植物或可食植物,如葡萄、大麦、小麦等一旦转化成能致醉的饮料,如酒一类的东西,就成为禁忌的对象。同时,伊斯兰教还禁止从事与酒有关的营生。当然,一切比酒更有害于人身体的麻醉品和毒品也都在严禁之列。

宰牲者必须是穆斯林。宰牲前必须诵真主之尊名;牲畜有食管、气管及两条血管,至少要断其三管,但不可一刀把头割下;牲畜宰后,不可立即将未死透的牲畜丢入开水中;必须使血流尽,方可烹饪食用。

伊斯兰教严禁赌博。《古兰经》将赌博与饮酒、求签、拜像都称为"秽行",是"恶魔的行为"。它说,赌博可使人"互相仇恨",而且阻止人们"纪念真主和谨守拜功",故明确严禁,要人们远离这"恶魔的行为",做一名纯洁的信士。

二、伊斯兰教的中国化

1. 中国的伊斯兰教文化

中国的伊斯兰教文化是伊斯兰教文化与中国本土文化相融合的结果。中国穆斯林的先贤以儒诠经,著述和翻译了大量的伊斯兰教经籍,并用中国古代哲学中的思想解释伊斯兰教教义,形成了中国伊斯兰教哲学体系。中国伊斯兰教哲学大师吸收和改造儒、释、道各家概念,又深化了伊斯兰教安拉独一的理论,解释了安拉独一与德性诸多的矛盾、彻底坚持真主主宰一切的理论,在中国传统的唯心主义和宗教哲学中奠定了一种一神论哲学。

2. 中国的回族穆斯林受汉文化影响较大

由于长期和汉族杂居,逐渐习惯了以汉语作为本民族的语言,但保留了一些阿拉伯语和波斯语的词汇。回族的清真寺和民居建筑基本摆脱了阿拉伯和中亚的建筑风格,采纳了中国传统殿宇式四合院为主的建筑式样,但仍独具民族风格。

3. 中国伊斯兰教教义与伊斯兰教教义也有一些差异

如五项功课,伊斯兰教可概括为"念、礼、斋、课、朝",而中国穆斯林称之为"五功"，即"身有礼功，心有念功，性有斋功，财有课功，命有朝功"。在课功上，伊斯兰国家的天课由官方正式征集，并通过政府负责分配，有严格的法律约束性；而我国的穆斯林不交纳天课，只交少量的学粮、"费图尔"钱和"所得格"，用于维持阿訇的生活和接济穷人。

4. 中国的伊斯兰教建筑

新疆地区的清真寺和东南沿海地区的清真寺主要为阿拉伯式清真寺的建筑风格；而内地的清真寺则主要是我国庭院式清真寺的建筑风格，并采用了中西合璧的装饰艺术。

三、中国伊斯兰教的建筑艺术

伊斯兰教的建筑艺术，包括清真寺、陵墓、宫殿和园林等，都很有特色。中国的伊斯兰教建筑，如清真寺、陵墓等，皆受到中国传统建筑文化的影响，又有自己的特点。

1. 中国清真寺的建筑

清真寺是伊斯兰教的寺院。"伊斯兰"是阿拉伯语"和平"、"顺从"音译，"清真"是意译。"清"是指安拉的超然无染，不拘方位；"真"是指安拉无可比拟、永存常在的意思，选用清真最能体现伊斯兰教的内涵。所以，清真寺在伊斯兰教中有相当重要的地位。可以说，它是穆斯林举行各种活动的场所。

在阿拉伯地区伊斯兰教的清真寺的建筑风格是阿拉伯式建筑，如结构严整、质朴。中心部位是礼拜大殿，外部是耸尖塔、尖拱、大圆拱顶等，内部设置比较简单，墙壁素洁淡雅，通常不绘画景物，但有阿拉伯艺术字体和几何线条图案。而中国的伊斯兰教清真寺建筑可分为两大类，一类为西亚式（或阿拉伯式）建筑，主要分布在伊斯兰教传入我国较早地区，如新疆地区和东南沿海地区；另一类为中国传统殿堂式建筑，主要分布在中国内地，如北京牛街清真寺、西安化觉寺等。这两类建筑的特点明显不同，体现了伊斯兰教传入后不同的中国化过程。

（1）新疆地区清真寺的建筑特点是：

· 平面布局不强调对称，即不注重中轴线和左右对称。

· 建筑形制与中国传统建筑明显不同，如没有中国式的大屋顶，而是阿拉伯穹顶式,一般大殿有一大四小五个穹顶,并饰以穆斯林的标志——新月。

·有维吾尔族民族特色的装饰艺术,如木雕精细、讲究砖花;石膏浮雕形式多样;彩绘色调,鲜明强烈;装饰纹样,富于变化,具维语尔族生活气息。

新疆喀什的艾提卡尔清真寺就是代表。它是目前新疆最大的清真寺。建筑全部采用阿拉伯样式,有浓郁的伊斯兰艺术风格,同时也兼具维吾尔族古代建筑的特色。

(2)东南沿海地区清真寺建筑的特点是:

·平面布局不用中轴对称。邦克楼或望月台通常建在寺前右隅。

·外观造型是阿拉伯风格。

·细部处理也具西亚特色。

·建筑材料多用砖石。

·也受到中国建筑艺术的影响。

泉州清净寺是东南沿海地区的清真寺的代表。清净寺始建于北宋大中祥符二年(公元1009年),相当于伊斯兰教历400年。寺内有两条长方形石板,嵌于大门甬道后的石墙上,上面刻着古阿拉伯文,称这是在中国的伊斯兰教信徒的圣寺,因而取名叫"圣友之寺"。其外形仿照叙利亚首都大马士革的伍麦耶清真寺式样,保留了中世纪阿拉伯普遍流行的建筑风格,如门楣呈尖拱形,分外、中、内三层,看似门中有门。外层与中层上部筑有青色圆形穹顶,内层则有纯圆白色穹顶。门楼上有一平台,筑有"回"字形垛子,称为望月台。寺门后西侧为原礼拜大殿(奉天坛),殿门也呈尖拱形,门楣上浮雕两行古阿拉伯文,为北宋遗物。大殿四壁由大小不等的白色花岗石砌成,上刻《古兰经》经文。屋顶早已坍塌,难挡风雨,现已不作礼拜之用。现作为礼拜堂的明善堂位于奉天坛北面,是清代风格的两进式砖木结构建筑。总之,清净寺是我国古代人民与阿拉伯各国人民友好往来和文化交流的历史见证。

(3)中国内地传统建筑清真寺的特点是:

庭院式布局 四合院式,有中轴线,强调整体布局与左右对称,但中轴线不是南北向,而是东西向。

汉代建筑形式取代了阿拉伯建筑构件,如大门不是阿拉伯式的拱券大门,而是传统式的寺庙大门;邦克楼是中国传统楼阁式建筑;大殿是中国传统的木结构和大屋顶样式,用斗拱;门前常建有牌坊,带八字墙。这些与阿拉伯的砖石尖塔有明显的区别。

中西合璧的装饰艺术 将伊斯兰装饰风格与中国传统建筑装饰手法融会贯通,并强调了伊斯兰教的宗教内涵。如不主张使用动物图案,而用山水、植物、日月、云彩、几何图案、阿拉伯文字来替代等。

庭院处理富有中国浓厚的生活情趣 如遍植花草树木,设置香炉、鱼缸,堆石叠翠,掘地架桥,立碑悬匾等,类似"小桥流水"的园林风格。西安化觉寺是这类清真寺的典范。它是我国现存规模最大、保存最完整、装饰最精美的清真寺。它始建于唐天宝元年(公元742年),是一座按中国传统院落式布局的清真寺。东西长约二百五十米,南北宽约五十米,前后分四进院落,中轴线为东西向,沿中轴线的四进院落分别构成完整的四合院,前后贯通,左右对称。由东向西,由寺门至礼拜大殿。寺门为典型的中国传统木牌楼,飞檐翘角,琉璃瓦顶,并悬挂匾额。第二进院落,内有石牌坊和冲天雕龙碑第三进院落的主体建筑为省心楼,是一座两层三檐八角攒尖顶阁楼,造型典雅大方,主要起宣礼作用;第四进院落占地面积最大,为全寺主院。院落正西是礼拜大殿,殿内雕梁画栋,碧瓦丹楹,天花板与藻井上绘制阿拉伯文、花草纹等装饰图案,堪称采用画中的精品。后殿,除阿拉伯装饰外,还有中国的宝瓶、牡丹等图案。所以,从建筑艺术上,该寺吸收了较多的中国传统手法,将其与西亚风格融为一体,形成独特的中国伊斯兰教清真寺建筑。

由上可见,中国伊斯兰教清真寺建筑,虽然风格各异,但都是中国与阿拉伯文化交流的产物,是中国历代各族穆斯林智慧的结晶,也是中华民族文化的宝贵财富的组成部分。

2. 中国伊斯兰教的陵墓建筑

伊斯兰教的陵墓建筑也是伊斯兰教建筑艺术中富有特色的建筑形式之一。中国伊斯兰教的陵墓大致有三类:

(1)东南沿海地区的圣墓与先贤墓。它是指我国元代以前来华的伊斯兰教传教士的陵墓,主要有广州宛葛斯墓、泉州灵山圣墓和扬州的普哈丁墓。其中,泉州灵山圣墓被认为是伊斯兰教第三圣墓,仅次于阿拉伯麦地那的穆罕默德圣墓和纳夫城的阿里圣墓。它们的外观造型一般为阿拉伯式样,地上部分建有圆形或梭形拱顶。它已成了当地穆斯林心中的圣地,每逢宗教节日或清明时节,众多教徒来此扫墓。

（2）甘肃、宁夏地区的"拱北"。"拱北"指"圆拱屋顶",也是阿拉伯式的陵墓建筑。它是伊斯兰教苏菲学派为其创传人建造的墓葬,多建于清代。因此,在墓葬形式上吸取了明清传统建筑的风格,如有重檐塔楼,雕国栋,底层墙壁有砖雕图案、镌刻图案和植物。一些附属设施,如礼拜殿、诵经堂等建筑多是采用中国庭院式的建筑风格建造的。

（3）新疆地区的"麻札"。"麻札"是"拜谒之处"之意。它主要是为在新疆传播伊斯兰教做过重要贡献的历史人物以及而修建的,还有一种是以动植物命名的墓葬。前两种规模较大,常设有高大的穹窿形墓室,装饰豪华,并有一些附属建筑;第三种数量最多,但规模较小,建造较简陋。它们还有一个共同的特色,即有繁多的装饰品,如墓室四周插有长竿,挂上布条、马尾、牛尾、羊角、三角旗等,沿墓墙及栏杆处还堆积了大量的羊头骨架和羊角。新疆的穆斯林已形成了麻札朝拜习俗。

目前,伊斯兰教的建筑艺术——清真寺、墓葬等,以其悠久的历史与独特的建筑风格吸引着众多游人,已成为这些地区的重要的旅游资源。在此基础上,还可开展穆斯林聚居地观光游、伊斯兰教文化学术考察游等,以提高中国伊斯兰教文化的国际地位,吸引众多的国际穆斯林客源。

第五节　中国的民俗风情文化

中国的民俗风情文化与五千年的中华民族文化密切相连,是中国旅游文化中的一个极有民族特色的部分,是海内外旅游者极为向往的,也是最有吸引力的部分。它既包括少数民族的民俗风情,也包括在中国传统文化的发展过程中流传于民间的、约定俗成的民俗。既有全国性的民俗文化,也有地域性的民俗文化,并有着很强的民族性、地域性、传承性和变异性。

一、民俗文化概述

1. 民俗的概念

民俗是指一个国家或民族中广大民众所创造、享用和传承的生活文化。它是人民群众在社会生活中世代传承、相沿习成的生活模式,是一个社会群体在语言、行为和心理上的集体习惯。它源于人类社会群体生活的需要,在特定的民族、时代和地域中不断形成、传播、演变和发展,并贯穿于民众的日常生活之中。

2. 民俗的功能

民俗有着多种功能:首先,它有规范和约束功能,民俗一旦形成,就会成为规范人们的行为、语言和心理的一种基本力量。例如,过去农村里的族规,尽管不是法律,但它却对这个家族的每一个人都有约束作用。这种族规就属于社会组织民俗;其次,民俗也是民众习得、传承和积聚文化创造成果的一种重要方式。中华民族的博大精深的文化,有很多都是通过民俗保存下来的,如一些节庆、礼节、信仰多是几千年来通过民间口诵留传下来的。

3. 民俗的分类

民俗内容广泛,就民俗界公认的范畴而言,民俗主要包含:生产劳动民俗、日常生活习俗、社会组织习俗、岁时节日习俗、人生仪礼、游艺民俗、民间观念、民间文学等。

二、中国民俗风情文化概述

中国民俗风情文化是指在中国传统文化发展过程中,流传于民间的,约定俗成的民俗。它既有全国性的民俗文化,也有地域性的民俗文化。所谓百里不同风,千里不同俗。由于自然环境的差异和社会环境的不同而形成的中国民俗文化,其风貌也是多姿多彩的。

中国民俗风情文化的特点是:有很强的民族性、地域性、传承性和变异性。

1. 民族性

指中国民俗风情文化有鲜明的民族特征,浓郁的中国风格,因而它会具有一种独特的魅力,能吸引众多的海内外旅游者。例如,中国的传统节日习俗,春节、元宵节、端午节、中秋节、腊八节等都是汉族特有的节日,是中华民族隆重的传统节日,有很多独特的习俗;又如,中国的服饰习俗(包括服饰礼仪、禁忌、氛围),也有着中华民族共同的特征……

2. 传承性

指中国几千年来留下的习俗,至今仍保留,名目不变,甚至内容也未发生大大的变化。如那些传统的节日名目大体是固定的,千百年来延续不变,并在一定程度上造就民族的凝聚力;另外,还表现在那些节日的具体内容也大致不变,如除夕守岁、春节拜年、清明祭祖扫墓、中秋赏月团圆、重阳登高望远等等,几千年来如此,体现出中国文化传统的延续和中华民族血脉的相连。

3. 地域性

中国地域广泛、民族众多,不同的地域和民族有着不同的民俗风情,各具魅力。就以节日习俗而言,我国的少数民族有许多独特的节日,如苗族的芦笙节、黎族的"三月三"、白族的"三月节"、彝族的火把节、傣族的泼水节都各具特色,对海内外游客有很大的吸引力;又以居住民俗而言,北方地区的四合院、上海的石库门、江南地区的干栏式木构建筑、福建客家土楼等,也都各具特色。

4. 变异性

指很多民俗随着时代的变迁而发生变异,如原来有的民俗现在没有了、原来的内容到现在发生了大的改变。以节庆习俗而言,原来在上海地区的天赐节、炉节等,现早已没有了。而原来的一些节庆,则由于内容的改变,由传统节庆变为现代节庆。如龙华庙会、龙华撞钟,原先都是龙华地区的传统习俗,经过包装和策划,如今的龙华庙会已成为融观光旅游、文化娱乐、休闲购物于一体的都市节庆活动,浓郁的文化气息和特色的商贸集市造就它的独特魅力。

由于民俗风情文化具有上述特点,所以,进行民俗风情旅游能使人置身于动态的、活生生的文化氛围之中。它不仅能开阔视野,增加知识,还能陶冶性情,体味人生,使人们领略无穷的乐趣。

三、中国主要的民俗文化事项

中国的民俗文化内容广泛，种类繁多，主要有服饰民俗、居住民俗、岁时节日民俗等。

1. 服饰习俗

中国服饰文化系的是中国服饰、服饰加工技艺，以及以服饰为基础的美学思想和服饰习俗风尚。它有着层次性和多元化的特点，并含有不同的文化心态、价值取向和文化效应。从服饰起源起，人们就已将其生活习俗、审美情趣、色彩爱好，以及文化心态、宗教观念都沉淀于服饰之中，构筑了服饰文化的内涵。

服饰民俗与人生礼仪密切相关，人的婚、冠、寿、丧，除本身的仪礼风俗外，大多在服饰上有所表现。所以，观服可以知俗。衣服样式的变化，最能表现出时代的风尚。从服饰上可以看出时代的特点、社会的开放程度，以及人们对物质追求的心理倾向。因此，服饰民俗既受历史变革的影响，也是民族间碰撞与融合的反映。

在服饰民俗中，除日常服饰外，还有特殊服饰，即婚服与丧服。婚服为结婚的新人在喜庆佳期所穿的服装（主要是新娘的服装），它服从于婚俗的要求，有更广阔的民俗意义；丧服，一是服丧送葬人的服装，一是死者的寿衣。前者为孝服，后者为寿服。孝服也因送丧人的身份不同而有所不同。寿服也有男女长幼之分。另外，在结婚和临终这些时刻，一般都要里外换新，即使穷人也要做到这一点。

（1）中国服饰是各民族互相渗透，相互影响下而生成的。在几千年来的社会发展过程中，中国服饰吸纳与融合了世界各民族的外来服饰文化，经过整合演化而成的以汉族为主体的中国服饰文化。其发展的过程是：

我国服饰文化的历史源流，若从古典中寻找，总会将其归结于三皇五帝。这个时代，从考古发掘的文化遗存对照，应该是在距今五六千年前的原始社会母系氏族公社的繁荣时期。这个时期内出土的实物有纺轮、骨针、钢坠等，又出土有纺织物的残片。我国中原甘肃出土的彩陶上的陶绘，已将上衣下裳相连的形制生动而又形象地描绘出来了。

殷商时期,社会生产力得到一定发展,从甲骨文中可见的象形文字就有桑、茧、帛等字样,可证明农业在当时已发展到一定水平。又从出土的商代武器铜钺上存有雷纹的绢痕和丝织物残片等,可见那时的工艺水平已十分高超和精湛。在殷商甲骨文中,可见王、臣、牧、奴、夷及王令等。衣冠服饰随着生产力发展和社会分工,开始打上了时代烙印,成了统治阶级"昭名兮、辨等威"的工具。尊卑贵贱的生产关系,促使服饰也开始形成其固有的制度。

周代是中国冠服制度逐渐完善的时期。这时候,有关服饰的文字记载十分多见,青铜器铭文中,"虎冕练里"(毛公鼎)、"女裘宝殿"(周、伯蔡文篇)等。随着等级制的产生,上下尊卑的区分,各种礼仪也应运而生。反映在服饰上,有祭礼服、朝会服、从戎服、吊丧服、婚礼服。这些服饰适应了天子与庶民,甚至被沿用于商周以来的二千年封建社会之中。

春秋战国时期,各国间不全遵周朝制度。七国崛起,各自独立,其中,除秦国因处西陲,与其他六国有差异外,六国均因各诸侯的爱好和奢侈,以及当时兴起的百家争鸣之风,在服饰上也各显风采。春申君的三千食客中的上客均着珠履;卫王宫的卫士穿黑色戎衣;儒者的缛服长裙褒袖、方履等等。汉初服饰,与民无禁。西汉虽有天子所服第八诏令的服饰制度,但也不甚明确,大抵以四季节气而为服色之别,如春青、夏赤、秋黄、冬皂。汉代妇女的日常之服,则为上衣下裙。

魏晋南北朝以来,由于北方各族入主中原,将北方民族的服饰带到了这一地区。同时,中原服饰文化也影响和同化了北方民族的服饰。妇女的日常衣服仍以上身着襦、衫,下身穿裙子。襦、裙也可作为礼服之内的衬衣衫。

隋统一全国,重新制定汉族的服饰制度,然而也难以摆脱其由北向南统一而带来北族服饰形制的影响。只是到了唐代帝国的建立,才以其长时间的统治,加上其强盛的国力,令其服饰制度上承历代制度,下启后世冠服,与其社会一样,呈现出繁荣景象。唐人与西北各民族的交往频繁,各民族杂居内地的也很多。因此,唐人穿胡服的装束常会在该时代的文物中见到。隋唐时妇女的日常服饰是衫、袄、裙,多见是上身着襦、袄、衫,而下身束裙子。裙子以红色最流行;其次是紫、黄、绿色。唐代妇女的鞋子多将鞋头作凤形,尺码同男子相似。宫人侍左右者均着红棉靴,歌舞者也都着靴。妇女的日常服饰名目繁多,有如袄、衫、袍、腰巾、抹胸、裙、裤、膝裤、袜、鞋靴等等。

宋代北方大片土地沦为女真族领地,服饰文化也因其政治和经济因素而发生交互影响。《续资治通鉴》记载:"临安府风俗,自十数年来,服饰乱常,习为边装……"可见南宋京都也尚北服。宋代妇女的日常服饰,大多上身穿袄、襦、衫、背子、半臂,下身束裙子、裤。其面料为罗、纱、锦、绫、绢。尤其是裙子颇具风格,其质地多见罗纱,颜色以石榴花的红色最注目。褶裥裙也是当时裙子中有特点的一种,有六幅、八幅、十二幅不等,贵族妇女的褶裥更多。

元代是蒙古族入关统治中原的时代。其服饰既袭汉制,又推行其本族制度。元朝初建,也曾令在京士庶须剃发为蒙古族装束。蒙古族的衣冠,以头戴帽笠为主,男子多带耳环。然至元大德年间以后。蒙、汉间的士人服饰也就各从其便了。妇女服饰,富贵者多以貂鼠为衣,带皮帽。一般则用羊皮和毳毡作衣冠材料。当时的袍式宽大而长,常作礼服之用。元末,因贵族人家以高丽的装束为美,又流行起衣服、靴、帽仿高丽式样。

朱元璋推翻元朝,建立大明帝国后,先是禁胡服、胡语、胡姓,继而又以明太祖的名义下诏:衣冠悉如唐代形制。明朝的皇帝冠服、文武百官服饰、内臣服饰,其样式、等级、穿着礼仪真可谓繁缛。就连日常服饰,也有明文规定,如崇祯年间,皇帝命其太子、王子易服青布棉袄,紫花布衣、白布裤、蓝布裙,白布袜、青布鞋,戴皂布巾,装扮成老百姓样子出面活动,也印证了当时平民百姓的衣饰。明代妇女服饰规定民间妇女只能用紫色,不能用金绣。袍衫只能用紫绿、桃红及浅淡色,不能用大红、雅青、黄色,带则用蓝绢布。明代的衣衫已出现用纽扣的样式。明代妇女的鞋式仍为凤头加绣或缀珠。宫人则着刺上小金花的云样鞋。

1840年以后,许多沿海大城市,尤其是上海这样的大都会,因华洋杂居,得西方风气之先,服饰也开始发生潜在的变革。早期,服装式样变异甚少,民间仍然是长袍马褂为男子服饰;女子则上袄下裙。之后,商业贸易日渐昌盛,洋货大量倾入,羽纱、呢绒、洋绸、花布等充斥市场,使传统的服饰穿着有所变动。外国衣料因价廉渐为人们欢迎,西方缝纫方式开始流行起来费工费时、工艺考究的滚、镶、嵌、绣等传统手工艺渐渐为衰落。尤其是女性的时装,由于缝纫精制、款式合乎时代潮流,影响尤大。风行于20世纪20年代的旗袍,脱胎于清代满族妇女服装,是汉族妇女穿着吸收西洋服装样式不断改进而定型的。当时尚无专业服装研究中心,服装式样的变化经过千家万户,在时代风尚的影响下不断变化。从20世纪20年代至40年代末,中国旗袍风行了二十多年,款式几经变化,如领子的高低、袖子的短长、开衩的高低,使旗袍彻底摆脱了老式样,改变了中国妇女长期以来束胸驼背的旧貌,让女性体态与曲线充分显示出来,适合了当时的风尚,为女性解放立了大功。青布旗袍最为当时的女学生欢迎,一时不胫而走,全国仿效,几乎成了20年代后期中国新女性的典型装扮。值得一提的是,作为引领服装潮流的十里洋场中摩登登女郎、交际名媛、影剧明星等,在旗袍式样上的标新立异,也促进了它的发展,如交际花唐英等最早在上海创办的云裳时装公司。自30年代起,旗袍几乎成了中国妇女的标准服装,民间妇女、学生、工人、达官显贵的太太,无不穿着。旗袍甚至成了交际场合和外交活动的礼服。后来,旗袍还传至国外,为外国女子效仿穿着。

(2)中国少数民族服饰。

蒙古族 蒙古族服饰包括首饰、长袍、腰带和靴子等。男女老少一年四季都喜欢穿长袍,春秋穿夹袍,夏季着单袍,冬季着棉袍或皮袍。男袍一般者比较宽大,尽显奔放豪迈。女袍则比较紧身,以展示出身材的苗条和健美。男装多为蓝、棕色,女装则喜用红、粉、绿、天蓝色。腰带是蒙古族服饰重要的组成部分,用长三四米的绸缎或棉布制成。蒙古族钟爱的靴子分皮靴和布靴两种,蒙古靴做工精细,靴帮等处都有精美的图案。佩挂首饰、戴帽是蒙古族习惯。玛瑙、翡翠、珊瑚、珍珠、白银等珍贵原料使蒙古族的首饰富丽华贵。

满族 旗袍,满语称"衣介"。古时泛指满洲、蒙古、汉军八旗男女穿的衣袍。清初衣袍式样有几大特点:无领、箭袖、左衽、四开衩、束腰。

箭袖,是窄袖口,上加一块半圆形袖头,形似马蹄,又称"马蹄袖"。马蹄袖平日绾起,出猎作战时则放下,覆盖手背,冬季可御寒。四开衩,即袍下摆前后左右,开衩至膝。左衽和束腰,紧身保暖,腰带一束,行猎时,可将干粮、用具装进前襟。男子的长袍多是蓝、灰、青色,女子的旗装多为白色。满族旗袍还有一个特点,就是在旗袍外套上坎肩。坎肩有对襟、捻襟、琵琶襟、一字襟等。穿上坎肩骑马驰骋显得十分精干利落。在满族南迁辽沈,入中原后,与汉族同田共耦,受汉族"大领大袖"服饰的影响,由箭袖变成了喇叭袖,四开衩演变为左右开衩。至上世纪三十年代,满族男女都穿直统式的宽襟大袖长袍。女性旗袍下摆至小腿,有绣花卉纹饰。男性旗袍下摆及踝,无纹饰。四十年代后,受国内外新式服饰新潮的冲击,满族男性旗袍已废弃,女性旗袍由宽袖变窄袖,直筒变紧身贴腰,臀部略大,下摆回收,长及踝。逐渐形成今日各色各样讲究色彩装饰和人体线条的旗袍样式。由于旗袍非常适合中国妇女的体形和贤淑的个性、民族的气质,后来这一源于满族的传统服装渐渐成为中华民族文化宝库中的一朵奇葩,受到国内外妇女的青睐和赞赏。

维吾尔族　维吾尔族女子婚前一般梳小辫,有的多达十多条或几十条小辫。婚后发式有地区差别,南疆女子婚后梳四条发辫,额前的较小,脑后的较大,梳成后将前面两条小的和后面两条大的合并起来,形成两条大发辫;北疆一般只梳成两条发辫。男女外出都必须戴帽,最普通的是绣花小花帽,极精巧,冬天多戴皮帽。南疆妇女外出时,除了戴帽外,还要蒙上一块白色头巾或棕色面纱。衣服上的特点是夏着丝绸,冬穿皮毛。男子外衣长而过膝,宽袖、无领、无扣,称为"袷袢"。女子普通穿连衣裙,外罩背心或西式上衣。男女都喜脚穿皮靴,靴上加套鞋,入室脱套鞋,以保持室内清洁。冬天则穿毡靴。

朝鲜族　过去朝鲜族喜爱穿白衣素服,自称"白衣同胞",外人称之为"白衣民族"。

男装,主要有上衣、坎肩儿、裤子、长袍外套,头上戴的有黑笠帽、礼帽、鸭舌帽、制帽等。以前,男装上衣的特点是:白色斜襟,以布打结作为纽扣,外面加穿带纽扣的坎肩。裤子的裤裆肥大,便于盘腿席坐,裤腿系丝带。长袍当大衣穿,分单、夹、棉三种。脚上穿的有木鞋、草鞋、全胶鞋。现在,除部分老年人、特别是农村老年人还穿有这种装束以外,青壮年普遍穿西服、中山装和流行款式的服装。穿草鞋的也不多见了。

女装,主要有上衣、裙子、外衣(包括长袍、长衣等),还有为掩饰胸腰外露的和防寒用的"腰带"。朝鲜族女装的短上衣称为"则高利"、长裙称为"栖玛"。中老年妇女冬天在上衣外加穿棉或皮坎肩。下身一般穿缠裙,穿时把下身围一周后,把裙子的左下端提上来掖在腰带间。年轻妇女和少女的上衣较短,在袖口、襟边、腋下镶有赤色或紫色绸缎花边,用花色绸缎做长飘带,配上适度而艳丽的长裙,穿起来潇洒美丽。脚上穿着独具特色的全胶鞋,是鞋头尖而翘起的船型鞋,多为白色或蓝色。这样的民族服装多出现在节日或喜庆的日子里。平时,朝鲜族妇女很爱穿短裙、戴头巾,即将四角巾对折叠起,从前额围到脑后系上。

2. 居住民俗

人类的居住形式是人类物质文明的反映。从原始时代的穴居野卧,到今天的高楼大厦,无不反映出民族文化发展进程,也无不表现有民俗习惯。我国古代窖空式的房舍(如半地穴式,坑穴上有屋柱、屋顶)对更原始的利用天然山洞穴居来说是一大进步,它是人工结构房屋的开始,也是人类物质文明进程的开始。

我国各族人民居住习惯各有不同。有的民族长期没有定居。如过去蒙古族牧民就长期游动在广阔的大草原上,他们居住的蒙古毡包,以木杆为骨架,罩以羊毛毡顶,周围也是毛毡围墙,根据气候和牧场的变换随时搬迁。居住在大小兴安岭的鄂伦春人过去游动性也很大,他们住的帐幕式的仙人柱,就经常用马搬动。仙人柱是用十根五六尺长的木杆搭成圆锥形的架子,上面盖上狍皮、芦苇帘、桦树皮等。三面住人,一面是门,当中有一火堆取暖,上面吊一个耳锅煮肉。屋顶开小孔流通空气。这些圆顶帐式房舍,可称为穹庐式,它是游牧与狩猎为主的民族通常居住的形式。西北的哈萨克族、柯尔克孜族牧民也有类似的居住形式。柯尔克孜称"勃孜吾"房舍,便是以红柳作栅栏的,呈方格形,围上芨芨草的帘子,再覆以毛毡,有天窗和活动毡盖。夏日移居平原沿河流域,冬日则迁到向阳的山谷。

南方竹楼,又是一种居住类型。黔东南苗族房屋,有平房和楼房两种。楼房多为吊脚楼,建筑在坡地上,楼下不住人,堆放杂物和畜养。壮族传统住房为高架式楼房,史称"麻栏"。麻栏建筑多用木桩或竹桩作成底架,离地面很高,在底架上建筑住屋,楼上住人,楼下畜养牲畜、堆放杂物。

广西三江的侗寨也有楼房,全部木结构,有外廊式小楼,也有连幢的大楼,可供若干房共同居住。唯有瑶族的竹楼,乃楼下住人,楼上储粮食杂物,畜厩不在楼内,而在楼后。白族的楼房,以坐西朝东为正向,三间为普遍,布局平均为"三坊一照壁"、"四合五天井",有院落,人居室和厨房、畜圈分开,人亦住楼下,中间一间为堂屋,接待客人。布朗族的竹楼十分简单,用竹片编成,茅草盖顶。楼上,中央设火塘,火塘边吃饭、待客,四周安置床位。傣家竹楼由十根柱子支撑,铺以楼板竹篾,用编织的草排盖顶,带有栏杆、走廊,美观别致。永宁纳西族的楼房为木质结构,三、四幢组成一个院落,中央住人,二、三幢客房为男女阿注偶居之所,第四幢是经堂,为念经、休息的处所。崩龙族矮脚竹楼分前厅后厅,以竹篱笆隔开,男人住前厅,女人住后厅,前后厅各有火塘。

平房居住形式又是一种类型,它最为通行,遍及各族,多为木石结构,以土墙、砖墙、泥墙为多,藏族多有石块砌成的碉房,平顶。蒙族也有砖石结构的建筑。怒族则有木板房、竹篾房。这些居住房屋因地制宜,与人们的生产方式、生活特点密切结合。修建时就地取材,产竹的用竹,产木的用木,产石的用石,平原地区以土坯或砖为材料。

3. 岁时节日民俗

(1) 二十四节气。古代一组节令的总称。即自立春至大寒共二十四个节气,以表征一年中天文、季节、气候与农业生产的关系,它是中国古代独特的创造。作为一部完整的农业气候历,在指导中国农业生产上发挥了较大作用,沿用至今。

二十四节气的形成和发展与中国农业生产的发展紧密相连。农业发展初期,由于播种和收获等农事活动的需要,人们开始探索农业生产的季节规律,出现了春种、夏长、秋收、冬藏的观念。春秋战国以后随着铁制农具的出现,农业生产对季节性的要求更高了,就逐渐形成了节气的概念。春秋时已用土圭测日影定节气。最初只有夏至、冬至,随后逐渐增加了春分、秋分及立春、立夏、立秋、立冬。西汉《淮南子·天文训》中始有完整的二十四节气的记载,它是以北斗星斗柄的方位定节气。定立春为阴历的正月节(节气),雨水为正月中(中气),依此类推。全年共十二节气和十二中气,后人就把节气和中气统称为节气。二十四节气在天文学上是以太阳在黄道上的位置来确定的。以黄经 $0°$ 为春分,以下每 $15°$ 为一节气,周天为 $360°$ 而成二十四节气。在公历上每个月两个节气的日期也基本固定。二十四节气后传入朝鲜、日本等邻国。日本在江户时代(1603~1867 年)开始采用,并传至今日。

二十四节气中反映日照长短的有春分、夏至、秋分和冬至;反映温度的有小暑、大暑、处暑、霜降、小寒和大寒;同时反映温、湿度的有白露、寒露;反映降水的有雨水、谷雨、小雪和大雪。其余则是反映自然物候和农业物候的。所以可将二十四节气看作是一部全年的农业气候历。反映日照的二分、二至四个节气和反映温度的小暑、大暑、小寒、大寒,在全国和一些邻国基本上都能适用。其余各节气则大都是黄河中下游地区农业气候特征的写照。如立冬与这一地区日最高气温小于 $0℃$ 吻合;立夏与这一地区候平均气温开始达到 $22℃$ 以上基本相符;霜降与这一地区地面最低温度 $0℃$ 的日期一致,这些规定在黄河流域中下游以外的地区则不适用。其他地区在使用二十四节气时,常根据当地农业气候特点,赋以适于当地的内容。

(2) 春节(除夕),民间最盛大,最隆重的传统节日。农历正月初一是春节的开始,但春节的庆祝活动丰富多彩,从除夕一直持续到正月十五。除夕亦称"除夜"、"除夕夜"、"大年夜",还有地方称"三十夜"。本指农历年最后一天的夜晚;后也以指农历年最后一天,亦称"除日"、"岁除"、"年三十",因为这是旧年最末一天,过了这一天,旧年就从此除去了,且这一天多半是三十日(也有些农历年十二月只有二十九日的),因此有这一名称。今天南北方除夕习俗大致相同:贴新春联、贴福字,挂年画,礼神,吃年夜团圆饭,晚辈给长辈磕头,长辈给晚辈压岁钱,合家团坐守岁。拜年贺岁是春节的重要活动。我国北方地区春节有吃饺子习俗,取"更岁交子"之意。南方有吃年糕之习惯,象征生活步步高。

(3) 元宵节,是我国主要的传统节日之一,也叫元夕、元夜,又称上元节，因为这是新年第一个月圆夜。因为历代这一节日有观灯习俗，故又称灯节。根据记载，元宵张灯最早出现于汉代，当时叫"上元燃灯"。汉武帝时为祭祀"太一"神，正月十五晚上的灯火一直要点到第二天天亮。历代人们除游灯市外，又有迎紫姑祭厕神、过桥摸钉走百病等习俗，有击太平鼓、秧歌、高跷、舞龙、舞狮等活动。同时，还要吃些应节食物：南北朝时代元宵节吃肉与动物油熬煮的豆粥或米粥，唐代吃一种叫"面茧"的面食和焦䭔（即烤饼），到宋代有盐豉汤与绿豆粉做的科斗羹，并出现了"圆子"。此后，元宵节南北方均以吃元宵为习俗。

农历正月十五也叫传柑节。北宋时，正月十五上元夜，宫中赐宴群臣，贵戚宫人互相馈送黄柑，称"传柑"。苏轼《上元侍饮楼上三首呈同列》之三："归来一点残灯在，犹有传柑遗细君。"注谓："侍饮楼上，则贵戚争以黄柑遗近臣，谓之传柑，盖尚矣。"晚清以来，四川等地称上元为"传柑节"，且有"传柑会"，不过所传不是黄柑而是汤圆。清道光《忠州直隶州志》云："望日，十二望之首，为'传柑节'，又为'上元'。"又清咸丰《云阳县志》云："上元，古名'传柑之会'，今则以汤圆相遗。"

（4）端午节是我国重要传统节日。时在夏历五月初五。五月五日，月、日都是五，故称重五；又按地支顺序推算，农历五月是午月，也称重午，故有称"端午节"、"重五节"、"端阳节"；因这一节日正值夏季，又是夏季最大节日，故称夏节；节日中有用兰汤淋浴之举，故又称"沐兰节"、浴兰节；节俗活动中有装饰小儿女及请嫁女归家之俗，故又称女儿节，按阴阳家之说，是日为天中、朱明，故亦称天中节；在道教则为五腊之一的地腊；后来也称诗人节，是为纪念屈原而确立的。此外尚有蒲节、五月节、棕包节、龙船节、女娲节等称谓。

端午节的来源有诸种说法。一说源于夏、商、周三代的夏至习俗；一说起源于恶月、恶日之说。这两种说法可以解说端午节辟五毒、浴兰等节俗，为端午节部分节俗的信仰基础。闻一多用吴越民族图腾祭解说赛龙舟等俗。最为流行的端午起源说是汉末以后逐渐定型的纪念屈原说，且已逐渐被人们认可。屈原为战国时期的楚国人，生于湖北秭归，少有抱负，决心革新政治，曾任仅次于宰相的左徒之职，后楚怀王听信谗言，放逐了他。公元前278年的五月五日，屈原投入汨罗江自尽，包粽子及赛龙舟之俗即为纪念屈原而来。在民俗传说中,端午节还和介子推、伍子胥、曹娥、陈临等历史人物有关。

端午节的活动很多,有辟五毒、赛龙舟、食粽子等。辟五毒之俗仪节很多。最初的方法是浴兰驱瘟,艾和菖蒲也是除毒用物,届时人家多采摘做艾人、艾叶符、蒲人、蒲剑等悬挂在门首或插在屋内或身边,用以除毒,有喝雄黄酒及给小孩画额之俗,也有做五毒符、戴五色缕等民俗。与辟毒相应,尚有采百药、捕蟾等采制草药的习俗,以及斗草、踏百草等娱乐活动。端午节最主要的节俗活动是食粽子和赛龙舟之俗。传屈原死后,当地人民曾划船奋力抢救,也有抛米饭于河中喂食之举,相沿而成龙舟竞渡及包食粽子的习俗。后世的粽子自唐宋时已经有许多花样,如筒粽、益智粽等,且不仅自家食用,也用以馈赠亲友;不仅在端午吃,也成为一种流行的夏令食品。龙舟竞渡则发展出不同的风格来,荆楚等地以劲力竞技为主,苏杭等地则以画舫游弋为主。

(5)中秋节是我国的传统佳节。根据史籍的记载,"中秋"一词最早出现在《周礼》一书中。中秋节的盛行始于宋朝,至明清时,已与元旦齐名,成为我国的主要节日之一。这也是我国仅次于春节的第二大传统节日。根据我国的历法,农历八月在秋季中间,为秋季的第二个月,称为"仲秋",而八月十五又在"仲秋"之中,所以称"中秋"。中秋节有许多别称:因节期在八月十五,所以称"八月节"、"八月半";因中秋节的主要活动都是围绕"月"进行的,所以又俗称"月节""月夕";中秋节月亮圆满,象征团圆,因而又叫"团圆节"。

(6)重阳节:农历九月初九,二九相重,称为"重九"。又因为在我国古代,六为阴数,九是阳数,因此,重九就叫"重阳"。重阳节的起源,最早可以追溯到汉初。据说,在皇宫中,每年九月九日,都要佩茱萸,食蓬饵、饮菊花酒,以求长寿;汉高祖刘邦的爱妃戚夫人被吕后残害后,宫女贾某也被逐出宫,将这一习俗传入民间的。

古代,民间在该日有登高的风俗,所以重阳节又叫"登高节"。相传此风俗始于东汉。唐人登高诗很多,大多数是写重阳节的习俗;杜甫的七律《登高》,就是写重阳登高的名篇。登高所到之处,没有统一的规定,一般是登高山、登高塔。还有吃"重阳糕"的习俗,讲究的重阳糕要作成九层,像座宝塔,上面还做成两只小羊,以符合重阳(羊)之义。有的还在重阳糕上插一小红纸旗,并点蜡烛灯。这大概是用"点灯"、"吃糕"代替"登高",用小红纸旗代替茱萸。

重阳节还要赏菊,饮菊花酒,起源于陶渊明。陶渊明以隐居出名,以诗出名,以酒出名,也以爱菊出名;后人效之,遂有重阳赏菊之俗。旧时士大夫,还多将赏菊与宴饮结合,以求和陶渊明更接近。北宋京师开封,重阳赏菊很盛行,当时的菊花就有很多种。清代以后,赏菊之俗尤为昌盛,且不限于九月九日,但仍然是重阳节前后最为繁盛。

重阳节插茱萸的风俗,在唐代就已经很普遍。古人认为在重阳节这一天插茱萸可以避难消灾;或佩带于臂,或做香袋把茱萸放在里面佩带,还有插在头上的。大多是妇女、儿童佩带,有些地方,男子也佩带。

今天的重阳节,被赋予了新的含义,在1989年,我国把每年的农历九月九日定为老人节,传统与现代巧妙地结合,成为尊老、敬老、爱老、助老的老年人的节日。全国各机关、团体、街道,往往都在此时组织从工作岗位上退下来的老人们秋游赏景,或临水玩乐,或登山健体,让身心都沐浴在大自然的怀抱里;不少晚辈也会搀扶着年老的长辈到郊外活动或为老人准备一些可口的饮食。

(7) 雪顿节,藏历六月底七月初,是一年一度的西藏历史悠久的传统节日雪顿节。在藏语中,"雪"是酸奶子的意思,"顿"是"宴"的意思。雪顿节按藏语解释,就是吃酸奶子的节日。随着历史发展,后来雪顿节的活动内容逐渐演变为以藏戏会演为主,所以也有人把它称为"藏戏节"。

西藏民主改革以前每年的藏历六月二十九日,各地藏剧团就到布达拉宫向主管藏戏的"孜洽列空"报到,并进行简单的仪式表演,然后赶到罗布林卡向达赖致意,当晚返回哲蚌寺。第二天(六月30日)为哲蚌雪顿节,演一天藏戏。七月一日,由拉萨、琼结、雅砻、堆龙德庆、尼木等地的藏戏团在罗布林卡进行联合演出。七月二日至五日,再由江孜、昂仁、南木林、拉萨等藏戏团轮流各演一天。在雪顿节期间,拉萨广大市民和郊区农民也穿上节日服装,带上吃喝用品,前往罗布林卡观看藏戏演出。

民主改革以后,雪顿节除了进行藏戏会演外,还有其他各专业文艺团体和业余文艺队参加演出。藏族人民通过丰富多彩的文艺演出,抒发自己的心声,歌颂幸福美好的新生活。

(8)天后诞辰,民间传统纪念日。相传农历三月二十三(一说正月十六、三月十三等)是天后的诞辰,亦称"妈祖生日",届时有祭祀活动。天后为海神之一,亦称"妈祖"、"天妃"、"海神娘娘"等。其来源有诸多种,一说为浙江温州方士林灵素的女儿。一说为闽中蔡氏女儿,出生时间亦有多种说法。最流行的说法称其为福建莆田林愿的女儿,宋代时,其兄长出海遇险,此女瞑目出神前去搭救,溺水而亡。她死后,出海的人们经常看到她搭救遇险船只。由此,人们敬奉其为海神,立庙祭祀。天后多为沿海一带所奉祀,北京也有天后庙。天后庙亦称天妃庙、妈祖庙、天后宫等。

(9)农历三月三,壮族等民族的传统节日。三月初三为我国传统节令,与"上巳节"、"清明节"、"踏青节"等都有密切的关联。在西南少数民族地区,又是重要的歌舞节日,其中以壮族为最。由于该日的活动以对歌为主,故亦称"歌圩节"、"歌婆节"等,亦简称"歌节"。壮族关于三月三日的来历有多种的传说,有说一对青年男女山歌传情,但由于封建礼教的束缚未能结合,双双殉情,后世青年为了纪念他们而形成歌节。传说最广的是关于刘三姐的故事:刘三组歌声优美,被奉为歌仙,财主们恨她以山歌揭露罪行,趁她上山砍柴时,派人斩断山藤,使刘三姐跌入山谷身亡,后人便在她逝世的三月初三唱歌三天三夜,纪念歌仙。壮族对歌的场所叫歌坪,壮语"欢龙洞"。意思是到田间唱,也叫"欢窝敢",即到岩洞外唱歌。届期,人们用枫树叶、黄花草、三月花煮染糯米,成群结队,双方选定后即开始对歌,歌词多为情歌,但由浅入深,范围广泛,在"谈情说爱"的一问一答中歌唱现实生活、历史传说等等。其歌词旧时多为即兴编唱的。现在也有利用传承歌词的。曲调单一重复,但婉转悠扬。这种对歌往往从傍晚开始,直到天亮,也有昼夜连续歌唱的。在歌圩上,青年男女还有碰彩鸡蛋、抛绣球等习俗。现在,壮族三月三的活动仍然十分盛行,届时有政府组织的,更多则是民众自发的。现在的规模较旧时更大,人如海,歌如潮,蔚为壮观。

（10）火把节流行于我国南方的彝族、白族、纳西族、傈僳族、拉祜族、哈尼族等，大都在每年夏历六月二十四日前后举行，为时一至三天。

过火把节，各民族、各地区活动内容不完全相同，但都少不了要在节日夜晚点燃松木扎制的火把，或插于村中，或举之来往于田间，并伴随各种歌舞活动。彝族过火把节时，一到夜晚，各村寨即点燃火把，火炬散布流动于田野山乡，颇为壮观。节日期间，有的地方要杀猪宰牛祭神；有的地方每户要抱一只鸡到田里去祭"田公地母"。点燃火把后要挨家挨户走，边走边往火把上撒松香，谓此为"送祟"。火把节期间还有各种社交文化娱乐活动，各村寨举行唱歌、跳舞、赛马、斗牛、摔跤、射箭、拔河、打秋千等。

火把节又是青年男女交往、选择配偶的良好机会。节日期间，他们共举火把为嬉，并欢聚于山间田野，举行篝火晚会。青年男女在篝火下相互弹唱、尽情歌舞、彻夜不息，从中寻求自己心爱的对象。斗牛比赛中的优胜者和摔跤能手，往往成为姑娘们追求和爱慕的人。

目前，春节、清明、端午、七夕、中秋、重阳六大节日已被列入第一批国家级非物质文化遗产名录。蒙古族的那达慕大会、藏族的雪顿节、彝族的火把节、壮族的三月三歌圩等也已列入第一批国家非物质文化遗产名录。其中，蒙古族的"蒙古长调"、维吾尔族的"十二木卡姆艺术"已被联合国科教文组织列入人类口头与非物质文化遗产名录。

思考题

1. 佛教在中国是怎样传播的？在中国的发展有何特点？
2. 佛教的儒学及民俗化表现在哪些方面？
3. 印度佛教神祇来中国后汉化的影响表现在哪些方面？
4. 我国著名的佛教名山有哪些？各有何文化内涵？
5. 道教的教义包含哪些基本内容？
6. 道教的神仙谱一般是如何划分的？有哪些主要的神仙？
7. 我国著名的道教名山有哪些？各有何特点？
8. 基督教的中国化表现在哪些方面？
9. 基督教有哪些主要礼仪？有哪些重要的节日？

10. 伊斯兰教的教义有哪些?

11. 伊斯兰教有哪些禁忌? 有哪些主要节日?

12. 中国民俗文化有哪些特点? 举例说明之。

13. 何谓服饰习俗? 中国服饰的发展经历了哪几个历史时期? 各有何特点?

14. 各主要少数民族中,有哪些节日列入第一批国家非物质文化遗产名录?

15. 各主要少数民族,有哪些禁忌?

16. 民族风俗旅游原则在旅游活动中的应用。

第九章 中国饮食文化

中国饮食文化是中国传统文化的重要组成部分,也是中国旅游文化的瑰宝之一。所谓饮食文化,系指中华民族的饮食、饮食加工技艺、与饮食有关的美学思想、饮食器具的使用和饮食的习俗风尚等的总称。中国饮食文化源远流长,内容丰富,既是我国历代社会物质文明、精神文明的重要组成部分,更是检验这两种文明发展程度的一种准则。

本章主要介绍中国饮食文化的产生和发展;中国饮食文化的主要理念和基本特征;中国饮食文化的主要种类,尤其是烹饪文化、茶文化和酒文化;中国饮食文化的审美特征等,以使学生对中华民族的博大而精深的传统文化有进一步的认识和了解,有利于更好地开展饮食文化的旅游。

第一节 中国饮食文化的产生和发展

据考证,在四、五十万年以前,古代人们就已懂得用火来烧烤食物;约在一万多年以前,人们学会了人工取火、驯养家畜;在新石器时代,人们又学会了种植水稻和蔬菜,学会了用海水煮盐,但这并不能算是饮食文化,只能是蒸煮食物充饥罢了。直到有文字记载的先秦时期,即夏商周时期(公元前 221 年以前),才是中国饮食文化的源头和萌芽时代。

一、夏商周时期的饮食文化(萌芽时期)

夏商周时期,人们已从用火煮食到学会烹饪食物。据《诗经》中提到的食品,植物性的食品有一百三十多种,动物性的食品有二百多种,表明当时的食品已较丰富,人们吃得比较讲究,饮食文化已具萌芽;当时人们的祭祀活动已盛行,祭祀中的祭食、祭酒、祭仪、祭礼均为饮食文化的组成部分。饮食文化已与祭祀文化密切相连；由于祭祀文化与礼乐文化相连，因此饮食文化与礼乐文化亦存在着相辅相成的关系。据史书记载，"夫礼之初，始诸饮食"。在先秦时期，饮食礼仪已有明显的等级差别。如周朝，不同身份的人用"鼎"的数量也不同，天子用九鼎，诸侯用七鼎，大夫用五鼎，士用三鼎。可见在夏商周时期，中国的饮食文化已开始产生，并逐步形成和发展。到了东周，即春秋战国时期，由于诸子百家的学术思想比较活跃，因而，诸子百家的思想，尤其是儒、道、墨家思想对古代饮食文化的思想理论的形成有着重要的影响。

二、秦汉时期的饮食文化（形成时期）

秦汉时期是中国饮食文化形成和初步兴盛的时期。这一时期烹饪技术不断进步，初步形成了一个完整的体系，出现了美食纷呈、品类繁多的盛况。汉代菜肴已近百种，食器、食具更加精美，酿酒技术不断提高。此外，蔗浆提炼成糖，茶开始用作饮料。可见，当时的饮食文化已得到了迅速的发展，酒文化、茶文化也粗具雏形。例如，当时已能用杨梅造酒，已开始出现面食、豆腐和酱菜，已有牛乳加工成酪等等。现在在西安秦始皇兵马俑博物馆、汉代宫廷遗址中，有不少出土食器、饮器、炊具。

三、魏晋南北朝时期的饮食文化（发展时期）

魏晋南北朝时期，中国饮食文化的发展又上一个新的台阶。该时期饮食文化的特色是：一是民族的大迁徙、大融合，使各民族的饮食习俗、技艺得以交流，开始了对烹调技艺的专门研究，出现了世界上最早的饮食文化方面的著作，如《安平公食学》、《食经》等；二是佛教的大量传入，使寺庙饮食文化得以发展，寺庙素食品种大增；三是由于玄学、清淡之风的盛行，文化忧患意识的增加，使该时期饮酒成风，大大刺激了酒文化的发展；四是食品的制作、腌制加工、窖藏保鲜技术有了新的进步；五是饮食风尚有所改变，由宴饮"席地而坐"转而"坐床"，酒具也有所发展。

四、隋唐两宋时期的饮食文化(第一个繁荣时期)

隋唐两宋时期,中国的饮食文化与礼乐文化进一步结合,大型饮食活动都伴有音乐、舞蹈,使其文化氛围大大增加;饮食文化中的食品加工技术日益精湛,中外饮食文化的大交流,导致西方的饮食技术传入中国,而中国的一些技术也传往外国。如西方制作葡萄酒的技术从西域高昌传入中原,而中国的制酱、制糖技术则由鉴真和尚东渡传入日本;食品品种更加繁多,食品专著也不断问世。宋代已有面食四十一种、果子四十二种、蔬菜二十一种、粥九种、糕十九种、酒类五十四种。唐代陆羽所著的我国最早的茶叶专著《茶经》、韦巨源的《食谱》、杨晔的《膳夫经》均是饮食专著;酒文化、茶文化得到空前的发展,唐代的饮茶之风、制酒技术名扬海内外,并对海外有很大影响。因此,这是中国饮食文化的第一个繁荣的时期。

五、元明清时期的饮食文化(鼎盛时期)

元明清时期,是中国饮食文化发展的鼎盛时期。这一时期,饮食文化赋予了特定的政治功能,创造了许多宫廷、官场的饮宴形式,如天子赐百官宴,官场的送别宴、接风宴,科举的上马宴、下马宴等。与此同时,也出现了许多名特食品、风味饮食,如孔府菜、官府菜、谭家菜等;民族饮食文化和地方饮食文化更加繁荣和兴盛,地方菜系逐渐形成,如常说的鲁、川、粤、淮扬、闽、浙、皖、湘八大菜系形成。民间年节饮食文化活动更具特色,如正月十五吃元宵、端午节吃粽子、八月十五吃月饼、夏至吃茶叶蛋、重阳节吃重阳糕等。民间饮食成为中国风味菜肴形成的基础和源头;餐具、食器在清代大量出现,有瓷制的、金银制的,类型众多,它们已成为中国饮食文化的重要组成部分;中国和西方的饮食文化交流更加广泛,一方面是中国茶传入欧洲(1763年)、巴西(1812年)、美国(1858年),而另一方面是西餐传入中国。另外,烹调技术和食品加工技术的著作大量出现,如袁枚的《隋园食单》、清代《古今图书集成》也有饮食部分的记述等。

六、中国近现代饮食文化

中国近现代饮食文化是指 1840 年鸦片战争以来直至现在的饮食文化，包括近代清宫饮食文化、以孔府贵族为代表的贵族饮食文化、民族和民间饮食文化、地方饮食文化、茶文化和酒文化，以及现代饮食文化。这一时期的饮食文化，总的水平远高于古代饮食文化的水平，但它也是在古代饮食文化的基础上传承和发展而来。它们各具特色、自成体系，又相互联系，构成近现代中国饮食文化的完整体系。中国饮食文化的博大精深，被世界人民誉为"吃在中国"、"烹饪王国"，因此，中国的近现代饮食文化也成为重要的旅游资源。

第二节　中国饮食文化的主要理念

数千年来，中国饮食文化逐渐提炼了若干代表性的理念，择其要者，下面介绍以食为天、饮食养生、不时不食、五味调和四项。

一、以食为天

"游览必终止以大嚼，是我们的惯例。这里边好像有鬼催着似的。""我且曾以之问过吾师。吾师说得尤妙，'好吃是文人的天性'"（俞平伯《陶然亭的雪》）。中国人重视饮食，在游览中也成为目的，称为习惯归入天性。确实中国人始终是把饮食视作天下头等重要的事，"饮食男女，人之大欲存焉"（《礼记·礼运》）。几千年来，中国人一直遵奉着圣贤制造的"吃饭第一"的人生信条，"夫食为民天，民非食不生矣"（颜之推《颜氏家训》）。朱自清讲得更明白，"告子说'食、色、性也'，是人生哲学上肯定了食是生活的两大基本要求之一。吃饭和性欲是同等重要的，可是'食'或'饮食'都在前头，所以还是吃饭第一"（朱自清《论吃饭》）。中国人历来之认为，食是维系生命，色是延续种族，而传种的前提还是生命的存在。若人饿死了，也就说不到种族延续。中国历史上，大荒年卖儿卖女、易子而食，那就是把后代换来充饥活命。

中国人还总是以请客吃饭作为表达情感和进行社会交往的最佳方

式。"吃饭有许多社交的功用,譬如联络感情,谈生意等","把饭给自己有饭的人吃,那是请饭;自己有饭可吃而去吃人家的饭,那是赏面子。交际的微妙不外乎此"(钱钟书《吃饭》)。婚丧喜事、生日寿庆、生儿育女办满月酒、迎客接风、饯行送别、升学高就、同学聚会、同事聚首、朋友约会、商务洽谈、生意成交、供奉菩萨、祭祀祖宗……真可以说是无事不吃。中国正是通过吃协调人际关系,化解利害冲突,达到亲和欢乐,延续伦理道德。中国饮食的社会功能是无与伦比的。有句俗话把"穷请客"说透了:家中来客,扛着锅盖沿街卖。

在中国,饮食还往往具有政治功能。中国历代都把"民生"列为政治首要,从最早的《尚书》中提出"食为政首"《诗经·洪范篇》,治国八政中,"食"列为第一位,到"王者以民人为天,而民人以食为天"(司马迁《史记·郦食其传》)。当代孙中山"民生主义"和毛泽东"世界上什么问题最大?吃饭的问题最大"一脉相承。政府抓菜篮子、米袋子、放心菜、放心米,直至老百姓把工作都习惯称为"饭碗",牢靠的工作叫做"铁饭碗",好的工作叫做"金饭碗"。当然,作为农耕社会典型的中国,饮食还是它追求田园牧歌般的农家生活的集中体现,已经成为中国人悠闲人生的一种象征,已经属于由物质生活到精神生活的更高的追求。千百年来,中国人一年中最快乐的日子莫过于以吃为中心的春节了。一壶浊酒,几碟小菜,从新米磨粉蒸年糕到杀猪宰鸡包饺子,到热闹团聚的年夜饭,日子是围绕着吃来进行的。以至于20余年来,春节联欢晚会还被称为中国人的"年夜饭"。

二、饮食养生

中国素有"医食同道""医食同源"之说,神农氏"尝百草之滋味""一日而遇七十毒"的神话传说就反映了原始采集时期中华先民饮食生活与医药的共生关系,饮食的获取营养和医治疾病两者相互借助,逐渐产生形成了中国"食医合一"的宝贵传统,凡是可食之物亦食亦药,共为养生卫生之用。以食入药,即以日常一种或数种食物作为药用,组成"食疗方";也有以药配食,取一味或数味药物入膳,即所谓"药膳",这是更为成熟的食疗形式。而中华饮食养生还有着更为宽广与深刻的意义,它不同于食疗,不是针对已发疾病的医治行为,而是通过饮食调理,以达到健康长寿的观点,那就是"适饮食"、"省嗜欲"的饮食养生观。也就是"饮食以卫生"的原则。

中国在春秋战国时就产生了"宁可食补不用药补"的说法,《黄帝内经·素问》说道:"毒药攻邪,五谷为养,五果为助,五畜为益,五菜为充,气味合饿而腹之,以补充精气。"这一食养原则。汉代就提出"食饮有节,起居有常"的养生论点。以后有养生家论述了"饮食养生"主张。如东晋葛洪认为"不欲极饥而食,食不过饱。不欲极渴而饮,饮不过多。凡食过则结积聚,饮过则成疾癖""不欲多啖生冷,不欲饮酒当风"。元《饮食须知》作者贾铭,生于宋末,明初已百岁高龄,明太祖朱元璋问其养生术,答:"天主,只是注意饮食而已。"清代顾仲《养小录》中更阐明了饮食养生的关系:"养生之人,多清洁,务熟食,务调和,不侈费,不尚奇。食品本多,忌品不少,有条有节,有益无损,遵生颐养,以和于身,日用饮食,斯为尚矣。"这一些饮食养生原则,符合中国人的体质及以农为主的生活方式,故千百年来为人们普遍遵循。

三、五味调和

味是中国饮食的核心,也是中国人对饮食的追求。正如《中庸》所说:"人莫饮食也,鲜能知味也。"清代美食家袁枚《厨者王小余传》更留有"知己难,知味尤难"的名言。可见,中国饮食历来把味的审美放在菜品制作与质量鉴定的首位,甚至认为饮食中的美味是一种享受,一种格调,一种乐趣。推而广之,生活中一切美好的东西,不管是看的、听的、做的,多可与无味联系起来,以没味和有味乃至津津有味来评价,甚而以"味道"两字与哲学紧密联系。"五味调和"则于儒家"和而不同"息息相关,古典美学中和谐的最高境界。

有人曾经把一些国家的菜肴进行过形象的比较,认为法国菜是鼻子的菜(重香),日本菜是眼睛的菜(重形),中国菜是舌头的菜(重味)。中国饮食重味,既重视原材料的天然味性与适用性,"有味使其出,无味使其入";讲究食物的隽美之味,更以"五味调和"为理想。《吕氏春秋·本味篇》"调和之事,必以甘、酸、苦、辛、咸。先后多少,其齐甚微,皆有自起。鼎中之变,精妙微纤,口弗能言,志弗能喻。若射御之微,阴阳之化,四时之数。故久而不弊,熟而不烂,甘而不浓,酸而不酷,咸而不减,辛而不烈,澹而不薄,肥而不腻"。

四、不时不食

这是中国饮食的又一重要原则,体现了"人与天地参"的天人合一的思想,自古以来深入人心,从而形成了中国饮食鲜明的时序传统。

首先,饮食要分时宜,随四季变化而易,《吕氏春秋》说:"食能以时,身必无灾。""春发散,宜食酸以收敛;夏解缓,宜食苦以坚硬;秋收敛,吃辛以发散;冬坚实,吃咸以和软"。饮食还要适应"春宜凉,夏宜寒,秋宜温,冬宜热,四时皆宜平"的规则。如中国民间食粥随四季而异,春天食荠菜粥、夏季食绿豆汤、荷叶粥,秋天吃藕粥或地力粥,冬天吃羊肉粥、桂圆枣子粥。使人在季节变化中采用相反相成之法保持和顺,不至于失衡。

其次,中国饮食随时令节气,变化调理,冬补金,春补银,过了清明不见情。正月里闹元宵食元宵(小汤圆),夏至吃馄饨,端午吃粽子、咸鸭蛋,中秋赏月吃月饼,重阳登高吃重阳糕,冬至吃团子,腊月初八吃腊八粥,过年蒸年糕、包饺子、吃年夜饭,无不是应着农历、合着农事展开。

再次,中国饮食原料也是四季分明,节令有别,不时不食。就看江南水乡的水鲜,春有刀鱼、鲚鱼、土婆鱼、菜花甲鱼、清明河豚;初夏白虾、子虾;夏鲢、秋鳊、冬青鱼、草鱼。"西风起,蟹脚硬,九月团脐(雌蟹),十月尖(雄蟹)"。什么时令吃什么水鲜,次序井然;家禽、家畜、瓜果、野蔬也都时有迭出,节令鲜明。夏天吃鹅,秋天吃童子鸡、吊稻鸡,冬天吃羊糕、烧羊汤。春天荠菜、马兰、枸杞头、香椿头,"立夏见三鲜":蚕头、苋菜、蒜苗,"盛夏瓜果市":西瓜、香瓜、黄瓜、南瓜……中秋桂花芋芳、板栗、百合、莲子、四角菱,"冬菜胜似夏肉":"新米粥,酱萝卜,郎中先生见了哭。"

不先时而食,指不食尚未成熟的东西,如杏、梅、桃、李……青而不熟不食,因含过量草酸丹宁,食之伤人;也不过时而食,指不食过了时令的某些食物,如清明后刀鱼骨刺变硬,易伤人,不宜食用。农历五月不食老韭，因其枯硬粗劣，不易消化等。

第三节　中国饮食文化的基本特征

中国为世界所公认为的美食王国、烹饪王国。"世人一尝中国之味，莫不以中国为冠也""吾人当保守之而勿失，以为人类之师导也可"。中国饮食的特征是多方面的，最突出的表现在以选料广泛的粮食为主食的精耕农业食物结构，筷箸进餐的饮食方式，以热食为主的熟食风格和多元化的融合与统一。

一、选料广泛的精耕农业食物结构

中国饮食以粮食为主食，以畜禽、果蔬为辅食，即五谷为养，五果为助，五畜为益，五菜为充的食物结构。黄河以北，杂粮面食为主，也有米食；淮南、江南、岭南米食为主，也有面食；内蒙、新疆、西藏、宁夏、青海乳食、肉食比重较大。全国蔬菜、豆食很普遍，至于制作菜肴的原料范围极广，品种繁多。天上飞的，地上跑的，土里藏的，田里长的，山中生的，水中产的，粮食果蔬、野兽家畜、禽虫鱼介、草蔬菌藻、盐碱硝矾、几乎无所不食。对原料的利用率也极高：植物的根、茎、叶、花、果、麸、屑、皮，动物的掌、爪、筋、骨、血及内脏，几乎无所不取，皆成美味，可谓物尽其用。当今世界的时髦食品如蚂蚁、蚯蚓、蜗牛、蝗虫、蛇……都早已是中国人餐桌上的佳肴，不少在千百年前就已上了中国的食谱。

二、筷箸进餐的饮食方式

中国饮食筷箸进餐的方式是中华文化进化发展的必然结果。考古发现，中国人用筷子的历史至少可追溯距今六千余年的新石器时代，早在六千年前，在江淮大地和黄河流域，筷子都已被中国人广泛地使用。筷子它不仅巧妙地利用了杠杆的原理，将筷子助食的物理功能通过夹、分、拆、挑等十多个动作灵活准确地发挥到极致，还牵动三十多处关节、五十多处肌肉和多达万余条神经，科学地促进了中国人智力能力的发展，也明显地影响了中国烹饪工艺的不断提升，例如筷子的使用与中国食物料的条、片、丝、丁、末、茸等多种精细形态相辅相成,从而也形成了与之相适应的"旺火速成"的特色。明代著名中西文化交流者利玛窦就证实了筷子的这些特点:用筷子很容易地把任何种类的食物放入口内,而不必借助手指。食物送到桌上时以切成小块,除非是很软的东西,例如煮鸡蛋或鱼等等,那是用筷子很容易夹开的。筷子确实推动了中国烹饪精细刀工、精美调和的精湛技艺不断进步。

三、热食熟食与合理膳食

中华民族崇尚热食,以滋味质感为美,追求五味调和。热食为主,趁热而食,不仅与中国饮食养生的传统密切相关,更能多侧面获得热食的不同风味。

中国饮食还十分注意膳食的合理平衡,主副食平衡、动植物荤素平衡、早中晚三餐平衡、熟食凉菜平衡,饭菜点心的平衡,更有各种主辅调料、各种烹调方法、各种菜式、色泽、口味、感官的多种平衡,从而达到进餐生理与心理的和谐,以至现代西方多次提倡"为了你的健康,请拿起筷子"。

四、多元统一与中西融合

中国饮食文化既有本体文化的多元统一,更有中西饮食文化的不断融合,不仅数千年保持着不懈的发展动力,更是推陈出新、与时俱进。

在各个历史发展阶段,中华饮食源源不断地汲取着外部世界异体文化。从古代引进西域的诸多植物,到近代被动地接触西方的饮食工具、器皿、烹调方法,直至餐饮形式,终于形成并继承发扬着中国饮食文化的传统。知味停车,闻香下马,色香味形、器质趣养,无不追求;环境之高雅或富丽,气氛之清静或欢乐各得其所;服务之优雅或热情,菜品之隽永或时尚畅神悦情,又无不展示着当今世界举世无双的美食中华。

第四节　中国饮食文化的主要种类

中国的饮食文化内容丰富,种类繁多,按其饮食的客体来分,可以分成烹饪文化、酒文化、茶文化等；按其主体来分，可有中国民间饮食文化、宫廷饮食文化等。

一、中国烹饪文化

中国烹饪文化是中国饮食文化中的一个主体部分，又是中华民族文化的宝贵遗产。它是指对食物进行加工、制成色香味俱佳菜肴的基本原理、制作技术和方法的总称。它是一门拥有丰富科学内容的中国烹饪技术理论，有烹饪原则，多种烹饪典籍、食经论著所阐述的烹饪原理；有众多的美馔佳肴，风味菜、地方菜、宫廷菜、官府菜、寺院菜；丰富多彩的烹饪文化和美学相结合，有色、形外观美与味道、营养等质地美的结合，美食与美的食器结合，美食与良辰美景的结合，宴饮与音乐、舞蹈等乐府文化的结合。因此，它既是一门独特的文化艺术，又是一门有一定理论和实践的科学；既能满足人们的物质享受，又能满足人们的精神享受。

1. 传统菜系

近千年来，已形成的苏、粤、川、鲁四大菜系是我国地方菜系的主要代表。它们的发祥地都是历史悠久、经济繁荣的古城（苏州、扬州、广州、巴蜀、临淄和曲阜）；所有的菜式都离不开清鲜和浓香两种基调；每一菜系都各有自己的特色；每个菜系所处都是自然环境优越、饮食资源丰富的地区，这为菜系的形成奠定了特质基础。后在四大菜系的影响下，增加了湘、浙、皖、闽四大菜系，形成八大菜系；其后，又增加了北京菜、上海菜，形成十大菜系。

（1）鲁菜。鲁菜即山东菜，古以太行山以东地区为山东，春秋战国时代，为齐国、鲁国之地，故又称齐鲁，鲁菜即可追溯到春秋战国时的齐鲁。齐国原为太公姜尚封地，春秋时，国力强盛，号称五霸之首，饮食消费水平居列国之首。"齐王好食鸡跖，一食数十"，从当时烹饪鸡爪之优，可见其饮食之精湛。鲁菜五辛俱用，民间葱、蒜、香椒尚生食，取其辛香；胶海海鲜、平原河鲜禽畜，甚至肚脏杂碎皆善烹制，口味略咸，为黄河下游平原与胶东沿海饮食的代表。鲁菜的发祥地是临淄、曲阜，后转至青岛、烟台和济南。

鲁菜的特色是：继承了宫廷菜的风格，用料讲究，制作精细；善于以汤调味，保持菜肴的原汁原味；善于做高热量、高蛋白的菜肴，以适应北方地区寒冷时间长、蔬菜少的特点。主要代表菜有：脆皮烤鸭、九转肥肠、脆骨烧鸡、红烧海螺等。

（2）苏菜。苏菜的发祥地是苏州、扬州。它发端于先秦，至隋唐时已负盛名。明清两代开始形成若干流派，如淮扬菜、江浙菜等。苏菜的特点，一是味兼南北，既有南方爽口菜，又有高蛋白菜；二是擅长河鲜菜；三是点心和小吃相当精美。主要代表菜有：蟹黄狮子头、蟹黄燕窝、虾羹鱼翅、清蒸鲥鱼、浓汁太湖鲫鱼汤、莲子鸭羹等。

其中，淮扬菜十分注重精致，刀工十分精细，并讲究装饰趣味和造型美，追求色泽鲜艳，清爽悦目，口味上追求鲜嫩酥烂、清香扑鼻，精美讨巧，以迎合人们的需求；江浙菜特指的江南和浙西北，即包括苏州菜、杭州菜、绍兴菜和宁波菜等。其主要特色一是注重蔬菜，如鸡油菜心、葱油茭白、糟烩鞭笋、西湖糖醋藕、蔬菜羹等；二是以鱼虾为原料的名肴特别多，如松鼠桂鱼、脆皮银鱼、西湖醋鱼、清炒虾仁、双色虾仁、水晶大玉、翡翠玛瑙等。

（3）川菜。四川菜是有明显的家常味和乡土味的菜肴，是由四川人居家吃的家常菜发展而来。如果说鲁菜有官府气，粤菜有商贾气，苏菜有文人气，则川菜有家乡气。

川菜的发祥地是巴（重庆）蜀（成都）。它始于秦汉，至宋代渐成流派。川菜的特点：一是重油重味，偏爱麻辣；二是运用普通材料，烹制多种美味菜肴。如回锅肉、酱爆肉、咕噜肉、鱼香肉丝、麻婆豆腐等，均价廉物美，又十分下饭，可以说是非常大众化的菜肴；三是精于烹饪，注重调味。川菜多复合味，如咸鲜、酸辣、鱼香、麻辣、香糟、酱香、烟香等数十种之多。

川菜之所以尚辣，与四川盆地的环境有关，山城、雾城空气潮湿，气流不畅，易诱发风湿类病，还伴有瘴气滋生的可能。常食辛辣食物，活血祛寒，除湿强身，自有益处。

川菜的代表菜主要有回锅肉、鱼香肉丝、宫保鸡丁、麻婆豆腐、水煮牛肉、蒜泥白肉、毛肚火锅、白煮麻辣肉等。

（4）粤菜。广东地处粤南，北山临海，居民为古越人和来自中原的移民。因南岭以南地区，古为百越之地，与中原地区长期隔绝，因而，在广东的饮食文化中保留有不少古越人与秦汉间的食俗，如喜吃种种野味，遇蛇必捕，遇鼠必执，种种小动物皆取而食之。所以，现在一些能表现粤菜食料之特异的名菜，如龙虎斗、豹狸烩三蛇、菊花龙虎凤、猴脑等皆可见席。

此外，广东是我国最早与西方通商之地，首先受到西方文化的影响，因此，它的食物原料、烹调技法、调料使用皆受到西方的影响，如粤菜中的盐焗、酒焗、锅烤、软炒等都是吸收了西餐的烹制方法而形成的；又如首先使用外国的食料，如番茄酱、柠檬汁、咖喱粉等。

由此可见，粤菜的特点：一是用料广、选料严；二是口味偏重清鲜、滑爽；三是配菜丰富；四是点心、粥品特别丰富。所以，广东的早茶、午茶特别有名。

近年来，香港、澳门、台湾等地区的餐饮生活、饮食文化的商业风气、商业传统对广东的饮食文化有着明显的影响。

（5）其他地方菜系。

京菜　在中国菜系中，京菜是身份最特殊的。有的说京菜基本上是鲁菜，有的说京菜主要是北京少数民族菜发展而来，还有人认为北京菜集中了全国的各主要菜系，具有集大成的性质。

首先，应该说鲁菜对京菜的影响是最大的。山东距北京较近，清代京城中的显贵又多山东人，故山东人几乎垄断了北京的饮食业，大饭馆多是山东人开的，因而鲁菜的烹调技艺对北京烹饪有很大的影响。如爆炒羊肉、锅塌豆腐都是吸收了鲁菜的烹调技法和调味特点而形成的北京菜肴；其次，北京是全国士大夫集中之地，各地技艺高超的厨师也随之来京，使京菜能吸收各地所长，从而丰富了北京菜肴的风味；再次，京菜有集大成的性质，北京建都以来都是帝王、贵族、士大夫长期活动的中心，京菜原本就是为他服务的，所以统治集团的口味与饮食要求必然对京菜起重大影响。元代宫廷菜肴以牛羊肉为主，直至近代的全羊席、烤羊肉、涮羊肉，都是京菜中最具特色的。清代统治者满洲人嗜食猪肉，所以京菜自清朝以来猪羊并重。

　　京菜的主要代表菜,有最高规格的满汉全席,有北京烤鸭、烤乳猪、白煮肉、涮羊肉等。

　　上海菜　在中国菜系中,上海菜属中国十大菜系之一,是我国主要的地方风味菜之一。随着清朝初年上海发展成为一个拥有 24 万人口的城市,上海菜也开始发展。到清代中期已达较高的水平,逐步形成了自己的特色,即烹调以红烧、蒸、煨、炸、糟、生煸见长,菜肴浓油赤酱,量多质优,注重实惠,有浓厚的江南水乡风味。上海开埠以后,随着外国资本的侵入,上海经济的发展,上海的饮食业迅速繁荣,菜馆大量增加,"和菜"成为上海菜馆的首创。"和菜"是把冷盆、热炒、大菜和汤配成一组供应,非常实惠,当时十分流行。与此同时,随着各地具有当地特色的菜馆的大量涌入,上海菜又兼收并蓄,取长补短,形成了新的特色。

　　到清末民初,已有 11 个地方风味菜馆来沪,到 20 世纪 30 年代末,则形成了 16 个地方风味菜系共集上海的格局。这些外地菜系,为适应上海人的口味,求生存和发展,它们也需改变某些烹调方法和调味用料,久而久之则形成具有上海特点的外地风味菜馆。例如,"海派川菜"就不同于原来的川菜,既有川菜的特色,又符合上海人的口味,因此,这种集各地菜系之长,保留、发展本地菜的特色,互相交融,取长补短,以不断地适应新上海人的口味为目标,不断开拓创新的菜肴,就是"海派菜"。近年来,世界饮食潮流趋向第糖、低脂、低钠,增加蔬菜的摄入量。海派菜也朝着此方向努力,以跟上时代的步伐。

　　本帮菜是上海菜的代表,有许多本帮菜菜馆,其中有些是百年老店,如上海老饭店、德兴馆、老人和饭店等;有许多名菜,如"清蒸秃肺"、"八宝鸭"、"扣三絲"、"生煸草头"、"八宝辣酱"、"椒盐排骨"、"糟钵头"、"虾子大乌参"等。

　　湘菜　又名湖南菜,由湘江流域,洞庭湖地区和湘西山区三大地方风味组成。菜肴注重鲜香酥软,制作上以炒、蒸、熘著称。另外就是集酸、辣、咸、甜、香、鲜、嫩为一体。其主要代表菜有:清蒸鱼、芙蓉鲫鱼、东安鸡、麻辣子鸡、冰糖湘莲等。

　　徽菜　徽州是安徽的地方菜,主要由皖南菜、沿江菜、沿淮菜组成。其特点是烹制山珍野味,其传统菜主要有:屯溪醉蟹、黄山山药蒸鸽、毛峰熏鲥鱼、歙县问政山笋、熏鸭、徽州丸子等。

闽菜 又称福建菜,包括福州菜、闽南菜、闽西菜三个地方风味菜。其菜肴特色是:擅长制作山珍海味,注重菜肴原汁原味,以味取胜。主要代表菜有佛跳墙、肉米鱼唇、沙茶焖鸭块、荔枝肉、鸡茸金丝笋、鸡丝燕窝等。

2. **餐饮发展新格局**

除了地方菜系之外,中国还有许多特色风味菜相互争奇,各具特色。从消费特点来看,有宫廷菜、家常菜、寺庙菜、食疗菜;从民族来看,各民族都有自己的特色菜肴。

2009年2月2日中国烹饪协会发布了我国餐饮发展2009年至2013年《全国餐饮业发展规划纲要》(以下简称《纲要》,http://www.ccas.com.cn/Article/HTML/8829.html),对我国目前的餐饮发展格局及分类作了详细的说明。

(1) 餐饮类别格局。《纲要》提出中国的餐饮业要努力形成各类餐饮互为补充、相互渗透的餐饮发展新格局,具体为:

传统正餐 包括酒楼、饭庄、宾馆餐厅等在内的主流餐饮店,以经营传统饭菜为主,兼供酒水饮料等。重点推动菜品创新和菜系融合,增加服务功能和提升服务水平。

快餐小吃 包括快餐店、小吃城、面馆、饺子馆等形式,基本上以满足消费者的日常基本饮食需求为主。重点发展特色餐饮,加强卫生安全管理,提高成品和半成品的机械化程度,完善中心厨房建设,增强便利化程度。

休闲餐饮 包括茶餐厅、饮品店、咖啡馆等。重点完善基础设施,改造环境,增强其旅游服务功能,形成以餐饮为主,集休闲、娱乐、洽谈、表演、健身等于一体的餐饮形式。

其他餐饮 包括团体膳食、外卖店、主题餐厅等其他餐饮形式。重点发展规模生产加工,发展连锁经营,完善配送及服务功能,增强食品安全,培育知名品牌,建立信用体系。

(2) 餐饮空间格局分为:区域餐饮格局,城市餐饮格局与农村餐饮格局三大部分。《纲要》在对传统菜系改良、创新的基础上,提出了建设

五大餐饮集聚区的设想,具体为:

辣文化餐饮集聚区 以四川、重庆、湖南、湖北、江西、贵州为主的餐饮区域。重点建设重庆美食之都、川菜产业化基地、长沙"湘菜文化之都"和湖北淡水渔乡,引导江西香辣风味、贵州酸辣风味餐饮发展。

北方菜集聚区 以北京、天津、山东、山西、河北、河南、陕西、甘肃及东北三省为主的餐饮区域。重点建设鲁菜、津菜、冀菜创新基地,建立辽菜、吉菜、龙江菜研发基地,大力推广山西、甘肃等地面食文化。

淮扬菜集聚区 以江苏、浙江、上海、安徽省为主的餐饮区域。重点建设淮扬风味菜、上海本帮菜、浙菜、徽菜创新基地,建设中餐工业化生产基地。

粤菜集聚区 以广东、福建、海南等省为主的餐饮区域。重点建设粤菜、闽菜创新基地。

清真餐饮集聚区 以宁夏、新疆、甘肃、内蒙、青海、西藏等省区为主的餐饮区域。重点建设乌鲁木齐"中国清真美食之都"、兰州"中国牛肉面之乡"和宁夏清真食品工业化生产基地。

城市餐饮格局主要是形成高中低档餐饮协调发展的城市餐饮格局,着力发展三大城市餐饮集聚群,具体为:

商务餐饮集聚群 以满足商务活动为目标,在大中城市的中心商务区,建设若干商务餐饮集聚群。

中低餐饮集聚群 以满足家庭节庆消费为目标,在城市流动人口集中区,建设若干美食一条街。

社区餐饮集聚群 以满足家庭日常消费为目标,在居民社区,建设各具特色、老少皆宜的餐饮门店。

农村餐饮格局主要是提升农村餐饮的卫生水平,规范发展"农家乐",开发乡土菜肴和民族特色小吃,提高农村餐饮服务质量和水平。

随着时代的发展,各种菜系早已互相渗透,我中有你,你中有我。例如,海派菜就是上海菜与各地方风味菜系互相交流、取长补短,在新的基础上开拓创新的产物。海派川菜,让四川人品尝,肯定非正宗川菜,但却有"似曾相识"的感觉。而上海人来品尝,肯定会感到有四川风味,且比川菜更适合上海人的口味。这是川菜"上海化"的结果。其他地方菜系若能在上海立足,也都经历"上海化"的过程。另外,原来官府菜中的一些菜肴如黄焖鱼翅、燕窝鲍鱼等,已成为平民家常的菜肴。

素菜菜系,原为寺院所创,以后便在社会上盛行。宋代已出现了专门的素食店。为了满足社会的需要,素菜转向讲究菜的色、香、味、形,菜的名称也多借用荤菜菜名,仿制荤菜菜形,如凤凰孔雀冷盆、素鱼翅、炒毛蟹、素鸭等。

食疗菜系,又称"药膳",主要是指以各类中药与鸡、鸭、鱼、肉等配在一起烹制而成的菜肴,它有保健作用。主要菜肴有黄花、党参炖鹿筋或狗肉,牛鞭、淮山药、杞子炖乳鸽,天麻炖鱼头,当归、首乌炖鸡蛋等。

少数民族的菜肴,是我国除汉族以外的五十五个少数民族的菜点的总称。它是我国烹饪文化的一个重要组成部分。各个民族的菜点都是与该民族的地理环境、历史文化背景、宗教信仰和风俗习惯等因素有关。如藏族的"糌粑"、朝鲜族的"泡菜"、满族的"萨其玛"、维吾尔族的"抓饭"等。各民族的菜肴,在烹饪手法上多种多样,各有特色。如回族菜(清真菜)以清鲜脆嫩、酥烂浓香为其特色,"全羊席"是其代表作。满族菜以蜜制品擅长,多糕点面食,多干鲜果品,"白肉血汤"为其著名菜肴。藏族菜以牛羊肉、奶类为主,青稞面、酥油菜、手抓羊肉为其独特菜肴。蒙古菜以羊牛肉和奶酪品为主,口味偏咸浓。这些民族菜肴,已为汉族所接受,并深受其他民族的欢迎。

3. 中国点心流派与风味小吃

(1)中国点心的独特魅力。中国饮食除了各大菜系菜肴与各代宫廷御膳,还有着与大菜、正餐相对的风味小吃、点心小食,它面广量大,种类繁多,常与菜肴合称为菜点,甚至在很多特色名菜如烤鸭、腐乳肉中菜点配合,珠联璧合,融为一体。点心又具有相对的独立性,全国各地专营各种点心的特色风味馆与便民小吃店铺林立。点心与菜肴烹调密切相连,为平民百姓所深深喜爱,成为中国人饮食生活中不可或缺的重要内容。由于小吃有很强的地域性,常会引起游子的思乡之情,又成为地域文化的重要组成部分。香港船王包玉刚离家多年后,重返故里宁波,首先想到的不是山珍海味,却是阔别已久的小吃臭冬瓜。很多这样久居海外的华侨、港澳同胞,哪怕生活几乎已全盘西化,一说到吃,就

</>

总也忘不了家乡风味小吃：一碗豆汁、豆腐脑，一笼南翔包子、一盆粉蒸牛肉……谈到高兴时，难免垂涎欲滴。

　　毛泽东少年时在长沙读书，特别爱吃火宫殿（长沙著名的饮食大排档）的臭豆腐。当了共和国主席后，他又去吃过并留下了一句话：火宫殿的臭豆腐还是好吃。在"文革"中，火宫殿的墙上赫然写上了两行大红字——最高指示：火宫殿的臭豆腐还是好吃。以至美国总统布什就曾在他的笔记中写下："臭豆腐是长沙火宫殿（长沙的一家以制作炸臭豆腐闻名的小吃店）的名菜之一。"由此可见，小吃影响之大。

　　中国各地都有自己的名牌小吃与特殊食品。这些风味小吃繁荣于市肆，流播于众口，如扬州煮干丝、嘉兴粽子、高邮咸蛋、苏州糕团、宁波汤圆等等都成为当地一绝，使当地人引为骄傲。小吃的地域性也充分体现出来，比地方菜系表现得更为强烈。菜肴在地区间随商品流通、官宦活动得以相互交流和影响，而小吃用料多为当地土特产，流通诸多不便，造价又低廉，故而利润不高，大多数小吃比较难越出疆界。如川菜、淮扬菜在各大城市一般都可经常吃到，可是四川、淮扬小吃却很难吃到。

　　小食品也是文化信息的载体，特别是可用于充饥果腹的小食品，大多价格低廉、经济实惠，为平民百姓所常食，最能体现平民生活的风范。如炒米是流行大江南北的一种简便小食品，用大米干炒而成，用开水泡食，亦可以煮粥，有焦香味。清郑板桥写给其弟弟的家书中，有赞扬糊粥之语："天寒地冻时，穷亲戚朋友到门，先泡一大碗炒米送手中，佐以酱姜一小碟，最是暖老温贫之具。暇日咽碎米饼，煮糊涂粥，双手捧碗，缩颈而啜之，霜晨雪早，得此周身俱暖。嗟乎，嗟乎，吾其长为农夫以没世乎！"

　　（2）中国点心的主要流派。中国的风味点心品种丰富，款式众多，时令性明显，可塑性强，在悠久的历史中逐渐形成了分别以米、米粉制品为主的南味和以面粉、杂粮制品为主的北味两大类型，并出现了一些较大的流派，公认的主要有京式、苏式和广式三大流派。

　　京式面点　亦称京鲁面点，源于中国小麦、杂粮盛产的北方地区，擅长调制各种面团，是北方风味的中国点心重要代表流派。

面团多变、馅心考究是京式点心的主要特色,山西尤精于手工制作面条,有抻面、刀削面、小刀面、拨鱼面,俗称四大名面传世,以柔韧筋抖、鲜咸香美著称。其他代表品种有北京的龙须面、小锅头、炸酱面和肉末烧饼;山东的蓬莱小面、盘丝糕、状元饺;河北的扛打馍、饶阳的金丝杂面和一篓油水饺;河南的沈丘贡馍、博望锅盔;陕西的羊肉泡馍;辽宁的马家烧卖和萨其玛;内蒙古的奶炒米和哈达饼等等。

苏式点心　简称苏点,系指长江下游江浙沪一带所制作的面食,以江苏为中心,故称苏式面点,又称为"江南面食"。

苏式面点处在富庶的鱼米之乡,经济繁荣,物产丰富,饮食文化发达,为制作多种面点提供了得天独厚的条件。苏式面点由米面与杂粮为原料,擅长制作糕团、面食、豆品、茶点、船点等。

苏式面点具有色香味形俱佳的特点,在中国面点中占有十分重要的地位,是中国"南味"面点的最主要的传承者。

苏式面点制作精巧,造型讲究灵活秀丽,馅心多样,富于生活情趣,尤以松软糯韧、香甜肥润的苏州糕团见长;同时,重视调味,注重馅心掺冻,汁多味美,驰名海内外的有淮安文楼汤包、镇江蟹黄汤包、无锡小笼包子、扬州三丁包子、上海南翔包子。此外,宁波汤圆、上海排骨年糕、嘉兴五芳斋粽子等均是全国名点,无锡太湖船点形态各异,栩栩如生,被誉为中国点心中的艺术精品。

广式面点　泛指南国珠江流域及南部沿海地区制作的面点。它以广东为中心,称广式面点。广式面点包括广西、海南、港澳、福建、台湾等地,故又称"华南面食"或"闽粤面食"。

岭南居民在饮食习惯上受到地理气候、物产等自然因素影响,与北方地区存在着明显的差别,面点制作自成一格,富有浓郁的南国风味,面点以广州最具代表性。广式面点使用油、糖、蛋多,味道清淡鲜美,营养价值较高,还善于使用薯、芋、荸荠和鱼虾等作坯料,借鉴西点制作技法,选用新型食品添加剂,制作出多种美点。广式茶点与宴席点心久负盛名,有广东的叉烧包、虾饺、沙河粉;广西的马肉米粉;海南的竹筒饭、云吞(馄饨)和芋角;台湾的棺材饭、椰丝糯米团;港澳的水饺面、马拉糕和椰茸饼等等。

（3）风味小吃与特色细点。中国点心的外延很广,除了上述三大流派为代表的面点,还有各地的风味小吃以及各种特色系列细点,也很有地方文化韵味。

风味小吃 小吃亦叫小食、零吃,原多有摊贩制作,以当地众多土特原料生产的食品,地方风味浓郁,在街头销售,方便顾客。在一些城市往往还出现了小吃集中的民俗文化集散地,如北京的西四、大栅栏、天桥和王府井一带;天津的南市食品街;上海的城隍庙;苏州的玄妙观;无锡的崇安寺;南京的夫子庙都是数百年来形成的闻名遐迩的"小吃群",带有明显的市民饮食文化特色,成为特具魅力的重要旅游资源。一到节假日,这些风味小吃集中地人山人海,一片繁荣,休闲的居民、观光的游客纷至沓来,品赏各种小吃美味,体验民俗风情。

至于各地的著名小吃则有北京天仙居的炒肝、馄饨侯的馄饨、都一处的三鲜烧卖和回民小吃的老豆腐配火烧、馅饼配小米粥、豆汁配咸菜及宫廷小吃中的豌豆黄、芸豆卷等。天津狗不理包子、桂发祥大麻花、耳朵眼炸糕、贴饽饽熬小鱼、嘎巴菜、炸蚂蚁等。山西小吃花样繁多,功力特深,有金丝一窝酥、麻仁太师饼、天花鸡丝卷等百余种晋式面点,又有荞麦灌肠、大头麻叶、豆面瞪眼、莜面搓鱼,鸡蛋旋等百余种面类小吃;更有集中国面食(拉面、削面、拨鱼、搓鱼、流尖、蘸尖等)的多种技法,正餐大成的山西面饭(如太谷流尖菜饭、吕梁山药合冷、雁北莜面角子、昔阳扁食头脑、长治蒜辣揪片、汾阳酸汤削面等);另有栲栳(即莜面窝窝)、滑垒、漂抿曲、油柿子、豆角焖面,奶油烤面以及"面人"、"面羊"等喜庆礼馍,这些都是全国少有的小吃。

四川小吃是西南地区风味小吃的典型代表,用料从米麦豆薯到鸡鸭鱼肉,从蛋奶蔬果到野味山菜,十分广泛;技法全面,有赖汤圆、龙抄手(馄饨)、夫妻肺片、粉蒸牛肉、马红苕、担担面、火边子牛肉、宜宾燃面、广汉三合泥等著名小吃。

广东小吃数以千计,洋洋大观,代表品种有生磨马蹄糕、腊肠糯米鸡、煎堆、艇仔粥、皮蛋粥、娥姐粉条、蚝油叉烧包、薄皮鲜虾饺等。另外,山东、湖南、湖北、东北、西北各地都有着自己的风味小吃,在此就不一一列举。

特色细点 在中国众多主食、面点、糕点、小吃,历久弥新,并逐渐涌现出了一些最负盛望的特色点心,中国各族各地居民又都为此倾注了大量的心血,使之分别呈现出不同的文化气息。它们都是中国点心工艺精华的结晶,是中国饮食文化中一株鲜艳而独特的奇葩。

特色细点首先不能不提及反映皇家饮食文化的北京宫廷御点,它是中华历代宫廷贵族御用点心的集大成,又以代表满族的民族生活特色的满洲饽饽为基础,融合蒙古族"白食"、回民节点和大河上下,大江南北面食糕点长期演化而成。

北京宫廷御点用料广泛、面团多样、质量规范、制作精巧,突出吉祥图案。在清王朝灭亡后,由"仿膳"、"听鹂馆"等风味名店保留供应,肉末烧饼、芸豆饼、豌豆卷、小窝头等市肆也多有供应。

与北京宫廷御点相对应,苏州糕团和扬州茶食则更多反映了文人和市民饮食文化的特点。苏州糕团是江南鱼米之乡点心制品的佼佼者,包括糕、团两大类百余品种,其中不乏方糕、八珍糕、松子糕、定胜糕和五色汤团、青团、桂花元宵等名点。苏州糕团都采用生物色素和天然香料,色泽光丽,形如玉琢牙雕,被誉为"绿色食品"和"工艺美食"。扬州茶食久负盛名,清代达到顶峰,有"扬州茶肆,甲于天下"之说。现今,茶食古风犹存,名声远播,富春茶社和冶春园等都是供应淮扬细点的著名食府。"楼台亭舍,花木竹石",更兼临水而筑或依邻园林,环境优美,成为市民品赏美点,闲暇聚会的好去处,三丁包、蟹黄包、荠菜包、翡翠烧卖、千层油糕、双麻酥饼,一款款精美点心名传遐迩。

在南方广州素有"三餐二茶"的生活习俗,上世纪初,广州陆羽居茶楼率先把当时原本每月更换一次点心品种,改变为每周更换一组点心,名曰"星期美点",陶陶居等名茶楼竞相仿效,不断改进,不久便风靡广州。广州星期美点不仅应时当令,原料、口味、形制皆随气候变化而变化,且成双成对,每周不少于六咸六甜,最多时达十二咸十二甜,以示吉祥;还讲究花色各有别,有饭点、汤点、茶点之分,蒸、煎、炸、烤之别,方、圆、角、筒之异,以及换味、变料、拼色等;此外,一般要求五字命名,不雷同、有韵味,动听响亮。直至今天对港、澳、穗珠江三角洲的餐饮市场都有深刻影响。

近五十年间,在中华特色细点的发展中,涌现出了一些点心名师,成为各地名点心领导人物。如广州泮溪酒家罗坤的绿茵玉兔饺蜚声美洲,苏州黄天源糕团店冯秉钧的花色糕点栩栩如生,苏州南林饭店吴涌根的南林酥鸭、荷叶粉蒸鸡等极显菜点结合之能事,南京永和园尹长贵在冷水油酥面团上精益求精,还有无锡中国饭店胡法津南北兼收并蓄,无论发酵、油酥、米粉诸面团均有精品问世,香松拉面、枣泥拉糕、老卜丝饼等代表作艺惊四海。上海葛贤萼更是博采酥点和船点之精华,独树一帜,创出了富有海派特色的"葛派花点",获全国首届"白案状元",举办"点心艺术展",出版《点心状元作品集锦》,并饮誉海外,其代表作:鸽蛋圆子、硕果满篮、西式猫耳朵、XO千层饼、蟹粉烧卖、咖喱咸水角等,对传统工艺大胆革新,现代科技含量高,具有海派饮食文化的现代感。

与这些市肆流行的特色细点风格异迥,无锡太湖船点和山西喜庆礼馍,它们异曲同工,南北交相辉映,展示出长江与黄河两大流域饮食文化的不同情怀。

无锡太湖船点一般是与"船菜"配套,供游客充饥或留念,属于典型的旅游饮食文化类型,其渊源可以追溯至春秋时期吴王阖闾的船宴,唐宋时成为特殊的人文旅游资源,明代盛极一时。近现代,无锡船菜随旅游热再度兴起,太湖船点也不断推陈出新,备受国内外游客喜爱。无锡太湖船点以混合米粉作坯皮和麦汁、菜汁、鲜瓜果汁等染色,内包甜咸馅心,每件重约十克,其形状有南瓜、番茄、西瓜、葫芦、茄子、核桃、雏鸡、小鸭、金鱼、白兔等多种,工艺精湛,色调天然,犹如泥人瓷塑,绚丽斑斓,惟妙惟肖。

山西喜庆礼馍是在山西民间传播二千余年的一种象形工艺馒头,又称喜供、福供、面人、面羊或面塑花馍。它在民间红白喜庆筵席上普遍使用,也是四时八节的祈福供品,是北方农村中表示恋情、敬老赏幼和馈赠亲友的礼物,具有浓郁的乡村气息和传统审美情韵。山西喜庆礼馍技艺精绝,各地风格不尽相同,每个农家主妇都有绝活,大可至5～10公斤,小则只有25克,皆形态逼真,名品有虎头娃馍、太极图馍、百子葫芦馍、牛虎合型馍、狮子盘绣球馍、十二生肖馍等。不同的节日,不同的场合做不同的礼馍，也各有讲究，如小麦上场后蒸麦积馍，中秋祭月蒸月饼馍，重阳登高蒸枣糕馍，邻居盖房蒸上梁馍，小孩满月送项圈馍，亲戚结婚送馄饨馍，老人做寿送寿桃馍，祖辈去世蒸猪头馍等。

此外，中国少数民族习俗点心也促使各自的点心趋向精美，又富有特色。如东北满族的祭祖饽饽，后发展为满清在东陵祭祖的供品，分为"东陵八大件"和"东陵小八件"，馅心各异，都呈圆形，有红有白，包括太师饼、宋饼、玫瑰饼、龙凤饼、山楂饼、核桃酥等百余种，构成独具特色的点心系列，数百年间在京城有专营的"满洲饽饽铺"生产和销售，御膳的小窝头、萨其玛都是其名点。又如蒙古族的草原"白食"，蒙古语称"查干伊得"，意思是圣洁、纯净的食品，专指奶面食品，也是蒙古族的主食之一。白食奶香可口、洁白如玉，包括牛奶、羊奶、马奶、驼奶、酸奶、奶茶、马奶茶、奶酪、奶酥、奶油、奶豆腐、奶炒米、奶炒面、奶面条、奶包子、哈达饼，等等，多用于宴请宾客，也是祭祀神祖用品。最著名的是醍醐、酥酪和马奶酒，组成"塞北三珍"。西南藏族则有藏胞标花酥糕，以大酥糕——"推"为代表。"推"以奶杂子、酥油、糌粑和白糖为原料，调匀熟制后在长方形的木模中压制成形，再用各色酥油点缀其上，绘出龙、凤和"扎吉德勒"（吉祥如意）的图案。"推"摆在宴请宾客的桌子正中，前后左右摆放琳琅满目的各种特色食品，显得十分丰盛。"青藏高原奶食文化"和喇嘛教的神秘气息愈发使得藏胞标花酥糕具有特定的审美价值。

宗教活动又推动了另一类特色点心的发展。佛道寺观中的素点就很丰富，尤其是一些著名的寺观，常备茶点接待施主。千百年间逐渐积累，与素菜相辅相成，形成素点、斋点，著名的有上海的玉佛寺、沈阳的太清宫、扬州的大明寺、杭州的灵隐寺、厦门的南普陀等。如杭州灵隐寺的斋点：水调面、水油面、浆皮面、米粉面俱备，各种甜咸馅心多用瓜蔬、果仁、豆泥、糖浆制作，代表品种有灵隐馒头、乌米饭、绿豆糕、小香粽、冬至面、地菜白字、青团等，它们小巧玲珑，滋味芬芳，清新秀美，表现出杭州山水灵气和大乘佛教饮食文化的特色。

开斋节是伊斯兰教的重要节日，中国信奉伊斯兰教的回族等少数民族也都在斋月结束时精心制作被视为"圣物"的油香以及馓子、甜咸卷果、桂花蜜枣、甜咸排叉、开花豆、咯炸盒、凉糕等特色细点，互相赠送，招待宾客，款待亲朋，共庆开斋节。这些开斋节细点均带有圣洁虔诚的清真文化色彩。在中国各地旅游活动中，这些民族宗教特色细点为旅游增色不少。

二、中国的茶文化

茶文化是中华传统文化的一个重要组成部分，也是融入我国国人生活中的最普遍的饮料——茶的文化。把茶说成是国饮一点也不过分，林语堂《吾土吾民》"中国人最爱品茶，在家中喝茶，上菜馆也是喝茶；开会时喝茶，打架讲理也要喝茶；早饭前喝茶，午饭后也要喝茶。有清茶一壶，便可随遇而安"。

1. 茶乡寻根溯源

（1）茶树茶叶的发源地。茶树发源地在中国西南云贵高原。茶树发现的时间，一般认为在四千七百多年以前，有的追溯到六七千年之前。云南勐海县巴达地区还发现树龄一千七百年左右的大茶树，这是目前所知世界上最古老的一株茶树，可算当今世界茶树王中之王，这一带类似的大茶树还有九棵。中国也是茶叶的故乡，是发现和利用茶叶最早的国家，也是饮茶文化的起源地。在漫长的岁月里，中华民族在茶的发现、栽培、加工、利用以及茶文化的形成、传播与发展方面，为人类的文明与进步书写了灿烂的篇章。中国也因此有"茶叶祖国"之称。中国饮茶之久、茶区之广、茶艺之精、名茶之多、茶质之好，都堪称世界之最。

（2）茶之为饮始于巴蜀。诸多历史典籍有关茶叶的记载就有上千种。《神农本草经》记："神农尝百草，日遇七十二毒，得荼解之"（荼者，茶之古称也）。唐茶圣陆羽在《茶经·六之饮》里指出："茶之为饮，发乎神农氏，闻于鲁国公。"反映出茶的利用最初孕育于采集活动之中，在长久食用过程之中，人们不难发现茶的除瘴、清神、消食、利便等药用功能。早在《诗经》中《谷风》、《绵》等篇中就"谁谓荼苦，其甘如荠"和"周原朊朊，堇荼如饴"句，把荼指作苦味的野菜和微苦生津的药草。然而，人们实际生活中的某些特种需要，终于使茶叶由一般性的药用最终发展为日常的专用饮料。

我国最早培植茶叶是在西南的巴蜀地区,这与巴蜀主要为中国最大盆地的气候有关,雾多、阴天多、湿气重,是为瘟疫多发的"烟瘴"之地,"番民以茶为生,缺之必病"。故巴蜀人饮食习惯偏重辛辣,积习数千年,至今依然。正是巴蜀的地貌、地理、地域自然环境及由此形成的饮食习俗,使巴蜀人首先"煎茶"饮用以除瘴气,解热毒,久服成习,养成了平常的饮茶习俗。

(3)茶叶的传播。巴蜀饮茶最早,制茶最早,名茶也最早出现在巴蜀,那就是中国第一个名茶蒙山茶。巴蜀还诞生了中国最早的茶叶市场,汉代王褒《僮约》中所记载"武阳买茶",就是商品传播,根据考证"武阳"即今日四川彭山县,是我国,也是世界上最早的茶叶市场。同时也可见茶在汉代的四川,已和柴、米、油、盐一样已经成为日常必需品。自战国末期,茶叶的传播顺长江南下,先商品后种茶。巴蜀的茶叶及栽培技术约在汉楚相争时就传播到了长江中下游各省。不仅汉代四川和湖南一带官宦人家普遍饮茶;三国时,茶已经登上江东帝王宴席。两晋南北朝时,江南饮茶风盛行,"茗饮作浆",即指南方人饮茶与北方鲜卑人饮用奶浆一样,已成为日常饮料。而至唐代,茶叶种植已遍布大半个中国,包括秦岭和淮河以南四五十个州县,并由鉴真和尚传至日本,由河西走廊经维吾尔族和突厥族的商人传至西亚。

2. 茶叶的物质功能与品类

(1)天然保健饮料。茶叶在中国乃至世界能这样长久并愈益广泛地传播,直至发展到丰富的茶文化,首先需要认识人类赖以创造茶文化这一精神财富的物质基础,即茶叶本身的功能。对此,东西方都进行了大量的研究,20世纪80年代后,取得了不少成果,如茶叶对癌细胞繁殖的抑制,能防龋齿、抗氧化、降血糖、抗流行性病毒、抗过敏、抗溃疡、抗血小板凝聚、提高血管韧性、保护肝脏等等。国际保健会议定出的六种保健品第一种就是绿茶。它对人体的调节作用已被许多研究所证实,它的活性成分——儿茶素类化合物也基本明确,并在防癌抗癌和治疗心血管病中应用。正是茶叶内在的消炎、解毒、提神、保健、养生功能,使其历经数千年,由发现利用到发展传播,由简单的鲜叶咀嚼解毒、作羹食用,再到药用治病以及普通饮料。

（2）中国茶的品类及饮法。中国茶的种类很多,命名的方法就不少。有以茶叶制法而分类,如基本茶类和再加工茶类;有以茶叶的形态或者颜色分类,如"碧螺春"、"瓜片"、"雀舌"、"银针"、"松针"、"银毫"等和绿茶、红茶、青茶、褐茶、黄茶、黑茶等;也有很多人按市场上出现的先后,提出了六大茶类的提法,即绿茶、黄茶、黑茶、红茶、乌龙茶、白茶。按基本制法一般可分为五大类。

绿茶（包括青茶和白茶）　是我国产量最多的一类茶叶。由鲜茶叶经高温杀青后,不发酵,用炒烘、晒、薰等工艺干燥制成,故绿茶又有炒青、烘青、薰青和晒青绿茶之分。绿茶汤青淡绿,饮用后有橄榄或仁念子的回甘味。

红茶（包括普洱、六安等）　是茶叶经萎凋、发酵后干燥而成。特点是汤色红艳,饮用后是齿颊间留有桂圆或板栗的余甘。

乌龙茶（包括岩茶、单枞、铁观音、水仙等）　经过轻度萎凋和半发酵,再杀青干燥制成,介于不发酵的绿茶和全发酵的红茶之间,又称半发酵茶。这类茶的品质也兼备绿茶的清新和红茶的醇香,汤色黄红,有天然花香。

花茶　是以绿茶或乌龙茶为底料,配以茉莉、玉兰、玫瑰、腊梅等各种香花进行拼和窨制,使茶叶吸收花香而成。这类花薰茶兼具茶味和花香,饮用后感到清芬神爽。

紧压茶（包括各类砖茶和沱茶）　是茶叶经杀青发酵后,蒸压成酱黑色的饼状或砖状焙干,通称砖茶。这类茶的茶味浓馥而略带甘涩,最能助消化,是高寒地区维持酸碱平衡以及快速补充热量（如加酥油或牛奶烹煮成浓红酥油茶或奶茶）,盛行于牧区或高寒山区。唐宋元明各代都曾用茶叶换取西部和北部少数民族的马——新式火器出现前的战略物资。由此,也可以理解到茶叶和封建政权的马政关系,联结云贵高原与川藏的茶马古道的出现及其名称也就可见一斑。

现代又有将茶叶成品或半成品加入果汁后干燥制成果味茶;将茶叶与某些中草药或食品拼和调配成药用保健茶;在饮料中添加茶汁制成含茶饮料;还可以用热水萃取茶叶中的水可溶物,过滤去渣获得茶汤,浓缩干燥制成固态"速溶茶",或者直接将茶汤灌装成液态的"瓶装饮料"等。

至于饮茶的方法,中国历代大致有煮茶法、点茶法、泡茶法等。

唐代以前盛行煮茶法,即直接将茶放在釜中蒸煮。宋代则盛行"点茶法",先将茶饼碾碎,置于碗中待用,用微沸之水冲点入碗,茶末与水同时需交融一体。泡茶法因茶叶种类不同和地区差异而有所区别,浓淡也因人因地而异,主要以显茶之色,发茶之味,不失茶香为要旨。

煮茶、饮茶最早出现在诗歌中是两晋左思的《娇女诗》,表明茶已开始进入到文学等精神领域。

3. 识茶论水话器

(1)品茶先需识好茶。无论何种品茶,茶好才能品出滋味。故选好茶乃是品茶之首要一环。要识别茶之真假,茶之新陈,茶之春夏秋之别及高山平地之异。

真茶与假茶,既有形态特征上的区别,又有生化特征上的差异。一般稍有实践经验,运用视觉、味觉等感官鉴定茶叶固有的色香味形特征,不难鉴别真伪。但有时柳树叶、冬青叶等假茶原料和真茶原料一起拌和加工,就增加了识别的难度。

新茶一般是指当年春季从茶树上采摘下来的鲜叶,经加工而成的茶叶,而将上年甚至更长时间采制而成的茶叶称谓陈茶。常言道:"饮酒要陈,喝茶要新。"新茶的色香味形,都给人以新鲜的感觉,隔年陈茶,无论是色泽还是滋味,总有"香沉味晦"之感,这是由于贮存时间长,受空气中氧化等作用所致。当然储存条件良好,新陈茶叶的差别就相对缩小。如龙井、碧螺春等名茶储放一二个月品质并未降低,而武夷岩茶、湖南黑茶、云南普洱茶等只要存放得当,隔年陈茶反而香气馥郁、滋味醇厚,这就另当别论了。

一般饮茶都知道春茶,那就是指当年农历五月底之前采制的茶叶,当年农历六月至七月初采制的茶叶称谓夏茶,而七月中旬以后采制的茶叶被称作秋茶了。虽同为当年采制的新茶,由于季节既气候条件不同,其质地也很不一样。就绿茶而言,春茶最佳,大凡名茶均为春茶,夏茶味较苦涩,香味也不及春茶浓烈,秋茶则介于春茶与夏茶之间。就红茶而言,夏茶茶多酚含量较春茶、秋茶多,故色泽更显得红润,滋味也较浓,但氨基酸含量显著减少,所以鲜爽味不及春茶。

从来高山出名茶,高山的茶树因其生态环境优异,其茶叶品质要较平地茶高出许多。高山茶一般叶芽肥硕,颜色浓绿,茸毛较多,成茶条索紧结,分量重实,白毫显露,香气浓烈,滋味甘醇,耐于冲泡;而平地茶芽叶较小,叶片较薄,颜色黄绿,成茶条索细长,身骨较轻,香气不浓,滋味平淡。

(2) 无水不可与论茶。明代许次纾《茶疏》,"精茗蕴香,借水而发,无水不可与论其茶也"。确实,好茶与好水才相得益彰。古来论茶者无不讲究水质。

关于宜茶之水,陆羽在《茶经》中有精辟论述,他认为:"其水,用山水上,江水中,井水下。其山水,拣乳泉、石池漫流者上,其瀑涌湍漱勿食之,久食令人生颈疾。又多流于山谷者,澄浸不泄,自火天至霜郊以前,或潜龙畜毒其间,饮者可决,以流其恶,使新泉涓涓然,酌之。其江水,去人远者。井取汲多者。"远市井,少污染;重活水,恶死水。故以山中乳泉、江中清流为佳。

宋徽宗治国无道,而在艺术以及茶论上倒颇有几分造诣,其所著《大观茶论》中,认为"水以清、轻、甘、洁为美。轻、甘乃水之自然,独为难得"。后人在其四字标准基础上,加了一个"冽"字,改"洁"字为"活"字,成为"清、活、轻、甘、冽"五字品水法。

"清"就是要求无色透明,不浑浊,无杂物,这是最基本的要求。"活"就是要用流动之水。"轻"则是指水中溶有的矿物质少,也既现代意义的"软水",实践表明,硬水泡茶,茶汤变色,香味大减,用软水泡茶,则能使茶的色、香、味得以充分发挥。清乾隆皇帝就十分偏爱"软水",各处游历时,带小斗严格称量所到之处水的重量,北京西郊玉泉就因经他测定水质最轻,钦定为"天下第一泉"。"甘"就是水一入口,舌与两颊之间有甜滋滋的感觉,令人回味久远。"冽"就是冷、寒。古人认为寒冷的水,尤其是雪水、冰水,滋味最美,如《红楼梦》中妙玉就曾用雪水泡茶。

中国人饮茶看重水,尤其是看重泉水。中国的泉水又特别丰富,约有泉水十万处以上,名泉也有数百个,陆羽评定天下二十名水,大多是泉水。至于历代单被誉为"天下第一泉"的就有五六处之多,如"扬子江南泠水"、"庐山康王谷帘水"、"北京玉泉"、"济南趵突泉"、"云南安宁碧玉泉"等无不蕴含有趣的故事。

与"天下第一泉"的激烈争夺截然相反,"无锡惠泉"为历代名家一致评为"天下第二泉",其"三异三癖"的传说独具个性,从陆羽命名并开掘,唐代宰相李德裕嗜惠泉水,千里驰马传送长安,至北宋达官显宦争相车载舟装惠泉水运汴京,直到近代瞎子阿炳《二泉映月》名扬天下。同样以"虎"为名的苏州虎丘泉和杭州虎跑泉,是为第三泉和第四泉,又同样有着自己的故事。

此外,水之与茶,还有着取水、贮水直至煮水的种种故事,陆羽煮水的"三沸水"说,宋人李南金的听声法,到明代张源《茶录》中"汤有形、声、色三大辨十五小辨",对茶水的研究真正到了炉火纯青的地步。

(3)好茶还得好器配。中国人最初煮饮茶叶没有专门的茶具,喝茶所重的是解渴、消食等物质功能,至西汉王褒《僮约》中始有"烹茶尽具"之说。这说明当时饮茶开始讲究饮茶器具至唐代,饮茶风盛行,各种煮茶、饮茶的专门器具随之诞生,陆羽《茶经·四之器》中就总括前人茶具,开列了二十八种专门器具。宋代不直接煮茶,改用点茶法,茶具因之有较大变化,全套茶具以"茶亚圣"卢仝的名字命名,称作"玉川先生",计有烘茶炉、木茶桶、茶葫芦、茶碗、茶壶、陶杯、棕帚等十二种,茶壶又以紫砂茶壶最为名贵。苏东坡在宜兴时,最喜爱提梁式的紫砂壶,被后人命名为"东坡壶",其名沿用至今。元代以后,由于散茶、末茶的饮用日益增多,不再煎煮,改以冲泡,因而茶具种类精简,呈现返朴归真的趋向。明代起,散茶大兴,人们普遍饮用的是与现代炒青绿茶相似的芽茶。绿色的茶汤,以白瓷衬托之,更显得赏心悦目。因而明清时流行白瓷茶具,瓷色洁白,器形以盖碗为主,由盖、碗、托三部分组成。当时,被誉为"瓷都"的江西景德镇异军突起,所生产的白瓷、青花瓷驰名世界。明代,江苏宜兴用五色陶土烧成的紫砂茶具开始兴起。明代周容《宜都壶记》"今吴中较茶者,必言宜兴瓷"。紫砂壶既没土气,又不会夺香,泡茶不失厚味,能有效保持色、香、味,茶叶久泡不烂,茶汤久贮不熟,且一壶在手,既觉温暖,又不烫手,有自然、温厚、平和的手感,这是瓷壶所远远不及的。

清代陶瓷茶具以康熙乾隆时期最为繁荣,并以"景瓷宜陶"最为出色。或重便利,或尚典雅,或求朴拙,或呈现奇巧,款式造型多样,图案则以花鸟居多,人物山水也异彩纷呈。故明清茶具不仅实用,且不失为精美工艺品。不少人家在案几上摆一套别致茶具,无客时是艺术品摆设,有客来则沏上一壶好茶,列杯分茗,相聚而品,其情怡然,其乐陶陶,此风一直沿袭至今。

此外,福州的脱胎漆茶具,四川的竹编茶具,海南的椰子、贝壳茶具,甚至石壶,都自成一格。近代茶具名目更多,除陶瓷茶具外,常用的还有搪瓷、金属、塑料茶具,更以玻璃茶具魅力独特,通体晶莹透明。冲泡茶叶时,杯中茶芽如一撮小虾腾跃于清波,碧螺春则像雪花飞舞,回旋聚散,奇景悦目,汤色清莹、碧绿清澄,特有观赏性。

4. 茶道、茶艺

(1) 茶道源起与演进。茶叶作为社会上的一种大宗商品,从物质到精神逐渐形成了一套独特的体系,其多方面的文化内容经过启蒙、萌芽到发展的各个阶段,终于可以用茶文化把茶叶生产、加工、流通、饮用等整个体系加以概括,其标志就是唐代陆羽《茶经》的问世。很多学者都把《茶经》视为中国茶文化成熟的标志,从而认为唐代是中国茶文化的形成期,在中国茶文化史上具有划时代的意义,而宋代则是中国古代茶道文化的顶峰。

杯中茶是绚丽多姿的,并令人赏心悦目,茶带着淡淡的清香走进人世,它独特的色、香、味、形给人类增添无限的生活情趣,又使它具有特殊的艺术品格和文化素质。一杯清茶渴者滋润,使困者提神,使躁者舒缓,使惑者灵动,使累者祛乏……对于中华民族,茶叶成为其他任何饮料无法替代的,修身养性传承发扬民族传统的润滑剂、催长素、触发剂。

无论在客厅以茶相敬,还是在茶楼对茗,茶会品茶,都自然形成一种温馨淡雅的氛围,能够增进祥和、适宜的气氛,有利于心灵的交流,茶无疑是人际关系中的和平使者。在中国社会生活中,自古以来形成了名目繁多的以"茶"为主题的聚会,或以吟诗作对相聚;或以游名山、品名泉相聚;或以恳亲娱乐相聚;或为亲友洗尘、饯别相聚……这种茶聚,从茶具到饮茶环境的美化,从烹茶技艺到饮啜的艺术化、礼仪化,逐渐形成一种生活规范,这就产生了各种"茶道"(把饮茶与修身养性和心灵交融结合起来)和"茶艺"(把饮茶过程程式化、艺术化)。这种以茶会友的群体活动,在唐宋的士大夫中流行起来,传到日本,就变成日式茶道。中国的"茶道",作为茶俗的一部分,从唐代到明代,主要是在有闲的士大夫中流行。由于这种茶道过分讲究形式,在商品经济面前变成一种繁文缛节。随着城市经济的发展,士人茶道逐渐让位于大众化茶俗。然而在经历了较长时间衰落,在工业化向后工业文明转型的今天,茶道重又获得人们的青睐。

(2)中国茶道与茶艺。中国茶道在唐宋形成,并传到了日本。日本人通过总结融合于宗教,形成了日本的茶道,并在日本茶文化中独显风骚。随着中国的对外开放,茶道又转回了中国。但这古板的带有浓厚宗教色彩的日本茶道显然不适合中国的现代生活。于是,中国的香港和台湾又创新了茶道的新形式——茶艺,并较快地传向内地。"茶艺"一词虽以前在茶文化中已有提及,但在中国社会广为宣传,并产生极大影响,无疑是在 20 世纪 80 年代茶艺的推广。当时,碍于直接推广茶道被说为崇尚日本的死板茶道,若用茶礼,似乎又难概其义,且韩国多提茶礼,于是"茶艺"被赋予了特有的茶文化代表的名义。茶道与茶艺虽都是讲茶的品饮艺术,但在概念上,茶艺重点在于表演,而茶道着重于精神,通过品茶艺术达到精神境界。茶艺与茶道精神是中国茶文化的核心。茶除了可以养生健身外,还能养廉、雅志、励节、修身、交友、明礼。陆羽主张"精行俭德",通过饮茶,特别是茶艺达到为人"精行俭德",即是茶道。唐人刘贞亮总结过茶的十德,明代张源则解释说:"造时精,藏时燥,泡时洁,精、燥、洁,茶道尽矣。"这就是说茶道不只是泡茶品茶的艺术,还包括茶叶加工、储藏等技术。茶学专家庄晚芳教授提出了中国茶德——廉美和敬四字守则,认为"发扬茶德,妥用茶艺,为茶人修养之道"。也有人提出中国现在的茶道应是"俭美和敬"。总之茶道是通过饮茶艺术达到精神陶冶、修身养性的目的。

(3)中国茶道的精神。中国茶道的精神还与儒、释、道三家文化息息相关,相互渗透,道家的"天人合一"、"无为"、佛教禅宗的"顿悟"、儒家的中庸达观,其在茶道中表现出共同的特点为茶道的和谐、清淡和怡养。

和谐 中国人很推崇和谐,讲究致中和,中庸和持重。中国人的性格和西方人的性格有很大的差异。有人曾用清茶和烈酒来比喻中西方人的性格:西方人性格犹如烈酒,热烈奔放,容易激动,而中国人的性格像清茶,比较柔和,清静,追求和睦。茶道主张在饮茶中沟通思想,造就和谐氛围,达到宁静境界。

清淡 清茶一杯,知足常乐,茶道引导人们清心简朴,宁静致远,淡泊明志,从茶中获得胸怀宽阔、浩然无极的美感。

怡养 怡情养生是茶道所追求的身心享受。茶道雅俗共赏,怡情悦性,雅致超尘。既清心寡欲至怡然自得,具有怡悦性,又由养气益神至怡情健体颐养天年,具有养生功能。

(4) 中国茶馆与茶俗。

个性鲜明的茶馆 多少年来,茶在中国的社会生活和交际场所中,几乎无所不在,以至有了真正以茶唱主角的茶馆,这一国人专门用作饮茶的场所。茶馆,古代也叫茶肆、茶寮、茶坊、茶屋、茶铺等。近现代称茶楼、茶室、茶园、茶社等等。茶馆表明着中国茶文化的普及,是茶文化平民大众化的标志。一个小小的茶馆体现着传统文化的嬗变,今日中国茶馆仍是老少皆宜,男女皆至的好去处,使人们在紧张的工作之余,步入其间去领略一番个中情趣。在中国,东西南北中,不管城市还是农村,各式各样的茶馆,个性鲜明,风格各异,五彩纷呈,仅仅汉族地区,就几乎与四大菜系类似,出现了京、川、粤、江浙四大类型。并且成为旅游中一道独特的风景线。

四川茶馆甲天下 巴蜀是茶文化的摇篮。他们长期保持着对茶的喜好,茶事最突出的表现就是茶馆。人们常说"天上晴天少,眼前茶馆多",四川茶馆又以成都最有名,故又有"四川茶馆甲天下,成都茶馆甲四川"的说法。现在单成都工商局注册的茶馆就有一千五百多家。成都大茶馆的有几百茶座,茶馆里几十把大铜壶飞来飞去,好不热闹,那壮观的品茶场景全国少有。小茶馆又可是三五张桌面,简朴随便,既可坐，也可躺。这些茶馆多设竹制躺椅和茶几，倦了还可打个瞌睡，是简便廉价的大众化休息场所。成都茶馆集政治、经济、文化功能于一身，颇具地方特色。成都人喜欢在茶馆里"摆龙门阵"（谈天说地）；成都茶馆还有"民间法庭"功能，人们在茶馆吃茶说理，调解纠纷，茶馆又是"经济交易场所"，四川民间的许多生意买卖是在茶馆进行；在茶馆还可以吟诗、谈心、看报、下棋，可观看川剧，听四川清音说唱，又具有文化娱乐活动功能。

广东茶楼食客家　在广东，茶馆又称为茶楼，而且多数茶楼与饭馆合二为一。在广东，吃早点叫做"饮早茶"，广东人"请你去饮茶"其实就是请你吃饭。广东茶楼是茶中有饭，饭中有茶，是饮茶与吃点心相合。每天两次茶市（早茶和午茶，有的还有夜茶），两次饭市（午饭和晚饭，有的还有夜宵）。广州的大小茶楼数以千计，每天早茶和午后茶都座无虚席，厅堂中各种点心和小吃的推车来回穿梭，任人挑选。在这些茶楼里边品茶，一边饱尝美食，一边聊天怡情，是合家欢聚或款待亲友的理想交际场所。广东茶楼已成为广州市民日常生活的组成部分。

北京茶园十八种　北方茶馆最有代表性的还要数北京，很久以来有北京茶园十八种之说。北京的茶馆种类繁多，功能齐全，而且文化内涵极为丰富，是极好的旅游资源。就种类而言，北京的茶馆有茶园、茶社、大茶馆、书茶馆、清茶馆、棋茶馆、野茶馆、二荤馆、红炉馆、大鼓园子、茶酒馆、鼓书茶馆、清真茶馆、窝窝茶馆、改良茶馆、季节茶馆等，这就是人们常说的北京过去的十八种茶馆。至于茶摊，茶棚更是不计其数。

茶馆与曲艺结合，这在北京是宋代以来的老传统，顾客一边品茶、一边听曲艺、说书或清唱，使人沉浸在悦耳与饮啜交融的韵味中。北京的茶园就是人们常说的"戏园子"，也就是茶园与戏院合二为一，茶园中往往设有一小型戏台置于观众之中。老茶客们多是老戏迷，端一盅茶、眯着眼，随着那京胡、板鼓的节拍，品着角儿的唱腔韵味，真是陶醉其中。那大鼓园子、书茶馆、鼓书茶馆，就是茶馆里请一些唱说评书的来召座的，听大鼓、听评书。

至于北京茶社，那主要是京剧票友的活动场所，几杯清茶，聚起许多京剧爱好者,发清声、探艺海。当然也有围棋、猜谜等各种爱好者聚会茶社,而棋茶馆就是专供茶客下棋的一类茶馆。

北京大茶馆则是一种多功能的饮茶场所,可饮茶、可馔食,也可提供生意人聚会,文化人交流等各式服务。老舍先生名著《茶馆》大致就是这大茶馆的缩影。大茶馆应着服务项目分,就有了红炉馆、窝窝馆、饽饽馆、搬壶馆、二荤馆等。清茶馆顾名思义就是专卖清茶的,所谓野茶馆就是在城郊野外,或道路旁,或高坡,风景秀美之地,或瓜棚豆架之间,茶人们在此能领略田园风光,观赏美景,又小酌一番,是北京人郊游的好去处。

杭州茶室多风雅 与北京茶园相对应,江浙茶馆又是另一番景象,文化氛围同样浓厚,只是多了些风雅,往往是品茗和赏景相结合。茶馆遍布于各处名胜和大小公园,或在曲径通幽之处,或设荷塘鱼池之畔,更有游弋于太湖、西湖中之动态茶舫。让游人一面品尝名茶,一面饱赏湖光山色,陶醉于诗情画景之中。杭州的茶馆文化可谓代表。杭州茶馆多被称为"茶室",别有意境,往往让人联想到文人的书室和寺院的净室,给人一种素淡、文雅的感觉。杭州的茶室也确是幽雅,既没功夫茶的成套器具,也没川茶馆茶博士的行茶绝技,但墙悬挂的字画,窗外透来的竹石湖光则自然平添了清新儒雅之气,加上名茶名泉水,清澈莹亮,清淡甘美,那可是真正的茶艺真趣。杭州城茶室不少,茶与人,与山水,与花草竹木,与天地自然融合,宛如一个天然大茶室。

各具特色的茶俗 "十里不同风,百里不同俗"。各地区、各民族殊不相同的民俗风情造成了中国千差万别、丰富多彩的饮茶方式。

闽南和广东潮州、汕头等地的功夫茶,还保存着古代的韵味,茶叶都习惯用乌龙茶,泡得很浓,先烫茶具,再泡茶叶。茶具别具一格,大都用小巧玲珑的紫砂壶,茶杯像半个乒乓球那么大。功夫茶主要不是为了解渴,而是一种敬客和叙情的礼俗,宾主围着茶具聊天,细斟慢饮,叙毕则饮止。这种茶俗,盛行于潮州、汕头、闽南、海南和台湾等地,确实是一种很"功夫"的饮茶方式。

湖南一带自宋代起,流行一种擂茶。现在古风犹存,当地民众仍习惯饮擂茶。擂者,研磨也,用茶掺和黄豆、芝麻、花生和一些中草药(藿香、陈皮、甘草等），在陶钵中擂烂后冲泡，家庭聚会饮或作为敬客饮料。

在少数民族地区，也有各具特色的茶俗：如白族的"三道茶"敬客，寓意"一苦，二甜，三回味"。侗族的"打油茶"，用茶叶、果仁和油盐一起煮成茶汤来敬客。土家族的"茶油汤"又称"八宝茶油汤"，这是土家族人每天必备的家常茶汤，"一日不喝油茶汤，满桌酒菜都不香"。客人来到，第一件事就是用油茶汤招待。宁夏回族敬客喜用"盖碗茶"。草原牧区缺乏蔬菜，茶叶是补充维生素和微量元素的重要来源。牧区各族的奶茶也各有千秋，藏族是酥油茶，蒙族是咸奶茶，维吾尔族是奶子茶，在泡煮茶的过程中，都添加了当地人喜爱的佐料。

（5）引人入胜的茶之旅。中国的各类名茶，如黄山毛峰、庐山云雾、西湖龙井、峨眉茗芯大都出产于名山大川、旅游胜地，与名胜名泉连在一起。青翠欲滴的茶园，坐落在丘壑松风、清泉激湍的环境中，清香荡漾、蝶舞莺歌，本身成了旅游品茶的胜地，得天独厚的条件丰富了茶文化旅游资源。

在竹林里，清溪名泉边，在瀑布下，茶园里或山道旁的茶亭中品茗赏景，心中的烦恼和都市的喧闹全然忘掉，心情怡然放飞，正如唐诗人卢仝所言："一碗喉吻润，两碗破孤闷，三碗搜枯肠，唯有文字五千卷。四碗发轻汗，平生不平事，尽向毛孔散，五碗肌骨清，六碗通仙灵，七碗吃不得也，唯觉两腋习习清风生。"如能亲手采茶、制茶，到深山茶园领略田园生活，投入大自然怀抱，对于久住都市的城里人是现代的追求，一条条茶文化旅游线路成为理想的选择。

西湖茶之旅　西湖是名茶龙井茶的产地，也是国内外闻名的旅游胜地。新十景中龙井问茶、虎跑梦泉就是直接以茶、以水命名的，西湖西边群山皆产龙井，苏东坡在龙井茶极品产地——龙井狮子峰留下"老龙井"手迹，至今清晰可见。历代文人也留下不少有关龙井的诗篇。如明代屠隆"采取龙井水，还煮龙井茶。一杯入口宿醒解，耳畔飒飒来松风"。清乾隆则写下《采茶作歌》、《坐龙井上烹茶偶成》等。近代，孙中山、毛泽东、朱德、周恩来、邓小平等伟人都到过西湖茶区，留下了不少佳作与诗篇，如陈毅《看西湖茶区》："相约到梅家"、"细看采新茶"，这些都是西湖茶文化旅游的宝贵资源。一首《龙井茶虎跑水》把西湖茶之旅演绎得十分生动有趣："龙井茶虎跑水,绿茶清泉有多美。春茶为你洗风尘,胜似酒浆沁心肺。茶好水好情更好,香茶长留你心内。"

西湖茶之旅一日游,一般安排游西湖,在湖畔品茶观赏湖光山色。到西湖龙井茶叶公司总部看毛主席采过的茶树和纪念亭。到茶叶博物馆参观了解中国茶文化。到虎跑泉、龙井泉、龙井寺(老龙井)烹茶品茗。到胡公庙看乾隆皇帝所封的18棵御茶树。到梅家坞农家看龙井茶炒制。到茶科所看龙井茶机械化生产和大棚茶园。晚上品尝茶龙井虾仁等杭州名菜,观看《采茶舞曲》。

蒙山茶之旅　四川蒙山峰峦挺拔,终日云雾缭绕,古木参天,寺院众多。蒙山最高的上清峰上有7棵"仙茶",茶芽细长,味甘清,色黄碧,以其异谓之"仙茶"。相传为汉末甘霖普慧禅师所栽,故又称"汉茶"。蒙顶茶是中国茶叶史上最早的名茶,也是最早入贡的名茶,自唐代至清代一千多年一直作为贡茶。历代文人墨客留下颂扬蒙山茶的诗篇就有几十首,"蜀地茶称圣,蒙顶第一家""扬子江中水,蒙顶山上茶""茶中故旧是蒙山""若教陆羽持公论,应是人间第一家"。

现在上蒙顶山修复了天梯古茶道,建立了茶史博物馆,还有保留传统工艺制作蒙山茶的现代茶场(厂)。在蒙山一日茶之旅线路是:上清峰看七棵"仙茶",品仙茶,听茶文化故事,观看茶艺表演,游茶山风光,午餐在山上品蒙山茶膳风味,餐后沿着天梯古茶道下至蒙山茶史博物馆,观看了解茶叶发展史,最后到蒙山茶场(厂)观看采茶、也可参与制茶,也可在师傅指导下自制,制出的茶可以带回赠送亲朋好友品尝,夜宿县城,在茶馆领略茶博士"绝活"。

当然全国黄山、庐山、峨眉山、武夷山等名山的茶文化 旅游线路都各具特色:像井冈山则是红色之旅与茶文化绿色之旅有机结合的理想地;太湖碧螺春、阳羡茶和惠山二泉水、宜兴紫砂壶一线串联,则又是一项引人入胜的茶文化旅游项目。

三、中国酒文化

酒是一种用粮食、葡萄或其他水果等原料经糖化、发酵而制成的含有酒精成分的饮料。酒的作用很大,可以涉及社会的各个方面。如酒是人们表达情感、增进友谊、调节人际关系的催化剂;酒对于文学艺术也起到催化作用,等等。因此,人们有必要研究酒的饮食习俗、品酒(包括酒品、酒仪、酒德、酒礼)与酒道艺术等内容,这就是酒文化。中国的酒文化是伴随着酒的出现而产生的,所以,它的历史悠久,内容丰富,颇具特色。

1. 中国的酒的起源和发展

(1) 有关酒起源的传说。中国是米酒的故乡,陕西仰韶文化出土的酒器,距今约六千多年,新石期时代后期龙山文化和大汶口文化出土的酒器,更不胜枚举。关于中国酒的起源,古代就有各种说法,古代重要医典《素问》中有黄帝与岐伯讨论"为五谷汤液及醪醴"的记载,黄帝(轩辕氏)作为中华炎黄部落联盟的首领,早于尧舜禹时代。"酒之所兴,肇自皇王,一曰仪狄,二曰杜康。有饭不尽,余空桑,积郁成味,蓄蕴成芳。本出于此,不由奇方"。仪狄和杜康都是传说中造酒的人物,相当于四五千年前夏禹时代或稍后。在先秦《吕氏春秋》、《战国策》和《世本》等典籍中分别有"仪狄作酒"的记载。据《世本》"仪狄始作酒醪,变五味;少康作秫酒"。人们更多地了解"杜康造酒",则是从曹操《短歌行》"何以解忧? 唯有杜康"。

尽管传说不同,但考古资料证实古代传说中的黄帝时期、夏禹时代确实已存有酿酒,最早酿造的应该是中国特有的秫米酒(黄酒),夏商周三代的酒,已许多的种类,"五齐"、"三酒"(事酒、昔酒、清酒),同时"奠桂酒兮椒浆",这表明战国以前,已有多类药酒。汉代的酿酒规模已很庞大,汉刘胜墓出土的三十多个大酒罐,估计共装有一万多斤米酒,作为汉的一方诸侯,就拥有如此的大酒坊,汉朝全国产酒数量可想而知。

(2) 早期的人工酿酒。据考证,我国的人工造酒应在距今约一万年到七八千年之间。当时正处在旧石器时代向新石器时代的过渡阶段,从母兽的乳汁受到自然界酵母菌等微生物作用而发酵成酒——最早出现的奶酒,到因谷物发霉、发芽成酒——谷物酿酒。这是人工造酒的早期。

(3) 酒曲酿酒的发明和应用。曲是以含淀粉的谷物为原料,作为培养微生物的载体,上面长满了霉菌,这些霉菌能同时起到糖化和酒化作用,属复式发酵。因而酿制的酒含乙醇的浓度高,酒味较浓。因此,酒曲酿酒法是我国古代劳动人民发现和利用微生物的一大成果,也是对世界酿造技术的一大贡献。据考证,我国用酒曲酿酒,最迟不晚于商代的中期。这种方法曾在相当长的历史时期中领先于世界各国,后才传入日本、印度和西方。

黄酒是中国历史最久远的传统酿造酒,也是中华民族的民族酒。它就是用酒曲酿酒制造的。南北朝时,贾思勰编纂的《齐民要术》中详细记载了用小米或大米酿造黄酒的方法。北宋朱翼中著的《北山酒经》,总结了黄酒的酿造经验。福建的红曲酒"五月红",曾被誉为中国第一黄酒。

(4) 蒸馏酒(白酒)的出现与发展。白酒是人工造酒的进一步发展。中国白酒是从黄酒演化而来的。因为要提高酒的酒精含量,光靠发酵是不够的。必须要加以蒸馏,掌握好适当的温度和时间,就可制成白酒。据考证,1975 年在河北省青龙县出土了一套铜制蒸酒器皿,时间是宋代,可见宋代已有了现代意义的蒸馏酒。

2. 酒的多种功能

酒与茶一样,与国民生活结下了不解之缘,成为中国饮食文化的重要组成部分。酒有多种生化功能,有一定的保健作用;酒又是一种兴奋饮料,是人们进行社交活动和宴饮的重要媒介。

(1) 保健作用。最初的酒是人类采集的野生水果剩余时,在适宜条件下自然发酵而成。因为这些水果具有药效,对某些病有一定疗效。故最初的酒可称为天然"药酒",虽然不明确养生目的,人类实际上从饮酒得到保健的好处。酒的性味大同小异,性温而味辛,温者能祛寒、疏导,辛者能发散、疏导。李自珍《本草纲目》说"面曲之酒,少饮则和血行气,壮神御寒,遣兴消愁,避邪逐秽,痛饮则伤神耗血"。现代科学发现酒中的乙醇,是中枢神经系统的抑制剂,使得酒既会使人兴奋,又会使人麻醉。适当饮酒可起到活血化淤作用,但饮酒过度会导致酒精中毒。酒精含量不高的酒,如糯米酒、黄酒、葡萄酒、果酒和啤酒等,都属优质饮料,适量饮用一些,能起保健作用。酒是一种良好的溶剂和防腐剂,中医利用酒的这些特性,炮制出许多药酒,对保健和治病都起着重要作用。

（2）酒是一种文化象征。"酒作为世界客观物质的存在，它是变化多端的精灵。它炽热似火，冷酷像冰；它缠绵如梦萦，狠毒似恶魔；它柔软如锦缎，锋利似钢刀"。在中国人的生活里，大概没有哪一种食品像酒一样，令人感到古老又奇妙而有趣。它具有特殊的气味，嗜饮的人对它赞美备至，比做"琼浆玉液"、"甘露"、"太平君子"等；厌酒的人，则把它说得一无是处，认为它"致疾败行，乱性伤身"等。一种食品能够引起人们的好恶到如此悬殊的程度，大概非酒莫属了。酒在历史的长河中，不仅仅是一种客观的物质存在，还是一种文化象征。

酒，在中国人的生活中成为不可缺少的一部分，"无酒不成席"、"醉翁之意不在酒"这些俗语都表明着酒已经渗透到了中国人生活的各个领域。

（3）酒的社交功能。"酒食所以合欢也"，合欢者，亲合欢乐也。饮与食同样具有极强的亲和力，用于人际交流，就形成了酒食的社会功能以至政治功能。交朋友先喝酒，婚宴称"喜酒"，丧事喝"丧酒"，祝捷喝"庆功酒"，盖房喝"上梁酒"，小孩满月办"满月酒"，老人庆寿办"寿酒"，春节喝屠苏酒，此外端午节要喝"雄黄酒"，重阳节喝"重阳酒"，敬神、祭祖都要喝奠酒。从唐代李白的《将进酒》到电影《红高粱》中"九九归一好酒好酒"，无酒不宴，无宴不酒的社会功能围绕中国人的社会生活无所不在。"我有旨酒，以燕乐宾客之心"，久远的传统使飨客以酒的风习遍及民间，从接风酒到洗尘酒，到饯别酒，酒在中国人社会生活中深深扎根，成为社会运转必不可少的润滑剂，以至千百年来，中国民间大都有家庭酿酒的习惯，用酒曲酿酒几乎是家喻户晓。无论是白酒或甜酒，封存时间越长，酒味越醇。中国农村酿造糯米酒很普遍，大都作为家庭助庆饮料，有的地方有独特风俗，刚生下女婴就酿造数坛糯米酒，置于墙角，等待女儿出嫁，才打开请客。这种长年陈酒，颜色澄黄，酒味格外清澄甜润。坛口一开，酒香四溢，十分诱人。由于酒能让人欢悦兴奋，所以人们又昵称"酒为欢伯，除忧来乐"。

中国的少数民族中，多以当地特产作原料来酿酒，如藏族以高原特有的青稞酿制青稞酒；两广盛产甘蔗，故岭南地区有甘蔗酒；海南有椰子酒,苏轼谪居海南时就饮用过椰子酒;海南五指山的黎族地区用旱稻(香粳米)酿造的山兰酒,呈乳白色,像米浆一样黏稠,醇香甜润,喝上一口让人回味良久。广西少数民族还有以槟榔汁酿的槟榔酒;西域高昌国(今新疆吐鲁番一带)生产葡萄,西域的葡萄酒在西汉时就输入中原。北方游牧民族喝的是以马乳发酵后酿成的马奶酒,史载蒙古族人"以马乳酿酒,每饮必烂醉而后已",每遇客至,蒙古族人待客是自己先喝一口,然后将酒杯双手捧给客人,客人必须喝干这杯酒,否则便是失礼。满族和西南地区一些少数民族也是这般好客,还多习惯家酿美酒奉客,气氛热烈亲切,如苗族人用牛角杯劝酒,牛角底尖不能放下,客人只能一饮而尽,凡有贵客来家,饮酒花样就更多,"进门酒"、"入席酒"、"转转酒"、"交杯酒",另外还要"歌催酒",即每唱一曲就要喝一杯酒。一直喝到深夜,主客相继醉倒为止。

少数民族十分重视祭祀,每次祭祀一定要用酒,都要伴有群众性的饮宴。如壮族在每年农事完成后,要大祭土地神;满族每年春秋两季都要祭天;哈尼族每年农历二三月间要祭龙,每次祭祀都成为全村全寨的集体欢饮。少数民族的婚丧大事也离不开酒。对于土家族、苗族、彝族的青年男女来说,节日的饮酒、歌舞更是他们求偶的最佳机会。

(4) 酒的政治功能。酒从来就是封建统治者治军的法宝,古时军旅生活十分艰苦寂寞,酒成为将士们最钟爱的东西。酒这兴奋剂令胆怯者勇敢,使疲乏者振作,确实是鼓舞士气的良药,故历代统治者均将酒作为犒赏将士、鼓舞征人的重要物质手段。大军出征时,要赐酒以壮军威;将士作战时要赏酒,以激励士气;军队班师回朝时,要颁酒,以庆功慰劳。传说汉代名将霍去病有一次将汉武帝犒赏给他的十坛酒统统倒入一口井中,让三军共享。后果那口井就成了汲不完美酒的"酒泉",据说甘肃酒泉的地名就由此而来。

汉初名相曹参三年相国,"萧规曹随",无为而治,堪称"以醉治国"的杰作;陈桥兵变由禁军统帅黄袍加身成为大宋开国皇帝的宋太祖赵匡胤"杯酒释兵权",结束藩镇割据局面,更是将酒的政治作用发挥到了极致。

(5) 浅斟低唱趣无穷。酒与食在中国都具有社会功能与政治功能，虽由饮食连在一起，有一定的相似，但毕竟差异明显。"民以食为天"，乃生存必需；"无酒不成宴"终究不直接危及民生，若纵酒失度则往往招致恶果，在社会上、政治上产生负面效应，产生较大破坏。于是，中国人饮酒提倡小酌浅斟。如明代大医学家李时珍所言："酒，天下美禄也。"邵尧夫诗云："'美酒饮教微醉后'，此得饮酒之妙，所谓'醉中趣，壶中天也'。"

俄国著名作家契诃夫在给友人的信中曾记有："我请一个中国人到酒店里喝烧酒，他在未饮之前举杯向着我和主人及伙伴们说道：'请。'这是中国的礼节。他并不像我们那样一饮而尽，却是一口一口地啜，每啜一口，吃一点东西，随后给我们几个中国铜钱，表示感激之意。"中国人的边品边啜，浅斟慢饮令一饮而尽的俄罗斯人感到惊诧，这浅斟低吟，徐徐而进，"一口一口地啜是中国人特有的饮酒方式"，故叫"饮酒"而不叫"喝酒"。"而喝者，大口大口往肚子里猛灌之谓"。"大口大口往肚子里猛灌"可谓"牛饮"，只是求一醉而不能知酒味，更品不到那"浅斟低吟"的无穷情趣。

其实，中国人饮酒犹如中国人的生活秉性，追求"中庸"，注重有度。首先表现在饮酒适量，称之为"小酌"，旨在追求进入微醉的境界，而且是把人渐渐引入微醺之佳境，西村的《美酒饮到微醉时》说："酒至微醺，无疑是饮酒的最佳境界。此时，人性、酒性都发挥得恰到好处，既能令人领略到酒的扑朔情韵，又能尝试到醉眼看人生的奇妙感觉，实在有一种说不出的朦胧之美。"也即达到飘然，亦真亦幻、似醒非醒的境界。广州"陶陶居"有一副对联"陶潜善饮，易牙善烹，饮烹有度；陶侃惜寸，夏禹惜分，分寸无遗"。把中国饮酒的陶然之美道出了个真谛，尽妙在这"分寸和有度"之中，如果要说中国的酒道，"致中和"可以称得上重要一条。

李清照《浣溪沙》"莫许杯深琥珀浓，未成沉醉意先融"。好一个"意先融"，把中国人饮酒的观念表达得太好了，饮酒的文化现象一览无余，中国人对于饮酒的精神追求和心灵祈盼是尤其浓烈，饮酒中寄托着各种情感，"遥知湖上一樽酒，能忆天涯万里人"（欧阳修《春日西湖寄谢法曹歌》）；"就向高楼横玉笛，落梅愁绝醉中听"（吴承恩《杨柳青》）；"会须一饮三百杯,与尔同销万古愁"(李白《将进酒》)。忆"天涯万里人",听"落梅""愁绝""同销万古愁",多少深情、多少愁肠尽融在美酒之中。由此,似可悟到"醉翁之意不在酒"之奥妙,酒为媒也,醉在生活情趣之中,醉在心情之中。

中国酒文化的最高境界还在于人与自然的高度和谐,为此千百年来,中国人钟情于山饮、水饮、郊饮、野饮、花前饮、舟中饮、清风明月饮……也即在山水之旅、田野之旅中畅饮。"明月几时有,把酒问青天"(苏轼)、"与客携酒上翠微"(杜牧)……"至南园,择柳阴下团坐,先煮茗,饮毕,然后暖酒烹肴。是时风和日丽,遍地黄金,青衫红袖,越阡度陌,蝶蜂乱飞,令人不饮自醉"(沈三白《浮生六记·闲情记趣》)。正是这山川草木之灵气,更添徐徐清风,朗朗皓月,使人细啜美酒,进入那"醉翁之意不在酒,在于山水之间也"的"天人合一"的妙境。酒为古人通达"天人合一",充当了此间的媒介,正如宋人朱翼在其《北山酒经》中说:"大哉,酒之于世也。……诗人墨客,樵夫渔父,无一不可缺此。"王羲之"暮春之初,会于会稽山阴之兰亭""曲溪流觞",欧阳修于安徽滁州琅琊山雅集醉翁亭旁;苏东坡与友人夜游赤壁,畅饮于江上,皆借助酒之妙力,于天地自然之中,深得"山水之乐,得之心而寓之酒也"。

3. 中国名酒

中国在一千多年的历史中,酿造出丰富多彩的名酒。在历史悠久的名酒系列中,有闻名天下的绍兴黄酒,丹阳封缸酒;有酱香型的茅台酒,浓香型的五粮液、泸州老窖、古井贡酒;有清香型的山西汾酒、陕西西凤酒;还有米香型的桂林三花酒等。

(1) 著名白酒。中国历史上名酒数以千计,中国的米酒具有浓香、清香、酱香、肉香、米香等多种香型。这些米酒很有特色,香气扑鼻,口感醇郁,饮后回甘,各具魅力。白酒的产地遍布南北,尤其是在俗称的"两片一线"最为集中。一片位于四川、贵州两省的交界地带,达到国家级名酒且扬名中外的有贵州的茅台酒、宜宾的五粮液、泸州的老窖特曲、遵义的董酒、古蔺的郎酒等。另一片是以四川成都为中心大约一百公里左右为半径的范围内,出产绵竹的剑南春和成都的全兴大曲,其他有名的还有邛崃的文君酒,射洪的沱牌大曲。一线指的就是淮河。淮河流经江苏、安徽、河南三省,而这三省的好酒大都出产于淮河及其支流附近,如河南汝阳的杜康酒、安徽亳州的古井贡酒,另外还有江苏著名的"一河三沟"(泗阳的洋河酒、泗洪的双沟大曲、涟水的高沟大曲、灌南的汤沟大曲)。许多酿酒基地都有跨世纪沿用的酒窖。著名的泸州酒窖,从明代万历年间开始,沿用了四百多年,至今仍香味四溢,成了名闻遐迩的古窖名酒基地。

在上述白酒中,茅台酒被尊为我国的"国酒"。因产于贵州省仁怀县茅台镇而得名。其酒精度一般为53度;五粮液酒是用高粱、糯米、大米、玉米、小麦为原料,以岷江江心水为水源酿造而成的。源于唐代的"重碧"和宋代的"荔枝绿",又经过明代的"杂粮酒"、"陈氏秘方",经过一千二百多年的实践才达到今天的"五粮液";汾酒产于山西省汾阳县杏花村,是我国白酒的鼻祖,距今约有一千五百多年的历史;古井贡酒产于安徽省亳州,亳州是曹操的故乡,据记载,这里的酒是用一口古井的井水酿成,遂名古井酒。从明万历年间起至清代,该酒一直被列为进献皇帝的酒,故又名"古井贡酒"。

(2) 著名黄酒。黄酒是我国古代最早酿制的酒。源于何时,难以考证。世界三大酿造酒(黄酒、葡萄酒、啤酒)中独树一帜,成为东方酿造的典型代表和楷模。黄酒色泽金黄或褐红,含有糖、氨基酸、维生素及多种浸出物,营养价值高。成品黄酒灭菌后用陶坛盛装封口,酒液在陶坛中越陈越香,故又称为老酒。黄酒生产主要集中于江浙及闽、赣、皖、穗等地,尤其以绍兴黄酒最为著名。江苏老酒、无锡老廒黄酒、丹阳封缸酒等也都是名酒。黄酒根据颜色取名,又分为状元红(琥珀色)、竹叶青(淡绿色)、黑酒(暗黑色)、红酒(红黄色);在酒坛外绘雕各种花纹及图案的黄酒,被称为"花雕";女儿在出生时将酒坛埋在地下,待女儿出嫁时取出敬饮宾客的黄酒,被称为"女儿红"。

黄酒中的传统名酒有绍兴的元红酒、香雪酒、加饭酒、沉香酒;有福建龙岩的沉缸酒;有江西九江和江苏丹阳的封曲酒;有山东的即墨老酒等等。

(3) 著名的葡萄酒。葡萄酒原产于西亚地区。汉武帝建元三年(公元前138年),张骞出使西域,将葡萄酒引入内地;唐代开始按西方酿酒方法制作葡萄酒;清光绪十八年,华侨开办的张裕公司建立中国第一家现代葡萄酒厂,至今生产出很多名葡萄酒。如味美思、中国红葡萄、白葡萄酒、长城、王朝干红、干白葡萄酒等。

四、中国饮食的审美特征

中国饮食有着无与伦比的文化内涵,也有着举世无双的饮食审美的范畴,更有着无比丰富的饮食美的风格。

1. 中国饮食的美学风格

郑奇在《烹饪美学知识》(1985年)和《烹饪美学》(1987年)中率先系统地阐述了中国饮食烹饪的美和美的创造,以及美感和审美,并讨论了中国饮食烹饪的美学范畴、风格、构成以及审美标准的问题,即中国饮食的烹饪美、环境美、器具美、礼仪美、和中国烹饪的色、香、味、形、质、意的内容构成以及雅、美、谐、格、蕴的烹饪艺术的最高美学追求。

中国的四大菜都是以汉民族为主的,如果我们把北方草原地带的蒙古族、维吾尔族等少数民族为主的饮食视为一大系列,则成为五大系列。这五大饮食系列就基本与五种美学风格相吻合。

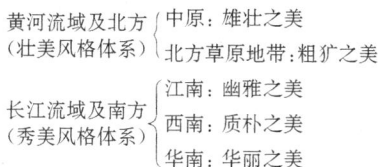

黄河流域及北方 ⎧ 中原:雄壮之美
(壮美风格体系) ⎩ 北方草原地带:粗犷之美

长江流域及南方 ⎧ 江南:幽雅之美
(秀美风格体系) ⎨ 西南:质朴之美
　　　　　　　　⎩ 华南:华丽之美

图 9-1　五大饮食系列与五种美学风格

古人云:"西北之山多浑厚"、"东南之山多奇秀",其实质反映出审美中壮美与秀美两大风格体系的部分地貌特征。黄河流域中原地带与长江流域江南地带可称是中国壮、秀两大体系最典型的代表。

用人类学的观点分析,不同的自然环境会通过诸如饮食资源等多种因素,对人种的形成和发展产生举足轻重的影响。以江南为例,因为岩石风化程度比较高,山势低矮平缓,偏于潮湿,草木葱茏,自古以来,不产小米之类的粗粮,而是以稻米为主农作物(河姆渡考古发掘已有七千年种稻历史),多为山明水秀、鱼米之乡。江南人数千年以稻米细粮为主要饮食资源,自然与其比较温柔的性格、洁白的肌肤、苗条的身材、婉转的方言有着关联。相比之下,中原人长期以粗粮为主食,草原牧民的大量肉食当然与其较高大的身躯、黝黑的皮肤、粗犷的性格、浑厚的方言有着深深的联系。其他如西南地区的质朴灵秀,华南的华丽之美无不符合当地的自然环境饮食资源等,并与当地的各种文化风貌相辅相成。

由此,我们可以看到中国各个大的地方性菜系所显现出来的饮食美学风格与地方的地理环境、自然条件、历史背景和地方文化之间的关系,并能更深刻地理解各大菜系所形成的主客观原因。中国饮食美学风格正是在人作为自然的有机组成部分,与其他的自然事物相互影响,相依为命,代代遗传,纵横积淀,形成的人类审美意识的地方差异、民族差异的重要组成部分。在中国饮食烹饪美学风格中往往能清晰地反映出中国传统美学风格的体系和流派特征。

而如果在中国饮食美学风格的两大体系、五大流派中用一些菜点来说明就可以说比比皆是。同样用猪肠做菜,鲁菜中的九转大肠,红油大气,颇有雄壮之美;而江苏菜则用生矾洁净去油,套筒烹制,显得小巧雅致。几乎同样原料,同样制法的一道豆腐镶肉,鲁菜为棺材豆腐,显出与权势有关;苏菜则为镜箱豆腐,与如花似玉的淑女梳妆联系上了,幽雅之情跃然桌上。

广东菜点光听其名字就尽感华美,大多五字命名,还要求字不雷同、词有韵味,动听响亮,吉利口彩,一份早点就是"碧绿琵琶虾"、"绿茵白兔饺"、"雪花凤凰球"、"生磨马蹄糕"、"沙湾原奶挞"、"岭南菠萝批"、"椰茸草叶角"、"凤肝擘酥盒"、"鸡丝拉皮卷"……相比之下,四川菜点担担面、龙抄手、赖汤圆、粉蒸牛肉、开水白菜、水煮牛肉、干烧鱼、麻婆豆腐、鱼香肉丝……无不透出质朴之美、灵秀之气。中国西北饮食中烤全羊、手抓羊肉、羊肉泡馍又处处弥漫着粗犷浑厚的气息。

2. 中国饮食的就餐环境美

人们在饮食活动尤其是各类宴饮中,对于进餐环境是有文化审美的鉴赏标准的,就餐环境自然成为饮食文化的一个重要的内容。宾朋聚宴,一般是为了交流感情,畅抒胸怀,自然希望进餐环境清静,舒适优雅的饮食场景就是中国宴饮活动中人们的普遍追求。早在先秦的文学作品《诗经》中就有宫室宴饮的记载："朋酒斯飨,日杀羔羊,跻彼公堂,跻彼兕觥,万寿无疆!"汉代画像砖中宴饮场面可见餐厅设在高层,进餐时可眺望远景。宋代更是酒楼盛行,京城都会万人辐辏,就如《清明上河图》中店堂楼馆鳞次栉比,诸多酒家"彩楼相对,绣旆相招,掩翳天日……诸酒店必有厅院,廊庑掩映,排列小阁子,吊窗花竹,各垂帘幕",内饰精雅,且多"张挂名人书画"调遣宾客。由此,中国古代饮食宴饮环境美的追求可见一斑。当然,此类雅致的进餐环境主要分布在上层社会的私家宫室与市肆饮食楼店,至于风景名胜古迹中的楼台亭阁、厅堂廊榭也时有兼用。从中国历代餐饮环境审美中不难看出求得饮食环境美的途径无不在选择利用优美的自然环境和致力于人工美化环境。

时至今日,中国饮食的主要就餐环境——餐厅的建筑与装饰主要表现为五种格式,即宫殿式、园林式、民族式、西洋式、综合式。

宫殿式 以中国封建皇家美学风格为模式,朱红大门,琉璃瓦檐雕梁画栋,彩绘宫灯,富丽堂皇。北京"仿膳"可谓宫殿式餐厅代表。一些仿效皇家气派的餐厅,甚至"龙船"、"龙舟"中的餐厅也采用宫殿式装饰。

园林式 又可分为园林中的餐厅,如上海豫园中的"点春堂"、扬州个园的"宜雨轩"、北京颐和园的"听鹂馆"、无锡公花园的"同庚厅"等;餐厅中的园林有上海的"音乐餐厅"、苏州的"园外楼";还有园林式的餐厅,有广州的"泮溪酒家"、扬州的"冶春园"等则是园林与餐厅浑然一体,尤为幽雅别致。

民族式 实质为民族建筑艺术中最典型的民间式。中国五十多个民族各具建筑与装饰特色,各地区间也各具特点。云南的傣族竹楼餐厅、大草原的蒙古包毡房、北京的四合院、上海的石库门、广东的骑楼、徽州的民居,无不具有浓厚的民族情趣、地方特色。近年来,全国各地各族很多中餐经营者致力于营造这样具有民族风格的餐厅,再加上具有民族特色的菜点和服务,以此吸引旅游者,如四川的巴国布衣、谭鱼头连锁店、淮安的"老店"、南京"大排档"、上海"梅陇镇"、"珠海渔家"。

西洋式 也称现代式,这是近现代从西方传入中国的形式,以直线条几何体为倾向性特征,多在高楼大厦中敞厅大堂,如北京饭店、南京金陵饭店和中心大酒家、上海国际饭店等等,给人以挺拔恢弘、明快洁净之感,比较符合一些现代人的审美情趣。

综合式 特指十分明显结合两种或两种以上形式的餐厅式样(因任一种餐厅建筑装饰都在一定程度上融合了其他形式)。如若设计适宜,确实别开生面,如北京香山饭店、贵宾楼、长城饭店,上海新锦江、锦沧文华、广州白天鹅宾馆、中国大酒店、苏州竹辉饭店、吴宫喜来登等著名饭店都成功组合现代科技、传统人文、中西文化,或有园林景观内外衔接,或有各种花草书画,雅趣天成,赏心悦目,在此进餐,令人心旷神怡。

此外,在火车、飞机、轮船等交通工具上的类移动式餐厅中,中国饮食进餐在注意消除旅行者疲劳,提供旅客雅俗共赏的适中就餐环境时,尤其注重创造"画舫"、"游艇"上船宴的舒适典雅环境,以精巧玲珑的"画舫"和富丽堂皇的"龙舟"为代表,别具一番风情。如无锡太湖春秋号"龙舟",一派古色古香;长江三峡"三峡"号宽敞明净,均与湖光山色相协调,游客可边欣赏品尝船菜,边观赏山水,堪称中国游动式餐厅的典型风格。

3. 中国筵席设计艺术

中国筵席无论大小、无论何种规格、形式,也都充满着文化与美学的内容,一场隆重的宴会往往调动一切设计手段来表现主题,使每一细节都成为表现主题的有机组成部分,以此构成美的意境,给人以美的享受。

例如 2001 年 10 月 20 日晚,江泽民主席在上海国际会议中心设宴款待 APEC(亚太经合组织)领导人,用的是一个冷盆、四道熟菜、一道点心加水果,嘉宾入座时,掀开冷盆银盖时,跃入眼帘的是一朵"鲜花"植立"泥"中,这是由两片烤鸭皮,三根芦笋,三、四粒红、黑鱼子巧妙组成的。"荷花时蔬"则由黄瓜、冬瓜、节瓜、萝卜、红菜头和茭白等蔬菜组成,呈现了一幅水中荷花俏的景致。至于西瓜、芒果、木瓜与猕猴桃等常见水果组合的"硕果满堂",红黄橙绿相间,色彩斑斓。

这些美食全配上银色餐具和烫金边的景德镇白瓷,连葡萄酒杯也烫了金边与之相映,淡黄的布筷子套,同色的口布松卷,由红色的中国结轻扣。整体协调、雍容华美,漂亮大方。

晚宴在观看表演中进行,宴会厅灯光稍暗,每餐桌上特备三盏烛光灯,灯罩由一葡萄酒杯镶嵌其中,十分精美,浮在水面的蜡烛亮度适中,且确保燃烧三小时。整个筵席的主题与意境、时间与节奏、空间与布局、礼仪与风度,无处不精心关照到。

次日中午,在上海科技馆八百多平方米的宴会厅举行的 APEC 工作午餐同样精致,堪称姐妹篇。午餐的铺台以绿色为主色调,淡绿色的台布、深绿色的台裙、台幔,台幔之中挂的是豆绿色的中国结。桌上插花是黄绿色的新西兰蕙兰,宴会桌中央摆花是蕙兰加上粉红色的玫瑰。女服务员的旗袍也是深墨绿色。餐具从盘子到筷架、毛巾盒全是手工敲边银器,唯有小巧雅致的菜谱架是红木质地,架着红丝带扣结的画轴状菜谱。

工作餐是三菜一汤、甜点加水果,原料是鸡、鸭、鳕鱼、蟹、虾仁等地道的中国产"绿色食品",经厨师精心烹制成了蕴含中国饮食文化精髓的佳肴。同时,将菜名巧妙地融入诗中,且诗的每行首字连在一起读,便是"相互依存、共同繁荣",这正是 APEC 所倡导的宗旨和目标。

　　　"相辅天地蟠龙腾"(冷盆:迎宾龙虾),
　　　"互助互惠相得欢"(汤:翡翠鸡蓉羹),
　　　"依山傍水鳌匡盈"(菜一:炒虾仁蟹黄斗),
　　　"存抚伙伴年丰余"(菜二:炸银鳕鱼松茸),
　　　"共襄盛举春江暖"(菜三:锦江品牌烤鸭),
　　　"同气同怀庆联袂"(点心:上海风味细点),
　　　"繁荣经济万里红"(水果:天鹅鲜果冰盅)。

这般精心设计的宴饮可以说是中国饮食文化的一次浓缩展示,自然就得到了 APEC 客人的啧啧称赞,其效果是可想而知的。

思考题

1. 简述中华民族传统饮食文化产生及发展的历史过程。
2. 中华民族饮食文化的主要理念有哪些?
3. 中国饮食文化的主要种类有哪些?
4. 何谓烹饪文化? 中国烹饪文化包含哪些内容?

5. 中国四大菜系的产生地点、主要特色和代表菜。

6. 中国点心的独特魅力表现在哪儿？

7. 中国点心的主要流派有哪些？各有何特色？

8. 中国的风味小吃与特色细点主要有哪些？

9. 为什么说中国是茶叶的祖国，是茶文化的发源地？

10. 简述中国茶叶的起源与传播。

11. 简述中国茶的品类及饮法。

12. 简述中国茶道和茶艺的主要内容。

13. 简述中国的茶馆与茶俗。

14. 什么叫酒？什么叫酒文化？

15. 简述中国酒的起源和发展。

16. 酒有哪些功能？为什么说酒是一种文化象征？

17. 简述中国传统的主要名酒。

18. 简述中国饮食的审美特征。

第十章　中国的旅游文学和艺术

　　中国的旅游文学和艺术,包括旅游文学、书画雕塑艺术、戏曲歌舞艺术和工艺美术文化等。它们是中国旅游文化的一个重要组成部分,也是中华民族传统文化的精髓所在。它们有着悠久的历史文化传统,在中国的民族文化艺术宝库中占有重要的地位。本章仅就中国的旅游文学、绘画、书法、雕塑文化、戏曲歌舞文化和工艺美术文化的产生、发展、特征及其主要门类作简要的介绍。

第一节　中国的旅游文学

　　中国的旅游文学主要是指山水诗词、游记、碑刻及名胜楹联等。它们从不同的角度,以不同的题材赞颂了我国的山水自然风光、历史名胜古迹和各地风土人情,是我国旅游资源的重要组成部分,也是体现旅游景观文化内涵的重要因素。

一、我国历代主要文学成就、代表人物和代表作

　　1. 先秦时期

　　先秦时期是中国古代文学的奠基时期。它的主要文学成就是:

　　(1)《诗经》和《楚辞》的出现,它们是中国古代文学的源头。《诗经》是中国第一部诗歌总集,是当时的现实主义代表作。它编成于春秋时代,共三百零五篇,分"风"、"雅"、"颂"三大类。其中有不少涉及山水的诗篇,如首篇《周南·关雎》:"关关雎鸠,在河之洲",从眼前景物开篇;又如《崧高》中的"崧高维岳,峻极于天";《伐檀》中的"河水清且涟漪"等,都是描写山水景色的佳句。《楚辞》收集了我国许多最早的浪漫主义代表作,战国时伟大的屈原在其中有不少优美生动的山水佳句。如《东君》中,歌颂太阳神,描绘了雄伟壮丽的太阳形象,"驾龙车舟兮乘

雷,载云旗兮委蛇。长太息兮将上,心低徊兮顾怀"。写出了太阳初升时彩霞满天的壮丽和乍升乍降、摇曳多姿的神态。又如《涉江》一篇中,"深林杳以冥冥兮,乃猿狖之所居。山峻高以蔽日兮,下幽晦以多雨。霰雪纷其无垠兮,云霏霏而承宇。"诗人叙写渡江而南、浮沅水西上、独居深山的情境,以此来抒发自己的主观感受。屈原的这些名诗佳句,为后代的山水诗的创作提供了很好的艺术经验。

(2) 历史散文《左传》和诸子散文《论语》、《孟子》等经典之作,标志着先秦散文的创作也已开始走向成熟,它们在我国散文史上也占有重要地位。在这些散文中,也有不少描绘山川名胜、自然景物的抒情之作。

(3)《禹贡》、《山海经》等对山水的记载,也开创了古代旅游文学,成为它们的源头。如《山海经》中的《西山经》中写道:"又西六十里,曰太华之山,削成而四方,其高五千仞,其广十里,鸟兽莫居。有蛇焉,名曰'肥蟥',六足四翼,见则天下大旱"。

这一时期的代表人物是屈原。

2. 秦汉时期

秦汉时期是中国古代文学的形成时期。它的主要文学成就是:

(1) 汉赋是汉代最流行的文学形式,是介于诗与文之间的一种半诗半文的文体(又称韵文)。它主要是以描写宫苑之美、游猎之盛、酒色犬马之乐、神仙长生之想为主要题材。西汉的大赋,描写京都、宫观、苑囿之盛和帝王穷奢之生活,但其中也有不少描写山川景物、京都宫观、名城大都的作品。如司马相如的《子虚》、《上林》二赋:"荡荡乎八川分流,相背而异态……汩乎混流,顺河而下,赴隘陿之口,触苍石,激堆埼,沸乎暴怒,汹涌澎湃……。"

(2)《史记》是我国第一部纪传体通史,系司马迁所著。写从先秦到汉武帝约三千年的历史,有很高的价值,被鲁迅先生誉为"史家之绝唱,无韵之《离骚》"。司马迁的旅游生涯,为《史记》的写作起到了重要作用。他从 20 岁时出游,在不到二十年的时间里,足迹遍及黄河、长江乃至珠江流域,丰富了他的知识,拓宽了他的视野。

(3) 汉乐府民歌是一种合乐歌唱的民歌。当时,这种民歌多半是为宫廷服务的。为此,宫廷专门组织了一个歌唱班子,也叫乐府。如汉乐府的名篇《孔雀东南飞》是我国古代第一篇长篇叙事诗,它以完整生动的情节、优美的艺术形象和强烈的反封建精神,广泛在民间流传,对后世影响很大。

(4)《汉书》是我国古代第一部断代史,写的是汉朝三百多年的历史。班固所著,由其妹班昭最终完成。

该时期的代表人物是司马迁、班固。

3. 魏晋南北朝文学时期

这是中国古代文学的各种文学形式发展和成熟时期,如诗歌、散文、小说等皆有所成就。其主要成就有:

(1)五言新体诗发达,可称为"五言腾飞"时期。五言新体诗是一种讲求声韵、格律的律诗,不像它以前的诗赋,一味堆砌,因而被后人称为"新体诗"。它始于南齐武帝永明末年。当时已涌出一大批诗人,如建安时的曹氏父子(曹操、曹丕、曹植)等在五言诗方面都有很高的成就。当时的建安文学,反映了作者忧国忧民的感情和拯世济物的志向。如女诗人蔡文姬的五言诗《悲愤诗》,记述了她在战乱中被捕的悲惨遭遇和痛苦心情,就是一篇杰作。其后,东晋的陶渊明创作的田园诗,不仅是五言诗的发展,也是该时期的最高成就;南朝的山水文学的兴起,中国文学史上第一个以山水为题材的谢灵运,大量创作山水诗,是中国山水诗的奠基者。

(2)志人小说、志怪小说辈出。这一时期出现了《搜神记》、《列仙传》、《还冤记》等小说。这与该时期佛教的大量传入,佛教对社会生活的影响与道教的发展及影响有关。

(3)出现了一批文学的评论著作。如刘勰的《文心雕龙》、钟嵘的《诗品》等。

该时期的代表人物是陶渊明、谢灵运等。

4. 唐代文学时期

中国古代文学的一个高峰时期,其主要标志是:

(1)唐诗是唐代文学的最高成就。山水诗、田园诗、边塞诗和咏史怀古诗都达到很高的成就,涌现不少杰出诗人与优秀作品。在清人编的《全唐诗》中,收集了二千二百位诗人的四万八千九百多首诗。这不论从数量上,还是内容上都远远超过历史上的任何一个朝代。这些诗人,包括上自帝王贵族、学者名流,下至僧、尼、道士及妓女,形形色色的人物,几乎无不能诗。这种现象也为历代所少见。其中,盛唐是诗歌最繁荣时期,名家辈出,流派众多。孟浩然、王维使唐代的田园山水诗达到了新的境界;高适和岑参是边塞诗派的代表人物;而李白和杜甫则分别把浪漫主义和现实主义的诗歌艺术推向了顶峰。中晚唐诗最有成就的是白居易为代表的新乐府。

(2) 变文,是唐代流行于民间的一种特别通俗文学,其体例有韵文、散文,有偈语式的歌词,为的是可以连说带唱,成为一种介于佛经、小说与歌曲之间的通俗文体。佛教徒把它看作是一种变体的佛经,故称变文。

(3) 小说与传奇,唐代的一种新兴文学,颇有言情的特色。其结构之曲折,篇幅的扩大,叙述的婉转,文辞的华艳,都比前代的作品有所进步。许多作品有高度的文学价值。传奇的种类很多,有言情传奇小说,如元稹《会真记》、白行简的《李娃传》,还有《虬髯客传》、《红线传》、《迷楼记》、《海山记》,还有很多神怪小说。

主要代表人物:

初唐四杰　王勃、杨炯、卢照邻、骆宾王。其中,王勃的《滕王阁序》中的"落霞与孤鹜齐飞,秋水共长天一色"成为千古名句。滕王阁也因此名闻天下。

崔颢　唐代诗人,开元年间进士,为浪漫派诗人。《黄鹤楼》是其代表作。后人将此首诗推为七律之首。黄鹤楼也因此而名扬天下。

李白　字太白,号青莲居士。唐代杰出的浪漫主义诗人,以"诗仙"著称。他的诗歌内容丰富,想像奇特,豪迈奔放,极具艺术感染力。他的足迹遍及大半个中国,写有大量的山水诗篇。主要的名篇有:《江上吟》、《梦游天姥吟留别》、《望庐山瀑布》、《早发白帝城》等。李白墓在安徽当涂县青山西麓,墓旁有太白祠。在安徽马鞍山市也有太白祠,又名太白楼、谪仙楼。

杜甫　字子美,河南巩县人,唐代著名的现实主义诗人。杜甫生逢战乱,又多次漫游,既看到祖国的秀丽雄伟的山川,又看黑暗动荡的社会中的许多阴暗面,因而把他一生的离合悲欢与社会动态,完全留在他的诗歌中。他的诗被人们称为"诗史"。他的诗最富功,稳练精湛,千古独步,自称"语不惊人死不休",故人称之为诗圣。主要名篇有:《望岳》《三吏》、《三别》、《登岳阳楼》等。"会当凌绝顶,一览众山小"是其游泰山时所写,为历来传颂的佳句;杜甫的墓在河南巩义市的邙岭上。在成都有杜甫曾在此住过的草屋,称为杜甫草堂。

白居易　字乐天,号香山居士。他是继李白、杜甫之后中晚唐时期最杰出的现实主义诗人。他开创新乐府,指斥时弊,反映民疾,影响深远。他在杭州任刺史时,曾修筑西湖湖堤,后人纪念他,将白沙堤改为白堤。他的山水诗《钱塘湖春行》就抒发了他对此的怀念。其代表作有《秦中吟》十首和《新乐府》五十首,还有《长恨歌》、《琵琶行》、《冷泉亭记》、《三游洞序》等名篇。

其他,还有韩愈、柳宗元、李贺等著名诗人。柳宗元的《永州八记》是山水游记的代表作。

5. 宋代文学时期

宋代是山水词创作的鼎盛时期,也可以说是宋代最高的文学成就。其主要文学成就有:

(1)宋词源于民间,始于唐,兴于五代,而盛于宋。宋人所填之词都能歌唱,北宋多小令,南宋多长调。宋词的数量巨大,《全宋词》著录的词人有一千三百三十多家,作品有一万九千九百多首。按其风格的不同,可分为几大流派,其中尤以柳永为代表的婉约派和以苏轼为代表的豪放派最有影响。当时,两宋间的词人辈出,一般文学家与诗人无不工词。主要的大词家有:晏殊、欧阳修、柳永、苏轼、辛弃疾等,还有两名女词家:朱淑真和李清照。

(2)宋代的古文运动进一步发展。这是继唐代韩愈、柳宗元之后再起的古文运动。唐代中叶,以韩愈、柳宗元为首,提出的反对骈体文,提倡古体诗文的运动,但起到唐代末期骈体文依然盛行不衰。于是,在宋初,随着整饬社会风气的要求,同时展开了散文的复兴运动。

(3)通俗文学抬头。当时有一种白话小说,流行于市井之间,为一般民众所喜好。如《五代史评话》、《京本通俗小说》、《大唐三藏取经诗话》(诗话实系评话)、《宣和遗事》等。

这个时期主要代表人物有:欧阳修(《醉翁亭记》为代表作);苏轼,字子瞻,号东坡居士。曾在杭州任通判,筑苏堤,疏浚西湖,有大量的写景诗,《念奴娇》、《水调歌头》、《饮湖上初晴后雨》为其代表作;范仲淹《岳阳楼记》为其代表作;陆游,南宋杰出爱国诗人,主要代表作有:《钗头凤》词、《沈园三首》诗作、《入蜀记》散文等,其临终示儿诗"死去原知万事空,但悲不见九州同,王师北定中原日,家祭勿忘告乃翁!"成为历史上一首最有名的爱国绝笔诗。

6. 元代文学时期

元代是中国文学史上通俗文学的大发展时期。其突出的文学成就是元曲(杂剧与散曲)。它是元代应运而生的一种新兴文学,以其丰富的思想性和独特的艺术风格开辟了中国古代戏曲文学创作的黄金时代。据考证,元代的剧目达六百余种,流传至今的也有一百五十余种。因此,它与"唐诗"、"宋词"并称,成为元代的代表文学。

另外,元代的评话小说很发达,其中,以《三国演义》、《隋唐志传》、《水浒传》三书最为著名。

主要代表人物:元曲四大家的关汉卿、王实甫、马致远、白朴。其中关汉卿为元杂剧的奠基人,他以毕生精力从事杂剧之写作,共创作杂剧60余种。其主要代表作有:《惊天动地窦娥冤》、《拜月亭》、《单刀会》、《望江亭》等十三种。1958年关汉卿被世界和平理事会提名为"世界文化名人"。

7. 明清文学时期

在中国文学史上,它是进入小说和传奇的时期,即通俗文学的兴盛时期(包括小说和戏曲)。

(1)明代通俗小说多是根据宋元的说书、评话、传奇与杂剧中的故事演绎而成,也有一部分是明人独特的创作。在小说中,以《三国演义》、《水浒传》、《西游记》及《金瓶梅》最为著名,号称小说界"四大奇书"。它们都是长篇小说,有较艺术表现力和鲜明的艺术特色,形成了中国章回小说的风格和特征,为后世长篇小说的发展奠定了基础。

另外，明代的短篇小说也很兴盛，有《喻世明言》《警世通言》《醒世恒言》和《初刻拍案惊奇》《二刻拍案惊奇》，合称"三言两拍"。在当时涉及明代社会生活的各个方面，很有现实意义。

明代的另一文学形式是传奇。最杰出的传奇剧作家是汤显祖。他写作的传奇剧有《紫箫记》《牡丹亭》(又名《还魂记》)《南柯记》《邯郸记》，其中《牡丹亭》是汤显祖的代表作，他被誉为"中国的莎士比亚"。

小说的代表人物是《西游记》的作者吴承恩，他才气奔放，而一生潦倒，便以一种玩世不恭、嬉笑怒骂的态度写成了这部寓言式的巨著，所写的妖怪都有深厚的人情味，其故事则亦庄亦谐，生动曲折，活泼可爱。遂使这部巨著成为神怪小说中的杰作，深受人们喜爱。

（2）清代突出的文学成就是小说和戏曲。清朝初期有四大剧曲作家：李渔、孔尚任、洪昇、万树，其中孔尚任的《桃花扇》、洪昇的《长生殿》，其中《桃花扇》剧情曲折，文辞凝炼，诗意抒情。它的出现被戏曲史家称为"标志着汤显祖以后，中国戏曲文学发展到一个新的高峰"。

清代戏曲的另一个特点是地方戏剧兴起，有"京调""汉调""川调""徽调"；有"秦腔""弋阳腔""山西梆子""高阳腔""西皮腔"与"二黄腔"，五花八门，种类繁多，统称之为"乱弹"，或名为"花部"。而原来的昆曲日渐衰落，被称为"雅部"。

清代通俗小说盛行，出现了不少佳作，其思想性和艺术性都达到一个新的高度。其中有代表性的是曹雪芹的《红楼梦》、吴敬梓的《儒林外史》和蒲松龄的《聊斋志异》。尤其是《红楼梦》揭示了封建社会后期的种种黑暗和腐败，同时又具有极高的艺术欣赏价值，它是我国古典小说达到艺术高峰的标志。

明清时期的主要代表人物：戏曲方面有明代的汤显祖，清代的孔尚任；小说方面有明代的吴承恩，清代的曹雪芹。

8. 近现代时期

中国文学从五四运动开始，高举科学、民主的大旗，历经艰难曲折，走上现代化道路。许多作家以现代的重大题材、艺术形式和表现方法，为争取民主、自由、民族解放和实现美好理想而斗争，写出很多名著，融入世界进步文学的潮流。

主要代表人物有：

鲁迅 原名周树人,字豫才,生于浙江绍兴,是我国现代文学的奠基者。其代表作有小说《狂人日记》、《阿Q正传》、《祥林嫂》等。鲁迅的故居在绍兴市东昌坊新台门,在北京、上海也都有鲁迅故居;鲁迅墓已迁到上海鲁迅公园。

郭沫若 原名开贞,号尚斌,后改为沫若,四川乐山人,现代诗人、戏剧家、历史学家和古文字学家。其代表作有:历史剧《屈原》、历史剧《蔡文姬》,电影文学剧本《武则天》、《郑成功》等。

茅盾 原名沈德鸿,字雁冰,浙江桐乡乌镇人,五四新文化运动先驱者之一。其代表作有:长篇小说《蚀》、《子夜》,短篇小说《林家铺子》、《春蚕》、《子夜》等。

巴金 著名作家。其代表作有:《寒夜》、《家》、《春》、《秋》、《随想录》等。

二、中国旅游文学的内容和特点

中国的旅游文学是以山水名胜为寄托的各种文学形式,主要以山水诗词、名胜楹联和游记文学为主。其中,山水诗词既能表现祖国的山水景观,又能通过议论、抒情来表现诗人独特的意愿和审美情趣。因而,它是旅游文学中的一个重要组成部分,也是中国古代诗词宝库中的一块美丽的瑰宝。在艺术特点上,山水诗词与古代诗词特点一样,也分古体诗与近体诗两种。其中,近体诗讲究格律,也称格律诗。它要求押韵,注重对仗、平仄。一般每首诗八句,第一、二句称首联,第三、四句称颔联,第五、六句称颈联,第七、八句称尾联。

词是诗的别体,每个句子的长短不一,又称长短句。词原来是配乐的歌词,词调又称乐谱。作词要依据词调来填词,每种词调的名称叫词牌,如《沁园春》、《江南好》、《菩萨蛮》、《念奴娇》等都是不同的词牌。词的段落称阕,指停止、终了之意。一首词分上、下段,称为上阕、下阕。上、下两阕的字数基本相等,平仄也相同。如《菩萨蛮》:"从尽说江南好,游人只合江南老。"

名胜楹联也是旅游文学的一个重要形式。楹联是指刻在壁柱上的对联,即是一种有独立意义的对偶句。它不仅形式独特,属性也独特。它既是作家文学,又是民间文学;既是文字文学,又是口头文学;既有辉煌力作,又有游戏文章;既以文学为主体,又与艺术相结合。它的一些特点与诗词基本一致,如上、下联字数相等,内容相关,彼此对仗,平仄相对等。如岳飞墓门上的一门对联"青山有幸埋忠骨,白铁无辜铸佞臣",上、下句表示矛盾都有的有联系的两个侧面,是反对的对仗形式;又如"峰高华岳三千丈,险据秦关百二重"是正对的对仗形式,表现山势高险的不同侧面。在我国的许多历史人文景观中,有着很多这种楹联表达着景观文化。后蜀孟昶的"新年纳余庆,佳节号长春"是保留下来最早的对联。明、清两代是对联的鼎盛时期。此外,我国古代建筑保留至今的绝大多数是明清建筑,在这些古代建筑的门窗上有大量的楹联,大大丰富了这些建筑的文化内涵。

古代的游记文学也是中国旅游文学的一个重要组成部分。我国最早的一部游记是周代《穆天子传》,讲的是周穆王周游各地,直至西城天山天池朝见西王母的故事;直至明清时代,游记文学达极盛阶段,明代的《徐霞客游记》成为我国最有研究价值的山水游记。山水游记的特点是:篇幅短小,取材广泛;写法灵活多变;用语准确,考据确凿。

综合上述各种旅游文学形式,可知中国旅游文学的特点是:

(1)作家众多,风格多样。如从南朝谢灵运开始,出现了许多作家写有关山水诗词的作品,如陶渊明、王勃、王维、孟浩然、高适、岑参、李白、杜甫、白居易、韩愈、柳宗元、苏轼、欧阳修、柳永、陆游、李清照等。他们的风格也各有不同,如有山水田园诗、边塞诗、新乐府,等等。

(2)关注现实,寄托理想。如隋代大运河的开凿,耗费巨大,尽管其有沟通南北航运五大水系的积极意义,但也给当时的百姓带来沉重的负担。为此,有许多文人写了大量的诗歌,关注大运河的利弊。又如,很多文人用山水诗词来寄托自己的思想,如范仲淹的《岳阳楼记》,表达"先天下之忧而忧,后天下之乐而乐"的高尚理想;白居易的"朱门酒肉臭,路有冻死骨",表达对当时社会的不满和愤慨。

(3)客观现实的写照和主观思想的抒发。山水诗文既可以用文字重现山水景观,也可抒发作者内心的情怀。如白居易的《忆江南》:上阕是"江南好,风景旧曾谙。日出江花红胜火,春来江水绿如蓝。能不忆江南!"下阕是"江南忆,最忆是杭州,山寺月中寻桂子,郡亭枕上看潮头。"上阕是抓住春花、春水,用色调明丽的比喻,表现江南明媚艳丽的景色,并表达了作者无限眷恋之情;下阕是专写杭州,通过桂子和潮头两个最有特色的景致,以及最后期盼重游杭州,抒发作者的怀念之情。

三、中国旅游文学欣赏

1. 古代著名山水诗词

古代有许多著名的山水诗文,如曹操的《步出夏门行·观沧海》、张继的《枫桥夜泊》,白居易的《钱塘湖春行》,杜甫的《望岳》,李白的《望庐山瀑布》、《早发白帝城》,苏轼的《饮湖上初晴后雨》等。曹操的《步出夏门行·观沧海》是我国诗歌史上第一首完整的写景名篇。南朝的谢灵运奠定了我国山水诗的基础。

枫桥夜泊

月落乌啼霜满天,江枫渔火对愁眠。

姑苏城外寒山寺,夜半钟声到客船。

这首诗把枫桥夜景和旅人寂寞、惆怅的心情写得意境幽远,令人回味无穷。全诗寥寥 28 个字,用白描手法,不事雕饰,像一幅浓淡相宜的水墨画,把形象、色彩、声音融为一体,浑然天成。前半首写泊舟枫桥之夜所看到的天空、水面、岸上的远近景物,用残月、乌啼、江枫、渔火来烘托客思、旅愁;后半首用借声传影和以声表情手法,间接传出寒山寺的形影,使人们对寒山寺的钟声,成了闻名海内外的名胜。

步出夏门行·观沧海

曹　操

东临碣石,以观沧海。

水何澹澹,山岛竦峙。

树木丛生,百草丰茂。

秋风萧瑟,洪波涌起。

日月之行,若出其中。

星汉灿烂,若出其里。

　　幸甚至哉！歌以咏志。

　　这首诗是曹操举兵攻打北方乌桓国，得胜后回师途中所作诗篇。该诗描写登山观海，写出了大海包容宇宙，吞吐日月的宏伟气势，和壮丽景象借以表达诗人的阔大胸怀和豪情壮志。所写的景色完整而有气魄，堪称山水诗的奠基之作，在山水诗的发展中有里程碑意义。

　　在很多旅游景点，除山水诗外，还有山水词，如白居易的《忆江南》，苏轼的《念奴桥赤壁怀古》极负盛名，后一首被前人推为"古今绝唱"。词可以说也是诗，是一种可配合燕乐构成的新诗体。与诗的不同在于：它不像诗那样整齐，而是参差错落，长短不一，故又称为"长短句"。词要依据词调填词，以便配乐歌唱。词调的名称叫词牌，如《沁园春》、《栏花》、《蝶恋花》等。另外，词的分段也是与诗不同之处，词的段落称阕，绝大多数词都分为两段：第一段为上片或上阕，第二段为下片或下阕。

望海潮·东南形胜

（宋）

柳　永

　　东南形胜，三吴都会，钱塘自古繁华。烟柳画桥，风帘翠幕，参差十万人家。云树绕堤沙。怒涛卷霜雪，天堑无涯。市列珠玑，户盈罗绮，竞豪奢。

　　重湖叠巘清嘉。有三秋桂子，十里荷花。羌管弄晴，菱歌泛夜，嬉嬉钓叟莲娃。千骑拥高牙。乘醉听萧鼓，吟赏烟霞。异日图将好景，归去凤池夸。

　　这首词是北宋词人柳永所写，它集中地描绘了杭州自然景色的美丽，城市的繁荣豪华。上阕泛写杭州的形胜与繁华，下阕写游览西湖景色之乐。"三秋桂子，十里荷花"是描写西湖景色的名句。全词不是平铺直叙，而是有意识地不断变换描写的角度，使全词结构起伏有致，望海潮是词牌名。

　　2. 古代名胜楹联

　　我国古代的名胜楹联有很多，在许多园林、寺庙、宫观的建筑里面都有。如：

　　北京颐和园养云轩联：

> 天外是银河,烟波宛转。
>
> 云中开翠幄,时雨霏微。

上海豫园三穗堂联:

> 此即濠涧,非我非鱼皆乐境;
>
> 恰来海上,在山在水有遗音。

杭州灵隐寺联:

> 龙涧风回,万壑松涛连海气;
>
> 鹫峰云敛,千年桂月印湖光。

北京故宫养心殿西门联:

> 三岛春深云气暖;
>
> 九霄地迥明月多。

孟姜女庙联:

> 海水朝 朝 朝 朝 朝 朝 朝 落,
>
> 浮云长 长 长 长 长 长 长 消。

北京潭柘寺联:

> 大肚能容,容天下难容之事。
>
> 开口便笑,笑世间可笑之人。

3. 古代游记

我国古代的游记有很多名篇,如王勃的《滕王阁序》,范仲淹的《岳阳楼记》,欧阳修的《醉翁亭记》,白居易的《三游洞序》,苏轼的《前赤壁赋》,吴均的《与朱元思书》等。柳宗元的《永州八记》是游记文学的代表作。

《滕王阁序》(节选)

披绣闼,俯雕甍。山原旷其盈视,川泽纡其骇瞩。闾阎扑地,钟鸣鼎食之家;舸舰迷津,青雀黄龙之舳。云销雨霁,彩彻区明。落霞与孤鹜齐飞,秋水共长天一色。渔舟唱晚,响穷彭蠡之滨;雁阵惊寒,声断衡阳之浦。

这一段是描写滕王阁的高峻及四周景物:高耸入云的楼阁坐落于青山绿水涧,楼上眺望,山原空阔,川流曲折,还有栉比鳞次的层屋、形状各异的众多船只,多么壮丽,更有"落霞孤鹜"、"秋水长天"、"渔舟唱晚"、"雁阵惊寒"深秋的晚景,何等秀美。

第二节　中国书画、雕塑艺术文化

中国绘画、书法、雕塑都是中国民族文化的一颗颗光芒灿烂的明珠。它们有着悠久的历史和优秀的传统,与旅游也有密切的联系。许多自然与人文景观,往往会成为绘画、雕塑的内容、题材;书法与旅游的关系也很密切,古往今来,许多书法家通过观察大自然的美景,吸取多种文化营养,创造了众多的优秀书法作品。而在中国众多的历史名胜古迹中,也留有古今书法家的墨宝。因此、绘画、书法和雕塑都成为旅游景观中的有机组成部分。我们在旅游活动中,不仅要观赏美丽的自然风光、众多的名胜古迹,还要通过浏览其中的书法作品、雕塑作品,提高审美修养,满足审美需求。

一、中国绘画艺术文化

中国绘画文化是中国民族文化中的一颗明珠。它光芒永驻,历史悠久,源远流长,经过数千年的不断丰富、革新和发展,以中华民族的画家和匠师,创造了具有鲜明民族风格和丰富多彩的形式手法,形成了独具中国意味的绘画体系,在东方以至世界美术艺术中都具有重要地位与影响。

中国绘画的概念广泛,既包括传统技法创作的国画,也包括现当代艺术家融合西洋画艺术而创作的油画、水彩画以及素描等,涵盖了古今中国画家们的一切绘画创作和绘画作品遗存。

1. 中国绘画的历史

最早可追溯到原始社会新石器时代的彩陶纹饰和岩画,原始绘画技巧虽幼稚,但已掌握了初步的造型能力,对动植物等动静形态亦能抓住主要特征,用以表达先民的信仰、愿望以及对于生活的美化装饰。中国原始绘画主要可分为仰韶文化彩陶、马家窑文化彩陶、地画、壁画及岩画三大部分。在仰韶文化彩陶与马家窑文化彩陶中,彩陶器形与纹饰类型较多,其中以鱼纹、人面纹、人面鱼纹等最多;地画、壁画和岩画中,多是野生动物、狩猎、舞蹈、部落战争、天文图像等,反映了古代人们祈求狩猎丰收的愿望和部族的宗教观念。

商、西周、春秋战国时期的绘画,主要是壁画、章服以及青铜器、玉器,雕刻上的纹饰。早期为一些装饰性图案,后期则是以人物活动为主的纪事性绘画。

秦汉绘画,由于西汉丝绸之路的开辟,中国和中亚、西亚地区文化交流的加强,使绘画艺术空前发展与繁荣。绘画更加重视其政治功能和伦理教化作用,并且融合了不同地域的绘画风格,形成当时雄伟博大、昂然向上的时代风格。尤其是汉代盛行孝道和厚葬之风,为父母或自己修建坟墓,在地下墓室壁面上,大量绘制表现生前权势、威仪和财富,致使在墓室壁画、画像砖、画像石以及随葬帛画上,生动地塑造了大量的现实、历史、神话人物形象,具有动态性、情节性。其画风往往气魄宏大,笔势流动,既有粗犷豪放,又有细密瑰丽;其内容丰富博杂,形式多姿多彩。

魏晋南北朝时期战争频繁,民生疾苦,但是绘画仍取得了较大的发展,苦难给佛教提供了传播的土壤,佛教美术勃然兴起。如新疆克孜尔石窟,甘肃麦积山石窟,敦煌莫高窟都保存了大量的该时期壁画,艺术造诣极高。由于上层社会对绘事的爱好和参与,除了工匠,还涌现出一批知名画家,如顾恺之等。这一时期玄学流行,文人崇尚飘逸通脱,画史画论等著作开始出现,山水画、花鸟画开始萌芽,这个时期的绘画注重神态的刻画及气质的表现,以文学为题材的绘画日趋流行。

隋唐时国家统一,社会相对稳定,经济比较繁荣,对外交流活跃,给绘画艺术注入了新的机运,在人物画方面虽然佛教壁画中的西域画风仍在流行,但吴道子、周昉等人具有鲜明中原画风的作品占了绝对优势,民族风格日益成熟,展子虔、李思训、王维、张璪等人的山水画、花鸟画已工整富丽,取得了较高的成就。山水画广泛地装饰于宫殿、厅堂、寺观,山水画家大量涌现,是中国绘画史上的一个高峰。使山水画开始在中国的民族绘画之中占有重要地位。

五代两宋之后,中国绘画艺术进一步成熟完备,出现了一个鼎盛时期,朝廷设置画院,扩充机构编制,延揽人才,并授以职衔,宫廷绘画盛极一时,文人学士亦把绘画视作雅事,并提出了鲜明的审美标准,故画家辈出,佳作纷呈,而且在理论上和创作上亦形成了一套独特的体系,其内容、形式、技法都出现了丰富精彩、多头发展的繁荣局面。

绘画发展至元、明、清,文人画获得了突出的发展。在题材上,山水画、花鸟画占据了绝对的地位。文人画强调抒发主观情绪,"不求形似"、"无求于世",不趋附大众审美要求,借绘画以示高雅,表现闲情逸趣,倡导"师造化"、"法心源",强调人、画的统一,并且注重将笔墨情趣与诗、书、印有机融为一体,形成了独特的绘画样式,涌现了众多的杰出画家、画派,以及难以数计的优秀作品。清代早期文人画兴盛,形成承明末董其昌衣钵的四王画派和一批活动于江南的明朝遗民画家形成的一些画派。前者以复古为宗旨,居画坛正统地位;后者寄情山水,借画抒情,艺术上大胆开拓创新。清代中期,北京、扬州成为绘画两大中心。京城的宫廷画活跃,形式、内容丰富多彩。扬州地区经济发达,扬州八怪崛起,形成一股绘画新潮。清代晚期,作为通商口岸的上海和广州成为绘画中心,出现了海派和岭南画派。以赵之谦为开创人物、四任为骨干、吴昌硕为领袖人物的"海上画派",承继了前人传统,将书、印等艺术表现形式融于绘画,立意创新,在人物、花鸟画上有突出成就,对近代绘画产生了较大影响。

现代中国画,是在近百来以传统绘画为基础,吸收民间美术营养,引进西方美术潮流的文化环境中发展起来的,出现了诸多风格、流派和多种主张,各自进行探索,形成了群芳争艳、名家辈出的局面,在中国画坛上占有重要地位。建国以前,我国已形成了以上海为中心的江浙画家群,以北京为中心的北方画家群和以广州为中心的南方画家群。江浙画家群中,任颐、吴昌硕、黄宾虹、刘海粟、潘天寿、丰子恺、张大千、傅抱石等有名画家;北方画家群中,有齐白石、陈师曾、金城、姚华、王梦白、叶浅予等著名画家;南方画家群中,有高剑石、陈树人、何香凝、关山月、黄君璧、张振锋等著名画家。建国以后,各地纷纷成立美术院系及画院,故有的格局逐渐改变。以齐白石、黄宾虹、潘天寿为代表的画家在继承传统的同时,在作品中注入新的内容和自己的个性,发展和完善了传统。现代中国油画是意大利传教士利玛窦等人于明末来华传教时带进中国的。清初一些檀长油画的欧洲传教士来华,在宫廷任职,并传授西方绘画技术。1912年,刘海粟、乌始光兴办上海国画美术院,1919年改为上海美术专科学校,为中国第一所正规的美术学校。其后,北京、南京、苏州、武汉等地陆续成立了美术院校,这些学校曾由徐悲鸿、刘海粟、林风眠、颜文梁等主持教学,不同的艺术主张贯穿在教学中,使它们的油画教学各具特色。建国以后,油画的发展很快,从形式到内容都有了全新的变化。尤其是1978年以后,画家们把深沉凝重的画笔对准现实生活,进行剖析、揭露或赞美,出现了一批在广大观众中引起强烈反响的作品,使油画创作进入一个新的阶段。《父亲》(罗中立)和《西藏组画》(陈丹青)标志着油画创作新时期的开始。

中国绘画根植于民族文化土壤之中,不单纯拘泥于外表形似,更强调神似。它以毛笔、水墨、宣纸为特殊材料,建构了独特的透视理论,大胆而自由地打破时空限制,具有高度的概括力与想象力,这种出色的技巧与手段,不仅使中国传统绘画独具艺术魄力,而且日益为世界现代艺术所借鉴。

2. 中国画的特点

一幅画的构成离不开三大要素:一是画家本身的思想情感;二是自然和人文形象的再现;三是绘画本身的形式。中国画追求的就是这三大要素的有机结合,形成一个艺术整体。因而,中国画的特点是:

(1)追求神似。所谓神似,就是通过形象的描绘表现出物象的精神本质。这个神就是物象的精神本质。追求神似就是以形写神,形神兼备。例如,泰山之雄、梅花之傲霜、牡丹之富贵、竹子之高风亮节等,就是"神"。中国画追求的是:画竹就要画出竹子高风亮节之神韵,表达古人清高和不屈的性格;画山就要画出山之神韵,如泰山之雄、华山之险、黄山之奇等。

(2)着重写意。所谓写意,就是追求意境,即把创作者主体的思想情感与画面所描绘的物象融合在一起。意是主观的愿望,境是对客观物象的描绘。把两者融合在一起,就是用画来表达创作者的思想感情。因此,欣赏中国画,就是要通过画面去联想,充分领会它的主观愿望,即"像外有像"、"景外有景"、"画中有诗"。如观看"岁寒三友"画作,就是要通过画家笔下的松、梅、竹,去领会它们不畏严寒,敢于与险恶环境作斗争的精神。

（3）时间和空间上的自由度大。中国画的一个突出特点是，不受时空的限制，把不同时空的景物巧妙地安排在同一画面上。例如，齐白石、关山月代表作的《江山如此多娇》，画面上既有瑞雪飘飘的冬季景色，又有阳光灿烂的夏日景色，不同季节的景色出现在同一画面上。

3. 古代绘画精品

我国古代有许多名画家和名作。如东晋顾恺之的《洛神赋图》、《女史箴图》；隋代展子虔的《游春图》；唐代韩滉的《五牛图》；五代顾闳中的《韩熙载夜宴图》；宋张择端的《清明上河图》；近代吴昌硕的《葫芦图》，等等。

张择端的《清明上河图》，长 527.8 厘米，宽 25 厘米。全卷以全景式构图，展现了北宋都城东京汴河两岸的繁荣景象和市民的生活情景。整个画卷分三个段落：前段描绘的是汴梁郊区农村的风貌；中段描绘的是汴河以及两岸的交通运输情况；后段描绘的是汴梁街市的繁华景象。作者用通俗写实的手法，艺术地再现了京城汴梁当时的风貌。因此，这是一幅伟大的现实主义作品，有极高的历史价值和审美价值，该画现收藏在故宫博物馆。

二、中国书法艺术文化

中国书法是中国的一门传统艺术，为中华民族的国粹之一。它以汉字为表现媒介，通过字与字、行与行之间的整体关系和布局以及每个字的结构规律和合适的搭配，表现中国汉字的特殊魅力。因此，中国书法既有语言文字所具有的实用价值，也有可供欣赏的艺术价值。在我国的许多风景名胜区，以石刻、碑林、楹联、匾额等形式存留着许多书法佳作。人们在欣赏这些遗存的同时，也品赏书法篆刻艺术，满足自己的审美情趣，达到悦神悦心的目的。

1. 中国书法艺术的演变历史

中国的书法艺术源远流长。书法是以汉字为书写符号的艺术，所以汉字与书法艺术同时产生。我国最早的汉字刻画符号出现在先秦时期。从仰韶文化的出现在陶器上的陶文，经过商周时代的甲骨文、周代的金文(铸刻在青铜器上的铭文),到战国时代的石鼓文(刻在鼓形的碣石上的文字,被誉为"石刻之祖")。石鼓文的出现,标志着中国书法开始走向独立和成熟,在中国的书法史上具有划时代的意义。

秦汉时期,书法字体变化最为剧烈。甲骨文、金文、石鼓文等大篆字体,经过简化,创造了造型优雅的小篆(秦篆)。著名的石刻作品《泰山刻石》、《琅玡山刻石》等都是李斯所书,为小篆的代表作。字体长方,笔意方圆相参,端严秀雅,为后世学习书法篆刻的标本。到了汉代,隶书发展成熟,改象形为笔画,把圆笔改变为方折,字体由长方变为扁形,字的线条组合讲求风致,尤其横画舒展峭拔、烂漫多姿,极具魅力。《东汉碑刻》是隶书成就的代表。其中,《礼器碑》上的碑文被书法家称为"汉隶第一"。此外,"章草"也已出现,草书是由隶书快写发展起来的字体,行书和楷书也在萌芽之中。草书的著名书法家有汉代的杜度、崔瑗、张芝等。杜度的草书被称为"章草"。

魏晋南北朝是各种书体完成演变的时期。草书由章草发展成今草;书法家钟繇创立的楷书是由隶书演变而来,正在走向成熟;行书是在从隶书向楷书的递变过程中为求流畅便捷书写而产生的,它不像楷书那样严格端整,用笔如行云流水,富于表现力。在行书走向成熟的过程中产生了众多的书法家。东晋王羲之被后世称为"书圣",其所书的《兰亭集序》,如天马行空,游行自在,从头至尾,一气呵成,被后世称为"天下第一行书"。该时期著名的碑刻有《上尊号碑》、《受禅表碑》、《孔羡碑》、《三体石经》、《中岳嵩高灵庙碑》等。

隋唐是中国书法史上最为昌盛的时期。楷书、草书等优秀的书法作品大量涌现,书法家也人才辈出。初唐时期的楷书四大家:欧阳询、虞世南、褚遂良、薛稷,各有千秋,如欧阳询的书法法度严谨、雄深雅健,以险峭取胜;虞世南书法笔力坚实,外柔内刚,沉粹安详,不露锋芒;褚遂良书法清劲透颖,内含筋骨;薛稷书法精于用笔。中唐时期出现两大书法家:颜真卿和柳公权。颜书结体丰茂,庄重奇伟,世称"颜体",其代表作之一《颜家庙碑》,集中体现了颜体楷书"大、重、朴、厚、严"的典型风格;柳书道劲圆润,楷法精严,被后世称为"柳体",其代表作之一《玄秘塔碑》,最能体现"瘦硬"、"清劲"的风格。所以,世人对颜柳楷书誉为"颜筋柳骨"。

五代两宋时期是继唐之后，书法史上的又一个具有鲜明特色的时代。在这一时期，行书达到了高峰。北宋书法家辈出，除苏轼、黄庭坚、米芾、蔡襄四大家外，还有李建中擅长楷、行、篆、隶书。南宋时期，陆游、朱熹都擅长书法。

元代书法是以继承晋唐诸名家传统的法度为主，涌现了众多的书法家，其中以赵孟頫、鲜于枢、耶律楚材、杨维桢的成就最为突出。明代的书法继宋元之后有所发展，草书方面取得的成就较为突出。著名的书法家有祝允明、文征明、董其昌、黄道周、倪元璐等。其中，董其昌是明代晚期影响最大的书法家，他的书风生拙秀雅，他提出的"读万卷书，行万里路"的主张，对后世书坛的影响很大。

清代书法艺术突破了宋元明以来贴学的限制，开创了碑学。尤其是在篆书、隶书和北魏碑体方面的成就，可与唐代楷书、宋代行书、明代草书相媲美。清代重要的碑学书法家有金农、邓石如、伊秉绶等。到清代晚期，又有何绍基、赵之谦、吴昌硕等为代表的书法家。

2. 中国书法艺术的特征

书法艺术是中国所独具的一种文化艺术，已成为中国重要的旅游资源。它的特征是：

（1）书法艺术充满了辩证法。书法艺术是用笔和书写方法来点画线条，因此在线条的运用中存在着许多矛盾，如顺逆、起伏、向背、刚柔、大小、浓淡、增减、顿挫、方圆、巧拙、屈伸、首尾、黑白、长短、曲直、远近、虚实等，而书法之美就表现在把这些矛盾统一在书法之中，即如何运用辩证法去做好这种统一，去攀登书法艺术的高峰。

（2）书法艺术具有结体和布局之美。所谓结体是指每个汉字的笔画多少，其间的疏密关系和比例所组合成字的结构。在考虑一个字的结构时，要重点处理好黑与白、长与短、疏与密等辩证关系。例如，小篆结体长方，笔画圆润；楷体结体严整端庄；行书结体平和自然。所谓布局，是指整幅作品字里行间之间的排列关系。排列要力求变化，显示生动活泼、神采焕发的神韵。所以，一幅作品的好坏，既要看其中所写的字的结构，更要看整幅作品的布局（"章法"或"布白"）。

（3）欣赏书法要抓住其审美特征。首先要抓住线条美，线条粗细，曲直交相，方圆变幻，欹斜平衡，是否富有力感和动势，即笔画的力量感、韵味感、苍劲感、俊秀感、柔和感，都是其美学特征。不同的线条可以表现出不同的美感；二是形美，即字态的形象美和而已的章法美；三是形神兼备的内在美，即形神的统一，这是书法最高的艺术境界。它是用书法的形来表达书法家的神（品性、风骨、气韵、情趣），将两者有机地融合在一起。让观赏者在有限的字幅中，既品出形美，又品出神美，以获得无限的美感，进行情感上的交流。

3. 中国的书法精品

中国书法艺术宝库中有很多精品，如唐代的"狂草"（张旭、怀素的草书），汉代的"章草"（杜度的草书）；中唐颜真卿和柳公权的楷书（"颜筋柳骨"之称誉）；东晋书圣王羲之的"天下第一行书"（《兰亭集序》）；宋代四家（蔡襄、苏轼、黄庭坚、米芾）的行书、楷书；元代赵孟頫的《过秦论》、《洛神赋》；清代刘墉的帖学书法、赵之谦的碑学书法等。

王羲之的《兰亭集序》共 38 行，324 字，点画遒美，行笔流畅，书风清秀，字字有特点，笔笔有新意，曲折多姿，引人入胜。其中的一个"之"字就有 20 多种写法。唐太宗曾高度评价他的精湛书法，赞曰："飘若浮云，矫若惊龙"，概括了王羲之书法中的刚柔相济、虚实结合、动静相宜的特色。

4. 中国的篆刻艺术

中国篆刻艺术是书法和与雕刻相结合、用以制作印章的艺术。由于它是用篆书刻制在坚硬材质上制成印章，故称为"篆刻"。此艺术出现于先秦，盛于汉，隋唐之后风路各异，明清时期形成众多流派，主要流派有徽派、浙派、邓派、闽派等。

篆刻有三要素，即篆法、章法和刀法。篆法是指入印的书法艺术，是三法中的基础；章法是指治印的构图及技巧，是三法中的重点；刀法是指下刀刻印的技艺，是三法中之关键。在篆刻艺术中，刀法是对篆法、章法的再创造，是使印面文字生动起来的特殊艺术。印章的形制主要有两种：一种是印面文字或图案刻成凸状，叫阳文（或称朱文）；一种是印面文字或图刻成凹状，叫阴文（或称白文）。篆刻艺术可因笔法、章法、刀法和朱白的不同，反映出篆刻艺术家不同的治印技术和审美观念，由此形成了多种流派。

三、中国雕塑艺术文化

中国雕塑艺术是中国传统文化的重要组成部分。由于在不少旅游景点均可见到各种不同类型的雕塑，并可给游人留下深刻的艺术感受。

1. 中国雕塑艺术的起源和发展

中国的雕塑艺术源远流长，古代人们捏塑烧制陶器，是中国雕塑艺术的起源，迄今已知的最早的雕塑作品是发现于河南省密县的一件小型人头陶像，为距今七千多年前的裴李岗文化遗址的遗物。在仰韶文化遗址发现了数量较多的陶塑作品，这些都是中国雕塑艺术源头的物质载体。

商周时期是中国的青铜时代，雕塑使用的材料比以前的原始雕塑更为丰富，有青铜、陶土、玉石等。尤其是青铜器的品种多，把动物塑像塑造和青铜器用具结合，使象形青铜器皿造型生动，形象逼真。有的形象带有威慑和恐怖的神秘色彩，有半人半兽、人与兽或人与神怪动物组合等多种式样。商代的鸟兽等式样的青铜器，虽然没能成为独立的雕塑作品，但有一定的实用功能，已表明当时已有很强的造型能力。西周时期的雕塑摆脱了商代的神秘主义气氛，逐渐出现了现实的理性的色彩，兽类动物雕塑数量较多，显得朴素、生动。以陕西西安张家坡出土的青铜尊，纹饰最为繁缛，非常华丽，在西周时期的作品中是很罕见的。

春秋战国时期雕塑的材质更多，审美倾向转而追求繁缛华美，人物雕塑的主要形式是俑。很多诸侯贵族死后的陪葬改用陶俑、陶马代替活人、活马，使雕塑在人物、动物造型技艺上大大提高。例如，山东郎家庄1号东周殉人墓所出的陶俑有六组；山西长治分水岭战国早期墓葬出土的舞俑群，姿态生动，造型简略。这一时期的陶俑是中国最早的陶俑，对中国雕塑史的研究有很重要的价值。战国时期也有木俑陪葬，是中国最早的木俑。

秦代经济发展较快，雕塑艺术也出现了划时代的成就。在建筑装饰和墓葬明器等方面,出现了巨型石雕、青铜雕塑和大型陶塑。在阿房宫、骊山陵墓中均用雕塑作品进行美化。在建造骊山陵园时,曾雕刻一对头高一丈三尺的石麒麟,成为后代在陵墓前雕造石兽或石避邪的先导。据史书记载,秦始皇还曾铸造十二个各重二十四万斤的"金狄",即12个身着"夷狄服"的大铜人,配列在阿房殿前。此外,秦始皇兵马俑的出土标志着秦代雕塑艺术的卓越成就,其特点是:形体高大,崇尚写实,类型众多,个性鲜明,形象生动。

汉代雕塑艺术在秦代的基础上又有提高。其新成就突出地表现在大型石刻作品上。如霍去病墓前石刻,有包括马踏匈奴、野人搏熊在内的石刻 14 件,是著名的西汉大型石刻,是汉代纪念性石刻的代表作。甘肃武威出土的铜奔马——马踏飞燕,被誉为汉代青铜雕塑的奇葩,现被作为中国旅游业的图形标志。

魏晋南北朝时期是我国的一个民族大融合的时期。雕塑艺术也从异国艺术(尤其是佛教艺术)中汲取了大量养分,呈现出丰富多彩的局面。其中,石窟佛教造像成为我国雕塑艺术发展的主流。例如,我国著名的四大石窟敦煌莫高窟、大同云冈石窟、洛阳龙门石窟和甘肃麦积山石窟,其石雕造像和泥塑造像皆已达相当高的水平。另外,陵墓雕刻也有较大的发展。如南朝帝王陵墓地表上的石刻群雕有 31 处,是现存此类雕塑作品中保存最好的。

隋唐时期是中国封建社会中的鼎盛时期,政治安定,经济繁荣,国力强盛。雕塑艺术在继魏晋南北朝雕塑艺术成就的基础上,又发展到了一个新高峰。其中,陵墓雕刻、宗教造像创造出许多不朽的作品。例如唐代帝王陵墓前的大型纪念性群雕是最具时代风格的作品。唐乾陵的石刻有狮子、石人、石马及马侠、蕃酋像、华表、无字碑及述圣记碑等六类;宗教造像以佛教为主,也有道教造像。这一时期的佛教造像多表现世俗生活内容,冲淡了宗教造像神秘压抑的氛围,佛像面容亲切,圆满丰硕,细腻真实。如西安宝庆寺塔中的石刻造像,菩萨细腰斜倚,楚楚动人;天王力士肌肉怒突,强壮威武等。

宋元时期的雕塑艺术,主要仍是宗教雕塑、陵墓雕塑和小型观赏性雕塑。宋代佛教造像中最丰富多彩的是罗汉群像雕;元代宗教雕塑,随着喇嘛教的推崇和流行,喇嘛教造像纷纷兴建,但汉式佛教造像仍占大多数。例如,山西襄汾普净寺的华严三圣、观音菩萨、地藏菩萨、十八罗汉塑像,浙江宁波阿育王寺的浮雕天王像。另外,宋代和元代道教造像迅速发展,如湖北武当山的真武帝君、雷部诸神雕像,山西晋城玉皇庙的二十八宿塑像,山西龙山道教石窟造像,福建泉州清源山的老君大石像等。

明清时期雕塑艺术又得到了迅速的发展,特别是建筑雕刻和陈设雕塑更为突出。宫廷建筑雕刻以北京故宫为代表,如天安门前华表、三大殿的三台玉阶雕刻、九龙戏珠御路等。华表柱身上缠绕的主体龙纹,以浮雕手法雕刻,莲瓣石盘上的"从吼"和望柱上的狮子,皆为圆雕。琉璃雕刻是清代宫廷建筑雕刻中的重要组成部分,故宫皇极门前的九龙壁和北海公园中的九龙壁为代表作品。它们全部是用彩色琉璃烧制而成,色彩鲜艳。还有一些陈设在皇城或宫殿门前的建筑装饰圆雕,如天安门前的狮子、太和殿前的麒麟、龙凤等。

20世纪以后,我国出现了现代雕塑。20世纪二三十年代比较大的创作有纪念孙中山和其他民主革命家纪念像和设计抗日战争英雄纪念碑等。80年代以后,我国的雕塑创造活动进入一个新阶段,随着现代化建设的蓬勃发展,各种雕塑都在发展,出现了许多优秀的园林雕塑、城市雕塑、纪念碑雕塑、建筑雕塑以及应外国邀请或赠送国外的大型雕塑作品。规模最宏大的是1958年5月1日建成揭幕的竖立于天安门广场中心的人民英雄纪念碑,还有1979年于南京竖立的《周恩来》青铜雕刻,1984年于重庆长江大桥桥头的组雕《春夏秋冬》(铝合金),1985年赠给日本长琦和和平公园的《和平》石雕,1986年赠给加拿大蒙特利尔市的《白求恩像》石雕等。

2. 雕塑艺术是以雕刻和塑造等手段创作三维空间形象的造型艺术

雕塑使用的材质包括金属、木、石、石膏、粘土及油泥等,可塑可刻,塑造的是具有实在体积的艺术形象,用来纪念瑰丽或悲壮的历史史实及可歌可泣的英雄人物,表现多姿多彩的现实生活和雕塑家本人的审美感受及审美理想。因雕塑材料可长期保存,又能起到装饰和美化作用,所以中国古代塑具有永久性、纪念性、装饰性和象征性。它又可分为圆雕、浮雕和透雕等类别。因此,雕塑艺术是一个国家历史发展形象化的记载,是时代特征、雕塑者的思想感情和审美观念的结晶,被人们称为"石头书",具有很高的历史价值与艺术价值。

第三节　中国工艺美术文化

中国工艺美术文化是中国传统文化的又一个侧面。它有着鲜明的民族特色,工艺美术品追求传统文化的骨骼风韵,既有道教文化的散淡飘洒,又有儒家文化的凝重庄严;我国众多的少数民族所创作的工艺美术品色彩斑斓、层次多样,既有模仿大自然的雅气,又可觉察到鬼斧神工的装饰效果。通过购买和欣赏我国各地各民族不同的工艺美术品,不仅得到了艺术品的自身价值,还可透过这些作品去加深理解中国工艺美术文化的深层内涵,培养自身的艺术鉴赏能力。由此,可以说它是中国旅游文化的重要内容之一。

一、中国工艺美术文化的概念和种类

工艺美术文化是通过以美术技巧制成的,各种与实用相结合的并有观赏价值的工艺品等具体形式,传承中国传统文化具象或抽象内涵的文化形式。它包括的艺术种类繁多,如陶瓷文化、青铜文化、染织刺绣文化、漆器文化、雕刻文化和编织文化等。通常它具有双重性质,作为物质产品,既具有实用功能,又具有审美功能;作为精神产品,既具有一定时代的审美观念,又有视觉形象(造型、色彩、装饰)。依据工艺美术品功能的差异,可以把它分为两大类:一类是日用工艺品,即经过装饰加工的日常生活用品,如一些染织工艺品、日用陶瓷工艺品、家具工艺品等;另一类是陈设工艺品,即用于生活环境的点缀装饰、供人们欣赏的陈设品,如象牙和玉石雕刻品、装饰绘画和陶瓷品、编织工艺品等。日用工艺品首要的功能是适合于日常生活所用,所以在欣赏和挑选日用工艺品时,首先考虑实用,其次才是造型和色彩;陈设工艺品首先要求造型和装饰都有着独特风格和较强艺术效果,同时也追求物品与环境的协调一致。从中国古代的审美意识看,审美要讲究形似与神似两个方面,既讲究造型的逼真,达到栩栩如生的境界,又十分重视被塑造物品的神韵,以达到形神具备的境界。

二、中国工艺美术的具象

中国工艺美术的制作比较早,早在新石器时代晚期已有精美的彩陶、黑陶。商代已有了原始瓷器和玉器,并出现了中国最早的陶俑,青铜器成为商代文化的重要载体;周代和春秋战国时期,染织和刺绣工艺已有不少提高,雕刻工艺也逐渐发展完善,有了刻纹、浮雕、镶嵌等多种技法。漆工艺也已达到相当高的水平,漆器品种及数量大增,造型及技法上均有创新。编织工艺品的制作也十分精美,制作原料丰富、廉价、易得,产品种类繁多。因此,中国工艺美术文化的历史也很悠久,并有大量精制的工艺美术品闻名世界,尤其是民间工艺美术非常丰富,其中,蓝印花布、蜡染、木雕、泥塑、剪纸、年画、挑花刺绣、皮影、民间玩具等,为广大群众喜闻乐见,丰富了人民大众的精神生活,体现了人民大众的艺术情趣和审美理想。

1. 漆器

漆器是古代人们日常生活中十分广泛的物品;由于漆有耐酸、耐碱、防腐等特性,因此很早就被人们利用。中国用漆的历史,可上溯至七千年前的新石器时代河姆渡文化,所出漆碗内外髹以朱色,是已知最早的漆器。其他地区也发现了喇叭形器、瓠形器、嵌玉高炳杯等,反映出原始制漆的水平。我国是世界上用漆最早的国家,原始社会晚期遗址中也发现了漆制实物。在古代种植漆树相当普遍,战国大哲学家庄子就曾担任过管理漆园的官员。早期漆器一般在简单木、竹胎上髹涂,既可防腐,也可用于装饰。随着漆工艺的发展,逐步出现在各种器物上彩绘、描金、戗金、填漆等,或在器胎上髹漆至一定厚度,再在上面雕刻图案的做法,还有在漆器上镶嵌金、银、铜、螺钿、玉牙及宝石,以组成华丽的花纹。唐代的金银平脱,宋代的一色漆器,元代的雕漆,明代的百宝嵌,清代的脱胎漆器等,都是各代有代表性的特色名品。

我国著名的漆器工艺品有北京雕漆、扬州镶嵌漆、福州脱胎漆等。其中,福州脱胎漆器髹饰技艺已列入第一批国家非物质文化遗产名录。

2. 陶器

陶瓷系由粘土或以粘土、长石、石英等为主的混合物,经成型、干燥、烧制而成的制品的总称。陶瓷艺术即指陶瓷日用品、陈设品的烧制工艺及造型、釉色和装饰等所呈现的艺术特点。远在新石器时代,就已有风格粗犷、朴实的灰陶、红陶、白陶、彩陶和黑陶等。商代已现釉陶和初具瓷品性质的硬釉陶。彩陶便是我国最古老的工艺美术品。而真正瓷器是创制于东汉时期。唐代陶瓷的制作技术和艺术创造已达到高度成熟。宋代制瓷业蓬勃发展,名窑涌现。明清时代陶瓷从制坯、装饰、施釉到烧成,技术上又都超过前代。我国陶瓷至今仍兴盛不衰,质高形美,釉色、饰纹、造型均具高度的艺术价值,宜兴的紫砂壶,石湾的陶塑,界首的三彩釉陶,淄博的绛色陶,铜官的绿釉陶,崇宁的雕镂釉铁,德化的瓷雕,景德镇的柳叶瓶、凤尾瓶等,均闻名于世。

我国比较著名的陶器有:江苏宜兴的紫砂陶器,主要是茶具、文具等实用品;广东湾的陶器,多系陶塑的人物、动物及花果等陈设品;安徽界首的三彩釉陶;山东淄博绛色陶;湖南铜官的绿釉陶;四川崇宁的雕镂釉陶和荣昌的素烧陶器;云南建水及甘肃天水的本色陶等。宜兴紫砂陶器制作技艺已列入第一批国家非物质文化遗产名录。

3. 瓷器

瓷器指以粘土配适量长石、石英(或瓷石),又称高岭土为原料制坯体施釉,经 1200℃～1300℃ 窑温在还原气氛中烧成的器皿。与陶器相比,它的烧成温度较高,使用原料不同,因而具有胎质致密坚硬,断面有光,薄层透光,胎色白或浅灰白,吸水率微弱或不吸水,釉层较厚达 0.1 毫米以上,青釉纯正,釉面光润,敲击声清脆等特点。它创制于东汉时期,是我国古代伟大发明之一。所以说,陶器是世界的,瓷器是中国的。浙江上虞"小仙坛"发现东汉瓷窑遗址,对其青瓷残件测试的结果表明,胎色灰白,胎质坚实细致,烧成温度达 1300℃,吸水率低于 0.15％(已达到现代细瓷吸水率标准),胎的薄层微透光,烧结良好,釉的玻化良好,胎釉结合牢固,釉层厚度为 0.1～0.2 毫米,淡青色釉,纯正美观,釉面光亮,达到瓷器标准要求。至唐已达成熟,南方越窑青瓷、北方邢窑白瓷最著名。宋代制瓷业蓬勃发展,瓷窑林立,名窑涌现,定窑、汝窑、官窑、哥窑、钧窑、景德镇窑、所烧的白瓷、青白瓷，都各具特色。元代以后，景德镇窑成为瓷业中心。瓷器品种丰富，有青白黑紫黄绿红蓝等高、低温色釉瓷以及青花、釉里红、斗彩、五彩、粉彩、珐琅彩等装饰的彩瓷。瓷器品类通常分为日用瓷、陈设瓷、艺术瓷等。景德镇手工制瓷技艺已列入第一批国家非物质文化遗产名录。

4. 民间工艺

劳动人民为适应生活需要和审美要求就地取材而以手工生产为主的一种工艺美术品。品种繁多，如年画、扇子、蓝印花布、木雕、石雕、泥塑、剪纸、民间玩具等。由于各地区、各民族的社会历史、风俗习尚、地理环境、审美观点的不同，各有不同的风格特色。我国著名的民间工艺品有：东阳竹编、山东草编、固安柳编、剑川木雕、东阳木雕、青田石雕、寿山石雕、菊花石雕、无锡惠山彩塑、天津"泥人张"等等。其中，青田和寿山石雕、东阳木雕、惠山泥塑、杨柳青木版年画和苏州桃花坞年画均已列入第一批国家非物质文化遗产名录。

5. 装饰绘画

广义指凡属于器物装饰方面的绘画。狭义指装饰壁画、商业美术中的广告画等。装饰绘画偏重于表现形式的装饰性，与一般写实的绘画不同。

6. 印经

印染工艺之一。将织物经线按照设色要求，把不要染色的区段用包裹物包扎，然后进行染色，使经线呈现出一段段的异色色彩。用它制的织物，形成一种直向的参差自然的斑纹，别具风格。新疆和田生产的丝绸（又称"受德力斯"绸），即采用此法织造。

7. 蜡染

古称"蜡缬"。传统民间印染工艺之一。今在布依、苗、瑶、仡佬等族中仍甚流行，衣裙、被毯、包单等多喜用蜡染作装饰。主要方法是用蜡刀蘸蜡液，在白布上描绘几何图案或花、鸟、虫、鱼等纹样，然后浸入靛缸（以蓝色为主），用水煮脱蜡即现花纹。结构严谨，线条流畅，装饰趣味很强，具有鲜明的民族风格。苗族的传统手工技艺类的蜡染技艺已被列入第一批国家非物质文化遗产名录。

8. 柳条编

杞柳亦称"红皮柳",丛生灌木,枝条韧性强,适于编织各种生活用品,如箱、盘、篮、玩具等。主要产地为河北固安及江苏北部、山东南部一带。

9. 藤编

一种传统实用工艺器。利用山藤编织的各种器皿和家具。主要产地广东。历史悠久,清代屈大均《广东新语》载:"大抵岭南藤类至多,货于天下。其织作藤器者,十家而二。"

10. 玉米皮编

建国后北方新发展的一种工艺品。玉米皮质地柔韧,编织提篮、篓、筐、盒、门帘、门毯等各种生活用品,结实耐久,产品中以茶垫最为精美。玉米皮还可染色,能编出十字花、菱形花及文字等多种图案花样,主要产地山东。

11. 草编

民间广泛流行的一种手工艺术。是利用各地所产的草,就地取材,编成各种生活用品,如提篮、果盒、标套、盆垫、帽子、拖鞋和枕、席等。有的利用事先染有各种彩色的草,编织各种图案;有的则编好后加印装饰纹样。既经济实用,又美观大方。主要品种有河北、河南、山东的麦草编,上海嘉定、广东东莞的黄草编,浙江的金丝草编,湖南的龙须草编及台湾省的草席等。

12. 竹编

一种用竹篾编制的工艺品。制作过程是先将竹子剖削成粗细匀净的篾丝,经过切丝、刮纹、打光和劈细等工序,编结成各种精巧的生活用品,如竹篮、果盒、屏风、门帘、扇子等。主要产地有浙江东阳、嵊州、福建泉州、古田,上海嘉定,四川白贡等。四川自贡艺人龚玉璋的扇子,称为"龚扇子",所用篾丝,细如绢纱。

13. 刺绣

著名品种:苏州的苏绣、湖南的湘绣、四川的蜀绣、广东的粤绣,号称"四大名绣"。此外还有北京的"京绣"、温州的"瓯绣"、上海的"顾绣"等,产地不同,风格各异。刺绣的技法有:错针绣、乱针绣、满地绣、锁丝、纳丝、纳锦、平金、影金、盘金、铺绒、戳纱、洒线、挑花等，丰富多彩，各有特色。刺绣的用途包括：生活服装，歌舞或戏曲服装，枕套、台布、靠垫等生活用品及屏风、壁挂等陈设品。其中，苏绣的双面绣《猫》是其代表作；湘绣的《狮虎》为代表作，蜀绣的《熊猫》为代表作，粤绣的《百鸟朝凤》为代表作。苏绣、蜀绣和粤绣等制作技艺已列入我国第一批国家非物质文化遗产名录。

14. 景泰蓝

亦称"铜胎掐丝珐琅"，特种工艺品之一。一说早在唐代就有此种工艺制作；一说据故宫博物院最早的存品系创于明宣德(1426～1435年)间，至景泰(1450～1456年)间才广泛流行。用铜胎制成，当时以蓝釉为最出色，习惯称为"景泰蓝"。清代以后，远销国外。制作工序分：打胎、掐丝、点蓝、烧蓝、磨光、镀金等，其中最复杂细致的是掐丝和点蓝的技艺。品种有瓶、碗、盘、烟草、台灯、糖罐、奖杯等北京的景泰蓝最为著名。北京景泰蓝制作技艺已列入第一批国家非物质文化遗产名录。

15. 铁画

亦称"铁花"，特种工艺品之一。用铁片和铁线锻打焊接成的各种山水、花鸟画的形式，做成挂屏、挂灯。相传系明末清初安徽芜湖铁匠汤鹏创造，以后逐渐流传到北京、山东等地。

第四节　中国戏曲曲艺文化

中国戏曲、曲艺文化是中国传统文化的组成部分之一，也是重要的旅游文化资源。它们是中华民族劳动大众的伟大创造，凝聚了中华文化的精髓，在中华民族的文化艺术史上占有独特的地位，对丰富世界艺术宝库也起了重要的作用。

一、中国的戏曲文化

1. 中国戏曲文化的起源和发展

中国的戏曲源于民间歌舞、说唱和滑稽戏。唐朝时的参戏，由两个角色表演各种滑稽的对话或动作，引人发笑。到北宋时形成为杂剧，由四五人演出一段故事;南宋时,在浙江温州一带出现用南曲演唱的戏文,这是中国戏曲最早的成熟形式,称南戏。元代初期,在北方产生用北曲演唱的杂剧,叫元曲。这时戏曲的创作和演出空前繁荣,涌现了关汉聊、王实甫等一批戏曲作家,创作演出了《窦娥冤》、《西厢记》、《赵氏孤儿》、《李逵负荆》等优秀剧目。明清两代又在南戏和杂剧的基础上形成传奇剧,各地方戏曲广泛产生,以昆曲、京剧为代表,创造了丰富的戏曲文学和完整的舞台艺术体系。明代以汤显祖为代表的传奇剧,将戏曲文化推上一个新的高度。《牡丹亭》是其代表作,具有浪漫主义特色。

中国戏曲从产生到 12 世纪形成完整的形态,又经过了 800 多年的不断丰富、革新和发展,已成为包含文学、音乐、舞蹈、美术、武术、杂技以及人物造型等多种因素合成的综合艺术。

2. 地方戏曲的丰富多彩是中国戏曲文化的一大特色

中国是一个多民族的大国,由于文字、方言和语音的不同,形成了丰富多彩的地方戏曲剧种。如我国有以民族语言和音乐为特色的民族戏曲剧种,如汉族的京剧,藏族的藏戏,壮族的壮剧,傣族的傣剧,白族的白剧,侗族的侗戏等;有以地方语言和音乐为特色的地方戏曲剧种,如江南的越剧、沪剧、锡剧等,四川的川剧,陕西的秦腔,山西的晋剧,福建的闽剧,广东的粤剧,安徽的黄梅戏,河南河北的梆子戏,山东的莒剧等。据 1981 年统计,各民族各地区的戏曲剧种已达三百多种。它们各有不同的历名渊源、演唱风格和艺术特色,但都具有戏曲艺术的共同特征。目前"昆曲"已列入世界人类口头与非物质遗产名录。

3. 戏曲文物也是中国戏曲文化的一个组成部分

戏曲文物是指存留在社会上或埋藏在地下的有关戏曲的历史文化遗物,包括舞台建筑、绘画雕刻、碑铭题记、传抄或版印的剧本及各种相关联的随葬物等等。这些实物资料,有的已经发现或出土,有的尚待发现或发掘。

今天,我们看到的许多宋元时期的戏曲文物和戏曲活动遗迹,它们是当时社会生活和戏曲文化繁盛的反映,有助于我们对戏曲发展历史的了解。首先是墓葬装饰中,戏俑、戏雕和戏曲壁画取代了以往的伎乐内容。世俗生活的图景影响了丧葬制度,人们在冥世尚要追求时代的娱乐。继而，神庙祭祀也用戏曲，它导致戏曲舞台的诞生和完善。而宋金元之际战乱的恐惧使人们求神庇佑的信念增强，乡村大量建筑家庙宗祠。有庙就有戏台，因而神庙戏台大量出现。戏曲活动被当时的画工绘入图画、壁画保存下来，又成为另一类戏曲文物。戏曲与人们日常生活关系的日益密切，使许多生活用品的制作，如瓷器、铜镜等等，亦常以戏曲内容作装饰。于是，我们就得到了当时戏曲演出的形象资料。

戏曲与民众生活的紧密结合，造成各类戏曲文物的大量出现。明清时期戏曲文物与宋元显著有别的特点是：宋元戏曲文物大多与墓葬结合，保存于地下，作为陪葬品或冥世生活环境的装饰而出现。明清则大多与人民生活结合，传存于地上，作为世俗生活的装饰品而出现。当我们看到遍布全国各地民间的明清屋舍中镶饰的众多华丽而精美的戏曲砖雕、木雕、石刻、壁画，看到大量平素用于生活装饰的明清瓷器、年画、剪纸、织绣、泥塑里的戏曲内容，我们就可以深刻感受到戏曲对于社会生活的广泛而深刻的影响。

二、中国的曲艺文化

中国曲艺是与戏曲同源异流的姐妹艺术。它的品种之多，内容之丰富，表演方式之灵活多样，流传之广泛，均可与戏曲媲美。有些地方戏曲就是由曲艺发展而来的。如上海的滑稽戏就是由独角戏演变而来。

曲艺的主要工艺术手段是说和唱，辅以表情动作，配以乐器伴奏。一般以叙述为主，代言为辅，具有"一人多角"的特点。不用化妆，道具简单，是广大群众喜闻乐见的一种艺术形式。

曲艺是由劳动人民和民间艺人创造的，在我国已有悠久的历史。唐代有说唱故事的"说话"，宋代流行"说话"、鼓子词、"诸宫调"，元明清又出现许多曲种。在我国几乎每个民族都有自己的曲艺艺术；就是人口最少、生活在黑龙江流域的赫哲族也有自己的曲艺形式"依玛堪"。据1982年的统计，现代流行的曲种有341种。其中汉族的曲种按其艺术风格大致可分为评话、相声、快板、鼓曲四大类。每类根据艺术特点、音乐曲调、语言、起源地、流行地区等可台划分许多不同曲种，如扬州评话、山东快书、京韵大鼓、苏州弹词、四川清音等。

曲艺的传统曲目题材与戏曲剧目基本相同,如列国、三国、两宋的历史演义等。由于曲艺简便易行,便于迅速反映现代生活,还编演了许多现代生活题材的作品。

旅游中国,要悦目赏心,不能不观赏中国的戏曲;要悦耳悦神,了解中国的民俗风情,不能不欣赏中国丰富多彩的曲艺。现在有很多外国留学生在学习中国的相声表演,表明了中国曲艺对国外的影响。因此,曲艺也是中国旅游文化的重要资源。

思考题

1. 简述先秦时期、秦汉时期和唐代的主要文学成就、代表人物和代表作。

2. 简述明清时期的主要文学成就、代表人物和代表作。

3. 简述中国旅游文学的特点。

4. 举例说明楹联的特点。

5. 背诵几首你知道的山水诗词。

6. 简述中国国画的特点。

7. 汉字在演变过程中经过哪几个重要阶段?

8. 中国历史上著名的书法家主要有哪几个? 其代表作是什么?

9. 中国书法艺术的特征是什么?

10. 中国雕塑艺术的源头是什么? 汉代和唐代雕塑艺术的主要成就有哪些?

11. 为什么说陶器是世界的,而瓷器是中国的?

12. 简述我国的四大名绣及其代表作。

13. 简述中国戏曲文化的特色。

14. 我国有哪些主要的地方戏曲? 有哪些已列入世界人类口头与非物质文化遗产名录项目?

15. 在我国的民间工艺品中有哪些已列入我国第一批国家非物质文化遗产名录?

参考文献

[1] 章海荣.旅游文化学[M].上海：复旦大学出版社.2004.

[2] 赵荣光、夏太生.中国旅游文化[M].大连：东北财经出版社,2002.

[3] 沈祖祥.旅游文化概论[M].福建：人民出版社,2001.

[4] 马波.现代旅游文化学[M].青岛：青岛出版社.

[5] 喻学才.最近七年旅游文化研究综述(上)[J].社会科学动态,1996(8).

[6] 阮仪三.江南六镇[M].石家庄：河北教育出版社,2002.

[7] 喻学才.旅游文化[M].北京：中国林业出版社,2002.

[8] 甄尽忠.中国旅游文化[M].郑州：郑州大学出版社,2002.

[9] 张文祥.旅游文化[M].北京：中国财政经济出版社,2001.

[10] 张国洪.中国旅游文化[M].天津：南开大学出版社,2001.

[11] 马波.现代旅游文化[M].青岛：青岛出版社,2001.

[12] 冯天渝,何晓明,周积明.中国文化史[M].上海：人民出版社,1990.

[13] 董欣宾,郑奇.太阳的魔语・人类文化生态学导论[M].海南：国际新闻出版
社中心,1996.

[14] [英]阿诺德・汤因比.刘成北、郭小凌译.历史研究[M].上海：人民出版
社,2000.

[15] 苏秉琦.中国文明起源新探[M].北京：三联书店,2000.

[16] 蔡宗德、李文芬.中国历史文化[M].北京：旅游教育出版社,1998.

[17] 萧涤非、周汝昌等.唐诗鉴赏词曲[M].上海：辞书出版社,1983.

[18] 葛晓音.中国名胜与历史文化[M].北京：北京大学出版社,1989.

[19] 袁琦.中国神话传说词典[M].上海：辞书出版社,1985.

[20] 汪国瑜.建筑——人类生息的环境艺术[M].北京：北京大学出版社,1996.

[21] 罗哲文,王振复.中国建筑文化大观[M].北京：北京大学出版社,2001.

[22] 奥锐里欧・贝恰.二十一世纪的警钟[M].中国国际广播出版社,1988.

[23] 袁晓圆.文字与文化丛书(三)：二十一世纪——汉字发挥威力的时代[M].北
京：光明日报出版社,1988.

[24] [英]耐杰尔・埃文斯,大卫・坎贝尔,乔治・斯通休萨.旅游战略管理[M].

马桂顺译.沈阳:辽宁科技出版社,2005.

[25] [英]阿·汤因比.[日]展望 21 世纪——汤因比与池田大作对话录[M].池田大作,荀春生,译.中国国际文化出版社,1985.

[26] 利玛窦中国札记.(中译本).中华书局,1990.

[27] 潘立勇.人文旅游·第一辑[M].杭州:浙江大学出版社,2005.

[28] 潘立勇,傅建祥.人文旅游·第一辑[M].杭州:浙江大学出版社,2006.

[29] 萧莫.巍巍帝都[M].北京:清华大学出版社.

[30] 章海荣.旅游审美原理[M].上海:上海大学出版社,2002.

[31] 刘俊田.田书全译[M].贵阳:贵州人民出版社,1988.

[32] 王珂平.旅游美学新编[M].北京:北京旅游教育出版社.

[33] 彭兆荣.旅游人类学[M].北京:民族出版社,2004.

[34] 威廉·瑟厄波德.全球旅游新论[M].张广瑞等译.北京:中国旅游出版社,2001.

[35] 张文.旅游与文化[M].北京:旅游教育出版社,2001.

[36] [英]史蒂芬·佩吉等.现代旅游管理导论[M].北京:电子工业出版社,2004.

[37] 钟贤巍.旅游文化学[M].北京:北京师范大学出版社,2004.

[38] 王淑良.中国旅游史[M].北京:旅游教育出版社,1998.

[39] 中华人民共和国国家旅游局.中国旅游年鉴·2004[M].北京:中国旅游出版社,2004.

[40] 中华人民共和国国家旅游局.中国旅游年鉴·2005[M].北京:中国旅游出版社,2005.

[41] 霍国庆.佛教旅游文化[M].北京:北京图书馆出版社,2000.

[42] 上海市旅游事业管理委员会.导游基础知识(上)[M].上海:东方出版中心,2007.

[43] 王君亭,丁振宇.华夏纵横[M].北京:华艺出版社,2001.